Eva Leitzke-Ungerer und Claudia Polzin-Haumann (edd.)

VARIETÄTEN DES SPANISCHEN IM FREMDSPRACHENUNTERRICHT

Ihre Rolle in Schule, Hochschule,
Lehrerbildung und Sprachenzertifikaten

ibidem-Verlag
Stuttgart

Bibliografische Information der Deutschen Nationalbibliothek
Die Deutsche Nationalbibliothek verzeichnet diese Publikation in der Deutschen Nationalbibliografie; detaillierte bibliografische Daten sind im Internet über http://dnb.d-nb.de abrufbar.

Bibliographic information published by the Deutsche Nationalbibliothek
Die Deutsche Nationalbibliothek lists this publication in the Deutsche Nationalbibliografie; detailed bibliographic data are available in the Internet at http://dnb.d-nb.de.

∞

Gedruckt auf alterungsbeständigem, säurefreien Papier
Printed on acid-free paper

ISSN 1862-2909

ISBN: 978-3-8382-0865-7

© *ibidem*-Verlag

Stuttgart 2017

Alle Rechte vorbehalten

Das Werk einschließlich aller seiner Teile ist urheberrechtlich geschützt. Jede Verwertung außerhalb der engen Grenzen des Urheberrechtsgesetzes ist ohne Zustimmung des Verlages unzulässig und strafbar. Dies gilt insbesondere für Vervielfältigungen, Übersetzungen, Mikroverfilmungen und elektronische Speicherformen sowie die Einspeicherung und Verarbeitung in elektronischen Systemen.

All rights reserved. No part of this publication may be reproduced, stored in or introduced into a retrieval system, or transmitted, in any form, or by any means (electronic, mechanical, photocopying, recording or otherwise) without the prior written permission of the publisher. Any person who does any unauthorized act in relation to this publication may be liable to criminal prosecution and civil claims for damages.

Printed in the EU

Inhaltsverzeichnis

EVA LEITZKE-UNGERER & CLAUDIA POLZIN-HAUMANN
Varietäten des Spanischen und Fremdsprachenunterricht.
Plädoyer für einen Dialog zwischen (Varietäten)Linguistik
und Fachdidaktik 5

Varietäten des Spanischen im Unterricht an Schule und Hochschule

JUDITH VISSER
Formen der Anrede im Spanischunterricht 25

EVA LEITZKE-UNGERER
Vosotros oder *ustedes*: Wie viele Standardvarietäten
verträgt der Spanischunterricht in den ersten Lernjahren? 41

DANIEL REIMANN
Rezeptive Varietätenkompetenz: Modellierung einer Teilkompetenz zwischen
funktionaler kommunikativer Kompetenz und Sprachbewusstheit 69

CHRISTIAN KOCH
[ʃ]o me [ʃ]amo [ʃ]olanda. Überlegungen zur Akzeptabilität von
Aussprachevarietät bei Spanisch-Lehrkräften 97

CHRISTOPH BÜRGEL
Überlegungen zur Anbahnung nähesprachlicher Kommunikationsfähigkeit
im Spanischunterricht 115

KATHARINA PATER
Von *¡Hola tío!* bis zu *¿Qué onda, güey?*
Jugendsprachliche Anredeformen spanischsprachiger Varietäten
als Beitrag zur Förderung von *Language Awareness* 139

CORINNA KOCH
Onomatopeyas e interjecciones: Interkulturell-kommunikative Kompetenz
durch Comics verschiedener Sprachen und Varietäten des Spanischen 163

JULIA MONTEMAYOR & VERA NEUSIUS
Diatopik im Unterricht romanischer Sprachen:
Eine kontrastive Analyse zu Varietäten des Spanischen und Französischen
am Beispiel ausgewählter Lehrwerke 179

BENJAMIN MEISNITZER
Español neutro im Fremdsprachenunterricht? Potenzial und Grenzen 201

Varietäten des Spanischen in der Lehrerbildung

AGUSTÍN CORTI & BERNHARD PÖLL
Pluralidad lingüística y cultural en la formación de profesores de E/LE:
estado de la cuestión y desiderata 225

CHRISTINA REISSNER
Das Spanische und seine Varietäten aus der Sicht zukünftiger Fremdsprachenlehrerinnen und -lehrer. Überlegungen zur Lehrerausbildung 243

Varietäten des Spanischen in Sprachenzertifikaten

CARLA AMORÓS NEGRE
Análisis de la pluralidad normativa en la certificación del Español
como Lengua Extranjera: los DELE 263

KAROLIN MOSER
El CELU: Examen de ELE argentino con orientación pluricéntrica 283

AUTORINNEN UND AUTOREN 303

Varietäten des Spanischen und Fremdsprachenunterricht. Plädoyer für einen Dialog zwischen (Varietäten)Linguistik und Fachdidaktik

Eva Leitzke-Ungerer & Claudia Polzin-Haumann

Dass eine Sprache wie das Spanische keine einheitliche Größe darstellt, sondern durch Variation gekennzeichnet ist, ist keine Erscheinung, die erst in der Gegenwart erkannt wurde. Viele ältere Autoren thematisieren bereits Phänomene innersprachlicher Variation, wenn auch in ganz unterschiedlichen Zusammenhängen. So zieht Juan de Valdés in seinem *Diálogo de la lengua* (entstanden 1535, veröffentlicht allerdings erst 1737) mehrfach die Autorität von Antonio de Nebrija, dem Verfasser der ersten Grammatik des Spanischen (*Gramática de la lengua castellana*, 1492), mit dem Hinweis auf dessen andalusische Herkunft in Zweifel (z.B. „[...] no se puede negar que era andaluz [...]"; „[...] porque él era de Andaluzía, donde la lengua no sta muy pura" (1535/1998, 124), was Rückschlüsse auf die geographische Variation im spanischen Sprachraum seiner Zeit erlaubt. Zu Beginn des 17. Jahrhunderts konstatiert der Historiker Aldrete Unterschiede im Spanischen zu beiden Seiten des Atlantiks und verbindet dies mit einem Werturteil zugunsten des Spanischen in Spanien (vgl. Polzin-Haumann 2006, 275). Auch in der frühen spanischen Lexikographie, im *Tesoro de la lengua castellana, o española* von Covarrubias (1611), finden sich Beobachtungen zur Variation des Kastilischen; so werden Lemmata u.a. als *aldeano, bajo, ciudadano, bárbaro, termino de caçadores* gekennzeichnet (vgl. Mühlschlegel 2000, 157-159). Und im metasprachlichen Diskurs des 18. Jahrhunderts werden Fragen der sozialen, geographischen und situativen Variation aufgegriffen und im Kontext normativer Diskurse in Bezug zu dem durch die Real Academia Española definierten Standard gesetzt (vgl. Polzin-Haumann 2006, 210-224).
Diese ausgewählten Beispiele – die Liste ließe sich verlängern – zeigen zum einen, dass die Auseinandersetzung mit sprachlicher Variation im Laufe der Geschichte häufig, ja im Grunde von Beginn an in metasprachlichen Aktivitäten präsent ist, auch wenn hierin nicht die eigentliche Zielsetzung der Autoren be-

steht. Zum zweiten wird deutlich, dass diese Auseinandersetzung oft mit Bewertungen verbunden ist, in deren Zuge Variation als ‚Abweichung' von einem ‚Standard' wahrgenommen wird.

Dabei ist unter *Standard(sprache)* zunächst nichts anderes als eine Erscheinungsform einer Sprache und damit ebenfalls eine ‚Varietät' zu verstehen (im Folgenden ist daher auch von *Standardvarietät* die Rede). Im Gegensatz zu anderen Varietäten handelt es sich allerdings um eine normierte Varietät, die in Form von Regeln für den korrekten mündlichen und schriftlichen Gebrauch kodifiziert ist (z.B. in wissenschaftlichen Wörterbüchern und Grammatiken). Das Besondere an der Standardsprache sind ihre allgemeine Akzeptanz in der jeweiligen Sprachgemeinschaft und ihre kommunikative Reichweite; entsprechend hoch ist das Prestige, das ihr „durch das Bewusstsein ihrer Sprecher" zugeschrieben wird (Pöll 2000, 52; vgl. insgesamt auch Polzin-Haumann 2012, 45).

Historisch gesehen, rückte die systematische Dokumentation der ‚Abweichungen' von der Standardsprache zunächst in der dialektologischen bzw. sprachgeographischen Forschung in den Mittelpunkt, die sich im 19. Jahrhundert zum deutschsprachigen Raum, in der Romania ausgehend von Isaia Graziadio Ascoli in Italien und Gaston Paris, Jules Gilliéron u.a. in Frankreich entwickelt (vgl. Weinhold & Wolf 2001, 829-831). Die kartographische Erfassung des französischen Sprachraums im *Atlas linguistique de la France* (1902-1910) gilt vielfach als Begründung der modernen Sprachgeographie.

Die für die Entwicklung der heutigen differenzierenden Varietätenlinguistik wichtigen Begrifflichkeiten werden in den 1950er Jahren geprägt und in der Romanistik vor allem durch Eugenio Coseriu etabliert. Die Termini *diatopisch* und *diastratisch* stammen ursprünglich von Leiv Flydal, ebenso wie *Architektur der Sprache*; den Terminus *diaphasisch* fügte Coseriu später hinzu und erweiterte damit das *diasystematische* Konzept (vgl. Sinner 2014, 63-66). Diese Terminologie bildet bis heute das Kerninstrumentarium der Varietätenlinguistik. So ist es üblich, von *diatopischer Variation* (in geographischer Hinsicht), *diastratischer Variation* (in sozialer Hinsicht) und *diaphasischer Variation* (in situativer Hinsicht) zu sprechen. Darüber hinaus wird bisweilen eine *diamesische* Variationsebene angenommen, die sich auf die Ebene Schriftlichkeit/Mündlichkeit bezieht. Die Frage nach der Einordnung der medialen/konzeptionellen Realisierung von Sprache ist allerdings sehr komplex und, wie Sinner (2014, 209-231) zeigt, keineswegs unumstritten. Ein weit verbreitetes Modell ist das Nähe-Distanz-Kontinuum, das von Koch & Oesterreicher (^{2}2011 [1990]) entwickelt wurde (vgl. auch den Überblick in Koch & Oesterreicher 2001).

Sinner (2014, 9-17) weist weiterhin auf die Vielfalt der Standpunkte und Fragestellungen hin und unterstreicht auch den Beitrag soziolinguistischer Forschungsansätze für die Herausbildung der heutigen Varietätenlinguistik. Es handelt sich keineswegs um eine homogene Disziplin; auch der Terminus *Varietät* wird nicht einheitlich gehandhabt: „I.d.R. geht man davon aus, dass sich eine sprachliche Varietät dadurch auszeichnet, dass [...] bestimmte Realisierungsformen des Sprachsystems in vorhersehbarer Weise mit bestimmten sozialen und funktionalen Merkmalen kookkurieren (gemeinsam auftreten)" (ebd., 19; vgl. auch ebd., 20-28 und Ammon & Arnuzzo-Lanszweert 2001, 793f.).

Charakteristisch für die aktuelle varietätenlinguistische Forschung ist eine deskriptive Herangehensweise, d.h. es geht darum, eine Varietät empirisch zu erfassen und in ihrem Funktionieren zu beschreiben. Dabei ist zu beachten, dass hier eine Vereinfachung insofern vorliegt, als jeder Sprecher einer historischen Einzelsprache verschiedene Varietäten beherrscht und ‚eine Varietät' in der Regel nicht als isolierte Größe existiert – ein Aspekt, den auch die Beiträge dieses Bands widerspiegeln. Vielmehr handelt es sich um ein auf der Forschungsebene fokussiertes Bündel an Merkmalen im Sprachgebrauch, das zu bestimmten Parametern in Bezug gesetzt wird. Wenn dann bestimmte Merkmale zu einer bestimmten Zeit als kennzeichnend für eine bestimmte Varietät gelten, liegt weniger eine feste, unveränderliche Größe vor als ein (in einer sozialen Gruppe, einem Gebiet etc.) in einem gewissen Umfang generalisiertes Phänomen des Sprachgebrauchs.

Zunächst wurden varietätenlinguistische Fragen für das Spanische vielfach aus sprachgeographischer Perspektive („el español en...") aufgegriffen (vgl. dazu die Überblicksdarstellungen in Holtus & Metzeltin & Schmitt 1992, Born et al. 2012, Herling & Patzelt 2013). Eine spezifische Perspektive wird aktuell im Kontext der Plurizentrikforschung eingenommen, die die Existenz unterschiedlicher Standardvarietäten postuliert: Amerikanisches und australisches Englisch neben britischem Englisch, *français québécois* neben *français hexogonal* und für das Spanische das Nebeneinander von (latein)amerikanischen Standardvarietäten und europäischem (kastilischem) Standard. In diesem Ansatz werden Phänomene der diatopischen Variation sowie Sprachnormen und ihre Kodifizierung in Verbindung mit Fragen des Sprachbewusstseins und der Sprachpolitik betrachtet (vgl. z.B. Bierbach 2000, Lebsanft 2004, Lebsanft & Mihatsch & Polzin-Haumann 2012a und 2012b). Bereichert wird das Spektrum der Varietäten außerdem durch *lingua franca*-Varietäten wie *International English*, für das ebenfalls schon der Status einer Standardvarietät reklamiert wurde (vgl. Howatt & Widdowson 2005, 361), sowie durch nur eingeschränkt auftretende ‚Kunstvarietäten' wie das *español neutro*, das bisher nur im Medienbereich wie z.B. der Synchronisation von Filmen Anwendung findet (vgl. Polzin-Haumann 2005, 282, Lebsanft & Mihatsch & Polzin-Haumann 2012b, 13). Diese Beobachtungen illustrieren exemplarisch die oben angesprochene Heterogenität der varietätenlinguistischen Forschung und deren vielfältige Bezüge zu verschiedenen anderen Disziplinen.

Überblickt man die Entwicklung der Varietätenlinguistik aus fremdsprachendidaktischer Sicht, so lassen sich durchaus parallele Entwicklungen beobachten, die Anlass zu einem Dialog zwischen den beiden Bereichen sein sollten. Ausgangspunkt war auch in der Didaktik die Dominanz einer Standardvarietät, die im Fremdsprachenunterricht zum ‚Lehr- und Lernstandard' erhoben wurde und an dem sich alle Beteiligten – Lehrpläne und Lehrwerke, Lehrkräfte und Lernende – auszurichten hatten.

Über die Notwendigkeit und den Nutzen eines solchen Lehr- und Lernstandards, der insbesondere in der Spracherwerbsphase die Funktion einer Orientierungsnorm hat und für die Schülerinnen und Schüler eine Lernerleichterung darstellt, besteht relativ breiter Konsens. Was kritisch gesehen wurde und wird, ist die Begrenztheit dieses Ansatzes, denn ‚die' Standardsprache (bzw. eine einzige Standardvarietät im Fall der plurizentrischen Sprachen) spiegelt nun einmal nicht die komplexe sprachliche Realität der Zielsprachen wider, an die die Lernenden herangeführt werden sollen. Auch wenn diese Realität im institutionellen Fremdsprachenunterricht, der seinerseits diversen Restriktionen unterworfen ist, sicher nicht in allen ihren Facetten vermittelt werden kann, so kristallisieren sich doch zwei Hauptpunkte der Kritik heraus: Zum einen die fehlende Einbeziehung von Nicht-Standard-Varietäten wie Umgangs- oder Jugendsprache, zum anderen die Fixierung des Fremdsprachenunterrichts im deutschsprachigen Raum auf die *europäischen* Standardvarietäten, im Fall des Englisch-, Französisch- und Spanischunterrichts also auf das britische Englisch, das *français hexogonal* bzw. das kastilische Spanisch. Dies hat zur Folge, dass andere Standardvarietäten wie z.b. *American English, français québécois* oder die amerikanischen Standards des Spanischen keine oder nur eine geringe Berücksichtigung erfahren. So erschöpft sich etwa die Begegnung mit dem amerikanischen Englisch in den Lehrwerken der vor-kommunikativen Zeit in der Regel in einer Wortschatzliste, in der amerikanischer Alltagswortschatz den entsprechenden britischen Pendants gegenübergestellt wird (z.b. AmE *elevator, fall, vacation* – BrE *lift, autumn, holiday*).

Erste kritische Stimmen zu dem in dieser doppelten Weise ‚geschlossenen' Fremdsprachenunterricht sowie Forderungen nach einer Öffnung bezüglich weiterer Standard- sowie von Nicht-Standard-Varietäten finden sich bereits im Anschluss an die kommunikativen Wende der 1970er Jahre (für Französisch z.B. Baum 1979, Kramer 1979, Meißner 1980). Gezieltere Anstöße für eine varietätenbezogene Öffnung kommen ab den 1980er und 1990er Jahren aus der Didaktik des interkulturellen Lernens, aus der *Language Awareness*-Forschung sowie aus der Lehrwerkkritik. Den genannten Ansätzen ist gemeinsam, dass das Ziel des Fremdsprachenunterrichts im Erwerb einer umfassenden sprachlich-kommunikativen und interkulturellen Handlungsfähigkeit gesehen wird, welche durch Sprachbewusstheit, also die Fähigkeit zur Reflexion über Sprache und Sprachgebrauch, eine zusätzliche Stützung erfährt; der in puncto Varietäten nach wie vor zu sehr geschlossene Fremdsprachenunterricht vermag diese Ziele jedoch nicht zu erreichen.

Die Kritik entzündet sich insbesondere an den Lehrwerken dieser Zeit. So stellt Franz-Joseph Meißner in seinem Basisartikel zum Themenheft „Sprachliche Varietäten im Französischunterricht" (1995) fest, dass die Frage *Quel français enseigner?* in den Lehrwerken „zur Erstellung eines pädagogisch-linguistischen Konstrukts" geführt habe, „das in der sprachlichen Realität der Frankophonie keine Entsprechung besitzt" (1995, 4). Meißner plädiert für eine verstärkte Berücksichtigung von konzeptioneller Mündlichkeit, vor allem in den

Lehrwerk-Dialogen, und bezieht sich damit explizit auf das oben erwähnte Modell von Koch & Oesterreicher (^{2}2011 [1990]) zur Nähe- und Distanzsprache. Mehr in den Fokus der Forschung rückt das Thema ‚Varietäten im Fremdsprachenunterricht' ab der Jahrtausendwende. Die Initiative dazu geht von der Linguistik aus: Im Kontext der Plurizentrikforschung (Pöll 2000 für Französisch, Zimmermann 2001 und 2006 für Spanisch, Hensel 2000 sowie Baßler & Spiekermann 2001 für DaF) wird eine verstärkte Wahrnehmung dieser Sprachen als plurizentrisch und damit eine Abkehr vom traditionellen ‚Ein-Standard-Unterricht' gefordert.

Der ebenfalls um diese Zeit aufkommende Diskurs zur Kompetenzorientierung findet allerdings erst mit einer gewissen zeitlichen Verzögerung Berücksichtigung, so dass erst ab ca. 2010 die Frage erörtert wird, welche Kompetenzen die Lernenden in Bezug auf welche Arten von Varietäten erwerben sollen. Für die deutsche Französischdidaktik spiegelt sich dies etwa in dem von Michael Frings und Frank Schöpp herausgegebenen Band *Varietäten im Französischunterricht* (2011) wider. So plädiert Frank Schöpp (2011, 81) dafür, dass wichtige Charakteristika der gesprochenen Alltagssprache von den Lernenden nicht nur rezeptiv, sondern auch aktiv beherrscht werden sollten; ähnlich wird in den Beiträgen zur Jugendsprache argumentiert. Daniel Reimann, der das Konzept einer „plurizentrischen Didaktik" einführt (2011, 125-128), stellt die damit verbundene Förderung von inter- und transkultureller Kompetenz in den Vordergrund.

Auch in der Englischdidaktik werden die bisher genannten Fragestellungen diskutiert, auch hier werden grundsätzlich eine varietätenbezogene Öffnung des Unterrichts und eine plurizentrische Didaktik favorisiert. Die Meinungen scheiden sich aktuell jedoch an der Frage, wie mit der Entwicklung des Englischen zur *lingua franca* und damit zu einer ‚internationalen Varietät' umzugehen sei. Soll diese Varietät Eingang in den Englischunterricht finden? Befürworter halten ihre Einbeziehung für dringend geboten (z.B. Schubert 2014), Gegner warnen angesichts ihrer sprachlichen Instabilität und ihrer mangelnden Anbindung an eine englischsprachige Zielkultur davor (z.B. Gnutzmann 2007). Ähnliche Probleme ergeben sich – wenn auch in viel geringerem Maß – für den Umgang mit dem *español neutro* – vgl. den Beitrag von Meisnitzer im vorliegenden Band.

Was die fachdidaktische Auseinandersetzung mit Varietäten im Spanischunterricht betrifft, so kam eine Fülle von Anregungen von zwei Publikationen, die den ELE-Unterricht (*español como lengua extranjera*) aus spanischer Sicht betrachten. Unter dem Titel *¿Qué español enseñar?* befassen sich Francisco Moreno Fernández (^{2}2007 [2000]) sowie María Antonia Martín Zorraquino & Cristina Díez Pelegrín (2001) aus verschiedenen Perspektiven mit der Frage nach dem Stellenwert von Varietäten und den Möglichkeiten ihrer Einbindung in Sprachlehr- und Sprachlernszenarien. Während Moreno Fernández eher diatopisch orientiert ist (vgl. auch neuere Publikationen, insbes. 2010 und 2014), umfassen die Beiträge in Martín Zorraquino & Díez Pelegrín ganz unterschiedliche Facetten von Varietäten, von Schriftlichkeit/Mündlichkeit über Jugend- und Umgangssprache und situative Spezifika bis hin zu Textsorten, die für den Unterricht des Spanischen als Fremdsprache geeignet sind.

Von Seiten der deutschen Spanischdidaktik ist das Thema *Varietäten* bisher allerdings kaum behandelt worden (vgl. aktuell aber z.B. Leitzke-Ungerer, erscheint). Deshalb haben die beiden Herausgeberinnen eine Sektion zu diesem Thema im Rahmen des 20. Deutschen Hispanistentags (Heidelberg, 18.-22. März 2015) initiiert. Der Grundgedanke dabei war, dass die verstärkte Verzahnung von fachwissenschaftlicher und praxisorientierter Forschung sowohl der Didaktik als auch der linguistischen Varietätenforschung aufschlussreiche Impulse vermitteln kann. Der außerordentlich fruchtbare und konstruktive Austausch in der Sektion hat dies bestätigt. Der vorliegende Band versammelt eine Reihe von Beiträgen aus der Heidelberger Sektion und möchte sowohl einem fachdidaktisch interessierten Publikum als auch linguistisch orientierten Leserinnen und Lesern einen neuen Blick auf die Thematik ermöglichen.

In vielen Beiträgen spiegelt sich die Komplexität des Phänomens der Varietäten; häufig sind – wie nach den Erfahrungen der Varietätenforschung zu erwarten – mehrere Varietätendimensionen zugleich präsent, d.h. nicht nur die räumliche, sondern gleichermaßen auch die soziale und/oder die situative Dimension. Des Weiteren ist auch im Hinblick auf den ‚Dialogpartner' eine Differenzierung erkennbar: Die Relevanz varietätenlinguistischer Erkenntnisse betrifft oftmals verschiedene Instanzen (den Spanischunterricht an Schule und Hochschule, aber etwa auch die Lehrerbildung und die Sprachenzertifikate). Trotzdem war es möglich, jeden Beitrag primär einem der Bereiche zuzuordnen, so dass diese Zuordnung als Gliederungsprinzip für den Sammelband gewählt werden konnte, dessen Beiträge im Folgenden kurz vorgestellt werden.

Ausgangspunkt des Beitrags von JUDITH VISSER „Formen der Anrede im Spanischunterricht" ist die zentrale Bedeutung einer passenden Anrede des Gesprächspartners für eine erfolgreich verlaufende Kommunikation. Schülerinnen und Schülern ist diese Anforderung grundsätzlich aus der Muttersprache bekannt; in der Fremdsprache liegt hier ein komplexes Anforderungsprofil vor, bei dem darum geht, den korrekten Einsatz der sprachlichen Mittel und die soziale Dimension der Kommunikation gleichermaßen zu beachten. So besteht in der europäischen Norm mit *tú/vosotros* für die vertraute und *usted/ustedes* für die distanzierte Anrede ein überschaubares System, doch ist im europäischen Spanisch der *tuteo* üblicher als das Duzen im Deutschen. In vielen Ländern Hispanoamerikas sowie in Teilen Andalusiens dagegen nimmt im Standard *ustedes* die Stelle von *vosotros* ein; es gibt weiterhin spezifische Verwendungskontexte von *usted* und *tú* sowie in einigen Ländern *vos* anstelle von oder neben *tú* gebraucht. VISSER systematisiert zunächst sowohl die Formen der Anrede im Spanischen als auch die relevanten Faktoren für ihren Gebrauch und untersucht dann, wie aktuelle Lehrwerke mit dieser komplexen Situation umgehen. Sie zeigt auf, dass die Grammatik im Vordergrund steht und insofern Varietäten durchaus Eingang in Lehrwerke gefunden haben. Andere für die Ausbildung einer interkulturellen kommunikativen Kompetenz zentrale Dimensionen sind demgegenüber zu wenig präsent.

EVA LEITZKE-UNGERER nimmt in ihrem Beitrag „*Vosotros* vs. *ustedes*: Wie viele Standardvarietäten verträgt der Spanischunterricht in den ersten Lernjahren?" die Varianz der Anredeformen sowie weiterer varietätensensitiver Phänomene zum Anlass, um generell über das Problem der Koexistenz unterschiedlicher Standardvarietäten im Spanischunterricht zu reflektieren; im Zentrum steht dabei die Spracherwerbsphase, in der sich die SuS die Fremdsprache erst aneignen und daher in besonderem Maße einer Orientierung in Bezug auf einen bestimmten Standard bedürfen. Da die Lehrwerke der deutschen Schulbuchverlage ausschließlich das kastilische Spanisch als Lehr- und Lernstandard verwenden, treten insbesondere dann Divergenzen auf, wenn eine Lehrkraft mit amerikanischem Standard unterrichtet. Dieses Nebeneinander von Varietäten wird zunächst für den Spanischunterricht der Anfangsphase und hier wiederum mit Blick auf die besonders kritischen Bereiche der Aussprache und der Anredeformen untersucht; aufgrund der aufgezeigten Probleme plädiert die Autorin für die konsequente Verwendung eines einzigen, und zwar des kastilischen Lehrwerk-Standards. In der restlichen Spracherwerbsphase können und sollen hingegen auch amerikanische Varietäten berücksichtigt werden, allerdings nur rezeptiv. Als Zielvorstellung ergibt sich die Formel ‚produktive Ein-Standard-Kompetenz plus rezeptive Kompetenz in mehreren Standardvarietäten'.

Die letztgenannte Kompetenz steht auch im Mittelpunkt des Beitrags von DANIEL REIMANN „Rezeptive Varietätenkompetenz: Modellierung einer Teilkompetenz zwischen funktionaler kommunikativer Kompetenz und Sprachbewusstheit". Nach einer Begriffsdefinition, die den Fokus auf das Hörverstehen von diatopischen Varietäten und Regionalstandards des Spanischen legt, und der Verortung der Kompetenz an der Schnittstelle von allgemeiner Hörverstehens-, inter-/transkultureller Kompetenz und Sprachbewusstheit, entwickelt der Autor das Konzept einer „Didaktik des plurizentrischen Spanisch", das er sowohl theoretisch als auch unterrichtspraktisch fundiert. Dazu werden, nach einem Überblick aus linguistischer Sicht über ausgewählte, für den Spanischunterricht relevante varietätenspezifische Phänomene, Gründe für die Auswahl bestimmter diatopischer Varietäten diskutiert und Vorschläge für ein Curriculum zur Entwicklung rezeptiver Varietätenkompetenz im Spanischunterricht unterbreitet. Der Beitrag schließt mit zwei Praxis-Beispielen zur Förderung der rezeptiven Varietätenkompetenz.

Anknüpfend an einige von LEITZKE-UNGERER und REIMANN thematisierte Aspekte beschäftigt sich CHRISTIAN KOCH mit der komplexen Frage der Aussprachenorm. In seinem Beitrag „[ʃ]o me [ʃ]amo [ʃ]olanda. Überlegungen zur Akzeptabilität von Aussprachevarietät bei Spanisch-Lehrkräften" zeigt er den Stellenwert und die vielfältigen Facetten dieser Frage zwischen der gerade für das interkulturelle Lernen wichtigen Wertschätzung der sprachlich-kulturellen Vielfalt einerseits und der – ebenso notwendigen wie berechtigten – Anlehnung an eine Standardvarietät andererseits (im Falle des Fremdsprachenunterrichts Spanisch in Deutschland die kastilische). In seinem Beitrag, der den schulischen und (im Kontext der Lehrerbildung) den universitären Spanischunterricht gleichermaßen betrifft, zeigt der Autor den besonderen Stellenwert der eng mit der Lernerbiographie verbundenen Aussprache im Vergleich z.b. zur Lexik und Morphosyntax und die daraus resultierenden spezifischen Schwierigkeiten auf. An konkreten Beispielen aus hispanophonen Varietäten werden Fragen der Akzeptabilität einer diatopisch markierten Aussprache diskutiert. KOCH kommt zu dem Schluss, dass die universitäre Ausbildung kaum Einfluss auf die (u.a. durch Auslandsaufenthalte geprägte) Aussprache angehender Lehrkräfte nehmen kann, sondern dass ihre Rolle vielmehr darin liegt, diesen Fragenkomplex zu reflektieren, potenzielle Probleme zu benennen und Kriterien für den Umgang mit praktischen Fragen zur Verfügung zu stellen.

CHRISTOPH BÜRGEL konstatiert in seinem Beitrag „Überlegungen zur Anbahnung nähesprachlicher Kommunikationskompetenz im Spanischunterricht", dass die Nähe- bzw. Alltagskommunikation, die im Wesentlichen durch ein nähe- bzw. umgangssprachliches Spanisch gekennzeichnet ist, für die meisten Lernenden eine große Herausforderung darstellt und daher intensiver als bislang üblich gefördert werden muss. Der Autor hat dazu ein Verfahren zur Entwicklung nähesprachlicher Kommunikationsfähigkeit entwickelt. Es basiert darauf, dass den Lernenden ausgewählte „kommunikative Formate" der spanischen Alltagssprache (z.B. ‚etwas als positiv oder negativ bewerten') vermittelt werden, d.h. bestimmte, auf die jeweilige Sprechabsicht zugeschnittene rhetorisch-stilistische Verfahren der Nähesprache; im Sinne der Bewusstmachung wird dabei auch kontrastiv (Vergleich von Spanisch und Deutsch) gearbeitet. Nach einer linguistischen und didaktisch-methodischen Fundierung des Konzepts wird eine Unterrichtseinheit zum Format des ‚Bewertens' – hier: Bewertung von Ferienaktivitäten – vorgestellt, die die Bewusstmachung des Formats, das Einüben der sprachlichen Mittel sowie die Anwendung in Dialogsituationen vorsieht.

Im Zentrum des Beitrags von KATHARINA PATER „Von ¡Hola tío! bis zu ¿Qué onda güey? Jugendsprachliche Anredeformen ausgewählter spanischsprachiger Varietäten als Beitrag zur Entwicklung kommunikativer Kompetenz" stehen Besonderheiten im Sprachgebrauch Jugendlicher, insbesondere Anrede- und Grußformeln, die nicht nur für die Kontaktaufnahme und -sicherung wichtig sind, sondern auch als Ausdruck der sozialen Beziehung zwischen den Sprechern fungieren und nicht zuletzt wichtige Funktionen für die Strukturierung und Steuerung der Kommunikation erfüllen. Ihre Relevanz für den aktuellen Fremdsprachenunterricht steht damit außer Frage. Nach einer Beschreibung der entsprechenden Inventare ausgewählter hispanoamerikanischer Varietäten inklusive ihrer Funktionen werden anhand von Arbeitsblättern Aufgaben vorgestellt, die den Lernenden einen authentischen Zugang zu den verschiedenen jugendsprachlichen Varietäten eröffnen sollen. Dieser Zugang müsse, so die Autorin, über die Sprachbewusstheit der Schülerinnen und Schüler sowie deren interkulturelle Sensibilisierung verlaufen, denn angesichts der erheblichen regionalen und sozialen Variation sowie des schnellen Wandels jugendsprachlicher Kommunikation sei die Vermittlung konkreter sprachlicher Phänomene wenig sinnvoll.

Der Beitrag von CORINNA KOCH „*Onomatopeyas e interjecciones*: Interkulturell-kommunikative Kompetenz durch Comics verschiedener Sprachen und Varietäten des Spanischen" stellt das Medium ‚Comic' in den Mittelpunkt und konzentriert sich auf ein sprachliches Charakteristikum der Gattung: die gehäufte Verwendung von Lautmalereien und Interjektionen. Während erstere nur sprachspezifische Differenzen aufweisen (z.B. span. *ja ja ja* vs. dt. *hahaha* für ‚Lachen'), kommen bei letzteren varietätenspezifische Unterschiede hinzu. Ziel des Beitrags ist es, die Lernenden mit diesen Phänomenen vertraut zu machen, da diese nicht nur in Comics, sondern auch im Alltag (etwa in jugendsprachlicher digitaler Kommunikation) eine Rolle spielen. Anhand einer Vielzahl von Beispielen zeigt die Autorin, inwiefern die Auseinandersetzung mit Onomatopoetika und Interjektionen aus unterschiedlichen Ländern der Hispanophonie zur Förderung der sprachlich-interkulturellen Kompetenz und der Sprachbewusstheit beitragen kann.

Ausgangspunkte des Beitrags von JULIA MONTEMAYOR & VERA NEUSIUS „Diatopik im Unterricht romanischer Sprachen: Eine kontrastive Analyse zu Varietäten des Spanischen und Französischen am Beispiel ausgewählter Lehrwerke" sind die bildungspolitische Vorgabe, wonach der Fremdsprachenunterricht zur „sozialen, kulturellen und beruflichen Handlungsfähigkeit" führen solle (Sprachenkonzept Saarland 2011), sowie die Feststellung, dass ein dazu notwendiger thematischer Bereich – die Varietäten der modernen Fremdsprachen – bislang nur eine marginale Stellung im Unterricht hat. Im Zentrum des Beitrags steht eine kontrastive Lehrwerkanalyse, in der die Autorinnen der Frage nachgehen, in welchem Umfang und auf welche Art und Weise diatopische Varietäten in neueren und neuesten Lehrwerken für den Französisch- und den Spanischunterricht repräsentiert sind. Von besonderem Interesse ist dabei, ob die Darstellung in den Lehrwerken das Kriterium der Ausgewogenheit erfüllt (z.B. angemessene Thematisierung spanischer und lateinamerikanischer Varietäten) und somit nicht nur der Förderung von (rezeptiver) Sprachkompetenz dient, sondern auch von Sprachbewusstheit und interkultureller Kompetenz. Die Ergebnisse der Analyse zeigen, dass hier trotz guter Ansätze noch Defizite bestehen.

BENJAMIN MEISNITZER diskutiert in seinem Beitrag „*Español neutro* im Fremdsprachenunterricht? Potenzial und Grenzen" den Stellenwert dieser vorrangig mit den Medien verbundenen Varietät im Fremdsprachenunterricht. Hierfür wird zunächst das *español neutro* innerhalb des Varietätengefüges des Spanischen als plurizentrischer Sprache verortet und an Beispielen die zentrale Bedeutung der Massenmedien, insbesondere der Synchronisation und der Übersetzung, aufgezeigt. Die Hypothese, dass gerade angesichts seiner panamerikanischen Verbreitung das *español neutro* ideal für den Fremdsprachenunterricht sein müsste, sieht der Autor allerdings schließlich als widerlegt an, da authentische kommunikative Kontexte, eine kulturelle Verankerung und letztlich auch die Akzeptanz seitens der Sprecher fehlen. Das *español neutro* könne daher allenfalls in spezifischen Lehr-Lernkontexten wie z.B. Fachsprachenkurse für Wirtschaftskommunikation zum Einsatz kommen. Entsprechende Lehrmaterialien bilden allerdings bislang ein Desiderat.

Zwei Beiträge widmen sich ganz dem Komplex der Varietäten des Spanischen in der Lehrerbildung. AGUSTÍN CORTI & BERNHARD PÖLL greifen in ihrem Beitrag „Pluralidad lingüística y cultural en la formación de profesores de E/LE: estado de la cuestión y desiderata" die wichtige Frage nach der sprachlichen Norm und ihren kulturellen Implikationen auf. Sie zeigen anhand verschiedener Materialien, dass die Entscheidung für eine sprachliche Norm gerade auch im Falle einer plurizentrischen Sprache wie dem Spanischen nicht ohne einen entsprechenden kulturellen Kontext auskommt, der im Spanischunterricht nahezu normativ wirke. Für angehende Spanischlehrkräfte aus einem anderen kulturellen Kontext, die diese Kultur in einem ersten Schritt lernen und in einem zweiten selbst lehren, sei diese Erkenntnis zentral, da sie, so die Autoren, unmittelbar mit dem Stellenwert der kommunikativen interkulturellen Kompetenz zusammenhänge. Diese sei hier anders zu definieren sei als in Fällen, in denen die Lernenden für sich selbst diese Kompetenz ausbilden. Obgleich sich die Autoren auf den germanophonen Kontext und das österreichische Curriculum beziehen, werden in diesem Beitrag Überlegungen von allgemeiner Bedeutung für die Ausbildung von Spanischlehrkräften formuliert.

Im Zentrum des Beitrags von CHRISTINA REISSNER „Das Spanische und seine Varietäten aus der Sicht zukünftiger Fremdsprachenlehrerinnen und -lehrer. Überlegungen zur Lehrerausbildung" steht die Frage, welchen Stellenwert Lehramtsstudierende des Spanischen der Hispanophonie und ihrem Varietätenreichtum für die spätere Unterrichtstätigkeit beimessen. Die Ergebnisse einer entsprechenden Fragebogenerhebung zeigen, dass zwar ein gewisses Bewusstsein für die Relevanz der Varietäten vorhanden ist, dass jedoch die Mehrzahl der Studierenden die Plurizentrik des Spanischen und damit verbundene (sozio-)linguistische und interkulturelle Aspekte als eher marginal für den Unterricht einschätzt. Die Autorin plädiert daher dafür, dass dieser Themenkomplex im Lehramtsstudium Spanisch mehr Gewicht erhalten sollte, und macht Vorschläge für die gezielte Entwicklung von „Varietätenkompetenz" im Rahmen der Lehrerausbildung.

In zwei weiteren Beiträgen werden abschließend Fragen der Varietäten des Spanischen in Sprachenzertifikaten angeschnitten.

CARLA AMORÓS NEGRE befasst sich in ihrem Beitrag „Análisis de la pluralidad normativa en la certificación del Español como Lengua Extranjera: los DELE" mit dem auch in Deutschland angebotenen *Diploma de Español como Lengua Extranjera*. Ihre Analyse konkreter Prüfungsmaterialien zeigt – insbesondere nach einer 2008 erfolgten Reform – eine Bandbreite an sprachlichen Merkmalen, die verschiedenen spanischen Standardnormen angehören, mithin also durchaus eine plurizentrische Orientierung. Die Analyse deckt aber auch problematische Aspekte im Bereich der Korrektoren- und Prüferschulung auf. Angesichts verschiedener Entwicklungen, die eine plurizentrische Ausrichtung und Durchführung der Arbeiten im Bereich der internationalen Zertifizierung fördern, schließt der Beitrag mit einer optimistischen Einschätzung.

KAROLIN MOSER unterzieht in ihrem Beitrag „El CELU: Examen de ELE argentino con orientación pluricéntrica" das argentinische Sprachenzertifikat CELU, das auch in einer Reihe anderer Länder (u.a. Deutschland) abgelegt werden kann, einer kritischen Prüfung in Bezug auf den Umgang mit den diatopischen Varietäten des Spanischen. Die Analyse ausgewählter Dokumente (Eigendarstellung der CELU-Koordinatoren, Materialien zur Vorbereitung auf das Examen, ausgewählte Prüfungsaufgaben) zeigt, dass CELU keineswegs das argentinische Spanisch favorisiert, sondern eindeutig plurizentrisch orientiert ist. So werden in den Prüfungen im Bereich Sprachproduktion alle Standardvarietäten des Spanischen akzeptiert; in der Sprachrezeption wird das Verstehen von Texten aus unterschiedlichen Standardvarietäten erwartet. Trotz dieser klaren Linie ist die Korrektur nicht immer einfach, wie die Autorin abschließend am Beispiel des *voseo* zeigt.

Mit den hier versammelten Beiträgen – die freilich nur einen kleinen Ausschnitt aus der Vielzahl der Forschungsgegenstände an der Schnittstelle von Varietätenlinguistik und Fremdsprachendidaktik abdecken – hoffen wir, den Dialog zwischen den Disziplinen ein Stück vorangebracht zu haben. Wir würden uns freuen, wenn sich hieraus Anregungen sowohl für die weitere Forschung als auch für die Unterrichtspraxis ergeben.

Abschließend möchten wir uns bei den Beiträgerinnen und Beiträgern für die angenehme Sektionsarbeit bedanken. Zu Dank verpflichtet sind wir außerdem Lisa Gaida und Philipp Schwender (Saarbrücken) sowie Caroline Krüger (Halle/ Saale) für ihre Unterstützung bei den Korrekturdurchgängen. Den Herausgebern der Reihe „Romanische Sprachen und ihre Didaktik", Dr. Michael Frings und Prof. Dr. Andre Klump, danken wir für die Aufnahme in die Reihe. Valerie Lange vom Ibidem-Verlag sei herzlich für die verlegerische Betreuung gedankt.

Halle (Saale) und Saarbrücken, im Januar 2017

Eva Leitzke-Ungerer und Claudia Polzin-Haumann

Literaturverzeichnis

AMMON, Ulrich & ARNUZZO-LANDSZWEERT, Anna M. 2001. „Varietätenlinguistik", in: Holtus & Metzeltin & Schmitt. edd. 2001, 793-823.
BAßLER, Harald & SPIEKERMANN, Helmut. 2001. „Dialekt und Standardsprache im DaF-Unterricht. Wie Schüler urteilen – wie Lehrer urteilen", in: *Linguistik online* 9/2. https://bop.unibe.ch/linguistik-online/article/view/966/1622 (15.01.17).
BAUM, Richard. 1979. „Zielsprache Französisch – aber welches Französisch?", in: Rattunde, Eckhard. ed. *Sprachnorm(en) im Fremdsprachenunterricht*. Frankfurt/M.: Lang, 45-61.
BORN, Joachim et al. edd. 2012. *Handbuch Spanisch. Sprache, Literatur, Kultur, Geschichte in Spanien und Hispanoamerika. Für Studium, Lehre, Praxis*. Berlin: Schmidt.
BIERBACH, Mechtild. 2000. „Spanisch – eine plurizentrische Sprache? Zum Problem von *norma culta* und Varietät in der hispanophonen Welt", in: *Vox Romanica* 59, 143-170.
FRINGS, Michael & SCHÖPP, Frank. edd. 2011. *Varietäten im Französischunterricht*. Stuttgart: ibidem.
GNUTZMANN, Claus. 2007. "Teaching and Learning English in a Global Context. Applied-linguistic and Pedagogical Perspectives", in: Volk-Birke, Sabine & Lippert, Julia. edd. *Anglistentag 2006 Halle. Proceedings*. Trier: WVT, 319-330.
HENSEL, Sonja N. 2000. „Welches Deutsch sollen wir lehren? Über den Umgang mit einer plurizentrischen Sprache im DaF-Unterricht", in: *Zielsprache Deutsch* 31/1, 31-39.
HERLING, Sandra & PATZELT, Carolin. edd. 2013. *Weltsprache Spanisch: Variation, Soziolinguistik und geographische Verbreitung. Handbuch für das Studium der Hispanistik*. Stuttgart: ibidem.
HOLTUS, Günter & METZELTIN, Michael & SCHMITT, Christian. edd. 1992. *Lexikon der romanistischen Linguistik*. Bd. VI/1: Aragonesisch/Navarresisch, Spanisch, Asturianisch/ Leonesisch, Tübingen: Niemeyer.
HOLTUS, Günter & METZELTIN, Michael & SCHMITT, Christian. edd. 2001. *Lexikon der romanistischen Linguistik*. Bd. I/2: Methodologie (Sprache in der Gesellschaft/ Sprache und Klassifikation/ Datensammlung und -verarbeitung). Tübingen: Niemeyer.
HOWATT, Anthony P.R. & WIDDOWSON, Henry G. [2]2005. *A History of English Language Teaching*. Oxford: Oxford University Press.
KOCH, Peter & OESTERREICHER, Wulf. 2001. „Gesprochene und geschriebene Sprache", in: Holtus & Metzeltin & Schmitt. edd. 2001, 584-627.
KOCH, Peter & OESTERREICHER, Wulf. [2]2011 [1990]. *Gesprochene Sprache in der Romania: Französisch, Italienisch, Spanisch*. Berlin: De Gruyter.
KRAMER, Johannes. 1979. „Sprachunterricht und Sprachvarietäten", in: *Französisch heute* 8, 99-107.
LEBSANFT, Franz. 2004. „Plurizentrische Sprachkultur in der spanischsprachigen Welt", in: Gil, Alberto & Osthus, Dietmar & Polzin-Haumann, Claudia. edd. *Romanische Sprachwissenschaft. Zeugnisse für Vielfalt und Profil eines Faches. Festschrift für Christian Schmitt zum 60. Geburtstag*. Frankfurt/M.: Lang, 205-220.
LEBSANFT, Franz & MIHATSCH, Wiltrud & POLZIN-HAUMANN, Claudia. edd. 2012a. El español, ¿desde las variedades a la lengua pluricéntrica? Frankfurt a.M./Madrid: Vervuert/ Iberoamericana.

LEBSANFT, Franz & MIHATSCH, Wiltrud & POLZIN-HAUMANN, Claudia. 2012b. „Variación diatópica, normas pluricéntricas y el ideal de una norma panhispánica", in: Dies. edd., 2012a, 7-18.

LEITZKE-UNGERER, Eva. erscheint. „Diatopische Aussprachevarietäten im Spanischunterricht. Ein Plädoyer für ein frühzeitiges systematisches Hörverstehenstraining", in: Bürgel, Christoph & Reimann, Daniel. edd. erscheint. *Sprachliche Mittel im Unterricht der romanischen Sprachen. Aussprache, Wortschatz und Morphosyntax in Zeiten der Kompetenzorientierung.* Tübingen: Narr.

MARTÍN ZORRAQUINO, María Antonia & DÍEZ PELEGRÍN, Cristina. edd. 2001. *¿Qué español enseñar? Normas y variación lingüísticas en la enseñanza del español a extranjeros.* Zaragoza: Universidad de Zaragoza. http://cvc.cervantes.es/ensenanza/biblioteca_ele/asele/asele_xi.htm (15.01.17).

MEIßNER, Franz-Joseph. 1980. „Zu: Sprachunterricht und Sprachvarietäten. Gedanken zu Johannes Kramers Beitrag aus der Sicht der Praxis", in: *Französisch heute* 9, 293-301.

MEIßNER, Franz-Joseph. 1995. „Sprachliche Varietäten im Französischunterricht", in: *Der fremdsprachliche Unterricht Französisch* 18, 4-8.

MORENO FERNÁNDEZ, Francisco. [2]2007 [2000]. *Qué español enseñar.* Madrid: Arco libros.

MORENO FERNÁNDEZ, Francisco. 2010. *Las variedades de la lengua española y su enseñanza.* Madrid: Arco libros.

MORENO FERNÁNDEZ, Francisco. 2014. „Qué español hablar – qué español enseñar", in: *Hispanorama* 145, 52-60.

MÜHLSCHLEGEL, Ulrike. 2000. *Enciclopedia, vocabulario, dictionario. Spanische und portugiesische Lexikographie im 17. und 18. Jahrhundert.* Frankfurt a.M./Madrid: Vervuert/ Iberoamericana.

PÖLL, Bernhard. 2000. „Plurizentrische Sprachen im Fremdsprachenunterricht (am Beispiel des Französischen)", in: Börner, Wolfgang & Vogel, Klaus. edd. *Normen im Fremdsprachenunterricht.* Tübingen: Narr, 51-63.

POLZIN-HAUMANN, Claudia. 2005. „Zwischen *unidad* und *diversidad* – sprachliche Variation und sprachliche Identität im hispanophonen Raum", in: *Romanistisches Jahrbuch* 56, 271-295.

POLZIN-HAUMANN, Claudia. 2006. *Sprachreflexion und Sprachbewusstsein. Beitrag zu einer integrativen Sprachgeschichte des Spanischen im 18. Jahrhundert.* Frankfurt/M.: Lang.

POLZIN-HAUMANN, Claudia. 2012. „Standardsprache, Norm und Normierung", in: Born, Joachim et al. edd. *Handbuch Spanisch. Spanien und Hispanoamerika. Sprache – Literatur – Kultur.* Berlin: Schmidt, 44-54.

REIMANN, Daniel. 2011. „Diatopische Varietäten des Französischen, Minderheitensprachen und Bilinguismus im transkulturellen Fremdsprachenunterricht", in: Frings & Schöpp. edd., 123-168.

SCHÖPP, Frank. 2011. „Konzeptionelle Mündlichkeit im Französischunterricht – où en est-on?", in: Frings & Schöpp. edd., 79-102.

SCHUBERT, Christoph. 2014. „Internationale Varietäten des Englischen. Aktuelle Ansätze der Sprachwissenschaft im Fremdsprachenunterricht", in: Gehring, Wolfgang & Merkl, Matthias. edd. *Englisch lehren, lernen, erforschen.* Oldenburg: BIS, 233-251.

SINNER, Carsten. 2014. *Varietätenlinguistik. Eine Einführung,* Tübingen: Narr.

VALDÉS, Juan de [1535]. *Diálogo de la lengua.* Edición de Cristina Barbolani. Madrid: Cátedra 1998.

WEINHOLD, Norbert & WOLF, Lothar. 2001. „Areallinguistik", in: Holtus & Metzeltin & Schmitt. edd. 2001, 823-835.
ZIMMERMANN, Klaus. 2001. „Die Frage der nationalen Standardvarietäten im Fremdsprachenunterricht des Spanischen: Fremdsprachenpolitische und didaktische Aspekte", in: *Hispanorama* 93, 30-43.
ZIMMERMANN, Klaus. 2006. „La selección de una variedad nacional como variedad principal para la enseñanza del español como lengua extranjera", in: Terborg, Roland & Garciá Landa, Laura. edd. *Los retos de la planificación del lenguaje en el siglo XXI.* Vol. 2. México: CELE/ UNAM, 565-590.

Varietäten des Spanischen
im Unterricht an Schule und Hochschule

Formen der Anrede im Spanischunterricht

Judith Visser

Einleitung

Jede Form der Kommunikation ist geprägt von der Frage, wie man sein Gegenüber anredet. Die Anrede sagt etwas aus über das Verhältnis der Kommunizierenden zueinander, die Situation, das Geschlecht, den sozialen Status, das Alter, die Bildung und regionale Herkunft der Interaktionspartner und nicht zuletzt über gültige Konventionen und Traditionen. Verstöße gegen geltende Normen können als unhöflich empfunden werden und eine erfolgreiche Kommunikation verhindern; es liegt also im Interesse der Kommunizierenden, sie zu vermeiden. In vielen Situationen des alltäglichen Lebens entscheiden wir uns intuitiv für eine Form der Anrede; weniger alltägliche Situationen stellen uns vor Entscheidungsfragen. Schon bei der Kommunikation in der Muttersprache erlebt jeder von uns Momente, in denen er über die Wahl der korrekten Anrede reflektieren muss. Das Ausmaß an Reflexion und die Gefahr von Normenverstößen erhöhen sich, sobald die Kommunikation in einer Fremdsprache erfolgt.

Das Englische als klassische erste Fremdsprache erscheint den Lernenden aufgrund der im Pronominalbereich heute fehlenden Differenzierung zwischen vertrauter und distanzierter Anrede wohl zunächst unproblematisch, auch wenn sie sich bei der nominalen Anrede durchaus Fragen stellen müssen wie: Wann gebraucht man *Miss*, *Mrs*. oder *Sir*? Ist es üblich, Personen mit dem Vor- oder Nachnamen anzusprechen? Auch im Französischen ist das pronominale Anredesystem für den deutschen Lerner auf den ersten Blick nicht schwierig, weil die Einteilung *tu – vous* dem deutschen *Du – Sie* wenn auch nicht grammatikalisch, so zumindest funktional zu entsprechen scheint. Im Italienischen dagegen verkompliziert sich das System aus deutscher Sicht im Plural dadurch, dass je nach Kontext die Formen *voi* oder *loro* gebraucht werden können (Schwarze 2009, 237f.). Noch komplexer sieht die Situation im Spanischen aus. Es verfügt in der europäischen Norm sowohl im Singular als auch im Plural über ein zweigliedriges System, in dem *tú* und *vosotros* die Stelle der vertrauten Anrede übernehmen, *usted* und *ustedes* diejenige der distanzierten (RAE & ASALE 2009, §16.15). Deutsche Fremdsprachenlerner können schon sehr früh die Erfahrung machen, dass im europäischen Spanisch der *tuteo* generalisierter ist als das Duzen im Deutschen, beispielsweise wenn sie als OberstufenschülerInnen mit dem für deutsche Verhältnisse unüblichen *pronombre de confianza* angesprochen werden. Auch moderne Lehrwerke gehen auf diesen Unterschied ein. So heißt es in *Línea verde* von Klett, konzipiert für Spanisch als dritte Fremdsprache, in einem Informationskästchen in Band 1:

> ¿**Tú o usted?** Die Verwendung von *tú* ist in Spanien viel üblicher als im Deutschen. *Usted* wird vor allem in formellen Situationen, gegenüber hochgestellten oder sehr viel älteren Personen gebraucht. [...]
>
> (*Línea verde* 2006, 82)

In hispanoamerikanischen Ländern tritt – ebenso wie in Teilen Andalusiens – *ustedes* in der Norm an die Stelle von *vosotros*. Im Singular sind die Verwendungskontexte von *usted* und *tú* anders als in Europa; in einigen Ländern wird außerdem *vos* an Stelle von *tú* gebraucht oder koexistiert mit *tú*. Wenn *Línea verde* (ebd.) die SchülerInnen also außerdem darüber informiert, dass

> [i]n Lateinamerika [...] *ustedes* anstelle von *vosotros* verwendet [wird], in vielen Ländern auch *usted* statt *tú*,

weist es auf diatopische Besonderheiten im Bereich des *tratamiento* hin, nimmt aber eine didaktische Reduktion vor. Ist *Línea Verde* repräsentativ für den Umgang mit der Anredeproblematik in heutigen Lehrwerken?

Auf der Basis eines Überblicks über die Formen der Anrede im Spanischen und die für die Wahl der Anrede relevanten Faktoren soll in aktuellen Lehrwerken die Behandlung des Bereichs *Anrede* untersucht werden. Gehen diese bei der Auseinandersetzung mit Anrede über die Ebene der Wissensvermittlung hinaus und wenn ja, wie ist das Vorgehen zu bewerten? Welchen Stellenwert und Nutzen hat das Thema bei der Ausbildung der in den Kernlehrplänen von NRW (Ministerium für Schule und Weiterbildung des Landes Nordrhein-Westfalen 2009, 2013) geforderten kommunikativen Kompetenz und interkulturellen Handlungsfähigkeit? Angesichts der Komplexität des Gegenstands liegt der Fokus auf der pronominalen Anrede.

1. Formen der Anrede im Spanischen

1.1 Diatopik

Die Verwendung der Anredepronomina unterliegt, wie bereits angemerkt, u.a. diatopischer Variation. Fontanella de Weinberg unternimmt 1999 (1399ff.) den Versuch, die Systeme der Hispanophonie zu typologisieren, eine Typologie, die Medina Morales als „mejor sistematización hecha hasta el momento" (2010, 32) würdigt. Unterschieden wird zwischen vier Systemen, die sich in die Kategorien *intimidad, confianza* und *formalidad* unterteilen (vgl. Abb. 1):

SYSTEM	KATEGORIE	SINGULAR	PLURAL
1	confianza	*tú*	*vosotros/as*
	formalidad	*usted*	*ustedes*
2	confianza	*tú*	*ustedes*
	formalidad	*usted*	*ustedes*
3a	confianza	*vos ~ tú*	*ustedes*
	formalidad	*usted*	*ustedes*
3b	intimidad	*vos*	*ustedes*
	confianza	*tú*	*ustedes*
	formalidad	*usted*	*ustedes*
4	intimidad	*vos*	*ustedes*
	formalidad	*usted*	*ustedes*

Abb. 1: Anredesysteme in der Hispanophonie (nach Fontanella de Weinberg 1999, 1399ff.)

System 1 gilt für Spanien mit Ausnahme bestimmter Teile Andalusiens. System 2, das in weiten Teilen Andalusiens, den Kanarischen Inseln und denjenigen Ländern Amerikas anzutreffen ist, die nicht den *voseo* verwenden, zeichnet sich durch die Substitution von *vosotros* durch *ustedes* aus. System 3a (Teile Boliviens, Ecuadors, Kolumbiens, Süden Perus, Westen Venezuelas, angrenzende Gebiete Panamas und Costa Ricas, südmexikanischer Bundesstaat Chiapas) charakterisiert sich auf der Ebene der vertrauten Anrede durch eine Koexistenz von *vos* und *tú*, bei der *vos* eher von ungebildeten Sprechern und in informelleren Situationen verwendet wird; in System 3b (Uruguay) liegt eine funktionale Differenzierung in *intimidad* und *confianza* vor. System 4 weist eine vollständige Verbreitung von *vos* im Bereich der vertrauten Anrede im Singular auf (v.a. Argentinien, Teile Costa Ricas, Nicaragua, Guatemala, Paraguay). Das Subjektpronomen *vos* wird in Kombination mit den dem *tú*-Paradigma zuzuordnenden Objekt-, Possessiv- und Reflexivpronomina gebraucht. Im *presente de indicativo* koexistieren je nach Region Verbformen des Typs *cantas, cantás* oder *cantáis*; im Futur *cantarás, cantarés* und *cantaréis*, im Imperativ *canta* und *cantá*. Die Grenzen der verschiedenen Ausformungen der Anredesysteme entsprechen nicht den Ländergrenzen. In der Vergangenheit sind verschiedene Versuche unternommen worden, die Verbreitung des *voseo* kartographisch zu illustrieren (z.B. Rona 1967, 61). Diese Versuche sind nicht zuletzt deshalb defizitär, weil die Verwendung der Anredepronomina je nach sozialer Zugehörigkeit der Kommunizierenden und der Situation variiert; diesem Umstand kann auf eindimensionalen Karten nicht Rechnung getragen werden.

1.2   Diastratik

Der Zusammenhang zwischen dem Verhältnis der Kommunizierenden zueinander und der Verwendung von Anredepronomina zeigt sich besonders deutlich im *Atlas Lingüístico-Etnográfico de Colombia* (ALEC), der zahlreiche Karten zum *tratamiento* enthält. Je nach Konstellation dominieren unterschiedliche Pronomina (vgl. Abb. 2):

KARTE NR.	ANREDEVERHÄLTNIS	PRONOMENGEBRAUCH
39	de personas mayores a niños	*usted ~ vos ~ tú*
45	entre compadres	*usted >> vos > tú*
46	de los niños a sus padrinos	*usted >> su(-)merced*
76	entre amigos	*usted ~ vos ~ tú >> su(-)merced*
77	de los dueños de la casa a los sirvientes	*usted ~ vos ~ tú*
78	de los sirvientes a los dueños de la casa	*usted >> su(-)merced >> vos/tú*
80	para el tío	*usted > su(-)merced > vos > tú*
81	entre esposos	*usted ~ vos ~ tú ~ su(-)merced*
82	de los hijos a los padres	*usted ~ su(-)merced ~ vos ~ tú*

Abb. 2: ALEC: Karten zum *tratamiento*
Legende: ~: ähnliche Anzahl; >: mehr; >>: erheblich mehr

Der Gebrauch der Anredepronomina variiert außerdem je nach Bildungsstand, Geschlecht und Alter der Sprechenden. Dies kann anhand einer Karte aus dem *Atlas Lingüístico de México* (*ALMex*) illustriert werden (vgl. Visser 2010, 401ff.), bei der der *tratamiento de hijos a padres* mittels Fragebogen ermittelt wurde (Karte 560, Band 2.4). Für den mexikanischen Sprachatlas wurden Personen unterschiedlichen Geschlechts, Alters und Bildungsniveaus befragt. Die soziolinguistischen Daten sind aufgrund der Zusammensetzung statistisch nicht valide; dennoch geben sie Hinweise auf Zustand und Entwicklung des Pronominalsystems im mexikanischen Spanisch. Bei der Anrede der Eltern verwendeten 25% der Informanten die Variante *tú*, 72% die Variante *usted* (vgl. Abb. 3):

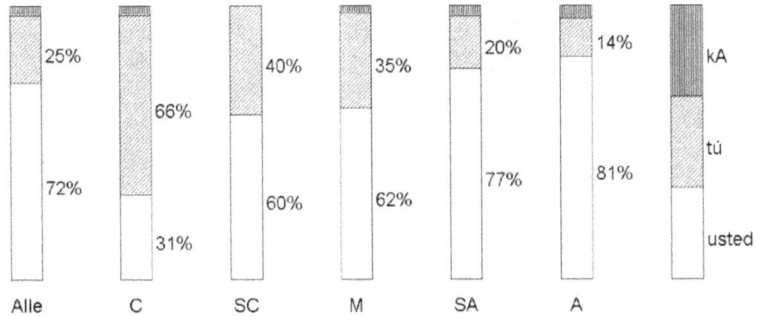

Abb. 3: ALMex: Verteilung der Anredepronomina *tú / usted* nach Bildungskategorien
(C = *cultos*, SC = *semicultos*, M = *personas de cultura media*, SA = *semianalfabetos*, A = *analfabetos*)

Dieses Beispiel einer asymmetrischen Anredesituation innerhalb der Familie untermauert sehr deutlich die in *Línea Verde* den SchülerInnen gegenüber behauptete Präferenz hispanoamerikanischer Sprecher für das formelle Anredepronomen.

Die Differenzierung der Antworten nach Bildungskategorien macht jedoch deutlich, dass unter den gebildeten Sprechern die vertraute, symmetrische Anrede vorherrscht. Die diasexuelle Differenzierung der Antworten legt offen, dass die Wahl des Pronomens außerdem abhängig ist vom Geschlecht des Sprechenden (vgl. Abb. 4):

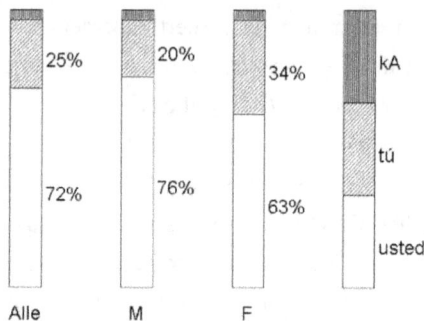

Abb. 4: ALMex: Verteilung der Anredepronomina *tú / usted* nach Geschlecht

Die Klassifikation der Antworten nach Altersstufen (<35, 36-55, >55) deutet schließlich darauf hin, dass der Gebrauch von *tú* zunehmen könnte (vgl. Abb. 5):

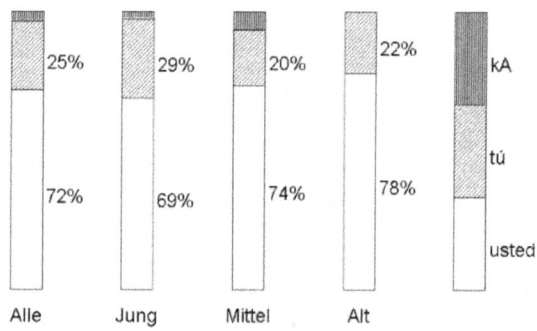

Abb. 5: ALMex: Verteilung der Anredepronomina *tú / usted* nach Alter

Hierbei handelt es sich um eine Beobachtung, die auf die These Browns & Gilmans zurückverweist, die annehmen, die sogenannte Solidaritätssemantik sei in den westlichen Sprachen zu Ungunsten der asymmetrischen Anrede im Vormarsch (1960, 259). Diese These ist in zahlreichen Studien, auch zum europäischen Spanisch, bestätigt worden (Alba de Diego & Sánchez Lobato 1980, Medina López 1991).

Schließlich weist die Verwendung der Anredepronomina auch eine situative Komponente auf. Die NGRAE nennt in diesem Zusammenhang den sogenannten *tratamiento variable* bzw. *circunstancial*: Im Sport oder auch Straßenverkehr ist zu beobachten, dass fremde Personen sich in emotional aufgeladenen

Situationen mit dem vertrauten Pronomen anreden, außerhalb des Kontextes aber wieder in die distanzierte Anrede gewechselt wird. Im familiären Bereich gilt innerhalb Spaniens die Anrede als stabil (NGRAE 2009, §16.15d.), in Hispanoamerika dagegen nicht. Dort ist in ländlichen Regionen gerade im familiären Kontext die umgekehrte Tendenz, nämlich der Wechsel vom vertrauten zum distanzierten Pronomen zu beobachten, z.b. wenn Eltern Kritik an ihren Kindern üben (ebd., 16.15s). Auch der mediale Wandel und die damit einhergehenden Veränderungen im Bereich des nähe- und distanzsprachlichen Sprechens dürften Auswirkungen auf die Anrede haben, die bislang noch nicht hinreichend erforscht sind.

2. Behandlung von Anredepronomina im Spanischunterricht

Ein erstes Fazit dieses Überblicks muss lauten, dass das Anredesystem im Spanischen für eine exhaustive Vermittlung im Unterricht viel zu komplex ist. In einer sich durch länderübergreifende Mobilität auszeichnenden Gesellschaft sollten aber zumindest fortgeschrittene Lerner[1] für eine die Regeln der Höflichkeit (vgl. Moreno Fernández 2014, 484) beachtende und damit erfolgversprechende Kommunikation befähigt werden (vgl. Europarat 2001, 5.2.2). Eine didaktisch reduzierte Vermittlung des Anredesystems, die über die reine Verfügbarkeit der sprachlichen Mittel hinausgeht, erscheint somit sinnvoll.

2.1 Anrede im kompetenzorientierten Unterricht

Die Auseinandersetzung mit dem korrekten Gebrauch von Anredepronomina betrifft nahezu alle Kompetenzbereiche. Im Bereich der funktionalen kommunikativen Kompetenz dürften gerade die produktiven Kompetenzen (Sprechen, Schreiben, Sprachmittlung) eine Herausforderung darstellen. Der Norm entsprechendes Anredeverhalten ist auch Teil von Medienkompetenz. Die transversale Kompetenz der Sprachbewusstheit ist ebenfalls unmittelbar betroffen. Sie

---

[1] Der *Gemeinsame europäische Referenzrahmen* verweist ab Stufe A1 auf die Bedeutung von *Höflichkeit*. Während auf A1 'einfachste, alltägliche Höflichkeitsformeln' zu bewältigen sind, wird auf C1 die Fähigkeit eingefordert, sich sowohl in formellen als auch informellem Stil „überzeugend, klar und höflich auszudrücken" (GeR 2001, 122).

bedeutet Sensibilität für und Nachdenken über Sprache und sprachlich vermittelte Kommunikation. Sie ermöglicht Schülerinnen und Schülern, die Ausdrucksmittel und Varianten einer Sprache bewusst zu nutzen; dies schließt eine Sensibilität für Stil und Register sowie für kulturell bestimmte Formen des Sprachgebrauchs, z.b. Formen der Höflichkeit, ein. Die Reflexion über Sprache richtet sich auch auf die Rolle und Verwendung von Sprachen in der Welt, z.b. im Kontext kultureller und politischer Einflüsse.

(KMK 2012, 23f.).

Angesichts der sprachlichen und kulturellen Unterschiede zwischen Deutschland und den hispanophonen Ländern und den damit verbundenen gesellschaftlichen Implikationen wird jedoch die interkulturelle Kompetenz im Fokus der nachfolgenden Lehrwerksanalyse stehen.

2.2 Lehrwerkanalyse

2.2.1 Zugrunde liegende Dimensionen der interkulturellen Kompetenz

Der nordrhein-westfälische Kernlehrplan für Spanisch (G8) (LP NRW 2009, 18) differenziert in Anlehnung an den *Gemeinsamen europäischen Referenzrahmen* (GeR 2001) und die *Bildungsstandards für den Mittleren Schulabschluss* (KMK 2004, 10) im Bereich der interkulturellen Kompetenzen zwischen „Orientierungswissen", „Werte, Haltungen und Einstellungen" sowie „Handeln in Begegnungssituationen" und greift damit die in der interkulturellen Didaktik etablierten Kategorien *savoir*, *savoir être* und *savoir faire* auf. Diese differenzieren zwischen der „kognitiven Dimension" (Schumann 2009, 215), die auf die Wissensvermittlung hinzielt, der „persönlichkeitsbezogenen Dimension" (ebd.), bei der es um die Ausbildung von Empathie und Befähigung zum Perspektivwechsel geht, sowie der „verhaltensorientierten Dimension" (ebd.), die auf eine „Verknüpfung von kommunikativen Fertigkeiten und sozialen Kompetenzen in der konkreten **interkulturellen Begegnungssituation**" (ebd., 216; fett i. Orig., J.V.) hinzielt. Im Kernlehrplan für die Sekundarstufe II des Landes NRW (LP NRW 2013, 16) werden in Anlehnung an Byram (1997) und die *Bildungsstandards für die fortgeführte Fremdsprache (Englisch/Französisch) für die Allgemeine Hochschulreife* (KMK 2012) die Kategorien in *Verstehen – Handeln – Werte – Einstellungen – Bewusstheit* ausdifferenziert. Die drei Dimensionen des *savoir*, *savoir être* und *savoir faire* sollen aufgrund ihrer Trennschärfe jedoch die Grundlage für die Lehrwerkanalyse bilden.

2.2.2 Grundlagen für die Analyse

Angesichts der Komplexität und Dynamik des Lehrwerkmarktes kann eine Analyse nicht den Anspruch der Vollständigkeit erheben, wohl aber Tendenzen aufzeigen. Untersucht wurden in NRW Lehrwerke, die in verschiedenen Schulstufen Verwendung finden:

- Zweite Fremdsprache: *¿Qué pasa?* (Diesterweg 2006-2010), *¡Apúntate!* (Cornelsen 2008-2011), *Línea amarilla* (Klett 2006-2010)
- Dritte Fremdsprache: *Puente al español* (Diesterweg 2012-2015), *Encuentros 3000* (Cornelsen 2010-2013), *Línea verde* (Klett 2006-2009), *Rutas para ti* (Schöningh 2012)
- Spätbeginnende Fremdsprache: *A_tope.com* (Cornelsen 2010), *¡Adelante!* (Klett 2010-2012), *Rutas uno* (Schöningh 2013), *¡Vale!* (C.C. Buchner 2006).

Es wird zunächst dargestellt, welche Ebenen des Diasystems (vgl. Abb. 1 oben) aufgeführt werden, bevor das ermittelte Material daraufhin untersucht wird, welche Dimensionen interkulturellen Lernens Berücksichtigung finden.

2.2.3 Synopse der Analyse

2.2.3.1 Varietätenlinguistische Kategorisierung

Diatopisch

Alle Lehrwerke stützen sich auf System 1; es finden sich jedoch häufig Verweise auf System 2. Mit Ausnahme von *¡Adelante!* (I, 148, „In Lateinamerika und auf den kanarischen Inseln verwendet man statt *vosotros, -as* in der zweiten Person Plural *ustedes*"[2]) wird allerdings nur Hispanoamerika erwähnt (*¿Qué pasa?*, II, 67, 79, 123; *¡Apúntate!* II, 90; *Línea amarilla* I, 103; *Línea verde* I, 82; *Encuentros 3000*, I, 107; II, 52; *Puente al español* I, 23; *Rutas uno*, 60; *A_tope.com*, 82). Mehrere Lehrwerke merken an, dass *usted* im Singular als Anrede in Lateinamerika weiter verbreitet ist als in Spanien (*¿Qué pasa?* II, 67, 79, 123; *Línea verde* I, 82; *¡Adelante!* I, 108; *A_tope.com*, 91). Das im Singular dreigliedrige System 3 wird – möglicherweise aufgrund seiner für Spanischler-

---

[2] Hier und in weiteren Lehrwerkzitaten werden Kursiv- und Fettdruck des Originals beibehalten.

nende schwer zu erfassenden Komplexität – nicht angeführt. Lediglich in ¡Adelante! könnten Lernende die geographische Koexistenz von *tú* und *vos* in Kolumbien erschließen (II, 94). Häufiger hingewiesen wird auf den *voseo*, z.T. auch inklusive der Verbformen (*¿Qué pasa?* II, 79, 123, III, 33, *Línea amarilla* II, 101; *Eucuentros 3000* III, 13, 101; *Puente al español* III, 78; *¡Adelante!* I, 119 [indirekt durch Comic von *Mafalda*], 148; *Vale*, 151 [indirekt durch Comic von *Mafalda* und durch induktive Regelformulierung]). Die diatopische Komplexität des spanischen Anredesystems wird also in einigen Lehrwerken gar nicht oder kaum, in anderen recht ausführlich thematisiert.

Diastratisch / Diaphasisch

Auch im Hinblick auf den Zusammenhang zwischen Anrede und sozialen Faktoren sind große Unterschiede zu beobachten. Die Grenze zwischen Diastratik und Diaphasik ist dabei nicht immer eindeutig zu ziehen, weil Angaben zum sozialen Status der Kommunizierenden oft mit Anmerkungen zur Kommunikationssituation einhergehen. Am häufigsten wird hervorgehoben, dass das Verhältnis der Kommunizierenden zueinander sowie ggf. deren Beruf im Spanischen die Wahl anderer Anredepronomina bedingen als im Deutschen. *¿Qué pasa?* weist darauf hin, dass in Spanien *tú* unter Nachbarn und gegenüber der Lehrperson üblich sei, *usted* dagegen gegenüber gesellschaftlich hoch angesehenen Personen, und verzichtet auch nicht auf den diatopischen Hinweis, dass in Hispanoamerika *usted* in der Familie und unter Freunden generalisierter sei (I, 26; II, 67; *Expresiones útiles*). *Línea verde* diagnostiziert einen Gebrauch von *usted* bei 'hochgestellten' Personen (I, 82). *¡Adelante!* zeichnet insofern eine für SchülerInnen sehr komplexe Situation, als es sich Unschärfeindikatoren des Typs „en algunos casos" oder „depende de" bedient: „En **España** es muy frecuente que los compañeros de trabajo se tuteen, pero en algunos casos se prefiere decirle a una persona usted, depende de la edad y de la posición. En el mundo del trabajo en **Latinoamérica** se usa más usted/ustedes" (I, 108). Wichtig für den Schulalltag scheint auch hier die Anmerkung, dass Lehrer geduzt werden (I, 182; vgl. auch *Línea Amarilla* II, 27). Ähnlich geht *A_tope.com* vor:

> In Spanien wird im Vergleich zu Deutschland sehr selten gesiezt. Es ist z.B. üblich, dass Schüler ihre Lehrer duzen. Auch in der Arbeitswelt sprechen sich die Menschen haupt-

sächlich mit 'du' an. In Lateinamerika wird wesentlich häufiger gesiezt als in Spanien. In einigen Regionen wird dort auch innerhalb der Familie gesiezt.

(A_tope.com, 91).

Verweise auf diasexuelle Varianz finden sich nicht. Es wird dagegen mehrfach erwähnt, dass gegenüber wesentlich älteren Personen der Gebrauch von *usted* üblicher sei (*¿Qué pasa* I, 67; *Rutas para ti*, 114; *Línea Amarilla* II, 27; *Línea verde* I, 82; *¡Adelante!* I, 108 [„depende de la edad"]).

Die situative Gebundenheit der Verwendung der Anredepronomina wird auch dahingehend implizit thematisiert, dass alle Lehrbücher Normen für das Verfassen von Briefen oder Mails, i.d.R. in der Gegenüberstellung *informell – formell*, vermitteln (z.B. *¡Apuntate!* III, 132; IV, 113; *A_tope.com* 66, 193f., *¡Vale!* 198). Beispielsweise heißt es in den fortgeschrittenen Bänden der Reihe *¿Qué pasa?*:

> Beim Schreiben von Briefen, Postkarten, E-Mails und SMS ist es wichtig, je nach Anlass und Empfänger die richtige Form zu verwenden. So ist es ein Unterschied, ob du an einen Freund schreibst, bei der Touristeninformation um Auskunft bittest oder dich bei einer Firma um ein Praktikum bewirbst. In der E-Mail gelten ähnliche Regeln wie beim Brief.

(*¿Qué pasa?* III, 148; IV, 173)

¿Qué pasa? empfiehlt außerdem explizit das Siezen in formellen Situationen, z.B. im Hotel, bei Behörden, im Restaurant oder auf der Bank (I, 26; II, 67), *Rutas para ti* im Hotel und in der Touristeninformation (S. 116), *Encuentros* implizit in der Sprachschule (I, 40).

Aus varietätenlinguistischer Sicht wird das spanische Anredesystem demnach am umfangreichsten in *¡Adelante!* und *¿Qué pasa?* thematisiert. Es ist kein unmittelbarer Zusammenhang zwischen Grad der Thematisierung und Zielgruppe zu erkennen.

2.2.3.2 Kategorisierung nach Dimensionen der interkulturellen Kompetenz

In Hinblick auf die Frage, inwiefern die Auseinandersetzung mit den Anredepronomina neben der kognitiven Ebene diejenige des *savoir être* und des *savoir faire* abdeckt, stellt man fest, dass die Vermittlung interkulturellen Wissens (*savoir*) dominiert. In einigen Lehrwerken wird, direkt auf Stufe A1, durch den Vergleich mit dem Deutschen zusätzlich der Perspektivwechsel angeregt, z.B.: „Schauen Sie sich die Fotos an und beschreiben Sie, wie sich die Personen begrüßen und verabschieden. Wie machen Sie es in ihrem Freundes- und Bekanntenkreis?" (¡Adelante! I, 16). Der Perspektivwechsel kann die Reflexion über unterschiedliche Konventionen der Höflichkeit anregen. Von entscheidender Bedeutung im Hinblick auf eine geglückte Kommunikation erscheint jedoch auch die Dimension interkulturellen Handelns: *Rutas para ti* (107ff., 118) lässt Praktika in Rollenspielen simulieren; dabei werden die SchülerInnen dazu aufgefordert, den angemessenen Gebrauch der Anredepronomina im Berufsleben zu üben. *A_tope.com* fordert zum Nachdenken darüber auf, wie man entscheidet, ob jemand gesiezt oder geduzt werden muss (S. 91). Die umfangreichste Auseinandersetzung findet sich wieder im Lehrwerk *¡Adelante!*. Das Inhaltsverzeichnis von Band 1 enthält in der Kategorie „Interkulturelle Kompetenz" die Punkte „Duzen und Siezen" sowie „Duzen und Siezen im Berufsleben". Die interkulturelle Handlungskompetenz und indirekt auch die Reflexion über Unterschiede in den Systemen werden dadurch gefördert, dass im Lehrwerk die SchülerInnen in den deutschsprachigen Anweisungen gesiezt, in den spanischen aber geduzt werden. Der Ausbildung kommunikativer Kompetenz dienen Partneraufgaben, bei denen entschieden werden soll, ob sich auf Fotos abgebildete Personen siezen, sogenannte Omniumkontakt-Übungen oder Rollenspiele, z.B. ein Gespräch in der Sprachschule oder eine *entrevista de trabajo* (*¡Adelante!* I, 16, 17, 25, 103, 108). Auffällig ist, dass in keinem Lehrwerk explizit darauf hingewiesen wird, dass die nicht normgerechte Verwendung von Anredepronomina beleidigend wirken kann.

Die Auswertung belegt, wie in anderen Untersuchungen zur Interkulturalität im Fremdsprachenunterricht (Grünewald & Küster & Lüning 2011) ebenfalls beobachtet wurde, dass in neueren Lehrwerken eine Entwicklung weg von der Landeskunde hin zur Vermittlung interkultureller kommunikativer Kompetenz zwar vorangetrieben wird, die affektive und die handlungsbezogene Dimension von Interkulturalität zugunsten der Vermittlung soziokulturellen Orientierungswissens (ebd., 67) jedoch noch zu sehr zu vernachlässigen werden.

Die Ergebnisse lassen sich auf den Bereich der nominalen Anrede übertragen, der insgesamt kaum Berücksichtigung findet.

2.2.3.3 Mehrsprachigkeit

Angesichts der Möglichkeiten des Transfers aus anderen Sprachen, aber auch der Gefahr von Interferenzen, soll kurz auf die Frage eingegangen werden, in welchem Umfang die Lehrbücher das sprachliche Vorwissen der SchülerInnen für die Vermittlung von Anredepronomina nutzen bzw. vergleichende Hinweise geben, um negativen Transfer aus anderen Sprachen zu vermeiden.

Es werden nur Vergleiche mit dem Deutschen angestellt. Die Angaben beschränken sich auf Anmerkungen des Typs:

> Anders als im Deutschen gibt es im Spanischen eine Singular- und eine Pluralform für die Anrede „Sie" sowie eine feminine und eine maskuline Form für „wir" und „ihr".
>
> (*Rutas uno*, 38)

Auf mögliche Interferenzen aus anderen gelernten Fremdsprachen wird überhaupt nicht eingegangen. Fehler in Spanischklausuren zeigt aber, dass die Gefahr eines negativen Transfers durchaus besteht. Die nachfolgenden Beispiele entstammen einer Klausur (Frühjahr 2012, Oberstufe, 2. Lernjahr, Lehrbuch: *Rutas uno*), bei der die SchülerInnen u.a. einen Leserbrief verfassen sollten:

1. Estimada Señora,
   [...] Me gustan tus argumentos. [...]
   Muchas gracias por vuestra atención.
2. Estimada señora [...],
   Yo leo vuestra articola [...]
   Gracias por tu attenció.
3. [...] He leído el articulo [...] publicado en vuestra BBC Mundo [...].
4. Un proyecto que llama DREAM Act hace publicaciones por votre proyecto. [...]

Die Fehler zeigen, dass die Gefahr von Interferenzen aus anderen Sprachen (z.B. *vuestra atención* < *your attention* / *votre attention*) nicht von der Hand zu weisen ist.

3. Fazit

Der Vermittlung einer den Konventionen der Höflichkeit entsprechenden Anrede wird im Fremdsprachenunterricht bislang zu wenig Beachtung geschenkt. Mit wenigen Ausnahmen wird nur die grammatikalische Dimension geübt. Darüber hinaus wird in erster Linie über diasystematische Unterschiede informiert. Dabei bieten die in den Lehrbüchern praktizierten Sozial- und Übungsformen durchaus Potential für die Ausbildung interkultureller kommunikativer Kompetenz. Beispielsweise hätte bei dem in *Rutas para ti* verwendeten Tandembogen zum Thema *conocerse* ein Üben der Anrede integriert werden können (S. 26). *¿Qué pasa?* III (S. 126) lässt in einer Aufgabe zur „Comunicación y gramática" mittels Multiple Choice-Test bewerten, welche sprachlichen Mittel in welcher Situation adäquat wären – auch hier wäre eine Fokussierung auf den Bereich der Anrede denkbar gewesen. Auch das *Speed-Dating* ist eine gern gesehene Übungsform, die ohne weiteres auf das Thema *Anrede* übertragbar wäre. Die Auseinandersetzung mit Anredesystemen im Fremdsprachenunterricht hat offensichtlich vor allem durch die stärkere Berücksichtigung von Varietäten an Bedeutung gewonnen, für die Ausbildung einer interkulturellen kommunikativen Kompetenz und diejenige der Fähigkeit des Fremdverstehens (Bredella & Christ 1995) ist das vorhandene Lehrmaterial jedoch bislang nicht ausreichend. Dabei bieten gerade im Spanischen die deutlichen Unterschiede zwischen europäischer und amerikanischen Normen die Möglichkeit, schon ohne Einbezug der Muttersprache eine Bewusstseinsbildung für unterschiedliche Konventionen und Werte in Gang zu setzen.

Literaturverzeichnis

ALBA DE DIEGO, Vidal & SANCHEZ LOBATO, Jesús. 1980. „Tratamiento y juventud en la lengua hablada. Aspectos sociolingüísticos", in: *Boletín de la Real Academia Española* LX, 95-129.
ALEC: FLÓREZ, Luis. ed. 1981-1983. *Atlas lingüístico-etnográfico de Colombia*, 6 Bde. Bogotá: Instituto Caro y Cuervo.
ALMex: LOPE BLANCH, Juan M. ed. 1990-2000. *Atlas Lingüístico de México*, 6 Bde. México: Colegio de México.
BREDELLA, Lothar & CHRIST, Herbert. edd. 1995. *Didaktik des Fremdverstehens*. Tübingen: Narr.
BROWN, Roger & GILMAN, Albert. 1960. „The Pronouns of Power and Solidarity", in: Sebeok, Thomas A. ed. *Style in Language*. New York/London: Technology Press of Massachusetts Institute of Technology, 253-276.
BYRAM, Michael & ZARATE, Geneviève & NEUNER, Gerhard. 1997. *La compétence socioculturelle dans l'apprentissage et l'enseignement des langues*. Strasbourg: Conseil de l'Europe.
FONTANELLA DE WEINBERG, María Beatriz. 1999. „Sistemas pronominales de tratamiento usados en el mundo hispánico", in: Bosque, Ignacio & Demonte, Violeta. edd. *Gramática descriptiva de la lengua española*. Bd. 1. Madrid: Espasa Calpe, 1399-1425.

GeR 2001: GOETHE-INSTITUT INTER NATIONES ET AL. edd. *Gemeinsamer europäischer Referenzrahmen für Sprachen: lernen, lehren, beurteilen.* Berlin: Langenscheidt.

GRÜNEWALD, Andreas & KÜSTER, Lutz & LÜNING, Marita. 2011. „Kultur und Interkulturalität", in: Meißner, Franz-Joseph & Krämer, Ulrich. edd. *Spanischunterricht gestalten. Wege zu Mehrsprachigkeit und Mehrkulturalität.* Seelze: Klett/Kallmeyer, 49-80.

HUMMEL, Martin & KLUGE, Bettina & VAZQUEZ LASLOP, María Eugenia. edd. 2010. *Formas y fórmulas de tratamiento en el mundo hispánico.* México: Colegio de México.

KMK 2004: KULTUSMINISTERKONFERENZ. ed. *Bildungsstandards für die erste Fremdsprache (Englisch/Französisch) für den Mittleren Schulabschluss.*
http://www.kmk.org/fileadmin/veroeffentlichungen_beschluesse/2003/2003_12_04-BS-erste-Fremdsprache.pdf (15.01.17).

KMK 2012: KULTUSMINISTERKONFERENZ. ed. *Bildungsstandards für die fortgeführte Fremdsprache (Englisch/ Französisch) für die Allgemeine Hochschulreife.*
http://www.kmk.org/fileadmin/veroeffentlichungen_beschluesse/2012/2012_10_18-Bildungsstandards-Fortgef-FS-Abi.pdf (15.01.17).

LP NRW 2009: MINISTERIUM FÜR SCHULE UND WEITERBILDUNG DES LANDES NORDRHEIN-WESTFALEN. *Kernlehrplan für das Gymnasium – Sekundarstufe I in Nordrhein-Westfalen.*
http://www.standardsicherung.schulministerium.nrw.de/lehrplaene/upload/lehrplaene_download/gymnasium_g8/gym8_spanisch.pdf (15.01.17).

LP NRW 2013: MINISTERIUM FÜR SCHULE UND WEITERBILDUNG DES LANDES NORDRHEIN-WESTFALEN. *Kernlehrplan für die Sekundarstufe II Gymnasium / Gesamtschule in Nordrhein-Westfalen Spanisch.*
http://www.standardsicherung.schulministerium.nrw.de/lehrplaene/lehrplannavigator-s-ii/gymnasiale-oberstufe/ (15.01.17).

MEDINA LOPEZ, Javier. 1991. *Formas de tratamiento en Canarias: habla juvenil.* Santa Cruz de Tenerife: Universidad de Santa Cruz de Tenerife.

MEDINA LÓPEZ, Javier. 2010. „Panorama sobre el estudio de las formas de tratamiento en el español de Canarias", in: Hummel & Kluge & Vázquez Laslop. edd., 223-245.

MEDINA MORALES, Francisca. 2010. „La metodología en los estudios sobre formas y fórmulas de tratamiento en español", in: Hummel & Kluge & Vázquez Laslop. edd., 21-56.

MORENO FERNÁNDEZ, Francisco. 2014. „Spanisch", in: Fäcke, Christiane. ed. *Manual of Language Acquisition.* Berlin/New York: De Gruyter, 472-491.

NGRAE 2009: RAE & ASALE. *Nueva gramática de la lengua española.* Madrid: Espasa Libros.

RONA, Pedro José. 1967. *Geografía y morfología del "voseo".* Pôrto Alegre: Ed. La Salle.

SCHUMANN, Adelheid. 2009. „Förderung interkultureller Bildung und Kompetenzen", in: Grünewald, Andreas & Küster, Lutz. ed. *Fachdidaktik Spanisch. Tradition, Innovation, Praxis.* Stuttgart: Klett, 213-225.

SCHWARZE, Christoph & COLOMBO, Adriano. 2009. *Grammatica della lingua italiana. Edizione italiana interamente riveduta dall'autore a cura di Adriano Colombo.* Roma: Carocci.

VISSER, Judith. 2010. *Morphologische Besonderheiten in der* Hispanidad*: Untersuchungen zum morphosyntaktischen Band des* Atlas Lingüístico de Mexico. Unveröffentlichte Habilitationsschrift.

Lehrwerke

A_tope.com. 2010. Berlin: Cornelsen.
¡*Adelante!* 2010-2012. Bd. 1-3. Stuttgart: Klett.
¡*Apúntate!* 2008-2011. Bd. 1-4. Berlin: Cornelsen.
Encuentros. Edición 3000. 2010-2013. Bd. 1-3. Berlin: Cornelsen.
Línea amarilla. 2006-2010. Bd. 1-5. Stuttgart: Klett.
Línea verde. 2006-2009. Bd. 1-3. Stuttgart: Klett.
¿*Qué pasa?* 2006-2010. Bd 1-4. Braunschweig: Diesterweg.
Puente al español. 2012-2015. Bd. 1-3. Braunschweig: Diesterweg.
Rutas para ti. 2012. Braunschweig: Schöningh.
Rutas Uno. 2013. Braunschweig: Schöningh.
¡*Vale!* 2006. Bamberg: C.C. Buchner.

Vosotros oder *ustedes*: Wie viele Standardvarietäten verträgt der Spanischunterricht in den ersten Lernjahren?

Eva Leitzke-Ungerer

Vor einiger Zeit erreichte mich die E-Mail einer ehemaligen Spanisch-Studentin, die nun dabei ist, ihr Referendariat zu absolvieren. Während des Studiums hatte sie ein Jahr in Argentinien verbracht; seitdem spricht sie perfekt Spanisch – argentinisches Spanisch. In der Mail schrieb sie:

> Es geht um die Verwendung der *vosotros*- oder *ustedes*-Form im Unterricht. Im Fachseminar Spanisch wurde mir empfohlen, die *vosotros*-Form zu benutzen, da die Lehrbücher sie auch verwenden. Aber ist die *ustedes*-Form wirklich unerwünscht? Ich finde, dass die spanischsprachige Realität in der Schule nicht derart ausgeblendet werden darf. Ich habe auch mit einer anderen Referendarin darüber gesprochen; sie kommt aus Kuba, und im Unterricht benutzt sie als authentische Sprecherin natürlich die *ustedes*-Form.

Ganz anders klingt die Stellungnahme einer Argentinierin, die in Deutschland Spanischunterricht erteilt und mit der ich zu dieser Problematik ein kleines Interview geführt habe. Ihre Kernaussagen sind folgende:

> El español de Argentina no lo hablo en mis clases, de ninguna manera, sería incompatible con los libros de texto. Tampoco hablo el español de España, sería una imitación 'barata', sería muy difícil y además no natural. A grandes rasgos, intento hablar un español neutral, que no contradiga el manual. Todas las variantes propias de mi país quedan descartadas. En cuanto a la dualidad *ustedes/vosotros*, la respeto en clase, pero en lo personal, me inclino principalmente por el uso del *ustedes*. El *voseo* no existe en mis clases, uso siempre la forma *tú*. Queda la pronunciación. Intento renunciar a la pronunciación argentina, es decir respeto la pronunciación española y de Latinoamérica en general – ¡aunque a veces me olvido![1]

Diese beiden Meinungen sollen hier zum Anlass genommen werden, die vieldiskutierte Problematik *Qué español enseñar* aufzugreifen[2], jedoch mit einer spezifischen Zielsetzung. Es geht nicht um die Frage, *welches* Spanisch als Lehr- und Lernstandard im deutschen Spanischunterricht herangezogen werden

---

[1] Für die Genehmigung zum Abdruck der Texte danke ich Ulrike Hausen (E-Mail) und Andrea K. Adler (Interview).

[2] Vgl. dazu insbes. Martín Zorraquino & Díez Pelegrín 2001 sowie Moreno Fernández 2007, 2010 und 2014.

soll[3], und auch nicht um den Unterricht mit Oberstufenschülern oder gar Studierenden. Im Zentrum steht vielmehr das Problem, wie Schülerinnen und Schüler (im Folgenden: SuS) in den ersten Lernjahren, d.h. in der Spracherwerbsphase, unterrichtet werden sollen, wenn zwei unterschiedliche Varietäten in Frage kommen: das amerikanische (bzw. speziell das argentinische) Spanisch der Lehrkraft und das kastilische Spanisch[4], das im deutschen Spanischunterricht traditionell favorisiert und durch die Lehrwerke der deutschen Schulbuchverlage gestützt wird. Auch die aktuelle Lehrwerkgeneration orientiert sich ausnahmslos am kastilischen Spanisch, so dass diese Standardvarietät – ohne dass dies hier positiv oder negativ gewertet werden soll – hierzulande quasi ‚gesetzt' ist.

Wenn nun die Lehrkraft und das Lehrwerk – beide haben für die SuS sowohl eine Vorbild- als auch eine Orientierungsfunktion – in Bezug auf ihre Standardvarietät voneinander abweichen, kommt es zu dem eingangs beschriebenen Dilemma. Ziel des Beitrags ist es daher, der Frage nachzugehen, wie viele Standardvarietäten der Spanischunterricht in den ersten Lernjahren ‚verträgt'. Anders ausgedrückt: Ist das kontinuierliche Nebeneinander unterschiedlicher Varietäten des Spanischen in der Spracherwerbsphase sinnvoll? Oder sollte es erst allmählich zu einer Koexistenz kommen, und wenn ja, in welcher Form? Oder sollte ausschließlich das kastilische Spanisch verwendet werden?

Um in die Thematik einzuführen, geht der Beitrag zunächst auf linguistische Aspekte ein, auf Spanisch als plurizentrische Sprache sowie den Begriff der Standardvarietät, und beschreibt die für den Spracherwerb besonders kritischen Unterschiede zwischen den Standardvarietäten des Spanischen. Im didaktischen Teil werden, nach Vorüberlegungen zur Kompetenzorientierung und zur Lehrwerkprogression, die Probleme diskutiert, aber auch die Möglichkeiten ausgelotet, die sich durch die Einbeziehung mehrerer Standardvarietäten im Unterricht der ersten Lernjahre ergeben; auch Fragen der Leistungsmessung finden Berücksichtigung. Der Schlussabschnitt fasst die Argumentation zusammen und leitet daraus Konsequenzen für den Einsatz von Lehrkräften mit amerikanischem Spanisch (im Folgenden: LaS) ab.

---

[3] Vgl. dazu Zimmermann 2001, 2006 sowie Reimann im vorliegenden Band.
[4] Zur Problematik der unterschiedlichen Bezeichnungen für den Standard des peninsularen bzw. europäischen Spanisch vgl. u.a. Moreno Fernández (2007, 18-21). Im Beitrag wird durchgehend ‚kastilisches Spanisch' verwendet.

1. Spanisch als plurizentrische Sprache und der Begriff der Standardvarietät

Ähnlich wie bei den Schulfremdsprachen Englisch und Französisch handelt es sich beim Spanischen um eine pluri- oder polyzentrische Sprache (vgl. Kloss 1987, Clyne 1992). Wie das Englische und Französische umfasst das Spanische neben europäischen auch nicht-europäische Sprachräume, in denen sich jeweils eigene normgebende sprachliche Zentren entwickelt haben, die sich in unterschiedlichen Standardvarietäten manifestieren.[5]

Vor diesem Hintergrund lässt sich der Begriff ‚Standardvarietät' definieren als eine Varietät,

- die durch eine spezifische historische Entwicklung des Sprachraums politisch legitimiert ist, über eine große kommunikative Reichweite verfügt und deshalb hohes Prestige genießt;
- die institutionell durch Sprachakademien und vergleichbare Gremien gestützt wird;
- die linguistisch in Regeln für den korrekten mündlichen und schriftlichen Gebrauch kodifiziert ist (z.B. in wissenschaftlichen Wörterbüchern und Grammatiken).[6]

Auf diese pluri- oder polyzentrische Sicht des Spanischen haben sich mit dem Konzept der *norma (culta) policéntrica* auch die Sprachakademien Spaniens und Lateinamerikas verständigt.[7] Damit soll einerseits der Vielfalt (*diversidad*) der spanischen Sprache und der Gleichberechtigung der unterschiedlichen Standardvarietäten Rechnung getragen werden (zur Umsetzung vgl. etwa das *Diccionario* (2014) und die *Nueva Gramática* (2009f.) der *Real Academia Española*). Zugleich wird aber auch an der Einheit (*unidad*) der spanischen Sprache festgehalten, an der Vorstellung eines weltweit funktionierenden einheitlichen spanisch-

---

[5] Dabei ergeben sich neben diatopischen Aspekten (räumliche Abgrenzung) auch Unterschiede gegenüber Non-Standard-Varietäten wie z.b. Jugendsprache als diastratischer bzw. Umgangssprache als diaphasischer Varietät (vgl. Zimmermann 2001, 72).
[6] In Anlehnung an Winkelmann (1990, 334f.), vgl. auch Polzin-Haumann (2012, 45).
[7] Aus linguistischer Sicht ist die Ausprägung des Konzepts jedoch strittig; vgl. dazu insbes. Lebsanft & Mihatsch & Polzin-Haumann 2012b sowie Polzin-Haumann 2005.

sprachigen Kommunikationsraums, der sich am „Ideal" der *norma (pan)hispánica* orientiert (Lebsanft & Mihatsch & Polzin-Haumann 2012b).

2. Wichtige varietätensensitive Phänomene des Spanischen

Für die Zwecke des Spanischunterrichts ist i.d.R. die Unterscheidung zwischen zwei Standardvarietäten, dem kastilischen Spanisch und dem amerikanischen Spanisch, ausreichend. Der amerikanische ‚Großstandardraum' wiederum lässt sich in Anlehnung an Oesterreicher (2001, 310, vgl. auch Kabatek & Pusch 2011, 287-288) in mehrere „Großzonen-Standards" aufteilen, darunter das La-Plata-Spanisch, das sich am weitesten vom kastilischen Spanisch entfernt und besonders markante Merkmale wie z.B. den *voseo* entwickelt hat. Im Beitrag wird daher auf das La-Plata-Spanisch eigens eingegangen.

Die Unterschiede zwischen den genannten Standardvarietäten manifestieren sich im Bereich der sprachlichen Mittel (Aussprache, Wortschatz und Grammatik[8]). Die ausführliche Darstellung der Formenparadigmen soll verdeutlichen, mit welcher Vielzahl an varietätensensitiven Phänomenen sich Lernende beim Erwerb der spanischen Sprache auseinandersetzen müssen.

2.1 Aussprache

In Bezug auf die Aussprache fallen vor allem zwei Unterschiede ins Gewicht, die beide den Konsonantismus betreffen: (1) *seseo/ceceo* vs. *seseo* sowie (2) *yeísmo* in unterschiedlichen Realisierungen.

Auf die Reduktion von Konsonanten (insbesondere [s]) am Silben- bzw. Wortende, die im Gegensatz zum kastilischen Spanisch für zahlreiche Länder Lateinamerikas (sowie für Andalusien und die Kanaren) typisch ist, wird nicht näher eingegangen, da es sich um ein Phänomen handelt, das vor allem in nähesprachlichen Situationen auftritt, in denen meist informelle Sprache und somit keine Standardsprache verwendet wird (vgl. Blaser 2011, 91, 93, Koch & Oesterreicher 2011, 12f.).

---

[8] Auf die mit der Aussprache verbundene Komponente der Intonation (wie z.B. die typisch ‚italienische' Intonation des La-Plata-Spanischen) kann aus Platzgründen nicht eingegangen werden. Unterschiede in der Schreibung sind ohnehin kaum vorhanden.

Seseo/ceceo vs. seseo

Hierbei geht es um die Aussprache der Grapheme <s>, <z> und <c> (letzteres vor den hellen Vokalen /e/ und /i/). Während im Kastilischen systematisch zwischen [s] und [θ] differenziert wird (*seseo* vs. *ceceo*) und sich somit auch einige (wenige) Minimalpaare wie z.B. *casa* [kasa] vs. *caza* [kaθa] ergeben, wird im amerikanischen Spanisch diese Unterscheidung nicht vorgenommen; hier wird mehrheitlich *seseo* (Aussprache [s]) verwendet. Vgl. dazu Abb. 1.

Kastilisches Spanisch: Systematische Differenzierung zwischen *seseo*/*ceceo*	Amerikanisches Spanisch: *seseo*
seseo [s]: s̲ol, cas̲a vs. *ceceo* [θ]: c̲ena, c̲iudad, z̲anahoria	*seseo* [s]: s̲ol, cas̲a, c̲ena, c̲iudad, z̲anahoria
Minimalpaar cas̲a [s] vs. caz̲a [θ]: *Pedro se va de casa* [kasa] vs. *Pedro se va de caza* [kaθa]	Identische Aussprache [s] von cas̲a und caz̲a: *Pedro se va de casa* [kasa] = *Pedro se va de caza* [kasa]

Abb. 1: Unterschiedliche Aussprache-Standards: *seseo*/*ceceo* vs. *seseo*

Yeísmo in unterschiedlicher Realisierung

Yeísmo bedeutet zunächst, dass zwischen der Aussprache des Graphems <y> (wie z.B. in *ayuda*) und der des Doppelgraphems <ll> (wie z.B. in *paella* und *parilla*) kein Unterschied gemacht wird, die phonologische Opposition zwischen /j/ und /ʎ/ ist aufgehoben (cf. Blaser 2011, 95). Ein ursprüngliches Minimalpaar wie etwa *cayó* / *calló* (*Pedro se cayó* vs. *Pedro se calló*) ist damit verschwunden, die Aussprache der beiden Verbformen ist identisch. *Yeísmo* ist in zahlreichen Teilen Spaniens und Lateinamerikas verbreitet und gilt heute als Standard (während er in Spanien noch bis vor kurzem als „substandardlich" angesehen wurde, vgl. Kabetek & Pusch 2011, 290). In den Lehrwerken für den Spanischunterricht wird jedoch in Anlehnung an die Umschrift in Wörterbüchern und Phonetiken (z.B. Blaser 2011) nach wie vor differenziert: das Graphem <y> wird als [j] transkribiert (*ayuda*: [ajuda]), das Doppelgraphem <ll> als [ʎ] (*paella*: [paeʎa]).

In Spanien hat sich in den Landesteilen, in denen *yeísmo* als Standard gilt, die Aussprache [j] (reibungsloser Approximant) durchgesetzt. Am weitesten entfernt vom kastilischen Spanisch haben sich die La-Plata-Staaten, insbesondere

yeísmo: Aufhebung der phonologischen Opposition zwischen /j/ und /ʎ/ und damit identische Aussprache, jedoch in jeweils unterschiedlicher Realisierung	
Kastilisches Spanisch: *[j]eísmo* Aussprache: [j]	La-Plata-Spanisch: *[ʒ]eísmo* bzw. *[ʃ]eísmo* Aussprache: stimmhaft [ʒ] bzw. stimmlos [ʃ]
Pedro se cayó / Pedro se calló: in beiden Fällen [-j-]	*Pedro se cayó / Pedro se calló*: in beiden Fällen [-ʒ-] bzw. [-ʃ-]

Abb. 2: *yeísmo* in unterschiedlicher Realisierung,
hier: Kastilisches vs. La-Plata-Spanisch

die Stadt Buenos Aires; hier hat sich der Approximant [j], nicht zuletzt aufgrund des Einflusses des Italienischen, zu [ʒ] bzw. [ʃ] (präpalataler oder alveolarpalataler Frikativ) verschoben, wobei der stimmhaften Variante [ʒ] heute weniger Prestige zukommt als der stimmlosen Variante [ʃ] (vgl. Blaser 2011, 96).

In Spanien und in den La-Plata-Staaten wird *yeísmo* somit in deutlich unterschiedlicher Weise realisiert (vgl. Abb. 2): im ersten Fall als *[j]eísmo*, im anderen als *[ʒ]eísmo* bzw. *[ʃ]eísmo*.

2.2 Grammatik

In der Grammatik gibt es nur wenige, dabei aber sehr bedeutsame Unterschiede zwischen den genannten Standardvarietäten. Diese Unterschiede betreffen einmal das System der Anredeformen und damit auch einen wichtigen Bereich der Pragmatik, zum anderen den Gebrauch der vergangenheitsbezogenen Tempora (vgl. die Überblicksdarstellung in Abb. 3).[9]

Anredeformen

Das System der spanischen Anredeformen ist aus varietätenlinguistischer Sicht äußerst komplex (selbst wenn man wie hier nur die standardsprachliche Verwendung berücksichtigt). Im Folgenden wird auf die Anredeformen der zweiten Person Plural (*vosotros* vs. *ustedes*) sowie auf den *voseo* als Anredeform der zweiten Person Singular eingegangen.

---

[9] Auf weitere, aber marginalere Unterschiede wie z.B. den ausschließlichen Gebrauch des *loísmo* in Lateinamerika (vs. Nebeneinander von *loísmo* und *leísmo* in Spanien) oder die in Lateinamerika bevorzugte Bildung des *imperfecto de subjuntivo* auf *-ara/-iera* (vs. *-ara/-iera* und *-ese/-iese* in Spanien) kann hier nicht eingegangen werden.

	Kastilisches Spanisch	Amerikanisches Spanisch	La-Plata-Spanisch
Anredeformen der zweiten Person Plural	*vosotros* ‚ihr'	*ustedes* ‚ihr'	
voseo als Anredeform der zweiten Person Singular	kein *voseo* (Spanien) bzw. mehrheitlich kein *voseo* (Lateinamerika)		*voseo*
Tempora zum Ausdruck der abgeschlossenen Vergangenheit	*pretérito perfecto* vs. *pretérito indefinido* (‚mit' vs. ‚ohne Gegenwartsbezug')	*pretérito indefinido* (sowohl ‚mit Gegenwartsbezug' als auch ‚ohne Gegenwartsbezug')	

Abb. 3: Grammatische und pragmatische Unterschiede zwischen kastilischem, amerikanischem und La-Plata-Spanisch

Vosotros vs. *ustedes*

Im amerikanischen Spanisch wird für die informelle Anrede in der zweiten Person Plural nicht vosotros wie im kastilischen Spanisch verwendet, sondern ustedes, das mit der Verbalform der dritten Person Plural verbunden wird. Bei der informellen Anrede im Singular gibt es hingegen keine Unterschiede zwischen dem kastilischen und dem amerikanischen Spanisch (vorausgesetzt, man klammert den voseo aus); Gleiches gilt für die formelle Anrede (vgl. die Übersicht in Abb. 4).

	Informelle Anrede (‚Duzen')		Formelle Anrede (‚Siezen')	
	Singular	Plural	Singular	Plural
kastilisches Spanisch	tú	**vosotros**	usted	ustedes
amerikanisches Spanisch	tú	**ustedes**	usted	ustedes

Abb. 4: Subjektpronomina für die informelle und die formelle Anrede im kastilischen und im amerikanischen Spanisch

Wesentlich für die didaktische Gewichtung dieses Phänomens ist, dass die Unterschiede zwischen dem kastilischen und dem amerikanischen Spanisch hier nicht auf die Wahl des jeweiligen Subjektpronomens (*vosotros* oder *ustedes*) begrenzt sind; vielmehr sind – z.B. in einem informellen Gespräch mit mehreren Personen – je nach Standardvarietät eine Reihe weiterer grammatischer Phänomene betroffen:

- Objektformen der Personalpronomina, Possessivbegleiter und Reflexivpronomina der zweiten und dritten Person

- finite Verbformen der zweiten und dritten Person
- Imperativformen

In Abb. 5 werden die Unterschiede, die sich hier ergeben, jeweils durch ein Beispiel für das kastilische und das amerikanische Spanisch verdeutlicht. Der Imperativ wird eigens aufgeführt, da die Unterschiede zwischen den nicht-subjunktivischen Formen (in Kombination mit *vosotros*) und den *subjuntivo*-Formen (in Kombination mit *ustedes*) besonders groß sind.

	Kastilisches Spanisch	Amerikanisches Spanisch
Objektform der Personalpronomina	*María y José, ¿puedo llamaros más tarde?*	*María y José, ¿puedo llamarles más tarde?*
Possessivbegleiter	*¿Dónde están vuestros hijos?*	*¿Dónde están sus hijos?*
Reflexivpronomina	*¿Os acordáis de Chema?*	*¿Se acuerdan de Chema?*
Verbformen (stellvertretend: presente del indicativo)	*¿Os acordáis de Chema?*	*¿Se acuerdan de Chema?*
Imperativ	*Leed la carta.* *No venid demasiado tarde.*	*Lean la carta.* *No vengan demasiado tarde.*

Abb. 5: *Vosotros* vs. *ustedes* in der informellen Anrede:
Weitere betroffene grammatische Phänomene

Voseo

Das La-Plata-Spanisch weist die Besonderheit des *voseo* auf. Dies bedeutet, dass *vos* anstelle des Singularpronomens tú verwendet wird. Die Form geht auf das höfische *Vos* zurück, das im *Siglo de Oro* in Spanien neben der zweiten Person Plural gebraucht wurde; daher wird *vos* auch mit Verbformen kombiniert, die aus der zweiten Person Plural entstanden sind, das -i- aber verloren haben (vgl. Süß et al. 2008, 220-221): *vos cantás* (La-Plata-Spanisch) anstelle von *tú cantas* (größter Teil des restlichen amerikanischen Spanisch sowie kastilisches Spanisch). Besonders stark fallen die Unterschiede bei Verben ins Gewicht, die ohnehin schon unregelmäßig sind (La-Plata-Spanisch: *vos tenés, venís, sos* vs. *tú tienes, vienes, eres*).

Als Folge des voseo werden auch die Imperative der zweiten Person Singular anders gebildet: Die Betonung liegt auf der letzten Silbe (statt auf der vorletzten), und bei Verben mit Diphthongierung entfällt diese (La-Plata-Spanisch: *¡Pasá!, ¡Contáme!* vs. *¡Pasa!, ¡Cuéntame!*).

Tempora zum Ausdruck der abgeschlossenen Vergangenheit:
perfecto / indefinido vs. *indefinido*

Während im kastilischen Spanisch zwischen *pretérito perfecto* (zum Ausdruck der abgeschlossenen Vergangenheit *mit* Gegenwartsbezug) und *pretérito indefinido* (zum Ausdruck der abgeschlossenen Vergangenheit *ohne* Gegenwartsbezug) differenziert wird, wird diese funktionale Unterscheidung im amerikanischen Spanisch weitgehend aufgegeben zugunsten des alleinigen Gebrauchs des *indefinido*. In Sätzen mit Gegenwartsbezug, die im kastilischen Spanisch das *perfecto* verlangen – wie z.B. *¡Qué bien que **has venido**!* oder *Voy a tomar un café, que todavía no **he desayunado*** – wird im amerikanischen Spanisch das *indefinido* verwendet: *¡Qué bien que **viniste**!* bzw. *Voy a tomar un café, que todavía no **desayuné*** (Beispiele aus Süß et al. 2008, 222).

2.3 Wortschatz

Unterschiede in der Lexik zwischen dem kastilischen und dem amerikanischen Spanisch (bzw. seinen einzelnen Standardvarietäten) sind absolut gesehen zahlreicher als grammatische Differenzierungen. Betrachtet man jedoch den Grundwortschatz und hier wiederum die häufigsten Wörter genauer, so zeigt sich, dass die Zahl der betroffenen Lexeme überschaubar ist (z.B. *bonito* vs. *lindo, conducir* vs. *manejar, piso* vs. *apartamento/departamento, jersey* vs. *suéter, coche* vs. *carro/auto, móvil* vs. *celular, ordenador* vs. *computadora*). Stärker tangiert sind lediglich spezielle Sachfelder wie etwa ‚Obst und Gemüse' bzw. ‚Ernährung' generell (z.B. *piña* vs. *ananás, patata* vs. *papa; mantequilla* vs. *manteca, comida* vs. *almuerzo/cena* ‚Mittagessen'); diese spielen aber in den Texten, mit denen SuS im Spanischunterricht zu tun haben, nur eine geringe Rolle.

Vereinzelt sind auch Bedeutungsunterschiede zwischen formal identischen Wörtern festzustellen, sei es in Form klassischer *falsos amigos* wie etwa *bombilla* (in Spanien ‚Glühbirne', in den La-Plata-Staaten ‚Trinkröhrchen', z.B. für Mate), sei es in Form einer Bedeutungsverengung mit zusätzlicher stilistischer

Markierung. Ein bekanntes Beispiel hierfür ist das Verb *coger*, das im La-Plata-Spanischen der Vulgärsprache angehört.[10]

3. Didaktische Vorüberlegungen

Eine linguistische Beschreibung der Hauptunterschiede zwischen den Standardvarietäten des Spanischen, wie sie bisher erfolgte, ist für den Spanischunterricht aber nur dann relevant, wenn sie mit einer Beurteilung nach didaktischen Kriterien wie Kompetenzorientierung und kommunikativ-grammatischer Progression in den Lehrwerken kombiniert wird. Diese beiden Aspekte sowie die Frage nach dem Zeitpunkt der Einführung varietätensensitiver Phänomene im Rahmen der Lehrwerkprogression sollen im Folgenden beleuchtet werden.

3.1 Kompetenzorientierung

Dass der Fremdsprachenunterricht auf den Erwerb sprachlicher und interkultureller Kompetenzen abzielt, ist unbestritten. Dabei genügt es angesichts der Plurizentrik der spanischen Sprache aber nicht, in Anlehnung an die KMK-Bildungsstandards und die Mehrzahl der Curricula die Orientierung an einer – im Übrigen nicht näher definierten – ‚Standardvarietät'[11] zu fordern und gleichzeitig das Ziel der sprachlichen und interkulturellen Handlungsfähigkeit für den gesamten spanischen Sprachraum zu propagieren. Vielmehr muss, gerade unter dem Anspruch der Kompetenzorientierung, eine Antwort auf die Frage gefunden werden, welche spezifischen Kompetenzen die SuS in Bezug auf die Standardvarietäten des Spanischen erwerben sollen.

In der Fremdsprachendidaktik wird häufig die Auffassung vertreten, dass die ausschließliche Orientierung an einer einzigen Standardvarietät der Realität der Hispanophonie nicht gerecht wird; als Konsequenz wird zumindest eine „rezep-

---

[10] Ein Satz wie etwa *Vino ese chico para el puesto de dependiente y lo cogí inmediatamente* ist im kastilischen Spanisch völlig neutral (‚jdn. nehmen' im Sinn von ‚einstellen, beschäftigen'), in Argentinien und Uruguay dagegen nicht. Hier müsste zum Ausdruck der genannten Bedeutung ein anderes Verb verwendet werden (*tomar, agarrar*). Das Beispiel stammt aus dem *Diccionario argentino-español para españoles* von Alberto J. Miyara (http://www.elcastellano.org/miyara/dic_arg_esp.html, 15.01.17).

[11] bzw. der „Standardsprache" – so der Terminus, den die meisten Curricula und die KMK-Bildungsstandards (2004, 2012) in ihren Kompetenzbeschreibungen verwenden.

tive Varietätenkompetenz" gefordert (vgl. Reimann im vorliegenden Band). Damit wird allerdings (mehr oder weniger stillschweigend) hingenommen, dass man sich bezüglich der produktiven Kompetenzen auf eine einzige Standardvarietät beschränken kann und soll. Dies lässt sich didaktisch auch damit begründen, dass SuS mit der auf einer Standardvarietät beruhenden sprachproduktiven Kompetenz für die reale Kommunikation in den Zielländern der Hispanophonie ausreichend gerüstet sind (im Übrigen beherrschen auch Muttersprachler i.d.R. nur eine einzige Standardvarietät).

Als Zielvorstellung für den Fremdsprachenunterricht ergibt sich so die Formel ‚produktive Ein-Standard-Kompetenz plus rezeptive Kompetenz in mehreren Standardvarietäten'; diese Formel wird auch im Folgenden zugrunde gelegt.

3.2 Kommunikativ-grammatische Progression in der Spracherwerbsphase

In der Spracherwerbsphase eignen sich die SuS bekanntlich die Grundlagen im Bereich der sprachlichen Mittel – Aussprache und Schreibung, Wortschatz und Grammatik – an; am Ende dieser Phase, der für Spanisch als zweite Fremdsprache meist vier Jahre, als dritte Fremdsprache drei Jahre dauert, wird erwartet, dass die Lernenden über diese Mittel sicher verfügen und sie in der Kommunikation angemessen anwenden können. Wie bei allen romanischen Schulsprachen (und im Gegensatz zu Englisch) kommt für den Erwerb der Grammatik erschwerend hinzu, dass Spanisch eine Sprache mit einem voll ausgebauten Flexionssystem ist; die SuS müssen sich daher in den ersten Lernjahren mit einer großen Anzahl an grammatischen Formen vertraut machen.

Um die SuS nicht zu überfordern, legen Curricula und Lehrwerke üblicherweise eine gestufte Reihenfolge für die Einführung der grammatischen Phänomene (und natürlich auch des Wortschatzes) zugrunde, wobei diese Progression nicht nur auf systematischen Überlegungen, sondern vor allem auch auf kommunikativen Notwendigkeiten beruht. Diese kommunikativ-grammatische Progression folgt einem Grundmuster (vgl. Leitzke-Ungerer 2012, 56-57), das von Begrüßungs- und Begegnungssituationen im familiären und Freundeskreis über die Kommunikation im engeren persönlichen Umfeld (z.B. Schule, Freizeit) bis zur sach- und zweckorientierten Kommunikation in Alltagssituationen reicht (z.B. Einkaufen, Ausgehen, Ausflüge und Reisen); parallel zu den Situationen werden die grammatischen Strukturen eingeführt, die zur Realisierung der jeweiligen kommunikativen Absichten erforderlich sind. Gegen Ende der Spracherwerbsphase ist der Erwerb der Basis-Grammatik weitgehend abgeschlossen; auf kommunikativer Ebene werden anstelle der primär alltagssprachlichen Situationen zunehmend Themen und Fragestellungen aus den Zielkulturen berücksichtigt, die zu einer problemorientierten Auseinandersetzung auffordern.

Mit Blick insbesondere auf die *grammatische* Progression lässt sich die Spracherwerbsphase in drei Phasen gliedern (vgl. Abb. 6): eine Anfangsphase (1), die die ersten Wochen mit der Einführung grundlegender Strukturen sowie das restliche erste Lernjahr umfasst, in dem ein erster großer Teil der Basis-Grammatik vermittelt wird; eine mittlere Phase (2), an deren Ende der Erwerb der Basis-Grammatik weitgehend abgeschlossen ist; schließlich die Schlussphase (3), die den Übergang zur Oberstufe darstellt; hier stehen komplexere Phänomene der Verbalgrammatik an wie z.B. Tempus und Modus in irrealen Bedingungssätzen oder ausgewählte Verbalperiphrasen.

3.3 Einführung varietätensensitiver Phänomene im Rahmen der Lehrwerkprogression

Für den vorliegenden Beitrag besonders interessant ist die Frage, *wann* die in Abs. 2 beschriebenen varietätensensitiven Phänomene in den Bereichen Aussprache, Grammatik und Wortschatz von den Lehrwerken eingeführt werden. Abb. 6 gibt einen Überblick über die zeitliche Abfolge vor dem Hintergrund der Schwerpunkte der generellen grammatischen Progression; ausgewertet wurden aktuelle Lehrwerke für Spanisch als dritte Fremdsprache. Sie alle orientieren sich, wie schon erwähnt, am kastilischen Spanisch.[12]

Es wird deutlich, dass die Aussprache sowie eine Reihe von grammatischen Phänomenen, die mit der Wahl der Anredeform verknüpft sind (Subjektpronomina, Verben im Präsens, Possessivbegleiter), bereits in der Anfangsphase ver-

---

[12] Die untersuchten Lehrwerke werden in Anm. 17 aufgeführt. Aus Platzgründen musste auf die Analyse von Lehrwerken für Spanisch als zweite Fremdsprache verzichtet werden. Die Gliederung in die o.g. drei Phasen gilt jedoch auch für sie; aufgrund des größeren Zeitrahmens (vier bis fünf Jahre statt nur drei) ist die grammatische Progression jedoch flacher.

mittelt werden, einfachere grammatische Phänomene folgen im restlichen ersten Lernjahr (so wird z.b. nur der bejahte, nicht jedoch der verneinte Imperativ eingeführt, und auch nur für die zweite Person). Schwerpunkt der mittleren Phase sind formal und funktional komplexere grammatische Strukturen wie der Kontrast *perfecto/indefinido*, das Präsens des *subjuntivo* sowie der verneinte Imperativ (auch für die Höflichkeitsform). Varietätensensitiver Wortschatz spielt in den ersten beiden Phasen dagegen nur eine marginale Rolle (vereinzelte Hinweise auf Amerikanismen finden sich in separaten Info-Kästen bzw. im Vokabelverzeichnis). In der Abschlussphase werden in der Grammatik keine neuen varietätensensitiven Phänomene mehr eingeführt; etwas häufiger werden die SuS nun aber mit lexikalischen Unterschieden konfrontiert, die jedoch meist als fakultativer Wortschatz einzustufen sind.

	(1) Anfangsphase	(2) Mittlere Phase	(3) Abschlussphase
AUS-SPRACHE	kastilische Aussprache inkl. *seseo* vs. *ceceo*, *[j]eísmo*		
GRAMMATIK	Artikel, Substantive (Sg., Pl.), Adjektive, Frageprono-mina **Subjektpronomina**[13] **Verbkonjugation (Indikativ Präsens)** Verneinung, *ser* vs. *estar* **Possessivbegleiter Objektpronomina reflexive Verben bejahter Imperativ der 2. Pers. Sg. u. Pl.** *estar + gerundio*, Demonst-rativbegleiter, Komparativ & Superlativ, Adverbien *pretérito indefinido*	*pretérito imperfecto*, Kontrast *imperfecto/ indefini-do*, *pretérito perfecto* **Kontrast** *perfecto / indefinido* Relativpronomina *por* vs. *para* **verneinter Imperativ der 2. Pers. Sg. u. Pl.** *presente del subjuntivo* **bejahter u. verneinter Imperativ von *usted(es)*** indirekte Rede (Gegen-wart) Futur I Konditional I	*pretérito imperfecto del subjuntivo*, Konditional u. Futur II, Tempora und Modi im irrealen Bedingungssatz, indirekte Rede (Vergan-genheit), Verbalperiphrasen
WORT-SCHATZ	varietätensensitive Lexeme selten		varietätensensitive Lexeme häufiger

Abb. 6: Einführung der varietätensensitiven Phänomene (im **Fettdruck**) vor dem Hintergrund der Schwerpunkte der grammatischen Lehrwerkprogression

---

[13] Als einziges Lehrwerk führt PUE die Höflichkeitsform *usted(es)* bereits hier ein und verweist zusätzlich auf den Ersatz von *vosotros* durch *ustedes* in Lateinamerika, den kanari-schen Inseln und Teilen Andalusiens (PUE 1, 19, 133).

4. Probleme der Plurizentrik im Anfangsunterricht und Lösungsvorschlag

Was geschieht, wenn man die eingangs geschilderte Situation aufgreift und sich vorstellt, dass eine Lehrkraft, die eine amerikanische Standardvarietät spricht (LaS) und diese auch authentisch wiedergeben will, im Anfangsunterricht unter Heranziehung deutscher Spanischlehrwerke, die sich am kastilischen Spanisch orientieren, unterrichten soll? Im Folgenden soll diese Konstellation hinsichtlich der Aussprache und der Anredeformen diskutiert werden.

4.1 Aussprache

Wie das folgende Beispiel zeigt, tritt die Problematik dann am deutlichsten zutage, wenn die LaS La-Plata-Spanisch spricht und damit *[ʒ]eísmo* bzw. *[ʃ]eísmo* benutzt. Dies zeigt sich etwa in der folgenden, für den Anfangsunterricht typischen Übung, in der sich die SuS mit einem spanischen Vornamen vorstellen und sagen, woher in Spanien sie kommen:

Schüler	Me llamo Sebastián y soy de Mallorca.
	[lamo] [malorka]
LaS (Lehrkraft aus Argentinien)	¡Que interesante! Eres de Mallorca.
	[maʃorka]
	Aber pass auf: Du musst [me jamo] und [majorka] sagen.
	So wie Du es auf der Lehrbuch-CD hören kannst.

Der Schüler hat mit der an der Schreibung orientierten Aussprache von *Mallorca* einen für viele deutsche Lerner typischen Aussprachefehler produziert und scheint insgesamt noch nicht verstanden zu haben, dass das Doppelgraphem /ll/ als [j] gesprochen wird – so wird ihm der Laut zumindest in den Hörtexten des Lehrbuchs präsentiert.

Die Lehrerin reagiert auf die fehlerhafte Aussprache der Schülers auf zwei unterschiedlichen Ebenen, einmal als Dialogpartnerin im Rahmen der Kommunikationssituation, zum anderen metasprachlich, in ihrer Rolle als Lehrerin. Im ersten Fall verwendet sie, als authentische Sprecherin des La-Plata-Spanisch, den *[ʃ]eísmo*, im zweiten Fall verweist sie auf den *[j]eísmo*, d.h. auf den kastilischen Aussprache-Standard des Lehrwerks. Es dürfte klar sein, dass sich damit eine Situation ergeben hat, die für SuS im Anfangsunterricht äußerst verwirrend ist.

Dass die Auswirkungen der sprachlichen Plurizentrik nicht immer so gravierend sein müssen, zeigt sich, wenn man das zweite oben beschriebene varietätensensitive Aussprachephänomen betrachtet, den Umgang mit dem *seseo / ceceo*-Kontrast. Da es nur wenige Minimalpaare gibt und diese im Anfangsunterricht sicher nicht auftreten werden (*casa – caza*), wirft das Nebeneinander von kastilischer Differenzierung (im Lehrwerk und seinen Audiomaterialien) und einheitlicher Verwendung des *seseo* im amerikanischen Spanisch der Lehrkraft für das Hörverstehen keine besonderen Probleme auf. Für die Sprachproduktion besteht jedoch die Gefahr der Mischung. So wäre denkbar, dass sich Lernende, denen es schwer fällt, den für das kastilische Spanisch typischen [θ]-Laut zu artikulieren, in der Aussprache ganz auf *seseo* umstellen, ansonsten aber (d.h. in Wortschatz und Grammatik) die kastilische Standardvarietät beibehalten. Weiterhin kann bei der Erstellung schriftlicher Texte der Einfluss des *seseo* bzw. sein ausschließlicher Gebrauch zu Orthographiefehlern führen; es werden dann auch <c> und <z> als <s> geschrieben (**siudad* statt *ciudad*, **sanahoria* statt *zanahoria*).

4.2 Anredeformen

Die Anredeformen (und die durch sie bedingten grammatischen Phänomene: Pronomina, Possessivbegleiter, Verbkonjugation einschließlich Imperativ) sind im Fremdsprachenunterricht alles andere als ein Randphänomen. Sie bilden von Anfang an den Kern der Kommunikation, und zwar sowohl in der realen Kommunikation im Klassenraum (Lehrer-Schüler-Gespräch, Arbeitsanweisungen der Lehrkraft bzw. des Lehrbuchs) als auch in den Dialogen der Lektions- und Übungstexte (schon allein deshalb muss jedes Lehrwerk eine Entscheidung treffen, welcher Standardvarietät es folgt).

Unter dem Gesichtspunkt der Plurizentrik sind hier zwei Fälle der Diskrepanz zum kastilischen Spanisch des Lehrwerks zu unterscheiden: die Verwendung von *ustedes* zur Anrede von mehreren Schülern, die für alle amerikanischen Standardvarietäten zutrifft, sowie darüber hinaus die Anrede einzelner Schüler im *voseo*, die nur für das La-Plata-Spanisch gilt.

Ustedes als informelle Anredeform im Plural

Auch wenn in den ersten Lehrbuch-Dialogen die informelle Anrede einzelner Personen dominiert *(Y tú, ¿cómo te llamas?)*, so werden schon sehr bald die informellen Anredeformen für mehrere Personen eingeführt *(Y vosotros, ¿tenéis también un grupo de música?)*. Der kastilischen Standardvarietät folgend verwenden die Lehrwerke die *vosotros*-Form. Sie wird außerdem – als Teil des Systems der Personalpronomina – als Lerninhalt thematisiert und eingeübt.

Wenn nun eine LaS mehrere Schüler oder die ganze Klasse authentisch ansprechen möchte, was im Unterrichtskontext durchaus häufig der Fall ist, so ergibt sich eine ähnliche Situation wie bei der oben diskutierten Verwendung der *[ʃ]eísmo]*-Aussprache von *Mallorca* durch eine Sprecherin des La-Plata-Spanischen. Die Auswirkungen eines Nebeneinanders der *vosotros*- und der *ustedes*-Anrede sind allerdings noch folgenreicher, da sich neben den Anredepronomina weitere Divergenzen in der Grammatik ergeben (Objekt- und Reflexivpronomina, Possessivbegleiter, Verbkonjugation einschließlich Imperativ; vgl. Abb. 5). Dabei erweist sich der Imperativ als besonders problematisch. In den Arbeitsanweisungen des Lehrbuchs bzw. der Lehrkraft ist er hochfrequent; die SuS werden im Fall des Nebeneinanders von zwei Standardvarietäten ständig mit unterschiedlichen Formen konfrontiert. Für den *ustedes*-Imperativ kommt erschwerend hinzu, dass er auf den *subjuntivo*-Formen basiert, die erst ab dem zweiten Lernjahr vermittelt werden; im Anfangsunterricht können sie von den SuS bestenfalls als *lexical chunks* memoriert werden.[14]

Die Probleme potenzieren sich wiederum dann, wenn die Lehrkraft im nunmehr einsprachigen Unterricht die im Lehrwerk vorgesehene Einübung der Anredepronomen angeht und die SuS – unter Verwendung der *ustedes*-Anrede – z.B. zur Erstellung eines Dialogs mit gleichaltrigen Gesprächspartnern auffordert. Ähnlich wie im Mallorca-Beispiel entsteht auch hier ein für SuS im Anfangsunterricht inakzeptabler Widerspruch zwischen den Varietäten der LaS und des Lehrwerks.

---

[14] Der *vosotros*-Imperativ des kastilischen Spanisch ist hingegen in der bejahten Form besonders einfach zu bilden (z.B. *Hablad sobre el texto; Leed el texto*); als weitere Lernerleichterung kommt hinzu, dass keine unregelmäßigen Formen existieren (z.B. *ser: sed; tener: tened; ir: id; venir: venid*).

LaS	Miren, ustedes. Aquí tienen otro ejercicio. Imagínense que
(Lehrkraft mit	hablan con sus amigos Pedro y Julia y escriban el diálogo.
am. Spanisch)	Utilicen "vosotros", como en el modelo del manual.

Voseo **als informelle Anredeform im Singular**

Dass sich die Lernschwierigkeiten im Bereich der informellen Anrede für die SuS noch einmal erheblich steigern, wenn das Lehrwerk das kastilischen Spanisch realisiert, die Lehrkraft aber La-Plata-Spanisch spricht, liegt auf der Hand, da hier nicht nur der Plural (*ustedes*) betroffen ist, sondern mit der spezifischen Anredeform des *voseo* auch der Singular. Dies bedeutet, dass sich bereits die sprachliche Form der ersten Anrede eines einzelnen Schülers auf Spanisch erheblich von der Anrede einzelner Kinder oder Jugendlicher in den ersten Lehrbuchdialogen unterscheiden würde. Gleiches gilt für Arbeitsanweisungen, die sich im Imperativ an einzelne Schüler richten; auch hier wären die formalen Unterschiede zwischen Lehrbuch und Lehrkraft beträchtlich und würden für Verwirrung sorgen.

4.3   Lösungsvorschlag

Insgesamt betrachtet würde ein Nebeneinander der Anredeformen – kastilisches *vosotros* des Lehrwerks vs. amerikanisches *ustedes* der Lehrkraft und erst recht *voseo* – dazu führen, dass im Spanischunterricht, und zwar bereits ab dem Anfangsunterricht, in dem die ersten Begrüßungsdialoge vermittelt werden, eine Vielzahl unterschiedlicher grammatischer Formen kursiert, die die SuS rezeptiv erfassen müssten. Die Folge wären Irritationen, schließlich die Verwechslung und Mischung der Formen in der Sprachproduktion der SuS.

Aus diesen Gründen ist es für den Anfangsunterricht sowie für die gesamte Anfangsphase – also das erste Lernjahr – unbedingt zu empfehlen, dass im Unterricht ausschließlich die Formen des kastilischen Spanisch, d.h. des Standards der deutschen Spanisch-Lehrwerke, verwendet werden (der Ratschlag der Fachseminar-Leitung in der einleitend zitierten Mail der Referendarin ist also durchaus verständlich).

5. Plurizentrik in den restlichen Spracherwerbsphasen (ab dem zweiten Lernjahr)

Während die Plurizentrik des Spanischen in der Anfangsphase (erstes Lernjahr) aus den eben genannten Gründen keine Beachtung finden kann, stellt sich die Lage für die beiden weiteren Spracherwerbsphasen anders dar: Wenn man hier die produktiven und rezeptiven Kompetenzen separat betrachtet, so ergeben sich durchaus Möglichkeiten für die Berücksichtigung mehrerer Standardvarietäten, wobei als Leitlinie die schon erwähne Formel ‚produktive Ein-Standard-Kompetenz plus rezeptive Kompetenz in mehreren Standardvarietäten' gelten soll.

5.1 Ein-Standard-Kompetenz in der Sprachproduktion

Auch wenn die höchst varietätensensitiven Anredeformen zum großen Teil in der Anfangsphase eingeführt und gefestigt worden sind, erfolgt ihre Abrundung erst in der mittleren Spracherwerbsphase; denn erst hier werden das Präsens des *subjuntivo* und die fehlenden Formen des Imperativs eingeführt (verneinter Imperativ der zweiten Person Singular und Plural, bejahter und verneinter Imperativ in der Höflichkeitsform). Ebenfalls in dieser Phase steht auch die Behandlung der Differenzierung zwischen *perfecto* und *indefinido* (‚mit bzw. ohne Gegenwartsbezug') an, die im amerikanischen Spanisch zugunsten des *indefinido* aufgegeben ist. Dieses Phänomen spielt eine zentrale Rolle bei der Wiedergabe vergangener Ereignisse, wie sie für beschreibende und erzählende Textformen charakteristisch ist. Es ist wiederum offensichtlich, dass sich die Einführung und Einübung dieser Phänomene am Lehrwerkstandard des kastilischen Spanisch orientieren muss, wenn die schon genannten Irritationen auf Seiten der SuS vermieden werden sollen.

Dass die Förderung einer Ein-Standard-Kompetenz in diesen Bereichen am unproblematischsten ist, wenn der Unterricht durch eine Lehrkraft erteilt wird, die das kastilische Spanisch verwendet, liegt auf der Hand. Doch auch beim Einsatz einer LaS muss gewährleistet sein, dass die Orientierung am kastilischen Spanisch zur Ausbildung der produktiven Sprachkompetenzen konsequent durchgehalten wird. Dies sollte insbesondere auch dann gelten, wenn das amerikanische Spanisch Lernerleichterungen für die SuS bedeuten würde, wie etwa bei der oben genannten Kontrastierung von *perfecto* und *indefinido*, wo die Versuchung groß sein mag, dem Sprachgebrauch des amerikanischen Spanisch zu folgen und die kastilische Differenzierung einfach zu ignorieren.

Allerdings muss man auch berücksichtigen, dass die konsequent am kastilischen Spanisch ausgerichtete Einführung und Verwendung der varietätensensitiven Phänomene eine Konsolidierung der produktiven Sprachkompetenz der SuS bewirkt, dass also die erworbenen produktiven Fertigkeiten in zunehmendem Maße ‚immun' werden gegenüber den Einflüssen einer anderen Standardvarietät. So ist anzunehmen, dass eine Anrede der Klasse mit *ustedes* in der mittleren Spracherwerbsphase zwar als fremd empfunden wird, zumal wenn sie in Kombination mit entsprechenden Aussprachemerkmalen des amerikanischen Spanisch einhergeht; doch wird dieses *ustedes* die SuS nicht mehr so stark irritieren oder am eigenen Gebrauch der *vosotros*-Form hindern wie eine *ustedes*-Anrede im Anfangsunterricht. Ebenso wird es den SuS nach entsprechender Festigung des *perfecto/indefinido*-Kontrasts nicht sofort fragwürdig erscheinen, wenn die LaS gelegentlich das *indefinido* im Sinne des amerikanischen Spanisch anwendet.

Zu bedenken ist, dass diese ‚Immunisierung' der erworbenen produktiven SuS-Kompetenzen ein gradueller Prozess ist, der außerdem in den Lernenden unterschiedlich verlaufen mag, aber doch in seiner Gesamtheit die Feststellung erlaubt, dass ab der mittleren Spracherwerbsphase die vorsichtige Öffnung der rezeptiven Kompetenz hin zu anderen Standardvarietäten möglich ist, also eine ‚rezeptive Varietätenkompetenz' geschaffen werden kann, ohne dass die produktive ‚Ein-Standard-Kompetenz' Schaden nehmen muss.

5.2 Rezeptive Varietätenkompetenz

5.2.1 Allgemeines

Was ist unter einer ‚rezeptiven Varietätenkompetenz' zu verstehen, die den zweiten Teil der oben eingeführten Formel ‚produktive Ein-Standard-Kompetenz plus rezeptive Kompetenz in mehreren Standardvarietäten' bildet? Grundsätzlich ist damit die Fähigkeit gemeint, mündliche und schriftliche Texte aus anderen Standardvarietäten als dem kastilischen Spanisch verstehen zu können.¹⁵ Aufgrund der prägnanten Ausspracheunterschiede zwischen den Standardvarietäten und des fast völligen Fehlens von Unterschieden in der Schreibung liegt es dabei nahe, den Schwerpunkt auf das Verstehen von *mündlichen* Äußerungen, aus didaktischer Sicht also von Hörtexten, zu legen.

Diese varietätenbezogene Hörverstehenskompetenz ist als Teil der allgemeinen Hörverstehenskompetenz anzusehen; dies bedeutet auch, dass Verstehensprobleme nicht ausschließlich auf varietätenspezifische Besonderheiten der Hörtexte zurückzuführen sind, sondern durchaus durch Faktoren bedingt sein können, die üblicherweise beim fremdsprachlichen Hörverstehen auftreten (mangelndes Sachwissen, Wortschatzlücken, fehlende Teilverstehenstoleranz, etc.). Als didaktische Konsequenz ergibt sich, dass bei der Ausbildung von rezeptiver Varietätenkompetenz nicht nur auf die jeweilige amerikanische Standardvarietät geachtet und hier – vorbereitend und in begrenztem Umfang – Wissen zu markanten Merkmalen in den Bereichen Aussprache, Grammatik und Wortschatz vermittelt werden soll, sondern dass den SuS auch allgemeine Hörverstehensstrategien (erneut) bewusst gemacht sowie sonstige Unterstützungsmaßnahmen (lexikalische Vorentlastung, etc.) angeboten werden sollten.

Angesichts der Tatsache, dass eine rezeptive Varietätenkompetenz für die erfolgreiche Kommunikation mit Muttersprachlern aus unterschiedlichen Teilen der Hispanophonie unerlässlich, ist, erscheint es überraschend, dass die KMK-Bildungsstandards und aktuelle Spanisch-Lehrpläne dazu nicht explizit Stellung nehmen. Mit der bereits erwähnten Feststellung (vgl. Anm. 11), dass der Schwerpunkt der Ausbildung rezeptiver Kompetenzen auf Texten liegt, die in der „Standardsprache" verfasst sind, wird eine rezeptive Varietätenkompetenz zwar nicht gefordert, aber auch nicht ausgeschlossen und sollte deshalb als fakultative Unterrichtskomponente gesehen werden; entsprechende Texte und Übungen hätten so den Status eines Zusatzangebots, auf das punktuell und je nach Interesse und Leistungsniveau der Lerngruppe eingegangen werden kann.¹⁶ Diese Auffassung vertreten auch die meisten Lehrwerke.

---

[15] Ein erweitertes, hier aber nicht zur Debatte stehendes Verständnis von rezeptiver Varietätenkompetenz würde darunter etwa auch das Verstehen bestimmter Non-Standard-Varietäten wie z.B. Jugend- oder Umgangssprache fassen.

[16] Vgl. auch die Vorschläge in Leitzke-Ungerer (erscheint) sowie den Beitrag von Reimann im vorliegenden Band.

5.2.2 Das Angebot der Lehrwerke zur rezeptiven Varietätenkompetenz

Die Durchsicht einer Auswahl aktueller Lehrwerke[17] ergibt, dass das Angebot zum amerikanischen Spanisch offensichtlich als *Ergänzung* zu den obligatorischen, am kastilischen Spanisch orientierten Lerninhalten gedacht ist. Dies lässt sich daran ablesen, dass die Mehrzahl der Texte und Fragestellungen zum amerikanischen Spanisch lediglich im Übungsteil auftaucht (13 Übungen), nicht jedoch auf der Ebene der Lektionstexte; damit ist ihr Stellenwert als Lerninhalt deutlich geringer. In den Fällen, in denen die Texte als Lektionstexte fungieren (sieben Texte), verfolgen die Lehrwerke eine deutliche Reduktions- bzw. sogar Vermeidungsstrategie; auch dies signalisiert, dass die Varietäten des amerikanischen Spanisch als Zusatzangebot betrachtet werden. So ist die Anzahl der in den Lektionstexten enthaltenen Belege für amerikanisches Spanisch minimal; im lexikalischen Bereich sind es stets nur wenige Wörter, die meist im zugehörigen Info-Kasten mit dem kastilischen Pendant kontrastiert werden; besondere grammatische Formen werden – bis auf ein einziges Beispiel für informelles *ustedes* (ENC 1, 107) und drei Belege für *voseo* (Romanauszug in ADE 2, 94, sowie in ADE 1, 118 und ENC 3, 11) – vermieden.

Problematischer ist die von den Lehrwerken praktizierte ‚Vermeidungsstrategie', wenn sie auch auf die Aussprache angewandt wird. Zwar ist es nachvollziehbar, wenn in den Audio-Aufnahmen der Lektionstexte kastilisches Spanisch bzw. ein ‚neutrales' Spanisch[18] gesprochen wird; die kastilische Standardvarietät ist nun einmal die gewählte Orientierungsnorm, und selbstverständlich können und dürfen auch lateinamerikanische Themen im kastilischen Spanisch ‚besprochen' werden, insbesondere dann, wenn es um beschreibende oder erklärende Texte geht (z.B. Lektionstext „Simón Bolívar", PUE 3, 29). Als schwieriger erweist sich jedoch die Bewertung des Umgangs der Lehrwerke mit Dialogpassagen, denn diese werden – obwohl sie fiktiven Personen aus Lateinamerika ‚in den Mund gelegt werden' – in einem mehr oder weniger neutralen Spanisch ge-

---

[17] Es wurden folgende Lehrwerke für Spanisch als dritte Fremdsprache an Gymnasien und Gesamtschulen untersucht: *Línea verde* (2006ff.), *Encuentros Edición 3000* (2010ff.), *¡Adelante!* (2010ff.) und *Puente al Español* (2012ff.); sie werden im Folgenden mit Kürzeln bezeichnet (LIN, ENC, ADE und PUE). Analysiert wurde jeweils das Schülerbuch Bd. 1-3 (einschließlich der Hörtexte der Schüler-CD).
[18] Vgl. zum *español neutro* den Beitrag von Meißnitzer im vorliegenden Band.

sprochen. Man könnte sich fragen, ob hier (ab Band 2, also dem zweiten Lernjahr) nicht etwas mehr an amerikanischer oder argentinischer Aussprache hätte ‚riskiert' werden können.

Eindeutig positiv sind dagegen die von den Lehrwerken vorgeschlagenen methodischen Verfahren zu sehen, mit denen die varietätensensitive Kompetenz untermauert und zugleich erweitert wird. Hier lassen sich zwei Grundmuster (deduktives vs. induktives Vorgehen) erkennen, die sich im Sinne eines ‚gelenkten Entdeckens' auch gut kombinieren und an den jeweiligen (Übungs- oder Lektions-)Texten konkretisieren lassen. Zum einen wird Basiswissen zu ausgewählten sprachlichen Merkmalen vermittelt, i.d.R. in Form von Info-Kästen, zum anderen werden Fragen zur eigenständigen Erarbeitung dieser Merkmale gestellt. Auch die Verteilung der beiden Grundmuster auf die Jahrgangsbände ist sinnvoll; so dominiert in den jeweils dritten Bänden das zweite Muster. Vgl. dazu Abb. 7; die beiden Übungen aus PUE 3 und ENC 3, die jeweils von einem Hörtext ausgehen, sind besonders gelungene Beispiele dafür, wie rezeptive Varietätenkompetenz – hier in Bezug auf das chilenische bzw. das La-Plata-Spanisch – gezielt gefördert werden kann.

	PUE 3 (2015, 93)	ENC 3 (2012, 13)
Titel des Hörtexts und Textsorte	*Vacaciones con las estrellas* (nicht-authentischer Dialog)	*El español de Argentina* (nicht-authentischer Dialog)
Varietät	chilenisches Spanisch	argentinisches Spanisch
Fragen zu Merkmalen des amerikanischen Spanisch (Aussprache u. Intonation, Wortschatz, Grammatik, Register)	• [Fragen zum Textverstehen] • Escuchad de nuevo el diálogo y fijaos en cómo hablan Diego y Marta. Prestad atención al ritmo, al acento, a las expresiones y a la gramática. ¿Qué os llama la atención? Apuntadlo y después hablad de ello en clase.	• Escucha el diálogo. ¿Quién es el argentino/la argentina? ¿Cómo lo sabes? ¿Qué te llama la atención en su forma de hablar? • ¿Qué dirían los españoles en lugar de: *tareas* / *bárbaro* / *acá* / *vos* / *mis viejos* ? • ¿Qué estilo de lengua están usando las personas que hablan? Decide si es formal o familiar y da ejemplos.

Abb. 7: Selbstständige Erarbeitung von Merkmalen des amerikanischen Spanisch in Lehrwerken für das dritte Lernjahr

Weniger überzeugend ist dagegen die in Bezug auf varietätensensitive Phänomeine vorgenommene Progression. So gehen (mit Ausnahme von LIN) alle Lehrwerke bereits im ersten Band und damit im ersten Lernjahr auf das amerikanische (vgl. hierzu Anm. 13) bzw. sogar ausführlich auf das La-Plata-Spanisch (ADE 1) ein.[19] Dies scheint mir eine Überforderung der SuS darzustellen und könnte sich auf den Erwerb der entsprechenden Verbformen des kastilischen Spanisch störend auswirken.

5.2.3 Der Beitrag von LaS (Lehrkräften mit amerikanischem Spanisch) zur rezeptiven Varietätenkompetenz

Abschließend sei die Frage diskutiert, inwiefern eine LaS die Förderung von rezeptiver Varietätenkompetenz unterstützen kann. Da sie sich, wie oben ausgeführt (5.1), grundsätzlich am kastilischen Spanisch orientieren sollte, kann (und darf) sie ihre eigene Standardvarietät in der Unterrichtskommunikation nicht kontinuierlich einsetzen; eine permanente Konfrontation der SuS mit dem amerikanischen Spanisch (und damit mit amerikanischen ‚Hörtexten') scheidet somit aus. Denkbar und wünschenswert wäre jedoch, dass die Lehrkraft – dem Muster der Lehrwerke folgend – gezielt kurze Unterrichtsphasen einplant, in denen sie ihre Standardvarietät verwendet und dies den SuS auch bewusst macht bzw. sogar mit entsprechenden Aufgabenstellungen verbindet (z.B.: Heraushören von Merkmalen des amerikanischen Spanisch; Suche nach Entsprechungen im kastilischen Spanisch). Hier könnten die SuS vom Einsatz einer LaS in einer Weise profitieren, wie dies beim Unterricht durch eine Lehrkraft, die das kastilische Spanisch spricht, nicht möglich wäre.

6 Plurizentrik und Leistungsmessung

Plurizentrische Sprachen wie Spanisch oder Englisch werfen auch für die Leistungsmessung Probleme auf, insbesondere dann, wenn sprachproduktive Leistungen zu beurteilen sind.

---

[19] In ADE 1, 118 wird in einem Info-Kasten zum Lektionstext nicht nur auf den Ersatz von *vosotros* durch *ustedes*, sondern auch auf den *voseo* und seine grammatischen Sonderformen hingewiesen; auch der Lektionstext selbst enthält ein Beispiel *(¿Vos te acordás?)*.

Da im vorliegenden Beitrag dafür plädiert wurde, die Plurizentrik des Spanischen aus der Anfangsphase des Spanischunterrichts komplett auszublenden und sie erst ab dem zweiten Lernjahr punktuell zu berücksichtigen, sind die folgenden Fragen auch erst für die restlichen Spracherwerbsphasen von Bedeutung:

- An welcher Standardvarietät sollen sich die Lernenden in Bezug auf ihre eigene Sprachproduktion orientieren, wenn im Unterricht – und sei es nur über fakultative und punktuellen Zusatzangebote zur rezeptiven Varietätenkompetenz – zwei oder mehr Varietäten ‚präsent' sind?
- Wie soll bewertet werden, wenn Lernende verschiedene Standardvarietäten in der eigenen Sprachproduktion mischen, also z.B. im Rahmen einer Dialogerstellung die *vosotros*-Anrede mit der *ustedes*-Verbkonjugation kombinieren? Aus dem Englischunterricht ist den SuS zwar schon die ‚Grundregel' bekannt, dass Standardvarietäten wie etwa britisches und amerikanisches Englisch nicht vermischt werden sollten; trotzdem wird sich das Problem ergeben.

Die erste Frage lässt sich meines Erachtens nur dann befriedigend klären, wenn das Ziel des Erwerbs einer produktiven Ein-Standard-Kompetenz konsequent verfolgt und für die Zeit der Spracherwerbsphase eine bestimmte Standardvarietät – und zwar die des Lehrwerks, in Deutschland also das kastilische Spanisch – als Norm für den gesamten Unterricht und somit auch für die Leistungsmessung festgelegt wird.[20] Diese Norm ist aber weniger als ‚Richtschnur' für eine Bewertung nach ‚falsch' und ‚richtig' zu verstehen als vielmehr als Orientierungshilfe für die Lernenden.

Wenn den SuS trotz dieser klaren Vorgabe Mischungen und damit ‚Fehler' unterlaufen, sollten diese zwar als Abweichungen von der vereinbarten Norm gekennzeichnet, nicht jedoch negativ gewichtet werden.[21] Von den SuS kann aber eine Korrektur gemäß dem kastilischen Spanisch erwartet werden, insbe-

---

[20] Lernende mit Spanisch als Muttersprache sollten aber natürlich das Recht haben, ihre jeweilige Standardvarietät zu verwenden, sowohl in Leistungserhebungen als auch im Unterricht generell.

[21] Wenn es um Testformate geht, mit denen ausschließlich sprachliche Korrektheit überprüft werden soll (z.B. ein Lückentext, in den bestimmte grammatische Formen einzusetzen sind), kann von diesem Prinzip abgewichen werden. Testformate dieser Art verlieren im weiteren Verlauf der Spracherwerbsphase aber ohnehin an Bedeutung und treten gegenüber kommunikativ orientierten Formaten zurück.

sondere im Fall der Mischung von grammatischen Formen. Durch eine Bewusstmachung der entstandenen ‚Hybridformen' kann außerdem auf deren künftige Vermeidung in der Sprachproduktion hingewirkt werden.

Was die rezeptive Varietätenkompetenz angeht, so wird diese, wie oben ausgeführt, in der Spracherwerbsphase als fakultative Zusatzkompetenz betrachtet; daher können entsprechende Aufgaben ohnehin nicht Gegenstand der Leistungsmessung sein.

7. Schlussbemerkungen

Wie viele Standardvarietäten – oder mit anderen Worten: wie viel Plurizentrik – vertragen die SuS in den ersten Lernjahren? Der Beitrag hat für die Orientierung an einer *einzigen*, durch das Lehrwerk vorgegebenen Standardvarietät plädiert (und in den deutschen Spanischlehrwerken ist dies nun einmal das kastilische Spanisch). Hauptargument ist, dass ein Nebeneinander von verschiedenen Varietäten angesichts des Formenreichtums der varietätensensitiven Phänomene die Lernenden verunsichern, Fehler provozieren und damit den Erwerb der sprachlichen Grundlagen erheblich gefährden würde. Dies gilt insbesondere für die Anfangsphase (erstes Lernjahr), in der mit der Aussprache und den Anredeformen zwei besonders kritische Phänomene vermittelt werden. In den restlichen Spracherwerbsphasen soll die Plurizentrik des Spanischen dagegen auf der Basis der Formel ‚produktive Ein-Standard-Kompetenz plus rezeptive Kompetenz in mehreren Standardvarietäten' durchaus berücksichtigt werden. Dies bedeutet, dass für die produktiven Kompetenzen zwar nach wie vor am Leitziel des Erwerbs einer einzigen Standardvarietät festgehalten wird, dass aber die rezeptiven Kompetenzen eine Erweiterung erfahren und die SuS im Rahmen eines ergänzenden, fakultativen Angebots, wie es bereits von Seiten der aktuellen Spanischlehrwerke vorliegt, auf das Verstehen von einfachen Lese- und vor allem Hörtexten aus unterschiedlichen Standardvarietäten hingeführt werden. Auf diese Weise werden die Lernenden bereits in der Spracherwerbsphase auf die kommunikativen Anforderungen der Hispanophonie schrittweise vorbereitet.

Als Konsequenz für den Einsatz einer LaS in der Spracherwerbsphase ergibt sich, dass sich diese auf das kastilische Spanisch des Lehrwerks umstellen und hier eine Reihe von Differenzierungen des kastilischen Spanisch internalisieren muss (so z.B. die Verwendung der *vosotros*-Konjugation). Je niedriger das Lernjahr ist, desto vollständiger muss die Orientierung an der kastilischen Standardvarietät sein (wenn Lehrkräfte dazu nicht bereit oder in der Lage sind, sollten sie in den ersten Lernjahren nicht eingesetzt werden[22]). Wie die eingangs zitierten Äußerungen der argentinischen Muttersprachlerin zeigen, ist eine solche Umstellung für Unterrichtszwecke durchaus machbar. Dass damit ein gewisser Verlust an Authentizität verbunden ist, soll nicht bestritten werden; möglicherweise führt die Anpassung an die andere Standardvarietät auch zu gelegentlichen Fehlern in der Sprachproduktion der LaS, vor allem dann, wenn sie (wie die zu Beginn des Beitrags genannte Referendarin) keine Muttersprachlerin ist. Andererseits sollte man von einer ausgebildeten Lehrkraft schon erwarten können, dass sie die Umstellung meistert. Das Gegenmodell – die permanente Konfrontation der SuS mit zwei Standardvarietäten, zwischen denen sie unterscheiden und auch noch korrekt wechseln sollen – ist für die Spracherwerbsphase jedenfalls keine Alternative.

Literaturverzeichnis

CLYNE, Michael G. 1992. *Pluricentric Languages. Differing Norms in Different Nations*. Berlin/New York: De Gruyter.

KABATEK, Johannes & PUSCH, Claus-Dieter. 2011. *Spanische Sprachwissenschaft. Eine Einführung*. Tübingen: Narr.

KLOSS, Heinz. 1987. „Abstandssprache und Ausbausprache", in: Ammon, Ulrich & Dittmar, Norbert & Mattheier, Klaus. edd. *Sociolinguistics / Soziolinguistik*. Bd. 1. Berlin/New York: De Gruyter, 302-308.

KMK 2004: KULTUSMINISTERKONFERENZ. ed. *Bildungsstandards für die erste Fremdsprache (Englisch/Französisch) für den Mittleren Schulabschluss.*
http://www.kmk.org/fileadmin/veroeffentlichungen_beschluesse/2003/2003_12_04-BS-erste-Fremdsprache.pdf (15.01.17).

KMK 2012: KULTUSMINISTERKONFERENZ. ed. *Bildungsstandards für die fortgeführte Fremdsprache (Englisch/ Französisch) für die Allgemeine Hochschulreife.*
http://www.kmk.org/fileadmin/veroeffentlichungen_beschluesse/2012/2012_10_18-Bildungsstandards-Fortgef-FS-Abi.pdf (15.01.17).

---

[22] Ihr Tätigkeitsfeld wäre dann der Oberstufe vorbehalten, in der die sprachlichen Grundlagen der SuS so weit gefestigt sein sollten, dass ein Nebeneinander unterschiedlicher Standardvarietäten nicht nur vertretbar ist, sondern im Sinne der weiteren Vorbereitung auf die Realität der Hispanophonie sogar sehr erwünscht wäre.

KOCH, Peter & OESTERREICHER, Wulf. 1985. „Sprache der Nähe – Sprache der Distanz. Mündlichkeit und Schriftlichkeit im Spannungsfeld von Sprachtheorie und Sprachgeschichte", in: *Romanistisches Jahrbuch* 36, 15-43.
KOCH, Peter & OESTERREICHER, Wulf. 2011. *Gesprochene Sprache in der Romania*. Berlin/New York: De Gruyter.
LEBSANFT, Franz & MIHATSCH, Wiltrud & POLZIN-HAUMANN, Claudia. edd. 2012a. *El español, ¿desde las variedades a la lengua pluricéntrica?* Frankfurt a.M./Madrid: Vervuert/ Iberoamericana.
LEBSANFT, Franz & MIHATSCH, Wiltrud & POLZIN-HAUMANN, Claudia. 2012b. „Variación diatópica, normas pluricéntricas y el ideal de una norma panhispánica", in: Dies. edd., 2012a, 7-18.
LEITZKE-UNGERER, Eva. 2012. „Englisch und Spanisch von Anfang an: Mehrsprachige Aufgabenplattformen (MAPs) für die ersten Lernjahre", in: Leitzke-Ungerer, Eva & Blell, Gabriele & Vences, Ursula. edd. *English-Español: Vernetzung im kompetenzorientierten Spanischunterricht*. Stuttgart: ibidem, 53-77.
LEITZKE-UNGERER, Eva. erscheint. „Diatopische Aussprachevarietäten im Spanischunterricht. Ein Plädoyer für ein frühzeitiges systematisches Hörverstehenstraining", in: Bürgel, Christoph & Reimann, Daniel. edd. erscheint. *Sprachliche Mittel im Unterricht der romanischen Sprachen. Aussprache, Wortschatz und Morphosyntax in Zeiten der Kompetenzorientierung*. Tübingen: Narr.
MARTÍN ZORRAQUINO, María Antonia & DÍEZ PELEGRÍN, Cristina. edd. 2001. *¿Qué español enseñar? Normas y variación lingüísticas en la enseñanza del español a extranjeros*. Zaragoza: Universidad de Zaragoza.
http://cvc.cervantes.es/ensenanza/biblioteca_ele/asele/asele_xi.htm (15.01.17).
MORENO FERNÁNDEZ, Francisco. 2007. *Qué español enseñar*. Madrid: Arco libros.
MORENO FERNÁNDEZ, Francisco. 2010. *Las variedades de la lengua española y su enseñanza*. Madrid: Arco libros.
MORENO FERNÁNDEZ, Francisco. 2014. „Qué español hablar – qué español enseñar", in: *Hispanorama* 145, 52-60.
OESTERREICHER, Wulf. 2001. „Plurizentrische Sprachkultur – Der Varietätenraum des Spanischen", in: *Romanistisches Jahrbuch* 51, 287-318.
POLZIN-HAUMANN, Claudia. 2005. „Zwischen *unidad* und *diversidad* – Sprachliche Variation und sprachliche Identität im hispanophonen Raum", in: *Romanistisches Jahrbuch* 56, 271-295.
POLZIN-HAUMANN, Claudia. 2012. „Standardsprache, Norm und Normierung", in: Born, Joachim et al. edd. *Handbuch Spanisch. Spanien und Hispanoamerika. Sprache – Literatur – Kultur*. Berlin: Schmidt, 44-54.
SÜß, Kurt & PEREZ, Petronilo & RUIPEREZ, Germán. 2008. *Lerngrammatik Spanisch*. Braunschweig: Diesterweg.
WINKELMANN, Otto. 1990. „Französisch: Sprachnormierung und Standardsprache", in: Holtus, Günter & Metzeltin, Michael & Schmitt, Christian. edd. *Lexikon der romanistischen Linguistik*. Bd. V,1. Tübingen: Niemeyer, 334-353.
ZIMMERMANN, Klaus. 2001. „Die Frage der nationalen Standardvarietäten im Fremdsprachenunterricht des Spanischen: Fremdsprachenpolitische und didaktische Aspekte", in: *Hispanorama* 93, 30-43.

ZIMMERMANN, Klaus. 2006. „La selección de una variedad nacional como variedad principal para la enseñanza del español como lengua extranjera", in: Terborg, Roland & Garciá Landa, Laura. edd. *Los retos de la planificación del lenguaje en el siglo XXI*. Vol. 2. México: CELE/UNAM, 565-590.

Lehrwerke (jeweils Schülerbuch und Schüler-CD)

ADE 1 (2010): *¡Adelante! Nivel elemental*. Stuttgart: Klett.
ADE 2 (2011): *¡Adelante! Nivel intermedio*. Stuttgart: Klett.
ADE 3 (2012): *¡Adelante! Nivel avanzado*. Stuttgart: Klett.
ENC 1 (2010): *Encuentros Edición 3000*. Bd. 1. Berlin: Cornelsen.
ENC 2 (2011): *Encuentros Edición 3000*. Bd. 2. Berlin: Cornelsen.
ENC 3 (2012): *Encuentros Edición 3000*. Bd. 3. Berlin: Cornelsen.
LIN 1 (2006): *Línea verde*. Bd. 1. Stuttgart: Klett.
LIN 2 (2007): *Línea verde*. Bd. 2. Stuttgart: Klett.
LIN 3 (2008): *Línea verde*. Bd. 3. Stuttgart: Klett.
PUE 1 (2012): *Puente al español*. Bd. 1. Braunschweig: Diesterweg.
PUE 2 (2014): *Puente al español*. Bd. 2. Braunschweig: Diesterweg.
PUE 3 (2015): *Puente al español*. Bd. 3. Braunschweig: Diesterweg.

Rezeptive Varietätenkompetenz: Modellierung einer Teilkompetenz zwischen funktionaler kommunikativer Kompetenz und Sprachbewusstheit

Daniel Reimann

1. Ausgangslage: Weltsprache Spanisch – Diatopische Varietäten und Regionalstandards im Spanischunterricht

Spanisch ist eine Weltsprache. Die Problematik der Bestimmung genauer Sprecherzahlen aufgrund der zahlreichen Varietäten, v.a. aber des Bilingualismus (z.b. indigene Sprachen in Lateinamerika, Katalanisch, Baskisch etc. in Spanien) ist bekannt. Dennoch geht man heute von etwa 416 Millionen Erstprachlern des Spanischen aus (davon ca. 47 Millionen in Spanien); ca. 86 Millionen Menschen weltweit dürften Spanisch als Zweitsprache erwerben. Hinzu kommen mindestens 14 Millionen Personen, die in über 85 Ländern der Welt Spanisch als Fremdsprache erlernen (zu diesen Zahlen vgl. Sinner 2013, 9). Augenfällig ist, dass die große Mehrheit der hispanophonen Muttersprachler nicht aus Spanien, sondern aus anderen spanischsprachigen Ländern (hier: „nicht-spanische Hispanophonie" genannt) stammt (vgl. Abb. 1):

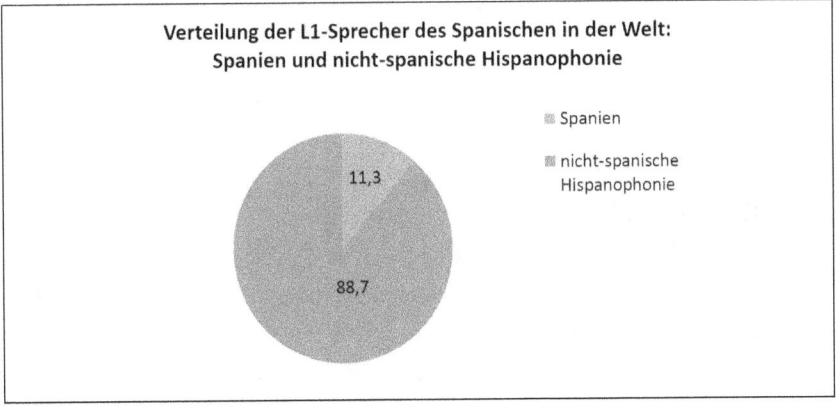

Abb. 1: Verteilung der L1-Sprecher des Spanischen in der Welt
(Relationen nach Sinner 2013, 12)

Der Status als „Weltsprache" legitimiert sich dabei nach Sinner (2013, 5-7) über die Verbreitung und die Sprecherzahlen hinaus insgesamt durch folgende Eigenschaften:

- hohe Zahl von muttersprachlichen Sprechern
- hohe Zahl von Sprechen des Spanischen als L2
- Gebrauch als Amtssprache in mehreren Ländern
- Gebrauch von Handelssprache in Wirtschaft und Marketing
- Integration in den Fremdsprachenunterricht
- Gebrauch als übernationale Wissenschaftssprache / Sprache wissenschaftlicher Disziplinen
- globales Prestige

Der Gemeinplatz „Spanisch als Weltsprache", der viele Eltern wie auch Schülerinnen und Schüler zur Wahl des Spanischen bewegt, impliziert, dass das Spanische über zahlreiche diatopische Varietäten verfügt. Darüber hinaus haben sich im Sinne Oesterreichers 2000 Regionalstandards entwickelt, die ihrerseits als Referenznorm für verschiedene diatopische Varietäten dienen (Oesterreicher 2000, 301). Spanisch gehört mithin zu den Sprachen, die

- mehr als ein Zentrum aufweisen und
- bei denen es mehr als einen kodifizierten Standard / mehr als eine Standardvarietät gibt.

Auch wenn das Konzept der Plurizentrik nicht unumstritten ist, darf das Spanische in Anlehnung an die Terminologie von Heinz Kloss (z.B. Kloss 1976) als plurizentrische Sprache (wie etwa auch das Französische, Englische oder Deutsche) gelten (vgl. Clyne 1992, Pöll 2000, 52, bezogen auf das Spanische einführend Kabatek & Pusch 2011, 282).

Die Gleichberechtigung der nationalen Varietäten des Spanischen wurde nicht zuletzt durch die *Nueva Gramática de la Lengua Española* von den Sprachakademien der Hispanophonie zumindest formal bekräftigt. Sie müssen daher, wenn Spanisch tatsächlich als Weltsprache gelernt und gelehrt werden soll, zumindest in Grundzügen auch in den Spanischunterricht einbezogen werden. In den genehmigten bzw. landläufig eingesetzten Lehrwerken für den schulischen Spanischunterricht ist dies bisher nur in Ansätzen der Fall. Zwar hat der hispanophone Kulturraum in den letzten Jahren zunehmend Einzug in die Spanisch-Lehrwerke und in den Spanischunterricht gehalten, allerdings wurde dabei der sprachliche Aspekt nur bedingt eingezogen. Man könnte daher von einem „Hispanophonie-Paradox" des gegenwärtigen Spanischunterrichts sprechen, wie dies etwa Kruse 2013 in Anlehnung an Reimann 2011 angeregt hat (vgl. Abb. 2).

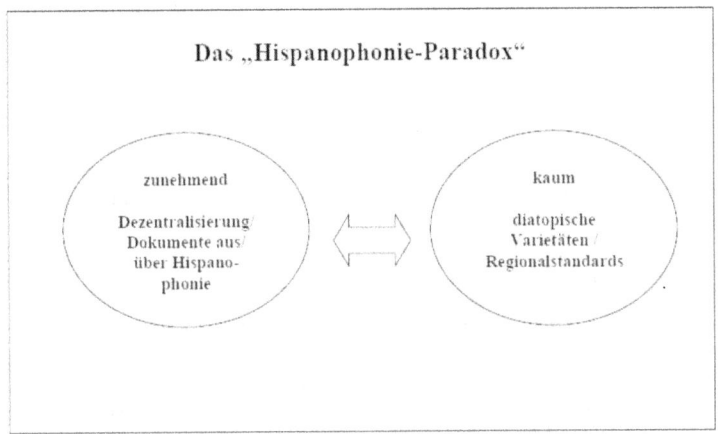

Abb. 2: Das „Hispanophonie-Paradox" im Spanischunterricht (eigene Darstellung, D.R.)

Gerade in Zeiten eines inter- und transkulturell ausgerichteten Fremdsprachenunterrichts kommt der Einbeziehung diatopischer Varietäten und regionaler Standards als Grundlage einer Auseinandersetzung mit verschiedenen hispanophonen Kulturen und als Basis einer anzustrebenden transkulturellen kommunikativen Kompetenz[1] besondere Bedeutung zu. Zugleich kann das Bewusstsein über Varietäten innerhalb einer Sprache eine zusätzliche Grundlage für die Entwicklung von Mehrsprachigkeit sein (vgl. Leitzke-Ungerer 2008).

Der Beitrag gliedert sich wie folgt: Nach der Grundlegung des Konzepts ‚rezeptive Varietätenkompetenz' und einer Verortung derselben im Kompetenzmodell der fremdsprachlichen Bildungsstandards für das Abitur und im aktuellen fremdsprachendidaktischen Diskurs sollen zunächst das Konzept einer ‚Di-

---

[1] Ich verstehe darunter, entsprechend zu Byrams Begriff der interkulturellen kommunikativen Kompetenz (vgl. Byram 1997, 70ff.), eine transkulturelle Kompetenz, die zur Überwindung sprachlicher und kultureller Barrieren befähigt und sich dabei auf Fremdsprachenkompetenz stützt (vgl. zuletzt z.B. Reimann 2014b und 2015).

daktik des plurizentrischen Spanisch' eingeführt und zugleich einige Phänomene des plurizentrischen Spanisch genannt werden, die aus linguistischer Perspektive im Spanischunterricht Berücksichtigung finden sollten. Sodann wird aus pädagogischer und didaktischer Perspektive reflektiert, welche Varietäten in besonderem Maße in den Spanischunterricht integriert werden sollten, und ein Curriculum zur Entwicklung einer rezeptiven Varietätenkompetenz im Spanischen angeregt. Schließlich werden Vorschläge für die Entwicklung von Instrumenten für die Evaluation rezeptiver Varietätenkompetenz gemacht und zwei Beispiele für unterrichtspraktische Umsetzungen gegeben.

2. Rezeptive Varietätenkompetenz, Bildungsstandards und Mehrsprachigkeitsdidaktik

Unter rezeptiver Varietätenkompetenz wird hier in Anlehnung an Reimann 2011 die Fähigkeit verstanden, in einer Fremdsprache linguistische Varietäten einer Standardsprache (der Zielsprache des Fremdsprachenunterrichts), die hier insbesondere in ihrer diatopischen Dimension gemeint sind, in der Rezeption, die hier insbesondere mündlich gedacht ist, zu dekodieren. Vereinfacht gesprochen handelt es sich also um Hörverstehenskompetenz in Bezug auf diatopische Varietäten und Regionalstandards der Zielsprache, hier des Spanischen.

Zwar sind Varietäten in linguistischer Sicht nicht im engeren Sinn dem Phänomen der Mehrsprachigkeit zuzuordnen, aus didaktischer Perspektive sind sie im Sinne der Entwicklung von Sprachbewusstheit der Ausprägung mehrsprachiger Kompetenzen indes durchaus zuträglich. Man kann sich in dieser Argumentation auch Wandruszkas Konzept der „inneren Mehrsprachigkeit" des Menschen anschließen, das sich eben auf Varietäten – hier der Erstsprache – bezieht (vgl. Wandruszka 1979). Insofern scheint es mir angebracht, zu postulieren, (rezeptive) Varietätenkompetenzen systematisch zu fördern und in mehrsprachigkeitsdidaktische Bemühungen zu integrieren.

Im Kompetenzmodell der Bildungsstandards für das Abitur (KMK 2012) ist rezeptive Varietätenkompetenz an der Schnittstelle dreier (Teil-)Kompetenzen zu verorten: Insofern sie vor allem mündlich konzipiert wird (s.u.), trägt sie zum einen zur Hörverstehenskompetenz bei, zum anderen leistet sie einen unmittelbaren Beitrag zur Entwicklung von Sprachbewusstheit. Da sie ein vertieftes Verständnis von, mithin eine bessere Verständigung mit Angehörigen verschiedener hispanophoner Kulturräume erleichtert, ist sie zugleich Bestandteil der inter- und transkulturellen kommunikativen Kompetenz.

An anderer Stelle habe ich rezeptive Varietätenkompetenz als eines von sieben privilegierten Handlungsfeldern der Mehrsprachigkeitsdidaktik nach 2010 eingeführt. Neben verstärkter Integration produktiver Fertigkeiten und Teilkompetenzen, weiterer Schulfremdsprachen (bes. Englisch, Latein, Griechisch), des Deutschen als Mutter-, Fremd- und Zweitsprache, der Herkunfts- bzw. Familiensprachen, des multilingualen Sachfachunterrichts und der transkulturellen kommunikativen Kompetenz bezieht das Modell der aufgeklärten Mehrsprachigkeitsdidaktik auch rezeptive Kompetenzen im zielsprachlichen Bereich mit ein (vgl. Reimann 2015b; ausführlicher Reimann 2016). Dieser Vorschlag kann wie folgt veranschaulicht werden (vgl. Abb. 3):

Abb. 3: Rezeptive Varietätenkompetenz in der „aufgeklärten Mehrsprachigkeitsdidaktik"

3. Didaktik des plurizentrischen Spanisch

Andere Schulfremdsprachen, auf die das Merkmal des Plurizentrismus zutrifft, sind das Englische und das Französische. Für das Englische hat jüngst Schubert 2014 den *state of the art* aufgearbeitet und Perspektiven für die Weiterentwicklung einer Didaktik des plurizentrischen Englisch gegeben, für das Französische stammen einschlägige Beiträge von Pöll 2000, Polzin-Haumann 2010 und Reimann 2011. Schubert 2014 kommt dabei für das Englische u.a. zu folgenden Erkenntnissen: Der Unterricht im Englischen als Fremdsprache an deutschen Schulen konzentriere sich bisher im Wesentlichen auf die nationalen Standardvarietäten, v.a. auf das britische und US-amerikanische Englisch. Weitere bedeutende Standards des Englischen als Erstsprache, etwa der Standard Kanadas, Australiens oder Südafrikas blieben weitgehen außen vor. Darüber hinaus sollen im Falle des Englischen dessen Entwicklungen als *lingua franca* wie auch weitere postkoloniale Tendenzen (*New Englishes, Postcolonial Englishes*), die den Charakter des Englischen als Weltsprache nachhaltig prägen, ebenso berücksichtigt werden. Vor dem Hintergrund des weltweiten Multilingualismus übt Schubert Kritik am Konzept des Muttersprachlers als idealisiertem Konstrukt. Auch solle berücksichtigt werden, dass Standards an sich nicht statisch sind, sondern einem graduellen und kontinuierlichen Wandel (insbesondere in der Aussprache) unterliegen. Die Thematisierung von Entwicklungstendenzen, z.B. des *Estuary English*, im Unterricht könne ein Bewusstsein für Sprachwandel schaffen (Schubert 2014, 233ff.). Auf die grundlegende Problematik des Plurizentrismus des Französischen hat Pöll 2000 hingewiesen. An anderer Stelle (Reimann 2011) wurde bereits der Begriff einer „Didaktik des plurizentrischen Französisch" geprägt und genauer untersucht, inwieweit Varietäten des Französischen in vier damals aktuellen Lehrwerken für den Französischunterricht an deutschen Schulen Berücksichtigung fanden. Dort wurde vorgeschlagen, insbesondere auch südfranzösische und subsaharische Varietäten verstärkt in den Französischunterricht zu integrieren (Reimann 2011, 123ff.). Im Unterschied zum Englischen entfällt die eigenständige Variante eines *lingua-franca*-Französischen weitgehend, da Französisch als Erst- und Zweitsprache stärker regional gebunden ist als das Englische.

Vor diesem Hintergrund soll im Folgenden das Konzept einer ‚Didaktik des plurizentrischen Spanisch' eingeführt werden: In das Konstrukt einer ‚Didaktik des plurizentrischen Spanisch', welche auf die Entwicklung und Förderung einer rezeptiven Varietätenkompetenz im Spanischen im o.g. Sinne abzielt, wirken verschiedene fremdsprachendidaktische und linguistische Diskurse ein. Grundlegende Erkenntnisse zum Spanischen als Weltsprache liefert die Soziolinguistik; diese werden zumindest teilweise in (fremd-)sprachenpolitische Diskurse überführt. Auf originär fremdsprachendidaktischer Seite treten sodann die oben genannten Diskurssphären um die Hörverstehenskompetenz, die ‚neue' Kompetenz Sprachbewusstheit (vgl. KMK 2012) und um die inter- bzw. transkulturelle kommunikative Kompetenz hinzu. Aus linguistischer Perspektive liefert zudem die Varietätenlinguistik relevante Ergebnisse. Dabei ist zum einen natürlich an die klassische ‚deskriptive' Varietätenlinguistik zu denken. Dazu tritt in jüngerer Zeit die Erforschung eines weiteren, für den Alltag und für die Begründung inter- und transkultureller kommunikativer Kompetenz zentralen Phänomens, namentlich der Wahrnehmung u.a. diatopischer Varietäten durch den jeweiligen Adressaten eines Sprechaktes. Dies wurde aus romanistisch-linguistischer Perspektive in einigen (Pilot-)Studien systematisch untersucht: Thomas Krefeld und Elissa Pustka begründen mit dem von ihnen herausgegebenen Band das Konzept einer „perzeptiven Varietätenlinguistik" (Krefeld & Pustka 2010a, vgl. Krefeld & Pustka 2010b), das Vorläufer wie etwa die ‚perzeptive Dialektologie' um einen theoretischen Überbau bereichern möchte (vgl. Krefeld & Pustka 2010b, bes. 9f.). In diesem Rahmen wird die Wahrnehmung verschiedener diatopischer Varietäten durch Sprecher anderer Varietäten empirisch untersucht. Das Diskursgeflecht um eine Didaktik des plurizentrischen Spanisch und eine rezeptive Varietätenkompetenz lässt sich wie folgt graphisch zusammenfassen (Abb. 4):

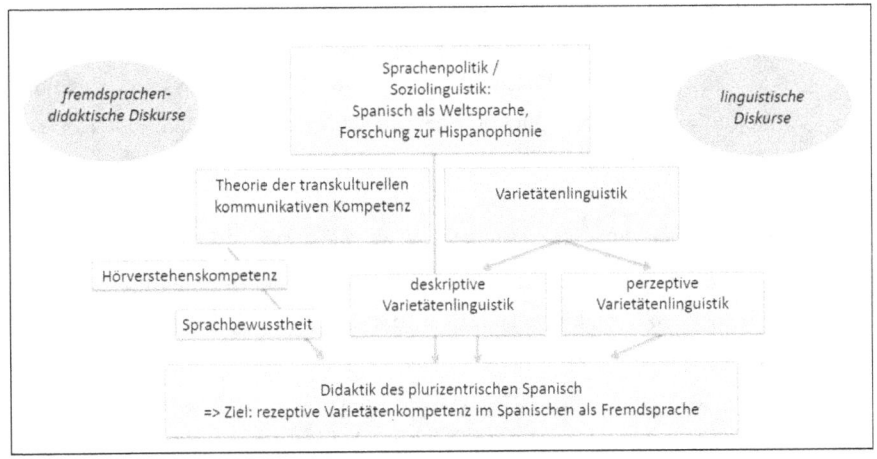

Abb. 4: Didaktik des plurizentrischen Spanisch

4. Inhalte einer Didaktik des plurizentrischen Spanisch

Auf folgende weit verbreitete Eigenheiten von Varietäten oder Varietäten-Bündeln des Spanischen sollte im Laufe eines vertieften Lehrgangs im Spanischen (ab Niveau B1, also am Übergang zur Oberstufe bzw. im dritten Lernjahr der spät beginnenden Fremdsprache, abgesehen von *seseo* und *yeísmo*, mit denen bereits früher Vertrautheit erlangt werden kann) eingegangen werden.

Phonetik und Prosodie

- *seseo*:
  Im europäischen Spanisch nur regional verbreitet, in Hispanoamerika generalisiert (z.B. Kabatek & Pusch 2011, 289).
- *yeísmo* vs. *ʒeísmo* und *ʃeísmo*:
  Während *yeísmo* (Realisierung von /j/ statt /ʎ/) inzwischen auch im europäischen Spanisch als generalisierte und nicht-markierte Realisierung von <ll> gelten darf, sind *ʒeísmo* und *ʃeísmo*, d.h. die Realisierung als [ʃ] bzw. [ʒ], typische Erscheinungen des Spanischen der *Rio de la Plata*-Region und insbesondere der Metropole Buenos Aires, die beim Hörverstehen identifiziert und dekodiert werden müssen.
- Realisierung von auslautendem /S/:
  Die Aspiration, teilweise Auslassung von finalem (und generell silbenschließendem) /S/ ist in Andalusien, auf den Kanaren, in den Küstenregionen Mexikos und Mittel- und Südamerikas sowie in der Karibik verbreitet (z.B. Kabatek & Pusch 2011, 290); ihre Dekodierung muss ebenfalls kognitivierend eingeführt und anschließend in Aktivitäten zum Hörverstehen geübt werden.
- Prosodie:
  Entscheidend für die Entwicklung rezeptiver Varietätenkompetenz ist über die segmentale Ebene hinaus die Vertrautheit mit den prosodischen Eigenheiten verschiedener hispanoamerikanischer Varietäten (besonders auffällig z.B. das Spanische Argentiniens und Zentralamerikas, etwa Nicaraguas). Hier sollten entsprechend zahlreiche Hörverstehensdokumente (etwa aus dem Internet oder Spielfilme), idealerweise von zunehmender Komplexität, zum Einsatz kommen.

Morphosyntax

- *voseo*:

In Zentral- und Südamerika (v.a. in der *Rio de la Plata*-Region, aber z.B. auch in Nicaragua und Kolumbien) wird *vos* (etymologisch: „Ihr") statt *tú* verwendet, es haben sich eigene, eben auf die zweite Person Plural zurückzuführende, Verbformen mit unterschiedlicher diasystematischer Markierung erhalten (vgl. Abb. 5).

Als Merkhilfe kann man vermitteln: das auslautende <r> des Infinitivs wird durch <s> ersetzt, die Formen bleiben oxyton (endbetont). Unregelmäßig sind: *sos* statt *eres* (und, für die rezeptive Varietätenkompetenz weniger bedeutend, da verständlich: *vas* wie peninsular *vas*, *has* wie peninsular *has*).

Das chilenische Spanisch kennt folgende Sonderformen: *hablái* statt *hablás*, Verben auf *-er* gehen in die Formen der Konjugation auf *-ir* über, also z.B. *bebís* (bei Realisierung von aspiriertem bzw. eliminierten <s>, vgl. oben: Realisierung von auslautendem /S/).

Die Formen des *voseo* und ihre Verbreitung sollten im varietätensensiblen Spanischunterricht in jedem Fall eingeführt und vermittelt sowie in Hörverstehens-Aktivitäten (hier eignen sich selbst Lieder z.B. von Shakira) in ihrem Verstehen habitualisiert werden. In anderen Teilen Kolumbiens und in Costa Rica kann darüber hinaus *usted* + dritte Person Singular statt *tú* + zweite Person Singular verwendet werden (vgl. unten *ustedes*).

-ar	*-er*	*-ir*
vos hablás	vos bebés	vos decís

Abb. 5: Konjugation der zweiten Person Singular im *voseo*

- Generalisierung von *ustedes*:

Für die Anrede im Plural ist in Hispanoamerika (wie auch im westlichen Teil Andalusiens und auf den kanarischen Inseln) die Nicht-Unterscheidung von Nähe- und Distanzform bei generalisierter Distanzform *ustedes* im Sinne von ‚ihr' üblich (*vosotros* / *vosotras* finden entsprechend keine Verwendung).

Auch für dieses Phänomen der Varietäten Hispanoamerikas sollte sensibilisiert werden und es sollte in Hörverstehens-Texten präsent sein, da die Verwendung von *ustedes* durch Erstsprachler andernfalls zu Verständnisschwierigkeiten, ggf. sogar zu Missverständnissen führen kann.

In leistungsstarken Lerngruppen oder anlassbezogen – etwa bei entsprechenden Schulpartnerschaften – kann ergänzend darauf hingewiesen werden, dass v.a. in Costa Rica und Teilen Kolumbiens zusätzlich *usted* statt *tú* verwendet werden kann.

- *indefinido* statt *pretérito perfecto*:
  In Hispanoamerika wird in vielen Fällen bevorzugt der *indefinido* verwendet. Eine vergleichbare diatopisch umschriebene Reduktion des Tempussystems findet sich im Italienischen, wo, ausgehend von einem vergleichbaren standardsprachlichen System (*passato prossimo* vs. *passato remoto*) in Süditalien ein eingliedriges, konjugiertes System, d.h., der Gebrauch von *passato remoto*, überwiegt. Eine entsprechend vertiefte Vertrautheit mit den Formen des *indefinido* ist in diesem Bereich Voraussetzung für die rezeptive Kompetenz.

- *leísmo*:
  Im europäischen Spanisch hat sich für das direkte Objektpronomen im Maskulinum ein zweigliedriges System durchgesetzt: *lo* im Falle nichtmenschlicher Referenten, *le* im Falle menschlicher Referenten. In Hispanoamerika wird *le* ausschließlich als indirektes Pronomen verwendet. Zwar gilt dieses Phänomen als ein zentraler Unterschied zwischen dem europäischen und amerikanischen Spanisch, doch ist er für die Entwicklung der rezeptiven Varietätenkompetenz weniger relevant, da das Verständnis im Regelfall gesichert sein sollte, unabhängig davon, ob der Rezipient *le* oder *lo* erwartet.

Lexik

Am weitesten greift die Ausdifferenzierung im lexikalischen Bereich; sie betrifft dabei aber nur punktuell einzelne Lexeme einer Äußerung. Insgesamt sind die Übereinstimmungen natürlich zahlreicher als die Divergenzen. Das Varietätenspektrum des Spanischen ist dabei zu groß, als dass hier eine systematische Vertrautheit angestrebt werden könnte. Wünschenswert ist eine grundlegende Sensibilisierung für die sich lexikalisch manifestierende diatopische Variation sowie die exemplarische Vertrautheit mit in Hispanoamerika weit verbreiteten Lexemen sowie mit solchen der Gegenden, aus denen z.b. im Rahmen einer Unterrichtsreihe in der Oberstufe Texte rezipiert werden sollen oder mit denen Austauschprogramme geplant sind. Ansonsten können die Lernenden – bei entsprechender Ambiguitätstoleranz und Fähigkeit zum Inferieren – mit Lexemen, die aufgrund diatopischer Variation vom kastilischen Standard abweichen, genauso umgehen wie mit jedem anderen unbekannten Lexem.

5. Ausgewählte Varietäten des Spanischen für den Fremdsprachenunterricht

Über die oben genannten, grundlegenden Züge hinaus, welche die Variation in weiteren Bereichen der Hispanophonie betreffen, ist es aufgrund fremdsprachendidaktischer und pädagogischer Erwägungen empfehlenswert, ausgewählte Varietäten im Spanischunterricht genauer einzubeziehen, um exemplarisch vertieft für die diatopische Variation und die Entwicklung regionaler Standards zu sensibilisieren und eine insgesamt möglichst weit greifende rezeptive Varietätenkompetenz zu vermitteln. An dieser Stelle wird empfohlen, zumindest im Laufe eines vertieften Lehrgangs (zweite oder dritte Fremdsprache ab Jahrgangsstufe 6/8) auf folgende Varietäten intensiver einzugehen:

- das andalusische Spanisch
- das Spanische Mexikos
- das Spanische Argentiniens / der Río de la Plata-Region
- das Spanische in den USA.

Die Auswahl begründet sich wie folgt: Das andalusische Spanisch ermöglicht einen exemplarischen Zugang zu den Dialekten des spanischen Südens, mit denen Schülerinnen und Schüler bei geographisch entsprechend verorteten Studienreisen, Austauschprojekten oder auch im Urlaub konfrontiert werden und die gerade in der Aussprache (z.B. *seseo*, Aspiration bzw. Auslassung von auslautendem bzw. silbenschließenden /S/) so deutlich vom Standard Kastiliens abweichen, so dass Schwierigkeiten im Hörverstehen auftreten können, sofern die Lernenden dafür nicht sensibilisiert wurden. Als *español atlántico* trägt es zudem zahlreiche gemeinsame Züge mit vielen Varietäten Hispanoamerikas, so dass es den Zugang zu diesen eröffnen kann.

Das Spanische Mexikos wiederum kann den Zugang zu weiteren hispanoamerikanischen Varietäten eröffnen. Es ist im Grunde, vor allem im Bereich der Lexik, der peninsularen Standardnorm sehr nahe (vgl. z.B. Gugenberger 2012, 109), so dass der Erwerb einer rezeptiven Varietätenkompetenz hier leichter erreichbar ist als bei anderen Varietäten. Zugleich weist Mexiko die höchste Bevölkerungszahl in Hispanoamerika auf; auch ist es der wichtigste hispanoamerikanische Handelspartner der Bundesrepublik (vgl. z.B. Reimann 2014c, 223f.). Nicht zuletzt beinhaltet das von den Medien als Hispanophonie-Übergreifende ‚Neo-Norm' verbreitete *español neutro* zunehmend Züge des mexikanischen Spanisch (einschließlich der entsprechenden *variedad consecuente* in den USA; vgl. Knauer 2012, 119). Das Spanische Mexikos darf also insbesondere auch aus Sicht des deutschen Bildungssystems als eine wichtige Varietät gelten und sollte aus diesem Grund in einem vertieften schulischen Spanischlehrgang in jedem Fall Berücksichtigung finden.

Das Spanische Argentiniens und der *Rio de la Plata*-Region wiederum darf aus kulturellen und historischen, aber auch aus geographischen und sprachlichen Gründen einen privilegierten Platz in schulischen Spanisch-Curricula beanspruchen: Hiermit kann, rein geographisch gesprochen, der südamerikanische Kontrapunkt zum mexikanischen Spanisch gesetzt werden. In sprachlicher Hinsicht sind die zahlreichen Eigenheiten des *Rio de la Plata*-Spanischen, die v.a. auf italienischen Einfluss zurückzuführen sind (einführend z.B. Veith 2008), zu erwähnen, die einerseits zu Verständnisschwierigkeiten führen können und somit im Hinblick auf die Entwicklung rezeptiver Varietätenkompetenz bedeutsam sind, die andererseits freilich im Sinne eines kulturellen Bildungsanspruchs des Spanischunterrichts ausgehend von den sprachlichen Phänomenen thematisiert werden können, ebenso natürlich wie die starke deutsche Präsenz in Argentinien (aus sprach- und kulturwissenschaftlicher Sicht einleitend z.B. Stößlein 2009).

Eine Auseinandersetzung mit den Varietäten des Spanischen in den USA (einführend z.B. Stößlein 2005) wird hier, trotz ihrer großen Heterogenität und ausstehender linguistischer Beschreibungen, aus eher pädagogischen und (allgemein) didaktischen Erwägungen empfohlen, insofern hier auf der sprachlichen

Ebene der Zugang zum Thema der hispanoamerikanischen Migration in die USA eröffnet werden kann (exemplarisch einführend aus hispanistisch-didaktischer Sicht z.B. Leitzke-Ungerer 2011).

Im Folgenden sollen ausgewählte Züge der genannten Varietäten zusammengefasst werden: Das andalusische Spanisch ist u.a. durch folgende Züge charakterisiert: Aspiration bzw. Schwund von silbenschließendem /S/ (vgl. Moreno Fernández 2010, 73f.), generalisierter *seseo* und generalisierter *yeísmo* (ebd., 74). Auffällig ist weiterhin eine Tendenz zur Aspiration von [x], z.B. *jamón* [ha´mon] (ebd.). Weitere Charakteristika sind der Schwund von [ð] in der Endung *-ado* (z.B. *acabado* [aka´bao], ebd., 75) und der Schwund auslautender Konsonanten, insbesondere [r], [l], [ð], [n], z.B. *verdad* [ber´ða], *papel* [pa´pe], *comer* [ko´me] (ebd.). Auf morphosyntaktischer Ebene ist im Westen Andalusiens der auch in Hispanoamerika weit verbreitete *tratamiento unificado* mit *ustedes*, d.h. die Verwendung von *ustedes* statt *vosotros/as*, festzustellen (ebd.).

Bezüglich des mexikanischen Spanisch wurde bereits festgehalten, dass es eine große Ähnlichkeit zur Referenznorm Spaniens besitzt. Allerdings werden auch im mexikanischen Spanisch zahlreiche Varietäten unterschieden. Dies hängt insbesondere damit zusammen, dass Mexiko ein plurikultureller Staat ist, der über 60 indigene Sprachen anerkannt hat (vgl. Gugenberger 2012, 109). Eigenheiten in der Aussprache betreffen u.a. die Abschwächung bzw. den Ausfall unbetonter Vokale (z.B. *antes* [´ants], *cafecito* [kafˈsito] und die Diphthongierung von [e] und [o] vor akzentuiertem Vokal (z.B. *teatro* [ti.´atro], *poeta* [pu´eta]) (vgl. Moreno Fernández 2010, 56), wobei die Reduktion unbetonter Vokale bei gleichzeitig stabilem Konsonantismus eher eine Eigenheit der *Tierras altas* ist, während sich die *Tierras bajas* durch stabilen Vokalismus bei Tendenz zum Schwund der Konsonanten auszeichnen (vgl. Gugenberger 2012, 110). Der charakteristische Intonationsverlauf wird als „entonación circunfleja" bezeichnet, die Morenzo Fernández wie folgt definiert: „Para los enunciados declarativos, en las sílabas finales se produce una elevación y un descenso muy pronunciados, coincidiendo el tono más elevado con la sílaba tónica" (Moreno Fernández 2010, 58). Das mexikanische Spanisch weist weiterhin insbesondere in der Morphosyntax und der Lexik Besonderheiten auf. Eine wichtige Besonderheit der Morphosyntax des Spanischen ist die Bildung von Gerundivperiphrasen mit dem Verb *ir*, z.B. *voy acabando* im Sinne von *estoy a punto de acabar* (Gugenberger 2012, 112). Auch sehr verbreitet ist die Verwendung des Enklitikons *le* bei Verben im Imperativ „ándale, córrele" (ebd.). Im Unterschied zu anderen amerikanischen Varietäten ist der *tuteo* üblich (kein *voseo*) (vgl. Moreno Fernández 2010, 56f.). Auffallend ist auch die Verwendung zahlreicher Diminutiva auf *-ito/-ita* (ebd., 57). Besonderheiten in der Lexik des mexikanischen Spanisch sind Archaismen z.B. *lindo, pararse, bravo, demorarse*, etc., Anglizismen, der Gebrauch von *siempre* in der Bedeutung *definitivamente / a fin de cuentas, pena* in der Bedeutung von *vergüenza, pasto* für *césped,* u.a.m., wie auch die Verwendung von *hasta* um den Beginn auszudrücken (ebd., 57).

Die Varietäten der *Rio de la Plata*-Region, d.h. das argentinische und das uruguayische Spanisch, sind in allen Soziolekten und Registern (inkl. Literatur, Verwaltung) am weitesten vom Standard Spaniens entfernt (vgl. Bein 2012, 72). Die genannten Varietäten zeichnen sich u.a. durch folgende Eigenschaften aus: *yeísmo*, d.h. der Zusammenfall von /ʎ/ und /j/ zu [j] ist hier am Weitesten entwickelt und kennt die Varianten als *ʒeísmo* und *ʃeísmo* (vgl. ebd., 73). Der Ausfall von silbenschließendem, implosiven /S/ ist weit verbreitet (vgl. z.B. Moreno Fernández 2010, 62), wie im andalusischen Spanisch fällt [ð] in der Endung *-ado* (z.B. *despistados* [depis'tao]), ferner entfällt es, wie auch [r] am Wortende, z.B. *verdad* [ber'ða], *comer* [ko'me] (Moreno Fernández 2010, 62). Auffallend sind auch prosodische Merkmale, die dem italienischen Einfluss in der Region zugeschrieben werden (vgl. Bein 2012, 73). In diesem Zusammenhang ist besonders die Dehnung der akzentuierten Vokale auffällig (Moreno Fernández 2010, 62). In der Morphologie ist *voseo* ein salientes Merkmal, das von fast allen Sprechern sowohl im Mündlichen als auch im Schriftlichen realisiert wird (vgl. Bein 2012, 74). Auch die Bildung zahlreicher Diminutiva auf *-ito/-ita* ist ein Merkmal des argentinischen Spanisch (Moreno Fernández 2010, 63). Auf der Ebene der Lexik und Phraseologie weisen die argentinischen und uruguayischen Varietäten zahlreiche Lexeme aus den indigenen Sprachen auf. Darüber hinaus sind starke Einflüsse aus afrikanischen und europäischen Sprachen, v.a. Italienisch, festzustellen. Neuere Tendenzen zeigen, dass der Gebrauch von Lexemen aus der englischen Sprache für die Wissenschaft und Technik stark zugenommen haben und Redensarten brasilianischen Ursprungs Verbreitung gefunden haben (ebd., 75).

Die in den USA verbreiteten Varietäten des Spanischen lassen sich wie folgt charakterisieren. Da die hispanophone Bevölkerung etwa 15,4% der Gesamtbevölkerung des Landes ausmacht (ca. 47 Millionen, Zensus 2008) und stetig steigt, macht sich dies auch stark in der Sprachlandschaft der USA bemerkbar (Knauer 2012, 116). Ein zunehmender Gebrauch des Spanischen, der sich durch eine Vielfalt an Varietäten auszeichnet, ist in weiten Teilen der Vereinigten Staaten zu beobachten. Knauer (2012) teilt die Varietäten des Spanischen in den USA in drei verschiedene Kategorien: die historischen Varietäten (*español patrimonial*), Varietäten aus den spanischsprachigen Ländern südlich des Río Grande (*variedades consecuentes*) und Varietäten, die in den USA neu entstandenen und entstehenden Varietäten (*variedades emergentes*; ebd., 117).

Ein das Spanische in den USA in besonderem Maße charakterisierendes Phänomen ist der Sprachkontakt zwischen der englischen und spanischen Sprache, der auch in *code switching*, *code mixing* und *translanguaging* mündet (individuelle, kreative Verbindung verschiedener verfügbarer Sprach- und Zeichensysteme, um zu einer erhöhten Ausdrucksfähigkeit zu gelangen, vgl. García & Wei 2013) und sowohl mit sprachdidaktischer (v.a. in Hinblick auf die ‚neue' Kompetenz Sprachbewusstheit) als auch pädagogischer Zielsetzung Anknüpfungspunkte zur individuellen Mehrsprachigkeit von Schülerinnen und Schülern mit Migrationsgeschichte in unserem Bildungssystem erlaubt. Sprachliche Auffälligkeiten sind etwa die Hinzufügung englischer Diskursmarker wie „you know", „so" oder einzelner Lehnwörter oder auch lexikalische Entlehnungen, Bedeutungsentlehnungen, Lehnbildungen und lexikalisch-syntaktische Entlehnungen (z.B. *tiene el pelo straight* statt *liso, fuerza policía* aus *police force, ¿qué tiempo es?* statt *¿qué hora es?, ¿qué es tu nombre?* statt *¿cómo te llamas?, ¿cómo te gustó?* statt *¿te gustó?*, Beispiele aus Moreno Fernández 2010, 69). Das recht kontroverse Phänomen des *Spanglish* ist ein Resultat des intensiven Sprachkontakts. Knauer spricht hier von einer hybriden Sprache bzw. Varietät. Der Gebrauch von Spanisch und *Spanglish* ist für viele hispanophone Sprecher Ausdruck ihrer ethnischen Identität (vgl. Knauer 2012, 120).

6. Deskriptoren zur Evaluation rezeptiver Varietätenkompetenz

Bis dato liegt keine Anregung zu einem progredierenden Curriculum der Varietätenkompetenz im Spanischen vor. Auch wird rezeptive Varietätenkompetenz weder im *Gemeinamen europäischen Referenzrahmen für Sprachen* (GeR 2001) noch im *Referenzrahmen für Plurale Ansätze* (RePA 2009) oder im *Plan curricular del Instituto Cervantes* (2006) explizit modelliert. Letzterer gibt allerdings zahlreiche Hinweise zur inhaltlichen Ausgestaltung (s.u.)

Grundsätzlich findet Variation im *Gemeinamen europäischen Referenzrahmen* in den Kapiteln 1.3 („Was bedeutet Mehrsprachigkeit", GeR 2001, 17) und 5.2.2.5 („Varietäten (sozial, regional, ethnisch)" im Abschnitt Soziolinguistische Kompetenzen, ebd., 120ff.) zwar Erwähnung, wird aber nicht weiter vertieft. In den Deskriptoren zum Hörverstehen bleibt sie weitgehend unberücksichtigt; insbesondere in der Skala „Gespräche zwischen Muttersprachlern verstehen", in der man entsprechende Hinweise erwarten könnte, besteht Fehlanzeige (ebd., 72). Die einzige Skala, in der sie explizit genannt wird, vermag nicht zu überzeugen: es handelt sich um die Skala „Als Zuschauer/Zuhörer im Publikum verstehen", hier heißt es auf Niveau C2: „Kann Fachvorträge oder Präsentationen verstehen, die viele umgangssprachliche oder regional gefärbte Ausdrücke oder auch fremde Terminologie enthalten" (ebd.). Dies überzeugt insofern nicht, als zum einen unter Niveau C2 an keiner Stelle regionale Variation Erwähnung findet, eine allmähliche Hinführung und Progression also nicht bedacht worden zu sein scheint, und zum anderen nicht klar ist, weshalb gerade „Fachvorträge" diatopische Markiertheit aufweisen sollen, wenn diese anderweitig nicht zur Kenntnis genommen wird (selbiges gilt konsequenterweise für die den Referenzrahmen ergänzenden DIALANG-Skalen zur Selbsteinschätzung, hier heißt es für Niveau C2: „Ich kann Fachvorträgen und Referaten folgen, in welchen in hohem Maße von Umgangssprache, regionalen sprachlichen Besonderheiten oder fremder Terminologie Gebrauch gemacht wird", ebd., 226). Implizite Hinweise finden sich im GeR weiterhin in den Skalen „Ankündigungen, Durchsagen und Anweisungen verstehen" und „Radiosendungen und Tonaufnahmen verstehen", wenn von „in Standardsprache" bzw. „nicht unbedingt Standardsprache" die Rede ist (ebd., 73): Hier wird bis einschließlich B2 „in Standardsprache" angesetzt, ab C1 sollen auch „nicht unbedingt [in] Standardsprache" gehaltene Äußerungen verstanden werden. Bedenkt man, dass mit den Niveaus der Stufe B die Kompetenz zur „selbstständigen Sprachverwendung" attestiert wird, ist das vom GeR auf diese Art und Weise angedeutete Einsetzen rezeptiver Varietätenkompetenz ab Stufe C1 im Falle des Spanischen angesichts des oben in Erinnerung gerufenen Plurizentrismus der spanischen Sprache eindeutig zu spät angesetzt.

Der *Referenzrahmen für Plurale Ansätze* (RePA 2009) erwähnt diatopische Variation zwar an mehreren Stellen, macht aber darüber hinaus vom Potential, das diesem den GeR im Hinblick auf die „weichen" Kompetenzen (vgl. Meißner 2013) flankierenden Instrument zur Modellierung einer rezeptiven Varietätenkompetenz zur Verfügung stehen würde, nicht weiter Gebrauch. Varietäten finden dabei an folgenden Stellen Erwähnung:

- Deklaratives Wissen, A Sprache und Kommunikation
- K-1.5 Wissen, dass es immer Varietäten innerhalb einer Sprache gibt (ebd., 43),
- K-2.1 Kenntnisse über Sprachvarietäten (Soziolekte) haben (diatopische Variationen, soziale Variationen, altersbedingte Variationen, berufsbedingte Variationen, Variationen für ein bestimmtes Zielpublikum: *international English, foreigner talk, motherese,* usw.) (ebd., 44)
- K-6 Wissen, dass zwischen Sprachen/sprachlichen Varietäten Ähnlichkeiten und Unterschiede bestehen (ebd., 48).
- Persönlichkeitsbezogene Kompetenzen
- A-2.2.2 Sensibilität für (lokale/regionale/soziale/generationsbedingte) Varianten einer Sprache (eines Dialekts ...) / einer Kultur (ebd., 67)

In einer Anmerkung zu K-6 wird eine Formulierung verwendet, die deutlich macht, dass Varietäten und Regionalstandards auch in diesem Dokument nicht weiter vertieft werden: „In dieser Tabelle wird ausschließlich der Begriff *Sprache* benutzt; und zwar im Bewusstsein, dass jede Sprache eine Vielzahl von Varietäten umgreift, von denen eine jede Anspruch auf Dignität hat." (ebd., 48).

Der *Plan curricular* (Instituto Cervantes 2006) verweist in allen Teilbereichen einschließlich der „referentes culturales" punktuell auf hispanoamerikanische Spezifika (gerade im genannten Bereich auch länderspezifisch). Eine vertiefte Untersuchung der varietätenlinguistischen Aspekte im *Plan curricular* würde den Rahmen dieses Beitrags sprengen; eine systematische Progression gerade auch im Hinblick auf eine rezeptive Varietätenkompetenz ist jedoch nicht erkennbar.

Daher wird im Folgenden in Ergänzung zu den bestehenden Instrumenten – GeR, RePA und *Plan curricular* – eine Deskriptoren-Skala vorgeschlagen, die spezifisch auf die Entwicklung einer rezeptiven Varietätenkompetenz im Spanischen vor allem im schulischen Spanischunterricht in Deutschland zugeschnitten ist. Abweichend von der Taxonomie des *Plan curricular* werden hier folgende Einstufungen einzelner Phänomene vorgenommen: der *Plan curricular* setzt *tratamiento unificado* bereits ab Niveau A1 an (Abschnitte 3.1.1 und 7.1.1), dies scheint zu einem derart frühen Zeitpunkt im schulischen Spanischunterricht jedoch nicht zwingend notwendig; andererseits werden dort die Formen des *subjuntivo* im *pretérito imperfecto* auf *-ra* erst auf Niveau B2 angesiedelt (Abschnitt 9.2.2), während sie für den rezeptiven Bereich hier durchaus ab Niveau B1 als nützlich erachtet werden. Es handelt sich um normativ-präskriptive Deskriptoren, deren Erreichen im aktuellen Spanischunterricht in entsprechenden Validierungsstudien und deren Erreichbarkeit nach entsprechenden Treatments bzw. unterrichtlichen Settings in Implementierungsstudien untersucht werden könnten. Abweichend von den allgemein gehaltenen Skalen des Referenzrahmens sind sie im Hinblick auf die Entwicklung einer konkreten (Teil-)Kompetenz in einer bestimmten Sprache angelegt und somit in einzelnen Bereichen auch mit konkreten Inhalten gefüllt. Sie erlauben nicht nur eine Einstufung der (rezeptiven) Sprachkompetenz der Lernenden, sondern stellen zugleich für die Lehrenden den Vorschlag einer Progression in der rezeptiven Varietätenkompetenz dar, welche bei der Unterrichtsplanung herangezogen werden kann. Einen Überblick über die einzelnen Deskriptoren gibt Abb. 6.

7. Unterrichtspraktische Beispiele

Im Folgenden sollen Anregungen für die Umsetzung im Unterricht gegeben werden. Es werden Hinweise zu Hörverstehens-Aktivitäten gegeben, welche die beiden in Abs. 2 genannten Beiträge einer Didaktik des plurizentrischen Spanisch zur fremdsprachlichen Kompetenzentwicklung leisten, namentlich

- im Hörtext diatopische Markierungen aufweisen (-> funktionale kommunikative Kompetenz) und
- zur Reflexion über die diatopischen Varietäten und Regionalstandards anregen (-> Sprachbewusstheit).

C2	Kann Äußerungen, die starke diatopische Markierungen südspanischer und/oder hispanoamerikanischer Varietäten und regionaler Standards auf phonetischer und prosodischer Ebene aufweisen, im Falle beinahe aller großer Varietäten (Andalusien, Mexiko, Río de la Plata, Anden, USA) verstehen. Lexeme und semantische Besonderheiten der in der jeweiligen Kommunikationssituation vorliegenden Varietäten werden praktisch ausnahmslos verstanden. Morphosyntaktische Besonderheiten der in der jeweiligen Kommunikationssituation vorliegenden Varietät werden alle verstanden. Lehnprägungen, *Code switching*, *code mixing* und *translanguaging* in den spanischen Varietäten der USA werden problemlos verstanden.
C1	Kann Äußerungen, die starke diatopische Markierungen südspanischer und/oder hispanoamerikanischer Varietäten und regionaler Standards auf phonetischer und prosodischer Ebene aufweisen, im Falle zahlreicher Varietäten (vier der fünf Varietäten-Bündel Andalusien, Mexiko, Río de la Plata, Anden, USA) verstehen. Lexeme und semantische Besonderheiten der in der jeweiligen Kommunikationssituation vorliegenden Varietäten werden in den meisten Fällen verstanden. Der *voseo* einschließlich seiner besonderen Verbformen im chilenischen Spanisch wird ausnahmslos verstanden. Morphosyntaktische Besonderheiten der in der jeweiligen Kommunikationssituation vorliegenden Varietät werden in den meisten Fällen verstanden. Lehnprägungen, *code switching*, *code mixing* und *translanguaging* in den spanischen Varietäten der USA stellen keine Verständnisschwierigkeiten dar.
B2	Kann Äußerungen, die starke diatopische Markierungen südspanischer und/oder hispanoamerikanischer Varietäten und regionaler Standards auf phonetischer und prosodischer Ebene aufweisen, im Falle mehrerer Varietäten verstehen. Der Ausfall unbetonter Vokale (v.a. im mexikanischen Spanisch) stellt keine Verständnisschwierigkeiten dar. Lexeme und semantische Besonderheiten der in der jeweiligen Kommunikationssituation vorliegenden Varietäten stellen keine Verständnisschwierigkeiten dar. Der *voseo* einschließlich seiner besonderen Verbformen wird ausnahmslos verstanden; *usted* statt *tú* in Costa Rica und Kolumbien wird verstanden. Morphosyntaktische Besonderheiten wie Verbalperiphrasen vom Typ *voy acabando* (statt *estoy a punto de*) im mexikanischen Spanisch werden erkannt und verstanden.
B1	Kann Äußerungen, die deutlich wahrnehmbare diatopische Markierungen einzelner südspanischer und/oder hispanoamerikanischer Varietäten und regionaler Standards auf phonetischer und prosodischer Ebene aufweisen (etwa auch Spanisch der *Río de la Plata*-Region oder Mittelamerikas), verstehen (v.a. *Río de la Plata*) stellen keine Verständnisschwierigkeiten dar. Lexeme und semantische Besonderheiten der in der jeweiligen Kommunikationssituation vorliegenden Varietäten werden im Allgemeinen, ggf. aus dem Kontext inferierend, verstanden. Der *tratamiento unificado* (*ustedes* statt *vosotros/as*) wird verstanden. Der *voseo* wird im Allgemeinen verstanden. Die Formen des *subjuntivo de imperfecto* auf *-ra* werden verstanden. Morphosyntaktische Besonderheiten wie die Verwendung von *indefinido* statt *perfecto* in Hispanoamerika werden verstanden.
A2	Kann Äußerungen, die leichte diatopische Markierungen einzelner südspanischer Varietäten/des *español atlántico* auf phonetischer Ebene aufweisen, verstehen. *Seseo*, Ausfall von intervokalischem /d/ (v.a. in der Partizip-Endung *-ado*) und Aspiration/Schwund von auslautendem/silbenschließendem /S/ stellen keine Schwierigkeiten für das Verständnis dar.
A1	---

Abb. 6: Rezeptive Varietätenkompetenz im Spanischen (mündlich): Deskriptoren

Beide Beispiele sind ab einem Niveau B1 des GeR einsetzbar. Im ersten Fall handelt es sich um eine Stellungnahme des (italienischstämmigen) argentinischen Papsts Franziskus (Bergoglio) anlässlich seines Besuchs in Mexiko im Februar 2016. Deutlich erkennbar ist die prosodische Markierung des argentinischen Spanisch, die an das Italienische erinnert (besonders deutlich z.B. 2:25-2:41, einschließlich Gestik), sowie zahlreiche Eigenheiten des argentinischen Spanisch auf segmentaler Ebene: *seseo* (z.B. *riqueza* (1:08), *corazón* (1:24)), Aspiration bzw. Schwund von silbenschließendem /S/ (z.B. *buscar* (0:16, 0:48,

1:05), *búsqueda* (2:05), *ustedes* (1:22)) und *feísmo* (z.B. *llevar* (0:03, 0:35), *yo* (0:40), *se rellene* (1:25), *todo aquello que* (1:28)). Auffällige Gestik, die idiosynkratisch gedeutet, aber auch auf den italienischen Einfluss zurückgeführt werden kann, findet sich z.B. in den Sequenzen 0:26-0:30, 0:36-0:42, 2:07, 2:25-2:41. Das Dokument steht auf der Seite des Kanals *Diario Noticias New*: https://www.youtube.com/watch?v=4yAZg-RHlcc (15.01.17) zur Verfügung (Dauer: 3:37 Minuten). Zur Stellungnahme des Papstes kann folgende standardisierte Hörverstehens-Aktivität durchgeführt werden (vgl. Abb. 7a).

Es handelt sich dabei zunächst um eine klassische Hörverstehens-Aufgabe, in der allerdings die Varietät des argentinischen Spanisch rezeptiv erfasst werden muss. Der hier nahegelegte Aufgabentyp, der um die Spalten „no está en el texto" und „corrección" ergänzt ist, bietet den Vorteil, einerseits standardisiert zu sein, andererseits wird durch Ergänzung der dritten und vierten Spalte die Wahrscheinlichkeit, durch Raten eine richtige Lösung zu erzielen, reduziert. In jüngerer Zeit geäußerten Vorbehalten gegen diesen Aufgabentyp (Uneindeutigkeit von „no está en el texto") kann begegnet werden, wenn klare Absprachen erfolgen: „no está en el texto" darf nur angekreuzt werden, wenn die Aussage nicht durch eine Aussage des Textes widerlegt werden kann – in diesem Falle

	verdadero	*falso*	*no está en el texto*	*corrección*
El papa está preocupado por lo que puede llevar a México.				
Francisco quiere ir a México como un Rey Mago.				
Piensa que los mejicanos tienen mucha riqueza de fe.				
Francisco es el primer papa que da entrevistas a la televisión.				
Francisco dice que los mejicanos tienen mucha riqueza de corazón.				
El papa denuncia a los narcotraficantes.				
Dice que los mejicanos son un pueblo de huérfanos.				

Abb. 7a: Hörverstehens-Aufgabe zur Stellungnahme des Papstes

	verda-dero	falso	no está en el texto	corrección
El papa está preocupado por lo que puede llevar a México.		x		por lo que puede buscar a México
Francisco quiere ir a México como un Rey Mago.		x		como un peregrino
Piensa que los mejicanos tienen mucha riqueza de fe.	x			
Francisco es el primer papa que da entrevistas a la televisión.			x	
Francisco dice que los mejicanos tienen mucha riqueza de corazón.	x			
El papa denuncia a los narcotraficantes.			x	
Dice que los mejicanos son un pueblo de huérfanos.		x		tienen madre [la Virgen de Guadalupe]

Abb. 7b: Erwartungshorizont zur Hörverstehens-Aufgabe aus Abb. 7a

wäre zwingend „falso" die einzig akzeptable Lösung. In dem Fall, dass „falso" angekreuzt wird, muss auch eine „corrección" durch die richtige Aussage des Textes erfolgen. Im vorliegenden Fall sind folgende Lösungen zu erwarten (vgl. Abb. 7b).

Ergänzend kann folgende Aufgabe zur Reflexion über das argentinische Spanisch und damit zur Förderung von Sprachbewusstheit gestellt werden:

- *¿Qué características del español de Argentina podéis notar en el discurso de papa Francisco?*

Ein exemplarischer Erwartungshorizont findet sich in Abb. 8.

Eine andere Aktivität zielt direkt auf den Vergleich von Regionalstandards und damit ebenfalls auf Sprachbewusstheit. Sie hat ihren Ausgangspunkt in Werbespots (*anuncios*, *spots publicitarios* bzw. in Hispanoamerika *comerciales*) – aus verschiedenen hispanophonen Gebieten zu demselben Produkt, hier exemplifiziert am Beispiel der Zahnpasta Colgate. Ein Vergleich der diatopischen Markiertheit, in starken Gruppen einschließlich der Zuordnung zu einer Varietät, steht im Zentrum dieser Aktivität. Für ein 2015 in Lateinamerika lanciertes Produkt liegen fünf Werbespots vor, und zwar für Argentinien, Paraguay,

fenómeno	ejemplo	min.
seseo	riqueza	1:08
	corazón	1:24
aspiración / elisión de [-s]	buscar	0:16, 0:48, 1:05
	ustedes	1:22
	búsqueda	2:05
ʃeísmo	llevar	0:03, 0:35
	yo	0:40
	rellene	1:25
	aquello	1:28
uso de „ustedes" en vez de „vosotros" (tratamiento unificado)		1:12
gestos		0:26-0:30, 0:36-0:42, 2:07 ; 2:25-2:41

Abb. 8: Aufgabe zur Sprachbewusstheit: Erwartungshorizont

Kolumbien, Ecuador und Mexiko (Dauer: 31 Sekunden). Inhalt ist ein Produkt, das für wohlriechenden Atem sorgen und Kaugummi ersetzen soll, der Spot inszeniert das Gespräch zwischen einer Mutter, die Zahnärztin ist, und ihrem Sohn, der sie in ihrer Praxis besuchen kommt. Die Fassungen für Argentinien und Paraguay sind identisch (dieselben Darsteller, dieselbe Tonspur). Für Kolumbien wurde dasselbe Video wie für Mexiko verwendet, allerdings anders synchronisiert (andere Aussprache). Für Ecuador ist wiederum ein eigenes Video erstellt worden.[2]

Außer für Ecuador, wo der Spot um ein Drittel kürzer ist (20 Sekunden), ist der Wortlaut im Grunde jeweils identisch (mit einer Abweichung im Tempus: Argentinien: *indefinido* „*Te dije que no me gusta*" in der ‚Standpauke' der Mutter (vs. Mexiko und Ecuador: „*Ya te he dicho que no me gusta*"), die Aussprache jedoch stark diatopisch markiert: Im argentinischen Spot weist selbst die Stimme aus dem Off, die das Produkt explizit platziert, eine eindeutige diatopische Mar-

---

[2] Die Videos stehen auf YouTube unter folgenden Adressen zur Verfügung (15.01.17):
Argentinien: https://www.youtube.com/watch?v=-bIhoi51zWc
Paraguay: https://www.youtube.com/watch?v=C7SX6PDc0uc
Kolumbien: https://www.youtube.com/watch?v=3Z4iHGws-I8
Ecuador: https://www.youtube.com/watch?v=KMl459YJPSU
Mexiko: https://www.youtube.com/watch?v=3Z4iHGws-I8

kierung auf. Auch in der Gestik – Begrüßung und Verabschiedung – gibt es drei Varianten in den drei verschiedenen Videoclips. Im Kontrast zur jeweils neutralen Zahnarzt-Praxis steht das Personal, wobei v.a. die Mutter jeweils eindeutig ethnisch stereotypisiert ist: Während die Mutter im südamerikanischen Werbespot eher dem mediterranen Typus zuzuordnen ist, weist sie im mexikanischen Spot ethnisch tendenziell eher mestizische Züge auf. Ähnliches gilt für Ecuador. Der Junge ist jeweils weniger typisiert. Der Text des Spots kann wie folgt orthographisch transkribiert werden (vgl. Abb. 9):

Hijo	¡Hola! má [Ecuador: mamá].
Madre	¡Hola! Andrés [Argentina: *un beso a la derecha* / México: *caricias en los dos brazos*]. Chicle a la mañana, chicle a la tarde [Ecuador: *masticando de nuevo*], te dije [México, Ecuador: ya te he dicho] que no me gusta.
Hijo	Pero a mí sí. Y así no tengo mal aliento.
Madre	Pero yo tengo algo para ayudar a eliminarlo. Colgate Total 12 Professional Aliento Saludable.
Voz en off	Su fórmula con la nueva tecnología neutro-odor ayuda a eliminar las bacterias que causan el mal aliento protegiendo tu boca hasta por doce horas.
Hijo	Lo puedo llevar? [Ecuador: - - -]
Madre	Claro que sí. Pero [México: Pero ¡eh!] dame los chicles. [Ecuador: Ven aquí (*abrazo*)]
Hijo	No.
Madre	Dámelos [*abrazo a la derecha*] [México: *abrazo a la izquierda*].

Abb. 9: Zahnpasta-Werbespot: Transkription mit diatopischen Varianten

Für die Aufgabe werden im Sinne der obigen Ausführungen zur Auswahl exemplarischer Varietäten die beiden Spots aus Argentinien und Mexiko verwendet. Die Aufgabenstellung kann wie folgt lauten:

- *Mira(d) y escucha(d) los dos anuncios publicitarios. ¿Qué diferencias hay en la lengua y en las imágenes?*

In fortgeschrittenen Gruppen, bevorzugt ab Niveau B2 GeR), gfs. ergänzend:

- *¿Para qué región hispanohablante son los dos anuncios?*

Die Schülerinnen und Schüler sollten auf folgende Lösungen kommen (Erwartungshorizont, vgl. Abb. 10):

Argentina		México	
fenómeno	ejemplos	fenómeno	ejemplos
aspiración / elisión de -s	*André gusta las bacterias dámelos*	fonética del castellano estándar	---
ʃeísmo	*yo tengo ayudar llevar*		
prosodia	vocales largas (p.ej. *mañana*) entonación del Río de la Plata	prosodia	entonación mejicana („circunfleja")
tiempo	*te dije*	tiempo	*ya te he dicho*
gestos	beso abrazo a la derecha	gestos	caricia abrazo a la izquierda

Abb. 10: Fragen zu den Werbespots: Erwartungshorizont

Die Schülerinnen und Schüler können in dieser Aktivität sehr deutlich erkennen, wie derselbe Wortlaut in zwei verschiedenen hispanoamerikanischen Varietäten unterschiedlich realisiert werden kann. Auch wird anhand der Tatsache, dass die Mehrkosten für verschiedene Synchronisierungen und/oder Werbespots auf der Grundlage ein und desselben Textes in Kauf genommen werden, deutlich, wie bedeutend die – auch sprachliche – regionale Identität innerhalb Hispanoamerikas erachtet wird, wenn es darum geht, ein Produkt für den Alltag auf dem jeweiligen Markt zu platzieren.

8. Schlussfolgerungen:
Für eine Didaktik des plurizentrischen Spanisch

Die regionalen Varietäten des Spanischen sind noch immer stark ausgeprägt und Ausdruck regionaler kultureller Identität. Im Sinne der Entwicklung transkultureller kommunikativer Kompetenz kann daher für die Entwicklung einer Didaktik und (Unterrichts-)Methodik des plurizentrischen Spanisch plädiert werden. Wie die obigen Ausführungen zeigen, kann davon ausgegangen werden, dass im Laufe eines vertieften Sprachlehrgangs die Auseinandersetzung mit dem andalusischen Spanisch, dem Spanischen Mexikos, der Río de la Plata-Region und mit den Entwicklungen des Spanischen in den USA zielführend ist.

Literaturverzeichnis

BAUSCH, Karl-Richard & CHRIST, Herbert & KRUMM, Hans-Jürgen. edd. 2007. *Handbuch Fremdsprachenunterricht*. Tübingen/Basel: Francke.

BEIN, Roberto. 2012. „Varietäten des Spanischen: Río de la Plata (Argentinien, Uruguay)", in: Born et al. edd., 72-83.

BORN, Joachim et al. edd. 2012. *Handbuch Spanisch. Sprache, Literatur, Kultur, Geschichte in Spanien und Hispanoamerika*. Berlin: Schmidt.

BUTZKAMM, Wolfgang. 1973. *Aufgeklärte Einsprachigkeit*. Heidelberg: Quelle & Meyer.

BYRAM, Michael. 1997. *Teaching and Assessing Intercultural Communicative Competence*. Clevedon: Multilingual Matters.

CLYNE, Michael. 1992. *Pluricentric Languages. Differing Norms in Different Nations*. Berlin/New York: De Gruyter.

GER 2001: GOETHE-INSTITUT INTER NATIONES ET AL. edd. *Gemeinsamer europäischer Referenzrahmen für Sprachen: lernen, lehren, beurteilen*. Berlin: Langenscheidt.

FÄCKE, Christiane & HÜLK, Walburga & KLEIN, Franz-Josef. edd. 2008. *Multiethnizität, Migration und Mehrsprachigkeit. Festschrift zum 65. Geburtstag von Adelheid Schumann*. Stuttgart: ibidem.

GARCÍA, Ofelia & WEI, Li. 2013. *Translanguaging. Language, Bilingualism and Education*. Basingstoke: Palgrave.

GUGENBERGER, Eva. 2012. „Varietäten des Spanischen: Mexiko", in: Born et al. edd., 108-116.

HERLING, Sandra & PATZELT, Carolin. edd. 2013. *Weltsprache Spanisch. Variation, Soziolinguistik und geographische Verbreitung des Spanischen*. Stuttgart: ibidem.

INSTITUTO CERVANTES. ed. 2006. *Plan Curricular del Instituto Cervantes*. Madrid: Instituto Cervantes.

KABATEK, Johannes & PUSCH, Claus D. 2011. *Spanische Sprachwissenschaft. Eine Einführung*. Tübingen: Narr.

KLOSS, Heinz. 1976. „Abstandsprachen und Ausbausprachen", in: Göschel, Joachim & Nail, Norbert & van der Elst, Gaston. edd. *Zur Theorie des Dialekts*. Wiesbaden: Steiner, 310-312.

KMK 2012: KULTUSMINISTERKONFERENZ. ed. *Bildungsstandards für die fortgeführte Fremdsprache (Englisch/ Französisch) für die Allgemeine Hochschulreife*. http://www.kmk.org/fileadmin/veroeffentlichungen_beschluesse/2012/2012_10_18-Bildungsstandards-Fortgef-FS-Abi.pdf (15.01.17).

KNAUER, Gabriele. 2012. „Varietäten des Spanischen: USA und Puerto Rico", in: Born et al. edd., 116-125.

KREFELD, Thomas & PUSTKA, Elissa. edd. 2010a. *Perzeptive Varietätenlinguistik*. Frankfurt a.M.: Lang.

KREFELD, Thomas & PUSTKA, Elissa. 2010b. „Für eine perzeptive Varietätenlinguistik", in: Krefeld & Pustka. edd., 9-28.

KRUSE, Silvie. 2013. „Diatopische Variation und diatopische Varietäten im Unterricht der romanischen Sprachen", in: Franke, Manuela & Schöpp, Frank. edd. *Auf dem Weg zu kompetenten Schülerinnen und Schülern. Theorie und Praxis eines kompetenzorientierten Fremdsprachenunterrichts im Dialog*. Stuttgart: ibidem, 11-26.

LEITZKE-UNGERER, Eva. 2008. „Mehrsprachigkeitsdidaktik und mehrsprachige Kommunikationssituationen in neueren Lehrwerken für den Französisch- und Spanischunterricht", in: Fäcke & Hülk & Klein. edd., 105-124.

LEITZKE-UNGERER, Eva. 2011. *„Crossing borders – Pasando fronteras*. Kontaktsituationen und Kompetenzförderung im Fremdsprachenunterricht", in: Abendroth-Timmer, Dagmar et al. edd. *Kompetenzen beim Lehren und Lernen des Spanischen*. Frankfurt a.M.: Lang, 161-179.

MEIßNER, Franz-Joseph. 2013. *Die REPA-Deskriptoren der ‚weichen Kompetenzen' – eine praktische Handreichung für den kompetenzorientierten Unterricht zur Förderung von Sprachlernkompetenz, interkulturellem Lernen und Mehrsprachigkeit*. Gießen: Universität. http://www.uni-giessen.de/fbz/fb05/romanistik/institut/personal/profs/emeritus/meissner/externe-veranstaltungen/RUB/REPA-Kurzform (15.01.17).

MORENO FERNÁNDEZ, Francisco. 2010. *Las variedades de la lengua española y su enseñanza*. Madrid: Arco Libros.

OESTERREICHER, Wulf. 2000. „Plurizentrische Sprachkultur – der Varietätenraum des Spanischen". In: *Romanistisches Jahrbuch* 51, 287-318.

PÖLL, Bernhard. 2000. „Plurizentrische Sprachen im Fremdsprachenunterricht (am Beispiel des Französischen)", in: Börner, Wolfgang & Vogel, Klaus. edd. *Normen im Fremdsprachenunterricht*. Tübingen: Narr, 51-63.

POLZIN-HAUMANN, Claudia. 2010. „A propos de la constitution de la norme dans l'enseignement des langues", in: Iliescu, Maria & Siller-Runggaldier, Heidi & Danler, Paul. edd. *Actes du XXVe CILPR Congrès International de Linguistique et de Philologie Romanes, Innsbruck, 3-8 septembre 2007*. Tome 3. Berlin/New York: De Gruyter, 663-672.

REIMANN, Daniel. 2011. „Diatopische Varietäten des Französischen, Minderheitensprachen und Bilinguismus im transkulturellen Fremdsprachenunterricht", in: Frings, Michael & Schöpp, Frank. edd. *Varietäten im Französischunterricht*. Stuttgart: ibidem, 123-168.

REIMANN, Daniel. 2014a. *Transkulturelle kommunikative Kompetenz in den romanischen Sprachen. Theorie und Praxis eines neokommunikativen und kulturell bildenden Französisch-, Spanisch-, Italienisch- und Portugiesischunterrichts*. Stuttgart: ibidem.

REIMANN, Daniel. 2014b. „Transkulturelle kommunikative Kompetenz im Unterricht der romanischen Sprachen", in: Reimann 2014a, 11-95.

REIMANN, Daniel. 2014c. „Portugiesischunterricht in Deutschland als Beitrag zu Mehrsprachigkeit und transkultureller Identitätsbildung. Historische Entwicklung und gegenwärtige Perspektiven", in: Reimann 2014a, 219-258.

REIMANN, Daniel. 2015a. „Inter- und transkulturelle kommunikative Kompetenz", in: *ProDaZ – Kompetenzzentrum der Universität Duisburg-Essen*. https://www.uni-due.de /imperia/md/content/prodaz/reimann_intertranskulturelle_kompetenz.pdf (15.01.17).

REIMANN, Daniel. 2015b. „Aufgeklärte Mehrsprachigkeit – neue Wege (auch) für den Spanischunterricht", in: *Der fremdsprachliche Unterricht Spanisch* 51, 4-11.

REIMANN, Daniel. im Druck. „Aufgeklärte Mehrsprachigkeit – Sieben Forschungs- und Handlungsfelder zur (Re-)Modellierung der Mehrsprachigkeitsdidaktik", in: Rückl, Michaela.

ed. *Mehrsprachigkeit und Inter-/Transkulturalität im Sprachenunterricht und in der Lehrer_innenbildung*. Münster: Waxmann.

REPA 2009: Candelier, Michel et al. *RePA. Referenzrahmen für Plurale Ansätze zu Sprachen und Kulturen*. Graz: Europarat/Europäisches Fremdsprachenzentrum. http://archive.ecml.at/mtp2/publications/C4_RePA_090724_IDT.pdf (15.01.17).

SCHÄFER-PRIEß, Barbara & SCHÖNTAG, Roger. 2012. *Spanisch/Portugiesisch kontrastiv*. Berlin/New York: De Gruyter.

SCHUBERT, Christoph. 2014. „Internationale Varietäten des Englischen. Aktuelle Ansätze der Sprachwissenschaft im Fremdsprachenunterricht", in: Gehring, Wolfgang & Merkl, Matthias. edd. *Englisch lehren, lernen, erforschen*. Oldenburg: BIS, 233-251.

SINNER, Carsten. 2013. „Weltsprache", in: Herling & Patzelt. edd., 3-26.

STÖBLEIN, Hartmut. 2005. *Die Einstellung linguistischer Laien der ersten, zweiten und dritten Latino-Generation beim spanisch-englischen Sprachkontakt in den Vereinigten Staaten von Amerika*. Bamberg: Universität Bamberg. http://www.opus-bayern.de/uni-bamberg/volltexte/2005/74/pdf/Tesis_Stoesslein.pdf (15.01.17).

STÖBLEIN, Hartmut. 2009. *Deutsch-spanischer Sprachkontakt am Rio de la Plata. Eine Untersuchung am Korpus deutsch-argentinischer Zeitungssprache*. Bamberg: Universität Bamberg. http://www.opus-bayern.de/uni-bamberg/volltexte/2009/206/pdf/13RIODELAPLATA opusn.pdf (15.01.17).

VEITH, Daniel. 2008. *Italienisch am Rio de la Plata. Ein Beitrag zur Sprachkontaktforschung*. Frankfurt a.M: Lang.

WANDRUZSKA, Mario. 1979. *Die Mehrsprachigkeit des Menschen*. München: dtv.

[ʃ]o me [ʃ]amo [ʃ]olanda.
Überlegungen zur Akzeptabilität von Aussprachevarietät bei Spanisch-Lehrkräften

Christian Koch

Einleitung

– *[ʃ]o me [ʃ]amo Dörte y soy profesora de español.*
– *¿Usted estuvo en Argentina?*
– *¿[ʃ]o? No, nunca. Solo en España.*
– *¿Y por qué habla así?*

Dieses fingierte Beispiel enthält eine der besonders markanten Abweichungen von der kastilischen Aussprachenorm: den *ʃeísmo* (alternativ auch *šeísmo*). Dadurch wird die Aussprache unmittelbar mit dem Cono Sur assoziiert, ebenso wie der Titel-Satz „Yo me llamo Yolanda", der auf Schwegler & Kempff & Ameal-Guerra (2010, 401) zurückgeht. Darf eine Spanisch-Lehrkraft, die Spanisch nicht als Muttersprache hat, so artikulieren? Ist ihre Aussprache für den Schuldienst akzeptabel? Welche Parameter sind für die Akzeptabilität der individuellen Aussprache im Kontext des Fremdsprachenunterrichts ausschlaggebend?

Die im Folgenden angestellten Überlegungen beruhen auf keiner systematischen empirischen Erhebung, sondern vielmehr auf Beobachtungen und eigenen Erfahrungen, die ich – mit einer durch Auslandsaufenthalte in Ecuador andin geprägten Aussprache – im Studium, im Referendariat und schließlich in der universitären Lehre sammeln konnte, wobei die Thematik zuletzt in einem Phonetik-Seminar anregend durch die Studierenden – u.a. angehende Lehrkräfte – reflektiert wurde.

Gerade im praktischen Teil der Lehrerausbildung kommt immer wieder die Frage auf, inwieweit die Lehrkraft von einer diatopisch vom zentralpeninsularen Spanisch abweichenden Varietät Gebrauch machen darf. Mitunter entstehen sogar Konflikte bezüglich der Lexik, den Anredeformen und eben der Aussprache, wenn Ausbildungslehrkräfte und FachstudienleiterInnen selbst keine Auslandserfahrungen etwa in Lateinamerika gesammelt haben, jedoch Referendare ausbilden, deren Sprache durch eine andere Varietät geprägt ist. Während man bezüglich der Lexik und Morphosyntax Zugeständnisse zugunsten der kastilischen Norm machen kann – etwa dass eine Lehrkraft die Konjugation der zweiten Person Plural mit *vosotros* beherrschen sollte (vgl. Leitzke-Ungerer im vorliegenden Band) –, ist die Aussprache weniger leicht kontrollierbar und ein Umlernen von einer gut beherrschten Varietät hin zum Standard prinzipiell problematisch.

Zunächst sollen einige grundsätzliche Aspekte zur nicht-muttersprachlichen Aussprache angesprochen werden, da diese in der Frage nach varietätenmarkierter Aussprache mit zu berücksichtigen sind, um dann das Konzept der Akzeptabilität näher zu ergründen. Im Kern der Überlegungen stehen neben dem schon im Titel angedeuteten *Jeísmo* weitere segmentale Merkmale diatopischer Aussprachevarietäten und deren Bedeutung für die Akzeptabilität der Aussprache. Schließlich erfolgt ein Ausblick auf die Akzeptabilität von Aussprachevarietät bei Schülerinnen und Schülern. Ziel der Überlegungen ist eine Handreichung von Argumentationshilfen für und gegen die Akzeptabilität der individuellen Aussprache einer Lehrkraft im Spanischunterricht.

1. Die Aussprache nicht-muttersprachlicher Spanisch-Lehrkräfte

Aussprache wird den sprachlichen Mitteln zugeordnet, die in einem komplexen und stets kontrovers diskutierten Verhältnis zu den kommunikativen Fertigkeiten stehen. Unter dem Primat der Verständlichkeit als kommunikatives Ziel hat eine feinsinnige Ausspracheschulung keinen sicheren Platz (vgl. Elliot 1997, 95). Die Reduktion auf ein phonetisches bzw. phonologisches Minimum (vgl. Jansen 2010, 82) scheint für das Spanische in mancherlei Hinsicht denkbar, da die große Zahl von Allophonen auf eine weitaus geringere Zahl von Phonemen zurückzuführen ist. So internalisieren wohl die wenigsten Spanisch-Lerner die sieben Nasal-Allophone [m], [m̩], [n̪̊], [n̪], [n], [nʲ] und [ŋ] für silbenfinales /n/ in ihrer ganzen Finesse.[1] Andere Allophone sind weitaus weniger subtil und wer-

---

[1] Die Darstellung der einzelnen Allophone erfolgt in der Literatur recht uneinheitlich, gerade auch im Hinblick auf die Unterscheidung von palatalem [ɲ] und palatalisiertem [nʲ]. Es wird hier der Systematik von Quilis & Fernández (2003, 113ff.) unter Anpassung an die IPA-Symbolik gefolgt. Die Diakritika für die interdentale Artikulation [n̪̊] sind die ergän-

den daher eher berücksichtigt, etwa die frikative Realisierung intervokalischer Plosive, also *lago, lado* und *lavo* als [ˈlaɣo], [ˈlaðo] und [ˈlaβo] und nicht als [ˈlago], [ˈlado] und [ˈlabo] oder gar [ˈlavo].[2]

Man muss aber bei der Frage nach einer möglichen Reduktion des Lautinventars für Spanisch-Lerner grundlegend zwischen Schülerinnen und Schülern auf der einen Seite und angehenden und praktizierenden Spanisch-Lehrkräften auf der anderen Seite unterscheiden. Letzteren, die hier im Fokus stehen, können im Hinblick auf die langjährige Ausbildung und die sprachliche Vorbildfunktion vertiefte Kenntnisse des spanischen Lautsystems und die praktische Beherrschung derselben in der Artikulation abverlangt werden. Dabei ist ein großer Teil der phonetischen Eigenheiten des Spanischen – zumindest auf der Ebene der *norma culta* – weltweit relativ homogen und grundlegend verschieden vom Deutschen. So klingt die aus phonetischer Sicht scheinbar einfache Bestellung von *¡Un café!* an gleich mehreren Stellen ganz anders, wenn sie sehr deutsch als [ˈʔunkʰaˈfeː] statt muttersprachlich als [ˈũŋkaˈfẹ] artikuliert wird.

Bedenkt man die vielfältigen Schwierigkeiten in der Aussprache des Spanischen aus deutschsprachiger Sicht, kann die Frage nach diatopisch geprägter Aussprache des Spanischen letztlich auch als Luxusproblem betrachtet werden. Rein theoretisch könnten aber auch gerade die Varietäten Lösungen für besondere Schwierigkeiten bieten. So könnte man in Bezug auf die Vibranten [ɾ] und [r] – dem für viele deutschsprachige Lerner wohl erkennbar größten Problem – auf verschiedene Varietäten zurückgreifen und den Vibranten [r] wie in Puerto Rico uvular [ʀ], wie in Costa Rica retroflex [ɽ] oder wie im Andenhochland assibiliert [ɹ]/[ʒ] artikulieren. Auch die Artikulation des Schlags [ɾ] wird vor allem postvokalisch in weiten Teilen der Karibik sowie der Pazifikküste Kolumbiens und Ecuadors durch Mutation zu [l], [s] oder [h], durch Vokalisierung oder durch gänzlichen Wegfall vereinfacht (vgl. Vaquero de Ramírez 1998, 50f.), was vielen Spanisch-Lernern mit (Hoch-)Deutsch als Muttersprache entgegenkommen könnte. Doch bevor über die Akzeptabilität solcher Formen in der Artikulation von Spanisch-Lehrkräften sinniert werden kann, sollte darauf hingewiesen wer-

---

zenden Symbol-Liste von 1997 entnommen (International Phonetic Association 1999, 193).

[2] Gleichwohl ist die labiodentale Aussprache in der spanischsprachigen Welt nicht gänzlich inexistent. Sie ist etwa in Paraguay geläufig (vgl. Lope Blanch 1992, 317).

den, dass es sich hier bis auf wenige Ausnahmen um Artikulationsvarianten handelt, die selbst unter den Sprechern im eigenen Land wenig Prestige besitzen. Dies wird z.B. in der Stigmatisierung der hochlandandinen Aussprache der Vibranten deutlich: „El grupo -TR- del costeño merece aprobación; en cambio, la articulación del serrano es deficiente por relajada, modalidad que le resta elegancia" (Córdova 1996, 190). In jedem Fall wird man zustimmen können, dass man nicht beliebig einzelne Aussprache-Segmente aus den Varietäten der hispanophonen Welt zusammentragen kann, um aus ihnen eine möglichst gut artikulierbare Lerner-Aussprache in Form einer künstlichen Synthese zu erzeugen.

In den Lehr- und Bildungsplänen der einzelnen Bundesländer werden in erster Linie die Schülerinnen und Schüler fokussiert, die eine richtige, akzentfreie, übliche oder einer wie auch immer gearteten Norm entsprechende Aussprache erlernen sollen. Die zahlreichen Adjektive hat Silke Jansen (2010, 76) aus den Französisch-Lehrplänen zusammengetragen und zumeist finden sie sich analog auch in den Spanisch-Lehrplänen wieder.[3] Unter Berufung auf Formulierungen zur Aussprache im *Gemeinsamen Europäischen Referenzrahmen für Sprachen* (GeR 2001, 117) nehmen zahlreiche Lehrpläne keinen konkreten Bezug auf das Spanische und stellen somit keine Verbindlichkeit zur Aussprachevarietät des Unterrichts her. Sehr verbindlich für das Sprechen ist wiederum der Lehrplan des Saarlandes: „korrekte Aussprache der kastilischen Hochsprache" (LP Saarland 2008, 3), wohlgemerkt mit Einbeziehung von Varietäten bei der rezeptiven Fertigkeitsschulung. In Berlin wird hingegen größere Freiheit eingeräumt: „Regionale Varianten im Gebrauch der Zielsprache werden akzeptiert" (LP Berlin 2006, 27).

Allein im (immer noch gültigen) Lehrplan Spanisch für die Sekundarstufe I des Landes Schleswig-Holstein findet auch die Aussprache der Lehrkraft Erwähnung: „Ob bei der Aussprache das zentralpeninsulare oder das kontinentale (bzw. meridionale) Spanisch Grundlage ist, hängt von der Lehrkraft und deren eigenem Sprachgebrauch ab" (LP Schleswig-Holstein 1997, 20). Abgesehen davon, dass hier die viel zu simplifizierte Vorstellung einer Dichotomie von einem zentralpeninsularen und einem andalusisch-kanarisch-hispanoamerikanischen

---

[3] Z.B. „übliche [...] Aussprache- und Intonationsmuster" im Kernlehrplan Spanisch für die Sekundarstufe I in Nordrhein-Westfalen (LP NRW 2009, 30).

Spanisch offenbar wird, ist bemerkenswert, dass man der Lehrkraft die Freiheit über die verwendete Varietät einräumt und so ihre Aussprache als modellbildend ansieht. Tatsächlich umschreibt dieser Satz aber vermutlich nur den Gebrauch des *seseo*, da dieser das wesentliche Merkmal in der dichotomischen Unterscheidung darstellt. So wird der Lehrkraft hier gewährt, dass sie auf die Distinktion der Phoneme /θ/ und /s/ verzichtet und die Schülerinnen und Schüler entsprechend ein Spanisch mit oder ohne *seseo* erlernen. Dies ist ein erster Ansatzpunkt für die Diskussion über Akzeptabilität von Aussprachevarietät, die in den folgenden Abschnitten erfolgen soll.

2. Das Konzept der Akzeptabilität

In diesem Kapitel werden Kriterien zusammengetragen, die dabei helfen sollen zu entscheiden, ob die Aussprachevarietät einer Lehrkraft akzeptabel ist oder nicht. Primär liegt hierbei das Augenmerk auf der hispanophonen Diatopik, weniger auf der Diastratik, da angenommen werden kann, dass eine merklich diastratisch niedrige Varietät bis hin zu einer vulgären Aussprache für den Spanischunterricht grundlegend abgelehnt werden muss.

In ihrem sehr umfassenden Phonetik-Handbuch für Spanisch-Lehrkräfte erinnert Juana Gil Fernández (2007, 122) an „un concepto de gran utilidad, el de *aceptabilidad*", welches auf John B. Dalbor zurückgeht und von ihm definiert worden ist als "the quality possessed by a dialect which calls little attention to itself and therefore causes in the listeners few subjective reactions toward the person speaking" (Dalbor 1969, 18). Nach dieser Definition beruht die Akzeptabilität einer Varietät auf ihrer möglichst geringen Markiertheit. Dalbor schließt daraus (aus seiner US-amerikanischen Perspektive):

> [...] the brand of Spanish spoken in Central America (except Panama) and the Highlands of South America seems to have the greatest acceptability throughout Spanish America [...] A speaker from Lima, for example, will call less attention to himself in Mexico or Chile or Spain than will a speaker from Buenos Aires or Havana. Since American students learn Spanish as a foreign language it is most practical for them to start with the dialect with the greatest acceptability.
>
> (Dalbor 1969, 23)

In diesem Zitat wird deutlich, dass der Vorzug einer unauffälligen Varietät darin liegt, dass die eigene Sprechweise nicht zur metasprachlichen Thematisierung anleitet, wie etwa im eingangs dargestellten Beispieldialog. Während eine Aussprache aus Buenos Aires vor allem zu einer Identifizierung mit einem Raum führt, zu dem man als Nicht-Muttersprachler vielleicht gar keinen Bezug hat, sind die anderen von Dalbor genannten diatopischen Zuordnungen Panama und Havanna vor allem im Hinblick auf die diastratische Dimension zu verstehen. Spricht man etwa im Hochland Ecuadors mit einer Standardaussprache Panamas, wird man kaum mit Panama, sondern vielmehr mit den Bewohnern der ecuadorianischen Pazifikküste in Verbindung gebracht. Diese passen ihre Aussprache mit steigendem Bildungsgrad und Wohlstand dem Hochland an, so dass eine *pronunciación terrabajense* zunehmend stigmatisiert wird und ein Ausländer, der so spricht, direkt gefragt werden könnte: *¿Por qué hablas como un costeño?* In Venezuela hingegen wäre die Situation eher umgekehrt, da die Küstengebiete die Prestige-Norm für sich beanspruchen. Aus Peru berichtet Isabel García Ponce (2014) gar Dramatisches:

> In the coastal context, the Andean variety is discriminated against [sic!] and it is not surprising that its speakers hide their origins. In the school environment there have been cases of ‚bullying' to children who speak this variety, some of whom have even committed suicide as the press has reported.
>
> (García Ponce 2014, 558f.)

Es ist also durchaus nicht so leicht, von einem einheitlichen Konzept einer panhispanischen bzw. hispanoamerikanischen Prestige-Norm auszugehen, wenn man die Situation in Einzelländern berücksichtigt. Vielmehr handelt es sich um ein Bündel von Prestige-Normen, die für die Aussprache-Varietät einer Lehrkraft infrage kommen.

An Dalbors Konzept, das im Wesentlichen auf diatopischer und diastratischer Markiertheit beruht, muss ganz entschieden problematisiert werden, dass es Varietäten von ganzen Großräumen als verwendbare Varietäten diskreditiert. So kam es im erwähnten Phonetik-Kurs zur Diskussion darüber, ob es schädlich sei, wenn man als angehende Spanisch-Lehrkraft seinen Auslandsaufenthalt in der Karibik oder in Chile oder andernorts verbringe, wo „nicht so gutes Spanisch" gesprochen werde. Zwar ist gut zu beobachten, dass sich die Aussprache vieler Studierenden während eines längeren Aufenthalts in einem spanischsprachigen Land an die regionale Varietät annähert, jedoch sollte dies *per se* kein Grund dafür sein, von einem Aufenthalt in einem Land mit markierter Aussprache Abstand zu nehmen. Der Nutzen einer kulturell diversifiziert gebildeten Spanisch-Lehrerschaft scheint hier von ungleich höherem Wert. Deshalb scheint es sinnvoll, dem Konzept der Akzeptabilität von Aussprachevarietät neben der Unmarkiertheit weitere Kriterien zuzuordnen. Gil Fernández (2007, 122) weist weiterhin auf den Aspekt der Verständlichkeit hin. Dies ist einleuchtend, wenn man bedenkt, dass einzelne lokale Varietäten mit geringem Wirkungskreis von außen betrachtet weniger gut verständlich sind. Im Spanischen kann die Verständlichkeit einer Aussprache in der Regel mit der relativen Nähe zum Schriftbild in Verbindung gebracht werden. So mag eine Lehrkraft, die den kompletten Wegfall von silbenfinalem [s] pflegt, ihren Schülerinnen und Schülern gerade im beginnenden Spanisch-Unterricht die Verständlichkeit erschweren und sie kann wohl unmöglich lehren, dass das Spanische so ausgesprochen werde, sondern muss vielmehr erklären, warum sie so artikuliert.

Als weiteres Kriterium sei der schillernde Begriff der Authentizität[4] erwähnt: Eine Lehrkraft kann ihre Aussprachevarietät unter anderem dadurch legitimieren, dass sie sie räumlich in die spanischsprachige Welt einordnen und sich mit dem entsprechenden Raum durch die eigene Biografie identifizieren kann. Eine Fokussierung auf einen möglichst authentischen Klang der eigenen Aussprache birgt für Nicht-Muttersprachler aber auch immer die Gefahr einer Hybris, in der die intendierte Authentizität in Übertreibung umkippt. So wäre zu fragen, ob beispielsweise ein Argentinier akzeptiert, dass ein Nicht-Muttersprachler sich seinen Akzent zu Eigen macht, oder ob er sich dadurch parodiert fühlt.

Weiterhin ist es denkbar, einen Zusammenhang zwischen akzeptabler Aussprachevarietät und der Beherrschung derselben herzustellen, dergestalt dass eine Lehrkraft mit einer markierten Aussprache eher dann akzeptiert wird, wenn sie die Aussprache souverän und konsequent anwendet.

Aus den hier genannten Kriterien lässt sich ein Entscheidungsbaum erstellen, der bei der Entscheidung über die Akzeptabilität einer Aussprachevarietät behilflich sein kann (vgl. Abb. 1).

---

[4] Der Diskurs um Authentizität als grundlegend positives Kriterium hat vielfältige Definitionsansätze hervorgebracht. Vgl. z.B. die acht Definitionen von Gilmore (2007, 98) oder zur Übersicht Leitzke-Ungerer (2010).

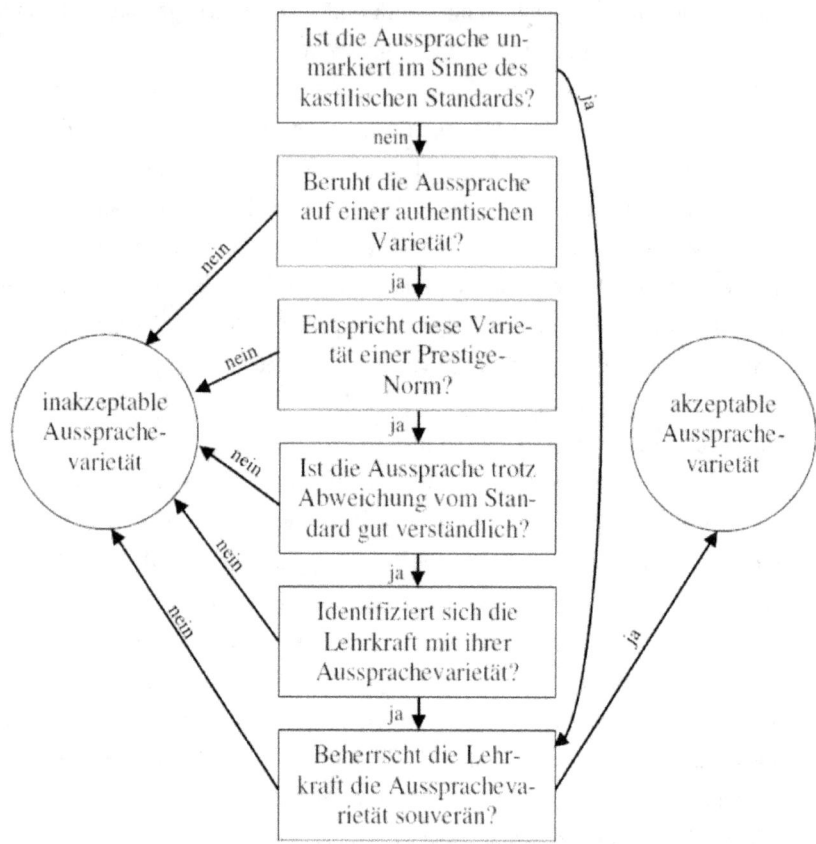

Abb. 1: Entscheidungsbaum zur Akzeptabilität von Aussprachevarietät (eigene Darstellung, C.K.)

Dieser Entscheidungsbaum schärft im besten Fall den Blick dafür, unter welchen Bedingungen eine von der kastilischen Norm abweichende Aussprachevarietät einer Lehrkraft akzeptiert werden kann. Schwierigkeiten wird es sicherlich dabei geben, jede der Fragen eindeutig mit Ja oder Nein zu beantworten, da die Übergange fließend sein können. Zur Präzisierung der Frage nach den Aspekten der Markiertheit und der Authentizität einzelner Varietäten soll der folgende Abschnitt dienen.

3. Detaillierte Betrachtungen zur Markiertheit von Aussprachevarietäten

Um die Markiertheit, d.h. in diesem Fall die Auffälligkeit der Andersartigkeit, von Aussprachevarietäten zu beschreiben, muss von einer Varietät ausgegangen werden, deren Eigenschaften als unmarkiert gelten. Als Grundlage wird hier die kastilische Aussprache-Norm verwendet, wie sie in zahlreichen linguistischen Einführungswerken dargestellt wird. Die folgende Betrachtung umfasst eine Reihe von lautlichen Phänomenen, die in der hispanophonen Welt existieren. Dabei muss vorweg eingeräumt werden, dass die Varietäten-Komplexität durch eine reduktionistische Gliederung in Großräume Spaniens und Lateinamerikas – die USA, Afrika und Asien werden hier ganz ausgeblendet – eine starke Vereinfachung erfährt. Dabei folgt die Darstellung den acht geolektalen Zonen von Francisco Moreno Fernández (2007, 39-46), die ihrerseits an die Einteilung Hispanoamerikas von Pedro Henríquez Ureña anknüpft, auch wenn dieser keine phonetische Einheit seiner Zonen angenommen hat (vgl. Henríquez Ureña 1921, 360). Die Darstellung verzichtet auf eine gesonderte Betrachtung des kanarischen Spanisch, weil die phonetischen Merkmale dem Andalusischen ähneln. Auch auf Chile als eigenen Großraum wird verzichtet, da sich das Land aus rein phonetischer Sicht auf die benachbarten Zonen aufteilt. Man mag bemängeln, dass es hier im Wesentlichen um segmentale Phänomene geht und die Bedeutung der Suprasegmentalia nicht unterschätzt werden sollte. Während der Wortakzent nicht weiter diskutiert werden muss, weil es hier kaum diatopische Variation gibt, stellt die Intonation ein komplexes Gebiet dar, auf das hier nicht weiter eingegangen werden kann, da bislang keine systematische diatopisch kontrastive Beschreibung spanischer Intonation vorliegt.[5]

Zur Übersicht der einzelnen Phänomene bietet sich ein Kreismodell an (vgl. Abb. 2), das – abgesehen von der Karibik – die geografische Ordnung der Groß-

---

[5] Im dritten Band der *Nueva gramática de la lengua española* der Real Academia wird die Intonation länderübergreifend beschrieben (Real Academia Española 2011, 435-488). Mit der beigefügten DVD *Las voces del español* liegt akustisch analysiertes Material für alle Länder vor, das eine kontrastive Untersuchung ermöglichen könnte. Allerdings sind alle Beispielsätze durch Elizitation erzeugt, was die Aussagekraft über ihre Authentizität stark beeinträchtigt. Ansätze zur Intonation aus didaktischer Sicht finden sich in rezenten Arbeiten wie Rivas Zancarrón (2015) oder Gabriel & Rusca-Ruths (2015).

räume nachempfindet und das so zu lesen ist, dass im Zentrum geringfügig markierte Abweichungen vom kastilischen Standard und weiter nach außen stärker markierte Merkmale aufgeführt sind, die im Anschluss im Einzelnen in Hinblick auf ihre Anwendung in der Unterrichtsaussprache diskutiert werden.

In Bezug auf die Authentizität einer Aussprachevarietät kann das Schema eine grobe Orientierung leisten, etwa insofern, als z.B. Distinktion von /s/ und /θ/ nicht mit Vibranten-Assibilierung kombinierbar ist. So lässt sich das Schema hierarchisch nicht nur im Sinne der Markiertheit, sondern auch im Sinne der Kombination der einzelnen Merkmale so betrachten, dass die Merkmale eines äußeren Kreises mit denen der inneren Kreise kombiniert werden müssen, umgekehrt jedoch ein Merkmal eines inneren Kreises ohne die weiter außen liegenden Merkmale realisiert werden kann. Vereinzelte Ausnahmen sind freilich denkbar, z.B. ist ein *ʃeísmo* wohl auch ohne Artikulation von /x/ als [h] möglich.

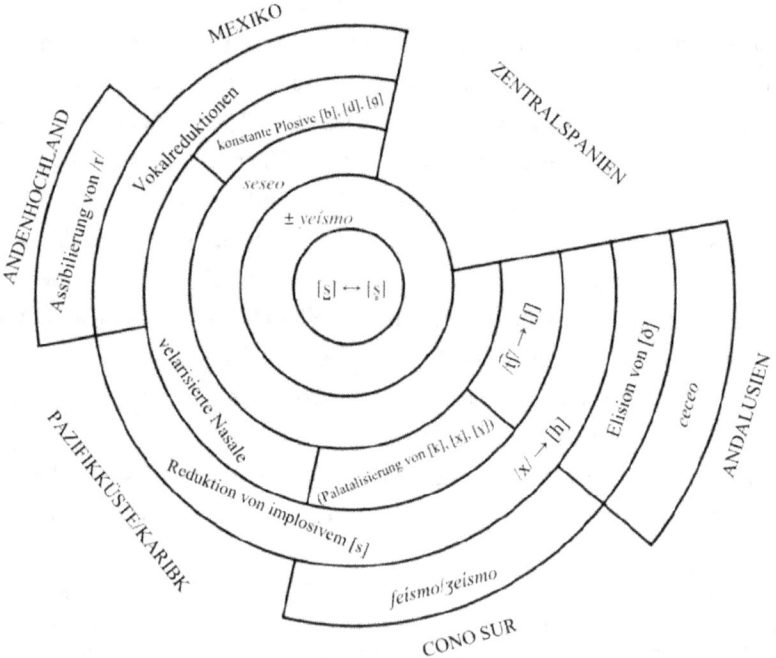

Abb. 2: Lautliche Phänomene hispanophoner Großraumvarietäten
(eigene Darstellung, C.K.)

- */s/ als apikoalveolares [ṣ] oder laminoalveolares [s̪]*:
  Als traditionell kastilisch gilt die apikoalveolare Aussprache, bei der die Zungenspitze den Zahndamm berührt. Die meisten Deutsch-Muttersprachler artikulieren den Laut im Deutschen hingegen mit dem Zungenblatt an den Alveolen, wobei die Zungenspitze meistens die unteren Schneidezähne berührt. Zahlreiche Spanisch-Lerner und -Lehrer bemühen sich nun, die apikoalveolare Aussprache zu realisieren, was aufgrund fehlenden Muskelaufbaus zu einer unsauberen Rillenbildung an der Zungenspitze führen kann, so dass der [s]-Laut als diffus oder, umgangssprachlich gesagt, als schmutzig empfunden wird. In der hispanophonen Welt kommen beide Varianten vor, ohne dass man sie räumlich exakt zuordnen könnte. In der Literatur gibt es meines Wissens keine Diskussion darüber, aber Kommentare zu einer unsauberen apikoalveolaren Artikulation im Spanischen sind häufiger zu vernehmen und es wäre dafür zu plädieren, den [s]-Laut aus der Muttersprache ins Spanische zu übertragen.
- *Yeísmo*:
  Die Aufhebung der phonologischen Unterscheidung des Frikativs /j/ und des Laterals /ʎ/ kommt in der ganzen spanischsprachigen Welt vor, wobei die Beibehaltung der Distinktion in den Andenländern und in Paraguay ausgeprägter ist als in Kastilien. Den Lernern kommt der Verzicht auf die Unterscheidung meist entgegen, wobei viele deutschsprachige Lerner und auch Lehrkräfte statt frikativ [j] eher approximativ [j] artikulieren, wie es vermutlich nur in Chile vorkommt (vgl. Moreno Fernández 2007, 45). Generell sollte das Bewusstsein für die frikative Aussprache [j] geschärft werden, was nicht zuletzt auch ein Appell an die linguistische Einführungsliteratur ist, in der der Unterschied zu häufig übersehen wird (vgl. die Anmerkung von Barme 2014, 141).
- *Seseo*:
  Die Aufhebung der phonologischen Unterscheidung von alveolar /s/ und interdental /θ/ ist sicher das bekannteste Phänomen spanischer Aussprachevarietät und ist außerhalb Zentralspaniens neben andalusischen Varianten des *ceceo* oder seltener des *heheo* der Normalfall, so dass man die Distinktion zwischen /s/ und /θ/ vielerorts eher als markiert betrachtet.

Aufgrund des massiven Sprecher-Übergewichts bezeichnen Gabriel, Meisenburg & Selig (2013, IX) in ihrem Einführungswerk den *seseo* sogar als generellen Normalfall des Spanischen. Den Schülerinnen und Schülern kommt der Verzicht auf eine interdentale Aussprache zumeist entgegen – man denke an die Schwierigkeit mit ‹th› im Englischunterricht. Gelegentlich gibt es Stimmen für eine Distinktion, die sich auf die Nähe zur Schrift berufen oder darauf, dass man sich die Distinktion im späteren Leben je nach Bedarf leichter ab- als antrainieren könne. Generell gehört der *seseo* aber sicher zu den gering markierten Merkmalen, die ohne größere Problematisierung Anwendung im Spanischunterricht finden können.

- *Konstante Plosive [b], [d], [g]*:
Die fehlende intervokalische Frikativierung der stimmhaften Plosive /b/, /d/ und /g/ wurde bereits oben (Abs. 1) kurz erwähnt. Diese Variante fällt vor allem in Mexiko auf, wobei auch im Standard bei emphatischer Artikulation (*¡Nada!* – [ˈnada]) intervokalische stimmhafte Plosive auftreten. Kommt diese Variante den Lernern entgegen und fällt sie letztlich auch nicht als besonders markiert auf, so könnte sie dennoch leicht als lernersprachlich bedingtes Unvermögen der Bildung der frikativen Allophone [β], [ð] und [ɣ] interpretiert werden.

- *Velarisierte Nasale*:
Während der Nasal /n/ im Standard nur regressiv vor velaren Konsonanten zu [ŋ] assimiliert wird, ist in Lateinamerika die progressive Assimilation nach velaren Vokalen (/o/, /u/, evtl. /a/) weit verbreitet, also *con él* [koˈŋel], aber *sin él* [siˈnel]. Erfahrungsgemäß internalisieren Lerner diese Varianten nicht ohne weiteres. Allenfalls kann man die vermeintliche Nähe zur französischen Nasalvokalbildung und die daraus entstehende Interferenzgefahr problematisieren.

- *Palatalisierung von [k], [x], [ɣ]*:
Dies ist ein subtiles Merkmal (*queso* – [ˈkʲeso]), das sich Nicht-Muttersprachler kaum aneignen, weshalb es in Abb. 2 eingeklammert worden ist.

- $\widehat{/tʃ/}$ *als [ʃ]*:
Die nicht-affrikate Realisierung von ‹ch› als [ʃ] kommt vor allem in Südspanien vor, allerdings nichts grundsätzlich. So kann ein Sprecher

chico als ['ʃiko], aber *mucho* als ['mut͡ʃo] realisieren. Generell fällt ein Frikativ am Wortanfang weniger auf als innerhalb des Wortes (*di[ʃ]o, he[ʃ]o, mu[ʃ]a[ʃ]o*).

- *Vokalreduktionen*:
  In unbetonten Silben werden Vokale in den *tierras altas* bisweilen reduziert ausgesprochen, während sie im Standard stabil sind: *cafecito* als [kafᵉ'sitº]. Derartige Reduktionen passieren nicht grundsätzlich, sondern vor allem im informellen Diskurs. Dies kann für die Frage nach der Akzeptabilität im Unterricht berücksichtigt werden. Womöglich leidet auch die Verständlichkeit bei einem übermäßigen Gebrauch von Vokalreduktionen.

- *Reduktion von implosivem (silbenfinalem) [s]*:
  Dieses markante Phänomen der *tierras bajas* kennt mehrere Varianten von der abgeschwächten Artikulation über Aspirierung bis hin zur vollständigen Elision: *esto* als ['eˢto], ['ehto] oder ['eto]. Muttersprachler folgen häufig keinem konstanten Prinzip, sondern artikulieren implosives [s] an verschiedenen Stellen ganz unterschiedlich.
  Bei der Lehrkraft kann eine Reduktion von [s] Zeichen einer intensiven Sprachkontakterfahrung sein, allerdings kann eine konsequent angewendete Elision die Verständlichkeit stark beeinträchtigen. In einigen Bereichen der Unterrichtskommunikation wie etwa der Vokabelsemantisierung mit Fokus auf die phonetische Einübung neuer Wörter wäre eine vollständige oder auch nur partielle Elision von [s] wohl weitaus weniger akzeptabel als im freien Sprechen. Die standardmäßige Sonorisierung (*mismo* als ['miẓmo]) und die Elision von [s] vor [r] (*los reyes* als [lo 'rejes]) bleiben von dieser Reflexion unberührt.

- /x/ → *[h]*:
  Die Modifikation des velaren Frikativs /x/ als [h] kommt an vielen Orten der *tierras bajas* vor. Deutschsprachige Lerner haben jedoch – anders als englische Muttersprachler – in der Regel kein Problem mit der Artikulation von [x] oder alternativ uvular [χ]. In den *tierras altas* wird man manche Lerner, die [h] artikulieren, für US-Amerikaner halten.

- *Assibilierung von /r/*:
  Auf das Prestige-Problem ist schon oben in Abs. 1 hingewiesen worden. Dennoch stellt die Vibranten-Assibilierung vor allem in ländlichen Gebieten des Andenhochlands eher den Normalfall dar. Bei Spanischlehrkräften mit entsprechenden Kontakterfahrungen wäre abzuwägen, ob die assibilierte Aussprache akzeptabel ist, zumal wenn sie Schwierigkeiten mit der Vibrantenbildung haben.
- *ʃeísmo/ʒeísmo*:
  Bereits in der Einleitung wurde die starke Identifizierung des *ʃeísmo* und seiner vor allem uruguayischen Variante *ʒeísmo* mit dem Cono Sur angesprochen. Der auffällige Klang bei der Realisierung von /j/ und /ʎ/ als [ʃ] bzw. [ʒ] bewirkt – anders als beim *yeísmo* – eine besondere Markiertheit. Erfahrungsgemäß eignen sich (angehende) Spanisch-Lehrkräfte, die sich länger im Cono Sur aufhalten, den *ʃeísmo* bzw. *ʒeísmo* häufig an und hätten vielleicht verstärkt mit Versprechern zu kämpfen, wenn sie zum *yeísmo* zurückkehren würden. Größere Verständnisschwierigkeiten sollte der *ʃeísmo* nach einer Eingewöhnungsphase grundsätzlich nicht verursachen. Schwierig wird es allerdings, wenn man die Auswirkung des *ʃeísmo* auf die Aussprache der Schülerinnen und Schüler berücksichtigt. Artikulatorische Unsicherheit wäre an dieser Stelle ein Zeichen für Notwendigkeit zur Begrenzung von Akzeptabilität.
- *Elision von [ð]*:
  Eine Aussprache von *tomado* als [toˈmao] wird meist mit Andalusien in Verbindung gebracht und gilt in der Standardnorm als vulgär. Grundsätzlich gilt das auch in Andalusien, wenn [ð] gar nicht mehr ausgesprochen wird. Es geht also um ein Phänomen, das für gewöhnlich gelegentlich, nicht aber grundsätzlich auftritt. In dieser gemäßigten Form ist es in der Lehrersprache sicher auch nicht weiter zu problematisieren.
- *Ceceo*:
  Anders verhält es sich mit dem *ceceo*, der ebenfalls mit Andalusien in Verbindung gebracht wird. Während die Realisierung von /s/ und /θ/ als [θ] in zahlreichen Gebieten immer noch den Normalfall andalusischer Aussprache darstellt (vgl. Kabatek & Pusch 2011, 236ff.), gilt der *ceceo*

manchen als Aussprachedefekt oder als Zeichen von Provinzialität und geringem Bildungsgrad. Eine Lehrkraft, die den *ceceo* verwendet, wird häufig und gut begründen müssen, warum sie so artikuliert.

4. Fazit

Die Frage danach, ob Lehrkräfte eine von der kastilischen Norm abweichende Aussprache im Unterricht verwenden dürfen, ist komplex, wenn man auf der einen Seite die sprachlich-kulturelle Vielfalt der hispanophonen Welt wertschätzen möchte, auf der anderen Seite aber das Ziel des Spanischunterrichts die sprachliche Ausbildung in einer Varietät ist, die panhispanisch – und in Spanien ganz besonders – auf Akzeptanz stoßen soll. In Bezug auf die Lerneraussprache kann man daher von einer geringeren Akzeptabilität stark markierter Aussprache im Sinne der Abb. 2 sprechen, da nicht einleuchtet, warum einer deutschen Schulklasse geschlossen z.B. der *ceceo* beigebracht werden sollte. Die in der Schule zu lehrende Aussprache beschränkt sich daher – neben der kastilischen Standardnorm – auf die drei inneren Kreise des Schemas als akzeptable Varianten: laminalveolares [s̪], *yeísmo* und *seseo*.

Neben der Aussprachevarietät der Lehrkraft bekommen die Schülerinnen und Schüler durch akustische Medien muttersprachliche Klangeindrücke, denen sie vielleicht eher folgen. Inwieweit eine varietätenmarkierte Aussprache einer Lehrkraft trotz vielfältigen Medieneinsatzes für die Lerneraussprache prägend ist, wäre ein spannendes Feld für empirische Untersuchungen.

Literaturverzeichnis

BARME, Stefan. 2014. *Einführung in das Altspanische*. Stuttgart: ibidem.
CÓRDOVA, Carlos Joaquín. 1996. „Ecuador", in: Alvar, Manuel. ed. *Manual de dialectología hispánica. El Español de América*. Barcelona: Ariel, 184-195.
DALBOR, John B. 1969. *Spanish Pronunciation. Theory and Practice. An Introductory Manual of Spanish Phonology and Remedial Drill*. New York: Holt, Rinehart and Winston.
ELLIOT, Raymond. 1997. „On the Teaching and Acquisition of Pronunciation within a Communicative Approach", in: *Hispania* 80, 95-107.
FRINGS, Michael & LEITZKE-UNGERER, Eva. edd. 2010. *Authentizität im Unterricht romanischer Sprachen*. Stuttgart: ibidem.
GABRIEL, Christoph & MEISENBURG, Trudel & SELIG, Maria. 2013. *Spanisch: Phonetik und Phonologie. Eine Einführung*. Tübingen: Narr.

GABRIEL, Christoph & RUSCA-RUTHS, Exequiel. 2015. „Der Sprachrhythmus bei deutschtürkischen L3-Spanischlernern: Positiver Transfer aus der Herkunftssprache?", in: Witzigmann, Stéfanie & Rymarczyk, Jutta. edd. *Mehrsprachigkeit als Chance. Herausforderungen und Potentiale individueller und gesellschaftlicher Mehrsprachigkeit*. Frankfurt a.M.: Lang, 185-204.

GARCÍA PONCE, Isabel. 2014. „Peru", in: Fäcke, Christiane. ed. *Manual of Language Acquisition*. Berlin/Boston: De Gruyter, 555-571.

GER 2001: GOETHE-INSTITUT INTER NATIONES ET AL. edd. *Gemeinsamer europäischer Referenzrahmen für Sprachen: lernen, lehren, beurteilen*. Berlin: Langenscheidt.

GIL FERNÁNDEZ, Juana. 2007. *Fonética para profesores de español. De la teoría a la práctica*. Madrid: Arco Libros.

GILMORE, Alex. 2007. „Authentic materials and authenticity in foreign language learning", in: *Language Teaching* 40/2, 97-118.

HENRÍQUEZ UREÑA, Pedro. 1921. „Observaciones sobre el español en América", in: *Revista de Filología Española* 8, 357-390.

INTERNATIONAL PHONETIC ASSOCIATION. 2007. *Handbook of the International Phonetic Association. A guide to the use of the International Phonetic Alphabet*. Cambridge: Cambridge University Press.

JANSEN, Silke. 2010. „Authentische Artikulation? Curriculare Vorgaben und Positionen der Sprachlehrforschung", in: Frings & Leitzke-Ungerer. edd., 75-92.

KABATEK, Johannes & PUSCH, Claus D. 2011. *Spanische Sprachwissenschaft. Eine Einführung*. Tübingen: Narr.

LEITZKE-UNGERER, Eva. 2010. „Zielkulturelle und lernkontextbezogene Authentizität im Fremdsprachenunterricht", in: Frings & Leitzke-Ungerer. edd., 11-24.

LOPE BLANCH, Juan M. 1992. „La falsa imagen del español americano", in: *Revista de Filología Española* 72, 3/4, 313-335.

LP BERLIN 2006: SENATSVERWALTUNG FÜR BILDUNG, JUGEND UND SPORT BERLIN. *Rahmenlehrplan für die Sekundarstufe I. Jahrgangsstufe 7-10. Realschule, Gesamtschule, Gymnasium. Spanisch, 2./3. Fremdsprache*. Berlin.

LP NRW 2009: MINISTERIUM FÜR SCHULE UND WEITERBILDUNG DES LANDES NORDRHEIN-WESTFALEN. *Kernlehrplan für das Gymnasium – Sekundarstufe I in Nordrhein-Westfalen. Spanisch*. Düsseldorf.

LP SAARLAND 2008: MINISTERIUM FÜR BILDUNG, FAMILIE, FRAUEN UND KULTUR SAARLAND. *Lehrplan für das Fach Spanisch als in der gymnasialen Oberstufe einsetzende Fremdsprache*. Saarbrücken.

LP SCHLESWIG-HOLSTEIN 1997: MINISTERIUM FÜR BILDUNG, WISSENSCHAFT, FORSCHUNG UND KULTUR DES LANDES SCHLESWIG-HOLSTEIN. *Lehrplan für die Sekundarstufe I der weiterführenden allgemeinbildenden Schulen Gymnasium, Gesamtschule. Spanisch*. Kiel.

MORENO FERNÁNDEZ, Francisco. 2007. *Qué español enseñar*. Madrid: Arco Libros.

QUILIS, Antonio & FERNÁNDEZ, Joseph A. 2003. *Curso de fonética y fonología españolas (para estudiantes angloamericanos)*. Madrid: Consejo Superior de Investigaciones Científicas.

REAL ACADEMIA ESPAÑOLA. 2011. *Nueva gramática de la lengua española. Fonética y fonología*. Barcelona: Espasa.

RIVAS ZANCARRÓN, Manuel. 2015. „Algunos contrastes interlingüísticos de la variación tonal enumerativa y conclusiva en discurso controlado", in: Solís García, Inmaculada & Carpi,

Elena. edd. *Análisis y comparación de las lenguas desde la perspectiva de la enunciación.* Pisa: University Press, 73-99.

SCHWEGLER, Armin & KEMPFF, Juergen & AMEAL-GUERRA, Ana. 2010. *Fonética y fonología españolas.* Hoboken: Wiley.

VAQUERO DE RAMÍREZ, María. 1998. *El español de América I. Pronunciación.* Madrid: Arco Libros.

Überlegungen zur Anbahnung nähesprachlicher Kommunikationsfähigkeit im Spanischunterricht

Christoph Bürgel

1. Ausgangslage

Spätestens seit der ‚kommunikativen Wende' in der Fremdsprachendidaktik ist der sozio-pragmatischen Dimension mündlicher Kommunikationsfähigkeit besondere Aufmerksamkeit geschenkt worden. Die Lerner sollen ihre Gedanken, Wünsche und Gefühle in sozialer Interaktion adressatengerecht mitteilen und kommunikativ mit den Gesprächspartnern interagieren können. Die Fähigkeit, sich situationsangemessen und adressatenorientiert zu äußern, umfasst immer auch die Kenntnis und adäquate Verwendung diaphasisch-diastratisch markierter sprachlicher Mittel. Es gilt als unbestritten, dass das dominante Sprachregister der spanischen Alltagskommunikation das nähe- bzw. umgangssprachliche Spanisch ist:[1] „El registro coloquial [...] es la modalidad discursiva con mayor frecuencia de uso en la vida cotidiana y, por tanto, una de las formas de comunicación básica en un estudiante de E/LE" (Fernández Colomer & Albelda Marco 2008, 39). Wenn der Spanischunterricht also den Anspruch erhebt, auf Kommunikation in Realsituationen vorzubereiten, dann müssen Lerner mit näheorientierter Kommunikation vertraut gemacht werden.[2]

Ausgehend von der Annahme, dass Lerner Fertigkeiten bzw. Kompetenzen nur in dem Maße ausbilden, in dem sie auch über die erforderlichen sprachlichen Mittel verfügen (vgl. Abel 1992, 8-9, 2002, 14, Bürgel & Siepmann 2016, Bürgel & Reimann i.V.), stellt sich aus didaktischer Sicht zum einen die Frage

---

[1] In der sprachwissenschaftlichen Diskussion werden die Begriffe ‚Nähesprache', ‚Umgangssprache', ‚gesprochene Sprache' bzw. ihre spanischen Äquivalente *español hablado* bzw. *coloquial* nicht klar voneinander abgegrenzt. Im Sinne von Coseriu (1988) begreife ich sie als Register bzw. diaphasische Varietät.

[2] Im Anschluss an Koch & Oesterreicher (2011, 10, 114-116) wird im Folgenden unter Nähesprache eine Kommunikationsform verstanden, die durch Vertrautheit, starke emotionale Beteiligung, Direktheit, Impulsivität, Anschaulichkeit und Offenheit gekennzeichnet ist. Gegenstand sind in der Regel Alltagsthemen, d.h. Ereignisse, Erfahrungen, Verhaltensweisen und Handlungen der Gesprächspartner oder anderer.

nach den zu lernenden nähesprachlichen Ausdruckeinheiten, zum anderen nach den Verfahren ihrer Vermittlung.

Im Zentrum der sprachwissenschaftlichen Forschung zum relativ gut untersuchten nähesprachlichen Spanisch stehen im Wesentlichen Phraseologismen (Cascón Martín 2006, Mura 2012, Ruíz 1998), Morphologie, Syntax oder Lexik (Briz 1998, Kiesler 2013, Miranda 1998) sowie rhetorische Techniken und Verfahren der Nähesprache (zur Repetition vgl. Camacho Adarve 2001, 2009, zur Verstärkung und Übertreibung vgl. Zimmermann 2003). Allerdings wird zum einen nicht systematisch in den Blick genommen, dass und wie sich universelle rhetorisch-stilistische Verfahren der Nähesprache in standardisierten sprachlichen Figurationen manifestieren. Zum anderen wird häufig die kommunikative Dimension der herausgearbeiteten sprachlichen Mittel ausgeblendet – nämlich: In welchen Dialogsituationen gelten bestimmte sprachliche Figurationen als Ausdruck welcher kommunikativer Intentionen?

Mit Blick auf die Verfahren zur Vermittlung des *español coloquial* hat die spanische Fremdsprachendidaktik (*E/LE*) die von der Varietätenlinguistik ermittelten Merkmale zum Teil aufgegriffen und für die Konzeption von Lehr- und Lernmaterialien nutzbar gemacht (Briz 2002, Fernández Colomer & Albelda Marco 2008, Garrido Rodríguez 2000, Laguna Campos & Poroche Ballesteros 2007, Poroche Ballesteros 2009, Santos Gargallo 1994). Allerdings wurden dabei Dialogverfahren zur Entwicklung nähesprachlicher Kommunikationsfähigkeit bislang kaum in den Blick genommen.

Ziel des vorliegenden Beitrags ist es deshalb zum einen zu zeigen, dass und wie sich rhetorisch-stilistische Verfahren und Techniken der Nähesprache in bestimmten Dialogsituationen als spezifische sprachliche Figurationen bzw. ‚Formate' manifestieren. Zum anderen wird ein didaktisch-methodischer Vorschlag zur dialogisch-kommunikativen Vermittlung dieser Formate im Spanischunterricht unterbreitet.

2. Nähesprachliche Formate

Nähesprachliche Kommunikation ist vor allem durch die rhetorischen Verfahren und Techniken der Verstärkung, Steigerung, Intensivierung und Übertreibung gekennzeichnet. Diese Verfahren zeigen sich im Bereich der Syntax in Form von systematischen Abweichungen vom ‚normalen' Modus der Standardsprache. Diese Andersartigkeit lässt sich mithilfe der Operationen des Hinzufügens, Weglassens, Ersetzens oder Umstellens beschreiben (vgl. Eggs 2004, 181). Damit soll hier bereits angedeutet werden, dass bestimmte Sprechhandlungen nähesprachlicher Kommunikation zu festen syntaktischen Mustern ‚geronnen' sind und formelhaft realisiert werden.

Mit dieser Annahme folge ich neueren sprachwissenschaftlichen Theorien unterschiedlicher Provenienz. Der britische Kontextualismus (Sinclair 1991), die Kognitive Grammatiktheorie (Langacker 1999), die Formulaic Language-Forschung (Wray 2008), die Phraseologieforschung (Mura 2012, Schmale 2013) sowie konstruktivistische Spracherwerbstheorien (Ellis 2003) gehen davon aus, dass alle Arten von Mehrwortverbindungen bzw. -einheiten wie Redewendungen (*al mal tiempo, buena cara*), Kollokationen (*dar un susto*), Phraseme (*codo con codo*) oder lexiko-grammatische Konstruktionen (*poder* + Verb [Meinung]: *creer, pensar, considerar, juzgar* + *que* + *subjuntivo*) das zentrale Prinzip des Funktionierens von Sprache und Kommunikation darstellen.[3] Dieser Umstand wird auch durch Korpusuntersuchungen bestätigt: Der idiomatisch geprägte Anteil im Sprachgebrauch liegt bei über 80% aller Äußerungen (Altenberg 1998, 102).

Aus fremdsprachendidaktischer Sicht bedeutet dies, dass die Vermittlung isolierter morphologischer Merkmale, morpho-syntaktischer Regeln oder gar Einzelwörter für die Entwicklung nähesprachlicher Kommunikationsfähigkeit nicht ausreichend ist. Dreh- und Angelpunkt der Sprachvermittlung müssen stattdessen mehr oder weniger feste kommunikative Ausdruckseinheiten sein. Deshalb stehen im Zentrum unserer Untersuchungen rhetorisch-stilistische Techniken, die sich als ‚kommunikative Formate' realisieren.

Unter ‚kommunikativen Formaten' verstehe ich relativ feste syntaktisch-prosodische Muster zur Realisierung spezifisch kommunikativer Basisoperationen (Beschreiben, Erzählen, Argumentieren, Kommentieren), denen immer ein bestimmter kommunikativer Zweck zugeordnet werden kann. Die kommunika-

---

[3] Diese Entwicklung ist in didaktischen Konzepten aufgegriffen worden, die das Einzelwort als Lerneinheit ablösen und an seine Stelle *chunks* (Lewis 2000) bzw. lexiko-grammatische Konstruktionen (Segermann 2012) setzen.

tiven Formate weisen zwar ähnlich wie die von der Phraseologie- und Kollokationsforschung behandelten ‚klassischen' festen Ausdruckseinheiten eine hohe Standardisierung auf, doch unterscheiden sie sich darin, dass der Sprecher mit den Formaten nicht nur kommunikative Operationen vollzieht, sondern pragmatisch gesehen auch eine bestimmte kommunikative Intention verfolgt: Zurückweisen, Vorwerfen, Sich-Absichern, Bewerten usw. (vgl. Bürgel 2011, 14).

Bei den folgenden Untersuchungen beschränke ich mich exemplarisch auf zwei wichtige und gängige kommunikative Akte nähesprachlicher Kommunikation: Bewerten und Zurückweisen.[4]

Die behandelten Formate sind Ergebnisse der Durchsicht diverser deutscher und spanischer, stark nähesprachlich geprägter Internetforen, Blogs und Tweets. Einige der präsentierten Ausdruckseinheiten sind auch von der Varietätenlinguistik analysiert worden sind. Da sie im Unterschied zur Varietätenlinguistik mit der didaktischen Zielsetzung der Anbahnung nähesprachlicher Kommunikationsfähigkeit vorgestellt werden, wird folgende Vorgehensweise gewählt:

- Die Formate werden aus didaktischen Gründen in von mir konstruierten realitäts- und jugendnahen Dialogsituationen für das Deutsche und Spanische präsentiert.
- Es wird der Versuch unternommen, sie von ihren standardsprachlichen Entsprechungen abzugrenzen.
- Die spanischen Formate werden mit ihren deutschen Äquivalenten kontrastiert. Aufgrund dieser Schwerpunktsetzung kann die Frage, an welche Prosodie- und Intonationsmuster (Art und Weise, Dauer und Verlauf der Intonation) die kommunikativen Formate gebunden sind, nicht näher erörtert werden.

Vorab seien die im Folgenden behandelten Formate in einer Übersicht (Abb. 1) zusammenfassend dargestellt.

---

[4] Die linguistische Analyse der mit diesen kommunikativen Akten verbundenen Formate geht über die in Bürgel 2011 vorgestellte Analyse zu französischen Formaten insofern hinaus, als hier die rhetorisch-stilistischen Techniken in den Mittelpunkt gestellt werden.

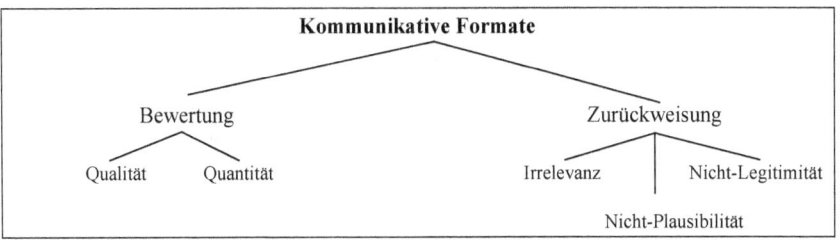

Abb. 1: Übersicht über die im Beitrag behandelten kommunikativen Formate

2.1 Bewertungsformate

Eine besonders gängige Form kommunikativer Beteiligung sind zum einen Bewertungen von Ereignissen, Zuständen, Verhaltens-, Handlungsweisen und Entscheidungen anderer. Da mit solchen Bewertungen die Art und Weise von Sachverhalten qualifiziert wird, bezeichne ich sie kurz als *Qualitätsbewertungen*. Zum anderen bewerten Sprecher auch immer die Anzahl, Menge, den Umfang oder die Häufigkeit von Sachen oder Sachverhalten, d.h. sie nehmen *Quantitätsbewertungen* vor.

2.1.1 Formate der Qualitätsbewertung

In der folgenden Dialogsituation bewertet Gesprächspartner A ein von B dargestelltes Unterrichtsereignis.

(1)

A Und, wie war Mathe?

B Voll blöd! Lisa hat die ganze Zeit mit Maria geredet und Herr Müller hat nichts gesagt. Und als ich einmal mit Pilar geredet habe, hat er mit gleich eine Strafarbeit gegeben.

A a) Das ist ungerecht. / Das ist SEHR ungerecht. / Das finde ich ungerecht.
    b) (1) WIE ungerecht!
        (2) WIE ungerecht ist DAS DENN!
        (3) Das ist SO ungerecht!
        (4) Das ist SUPER / HYPER / MEGA ungerecht.
        (5) Das ist VOLL / ECHT ungerecht.
        (6) Das ist HAMMER ungerecht!
        (7) Das ist *ein Haufen/*eine Menge ungerecht!
        (8) Das ist SOWAS VON ungerecht! Das ist SOWAS Ungerechtes!
        (9) Das ist JA / VIELLEICHT / MAL ungerecht!

(1')

A   Y ¿qué tal las mates?
B   Uff, no muy bien. Lisa ha charlado todo el tiempo con María y el señor Müller no ha dicho nada. Y cuando yo he hablado una sola vez con Pilar me ha puesto deberes como castigo.
A   a)   ESO ES injusto / ME PARECE injusto.
          LO ENCUENTRO injusto. / Es MUY injusto.
     b)   (1) ¡QUÉ injusto (es)!
          (2) ¡QUÉ injusto QUE es!
          (3) ¡Es TAN injusto!
          (4) ¡Es SÚPER / HIPER / MEGA / ULTRA injusto!
          (5) ¡Es MÁS injusto!
          (6) ¡Es MAZO injusto!
          (7) ¡Es MOGOLLÓN DE injusto! / ¡Es un MONTÓN DE injusto!
          (8) ¡Es DE UNA injusticia total! Es DE UN injusto!
          (9) ¡PUES SÍ QUE es injusto!

Die in (a) dargestellten Bewertungen realisieren sich als Deklarativsätze und bilden den ‚neutralen' und normalen syntaktischen Modus der Bewertung mit normaler Intonation – kurz: die standardsprachlichen Bewertungsformate. Allerdings können sie durch die Auffüllung mit bestimmten Adjektiven auch nähesprachlich realisiert werden: DAS ist *heftig / assig* bzw. ES *fuerte / chungo*. Hinzu kommt, dass diese Formate durch bestimmte Techniken der Intonation und Prosodie emotional moduliert werden können. Kennzeichnend für die nähesprachlichen Äußerungen in (b) sind hyperbolische Bewertungstechniken. Dazu gehören in (b) die Varianten (1) und (2):

- die Ersetzung der standardsprachlichen Deixis DAS IST bzw. ESO ES durch das exklamative WIE bzw. QUÉ,
- im Deutschen die Hinzufügung der Partikel DAS DENN, also: WIE *ungerecht ist* DAS DENN,
- im Spanischen das in der Rhetorik bekannte Verfahren der Reduplikation, hier der Dopplung von QUE: QUÉ + ADJ + QUE + SER.

In den Varianten (b) (3) - (9) werden folgende Techniken der Steigerung und Intensivierung verwendet:

- Aspektuelle Deiktika: SO / TAN. Sie weisen auf einen Aspekt bzw. Grad des betreffenden Sachverhalts hin.

- Intensivierende und steigernde Präfixoide: SÚPER / HIPER / MEGA / ULTRA.
- Graduativ- bzw. Affirmativergänzungen: VOLL / MÁS bzw. JA / ECHT. Sie zeigen den Grad an bzw. bekräftigen den Wahrheitsgehalt der Bewertung.
- Vergleichskomposita (HAMMER / MAZO), die vom Nomen zum Adjektiv umkategorisiert werden und im vorliegenden Beispiel eine Übertreibung hinsichtlich des Schmerz- oder Gefahrenpotenzials bewirken.
- Abtönungspartikeln: JA / VIELLEICHT / MAL bzw. PUES / SÍ, die allein oder akkumuliert eingesetzt werden können.
- nur im Spanischen: Quantitätsnomen: MOGOLLÓN / MONTÓN (DE), die durch die Quantifizierung des Umfangs bzw. der Menge des Sachverhalts eine Übertreibung vornehmen.
- intensivierende Vergleichskonstruktionen (SOWAS VON bzw. ES DE UN/UNA), die dazu dienen, den in Rede stehenden Sachverhalt mit dem Adjektiv bzw. Nomen (*ungerecht* bzw. *injusticia/injusto*) zu charakterisieren (vgl. Bürgel 2010, 159).

Wie die folgenden Beispielen zeigen, wird für Handlungsbewertungen in der deutschen bzw. spanischen Nähesprache die WIE- bzw. CÓMO-Exklamation (2) und für Sach- bzw. Personenbewertungen das W- bzw. QUÉ-Exklamationsformat (3) verwendet.

(2)

A   Wie fandest du Susannes Solo im Konzert?
B   a)   Ich finde, dass sie sehr gut singt.
    b)   WIE sie / die singt!

(2')

A   ¿Cómo encontraste el solo de Susanna en el concierto?
B   a)   Encuentro que canta muy bien.
    b)   ¡CÓMO canta!

(3)

A Hast du die beiden Tore von Ronaldo im Spiel Real gegen Barcelona gesehen?
B a) Ja, er ist ein sehr guter Spieler.
   b) Ja, WAS FÜR EIN Spieler!

(3')

A ¿Has visto los dos goles de Ronaldo en el partido del Madrid contra el Barcelona?
B a) Sí, es un jugador muy bueno.
   b) (1) Sí, ¡QUÉ jugador!
      (2) Sí, ¡VAYA / MENUDO jugador!
      (3) Sí, ¡(QUÉ) PEDAZO (DE) jugador!
      (4) Sí, ¡(QUÉ) CACHO (DE) jugador!

Das Format WAS FÜR EIN bzw. QUÉ ist so stark, dass von Haus aus nicht intensivierbare Sachverhalte umkategorisiert werden können – hier: vom Nomen zum bewertenden Adjektiv. Im Spanischen kann auch der Aufmerkmarker VAYA bzw. das vom Adverb zum Aufmerkmarker umkategorisierte MENUDO verwendet werden. Ein Unterschied zwischen beiden Sprachenpaaren besteht ferner darin, dass nur im Spanischen Mengensubstantive wie PEDAZO / CACHO (DE) zur übertreibenden Bewertung zur Verfügung stehen.

2.1.2 Formate der Quantitätsbewertungen

In den folgenden Beispielen nimmt Gesprächspartner A Bewertungen der Anzahl, der Menge oder des Umfangs einer Sache bzw. eines Sachverhalts vor.

(4)

A Wie war das Wochenende?
B Gut. Ich war für 600 Euro shoppen.
A a) Das ist VIEL Geld.
   b) (1) WIE VIEL Geld du ausgibst!
      (2) Das ist SO viel Geld!
      (3) Das ist EIN HAUFEN/EINE MENGE Geld!

(4')

A ¿Qué tal el fin de semana?
B Bien. Me gasté 600 Euros en ropa.

A a) ¡Es MUCHO dinero!
b) (1) ¡QUÉ DE / ¡CUÁNTO dinero gastas!
(2) ¡Es TANTO dinero!
(3) ¡Es MAZO / MOGOLLÓN / UN MONTÓN de dinero!

Während die Bewertung der Menge bzw. des Umfangs standardsprachlich mit dem Quantitätsadverb VIEL bzw. MUCHO realisiert wird, besteht eine hyperbolische Technik der nähesprachlichen Bewertung im Exklamativformat WIE VIEL bzw. CUÁNTO / QUÉ, wobei QUÉ hier nur bei zählbaren Mengen verwendet werden kann. Ein Unterschied zwischen den deutschen und spanischen Formaten liegt darin, dass nur im Deutschen das Quantitätsadverb VIEL intensivierbar ist, beispielsweise durch aspektuelle Deiktika, Präfixoide, Graduativ- bzw. Affirmativergänzungen, Vergleichskomposita, Abtönungspartikeln und Vergleichskonstruktionen. Im Spanischen kann TANTO bzw. bei Verben auch MAZO verwendet werden. Dagegen können in beiden Sprachen Quantitätsnomen zur hyperbolischen Steigerung zählbarer Mengen – aber nur im Spanischen auch zur Steigerung des Umfangs von Sachverhalten – verwendet werden.

Die Analyse der Qualitäts- und Quantitätshyperbeln hat gezeigt, dass Modalitäten, Aspekte oder Ausprägungsgrade nähesprachlich in besonderer Weise markiert und hervorgehoben werden. Dabei verfügt das spanische QUÉ-Format über eine hohe Anwendungsbreite, die im Deutschen durch WIE / WAS / WIE VIEL ausdifferenziert wird. Die mit den Formaten ausgedrückte Qualität der Bewertung hängt von der Verwendung positiv bzw. negativ markierter lexikalischer Mittel ab. So drückt der Sprecher mit negativ markierten Lexemen (*ungerecht* / *injusto*) eine Abwertung bzw. Geringschätzung des betreffenden Sachverhalts aus. Eine Aufwertung bzw. Hochschätzung wird mit positiv markierter Lexik (*cool* / *chulo*) kommuniziert. Allerdings können diese in einer ‚Umkehrungstechnik' auch ironisch gemeint sein. Bei nicht-markierter Lexik liefern der Kontext und die Intonationskontur Informationen über die Art und Weise der Qualifizierung. Durch die negative oder positive Qualifizierung kommuniziert man auch immer seine Emotionen der Bewunderung oder Verachtung. Deshalb dienen die nähesprachlichen Formate in dialogischer Kommunikation auch dazu, die eigenen emotionalen Haltungen zu Ereignissen, Sachen bzw. Handlungen drastisch und nachdrücklich zu kommunizieren.

2.2 Zurückweisungsformate

Gemeinsam ist den im Folgenden vorgestellten Zurückweisungsformaten, dass Gesprächspartner B die Äußerung des Gesprächspartners A als unangemessen – genauer: irrelevant, nicht plausibel oder nicht legitim – empfindet und deshalb zurückweist.

2.2.1 Irrelevanzformat

In den folgenden Dialogsituationen wird eine These, Behauptung oder Bewertung des Gesprächspartners zurückgewiesen, indem sie in Frage gestellt bzw. als irrelevant erklärt wird.

(5)

A   Du machst viele Fehler, wenn du Spanisch sprichst.
B   a)   Das ist nicht wichtig. Die Leute verstehen mich.
    b)   (1) NA UND? Die Leute verstehen mich.
           (2) WAS SOLL'S! Die Leute verstehen mich.
           (3) Mir egal! Egal!
           (4) Das ist mir WURST / WURSCHT. Das kümmert mich einen DRECK.

(5')

A   Cometes muchos errores cuando hablas español.
B   a)   Eso no es importante. La gente me entiende.
    b)   (1) ¿Y QUÉ? La gente me entiende.
           (2) ¡QUÉ MÁS da!
           (3) ¡Es igual! / ¡Da igual!
           (4) Me importa un bledo / tres pepinos / un rábano / un pimiento.

Diese nähesprachlichen Formate greifen auf folgende rhetorisch-stilistische Verfahren und Techniken zur Verstärkung und Intensivierung der Zurückweisung zurück:

- (b) (1): Duplikation von Partikeln NA + UND bzw. Y + QUÉ, die eine besonders schroffe und brüske Form der Zurückweisung bewirkt und einen Rechtfertigungsdruck auf den Gesprächspartner aufbaut. Dieser Legitimationsdruck ist in (b) (2) durch das Format WAS SOLL'S! bzw. ¡QUÉ MÁS DA! deutlich geringer.

- (b) (3): Ellipse: *Mir egal* oder *egal* (→ *Das ist mir egal*) bzw. *es igual / Da igual* (*A mí, eso (me) es igual*).
- (b) (4): Metaphorische Redewendungen: Im Spanischen werden Pflanzen als Bildspender verwendet und im Deutschen ein Nahrungsmittel (*Wurst*) bzw. eine minderwertige Sache (*Dreck*). Dabei kommt das Verfahren der Umkategorisierung zum Einsatz (*Wurst*: Nomen → Adjektiv; *Dreck*: Kontinuativum → Individuativum).

Die kommunikative Intention dieses Formats erklärt sich wie folgt: Der Sprecher A legt dem Gesprächspartner im Sinne von Grice konversationell die Folgerung nahe ‚Du bist ein schlechter Spanischsprecher' mit der Handlungsempfehlung, sein Spanisch zu verbessern. Mit den angegebenen sprachlichen Mustern wird diese implizierte Bewertung oder erwartete Handlung in Frage gestellt bzw. zurückgewiesen (vgl. Bürgel 2011, 23).

2.2.2 Nicht-Plausibilitätsformat

Die im folgenden Beispiel ausgedrückte nähesprachliche Zurückweisung bezieht sich auf die Nicht-Plausibilität einer vom Gesprächspartner B angegebenen Begründung für ein Verhalten, eine Handlung oder Entscheidung.

(6)

A   Hast du Lust, am Wochenende auszugehen?
B   Nein, ich möchte zu Hause bleiben. / Nein, ich habe keine Lust.
A   a)   WARUM willst du zu Hause bleiben? / WARUM hast du keine Lust?
    b)   WIE (JETZT) du willst zu Hause bleiben!? /
         WIE (JETZT) du hast keine Lust!?

(6')

A   ¿Tienes ganas de salir el fin de semana?
B   No, quiero quedarme en casa. / No, no tengo ganas.
A   a)   ¿¡POR QUÉ quieres quedarte en casa? / ¿POR QUÉ no tienes ganas?
    b)   ¿¡CÓMO ES QUE te vas a quedar en casa!? /
         ¿¡CÓMO ES QUE no tienes ganas!?

Der Vergleich des standard- und nähesprachlichen Formats macht deutlich, dass die Verstärkung der Zurückweisung durch das rhetorische Verfahren der Substitution der hier morpho-syntaktisch ‚richtigen' Fragepartikel WARUM bzw. POR QUÉ durch die ‚normabweichende' Fragepartikel der Art und Weise WIE bzw. CÓMO erzielt wird. Dabei wird im Deutschen zusätzlich die Technik der Umstellung der Verbalphrase eingesetzt. Während das standardsprachliche WARUM mit normaler Frageintonation nur nach dem Grund fragt, bringt WIE (JETZT) bzw. CÓMO ES QUE zum Ausdruck, dass der angegebene Grund nicht nachvollziehbar ist und deshalb zurückgewiesen wird. Gleichsam verlangt der Sprecher mit diesem Format nach Evidenzialisierung der vom Gesprächspartner vorgebrachten Begründung.

2.2.3 Nicht-Legitimitätsformat

Dass ein Sprecher (Gesprächspartner B) nicht nur die Plausibilität, sondern auch die Legitimität eines Sprechaktes – hier eines Vorwurfs – zurückweisen kann, zeigen folgende Beispiele.

(7)

A Du hättest mir eine SMS schreiben sollen, dass du nicht ins Kino kommst.

B a) WIE hätte ich dir schreiben sollen? Wie du weißt, haben sie mir mein Handy gestohlen.

   b) (JA/ABER), WIE (DAS) DENN? Du weißt doch, dass sie mir mein Handy gestohlen haben. / UND WIE?

(7')

A Deberías haberme escrito un mensaje de que no venías al cine.

B a) ¿CÓMO podría haberte escrito? Como sabes, me han robado el móvil.

   b) (PERO), ¿Y (ESO) CÓMO? Ya sabes que me han robado el móvil.

Der Vergleich der standard- und nähesprachlichen Variante zeigt, dass in der Nähesprache das rhetorische Verfahren der Substitution der Verbalphrase durch Abtönungspartikeln DENN / UND bzw. Y verwendet wird. Optional kann zusätzlich das deiktische Element DAS / ESO gebraucht werden, das auf den in Rede stehenden Sachverhalt verweist.

Wie erklärt sich die kommunikative Funktion dieses Formats? Gesprächspartner B weist einen Vorwurf zurück, indem er signalisiert, dass die Voraussetzungsbedingung – ein verfügbares Kommunikationsmedium – nicht gegeben ist. Linguistisch gesehen, ist damit die Voraussetzungsbedingung des Sprechaktes nicht erfüllt. Im Sinne der Sprechakttheorie Searles (1977, 22-36) gilt, dass die Voraussetzungsbedingung eines jeden Sprechakts – Frage, Vorwurf, Bitte, Aufforderung – erfüllt sein muss, um legitim vorgebracht werden zu können. Mit den genannten Formaten weist der Sprecher B genau diese Legitimität zurück. Da B den Sprechakt seines Gesprächspartners als ungerechtfertigt bewertet, kommuniziert er gleichsam seine Empörung, d.h. dieses Format wird normalerweise mit markierter Intonation und emotionaler Emphase realisiert.

3. Zwischenfazit

Ziel der kontrastierenden Analyse der kommunikativen Formate war es, das zentrale sprachenübergreifende Merkmal der Nähesprache deutlich zu machen: die Verwendung spezifischer rhetorisch-stilistischer Verfahren und Techniken der Steigerung, Verstärkung, Intensivierung und Übertreibung.

Diese manifestieren sich in festgefügten syntaktisch-prosodischen Figuren bzw. Mustern, die systematisch von der Standardsprache abweichen. Mit den Formaten realisiert der Sprecher also einen ‚kalkulierten' Bruch mit den standardsprachlichen Kommunikationsnormen. In affektiver Hinsicht drückt er mit ihnen seine emotionalen Einstellungen zum Sachverhalt bzw. Gesprächspartner direkt und expressiv aus. Seine Emotionen zeigen sich nicht nur durch die sprachliche Realisierung des Formats, sondern auch im körperlichen Ausdruck, d.h. durch Gestik, Mimik, Proxemik und spezifische Intonationskonturen. Die Intonation ist gekennzeichnet durch Intensivierung, Akzentuierung, Dehnung oder die Erhöhung der Lautstärke. All diese Aspekte tragen dazu bei, dass die vorgestellten Formate Manifestationen nähesprachlicher Kommunikation sind. Sie dienen der emotionalen Expressivität, Direktheit, Offenheit, Impulsivität und Anschaulichkeit. Zugleich ist deren Verwendung auf Situationen der Vertrautheit und Dialogizität beschränkt. In solchen Kommunikationssituationen erzielt der Sprecher mit diesen Formaten erhöhte Aufmerksamkeit. Er bringt sich als unverwechselbares und authentisches Subjekt in den Dialog ein – kurz: Die Formate dienen auch immer der kommunikativen Aufmerksamkeitserheischung und Subjektauthentifizierung.

4. Förderung nähesprachlicher Kommunikationsfähigkeit im Spanischunterricht

4.1 Didaktisch-methodische Vorüberlegungen

Eine Unterrichtseinheit zur Entwicklung nähesprachlicher Kommunikationsfähigkeit (vgl. Abb. 2) erfordert zum einen eine lernerfreundliche Stufung und Progression der nähesprachlichen Formate und zum anderen ein Verfahren der Dialogschulung.

Kompetenzschwerpunkt	Entwicklung nähesprachlicher Kommunikationsfähigkeit: umgangssprachliches Bewerten und Zurückweisen
Sprachliche Mittel	Umgangssprachliche Bewertungs- und Zurückweisungsformate
Inhalte / Themen	Alltagskommunikation zu den Themen ‚Freizeit', ‚Freunde', ‚Familie', ‚Schule'
Texte	Realitätsnahe Dialoge nach dem Schema des Basisdialogs
Lernjahr	3. Lernjahr / Niveau A2+ (GeR 2001)
Methode	Dialogschulung

Abb. 2: Unterrichtseinheit zur Entwicklung nähesprachlicher Kommunikationsfähigkeit

Zentrale didaktische Prinzipien der Unterrichtseinheit sind:
- zielkulturelle und lernkontextbezogene Authentizität (vgl. Leitzke-Ungerer 2010, 11-16): Die Lerner sollten den umgangssprachlichen Formaten entweder in zielsprachlich originalen oder zumindest für sie bedeutsamen und kommunikativ relevanten didaktisierten Dialogen begegnen;
- Phasen der Sprachreflexion, in denen die Lerner die kommunikativ-pragmatische Funktion und syntaktisch-prosodische Struktur der spanischen Formate kontrastiv zu den deutschen Äquivalenten erfassen;
- minimaldialogisches und situativ-verstehendes Üben: Die Lerner wenden die sprachlichen Mittel in kurzen Dialogsequenzen an und erfahren deren situativ-kommunikative Funktion ‚am eigenen Leib';
- ‚zentrifugal-progressive' Sprachvermittlung: Die sprachlichen Mittel bzw. Formate sollten in ‚gleichförmigen Kreisbewegungen' zirkulär und progressiv von den kommunikativ ‚einfachen' zu den komplexeren Formaten

vermittelt und abschließend synthetisierend in einem Dialog angewendet werden (vgl. Anhang II: Tandembogen). Voraussetzung für eine gelingende dialogische Anwendung der Formate ist die Verfügbarkeit tragfähiger Dialogverfahren, die methodisch zur Entwicklung mündlicher Kommunikationsfähigkeit genutzt werden können. Ein zentrales Kriterium für solche Verfahren ist im Sinne der ausgewogenen Mischung von Sach- und Lernerorientierung ein alltagsnahes Dialogmodell, das kommunikative Abläufe in ihrer Typizität darstellt und gleichzeitig den Lernern als sprechdidaktische Abstützung und dialogisch-kommunikativer Integrationsrahmen für ihre Sprechhandlungen dient. Ein solches Dialoggerüst hat Sendzik (2005) mit seinem Basisdialog vorgelegt, das zwar auch der Weiterentwicklung – insbesondere für den fortgeschrittenen Fremdsprachenunterricht – bedarf, aber zumindest ein Einstiegsgerüst für dialogische Sprechhandlungen bietet. So besteht der Basisdialog aus den Dialogbausteinen ‚Begrüßung', ‚Frage nach Befinden', ‚Alltagsunterhaltung', ‚Vorschlag aushandeln' und ‚Ausstieg', denen thematische Redemittel zur Realisierung der Sprechabsichten zugeordnet werden. Dreh- und Angelpunkt ist der Baustein ‚Alltagsunterhaltung', der themenspezifische und individuell-flexible Erweiterungen des Basisdialogs ermöglicht. Durch die Einbettung der nähesprachlichen Formate in dieses Dialoggerüst werden sie zu Dialogmustern. Die Verbindung von einzelnen Dialogmustern zu ganzen Dialogblöcken führt dann zu einer schrittweisen Entwicklung nähesprachlicher Kommunikationsfähigkeit.

4.2 Unterrichtsbeispiel

Das Unterrichtsbeispiel hat den Kompetenzschwerpunkt ‚Umgangssprachliches Bewerten' und weist folgende Merkmale auf (Abb. 3):

Kompetenzschwerpunkt	Umgangssprachliches Bewerten
Sprachliche Mittel	Formate der Qualitätsbewertungen
Inhalt/Thema	Ferienaktivitäten
Lernjahr	3. Lernjahr A2+-Niveau (GeR)

Abb. 3: Unterrichtsbeispiel ‚Umgangssprachliches Bewerten'

Einstieg

Im Einstieg der Unterrichtsstunde präsentiert die Lehrkraft, beispielsweise im Zusammenspiel mit einer Handpuppe, den Dialog über die vergangenen Ferienaktivitäten (vgl. Anhang I). Die Dialogpräsentation dient dazu, die nähesprachlichen Formate in einem realitätsnahen Kommunikationskontext zu präsentieren. Das erste Vorspielen gilt dem unbelasteten Einhören in den Kontext (*¿Quién habla?*, *¿Qué pasa en el diálogo?*). Die Wiederholung des Dialogs fokussiert dann – ausgehend vom Bekannten – die neuen Dialogelemente (*¿Qué elementos son nuevos?*).

Kognitivierung / Sprachreflexion

Im Zentrum der auf Deutsch stattfindenden Kognitivierung bzw. Sprachreflexion steht das rhetorisch-stilistische Verfahren, die pragmatische Funktion und syntaktisch-prosodische Struktur der Qualitätsbewertungen. Zentrales Prinzip ist hier das sprachkontrastierende Arbeiten. Der Rückgriff auf die deutsche Umgangssprache zielt auf die Aktivierung bekannter und vertrauter rhetorischer Techniken und kommunikativer Formate ab. Durch die Gegenüberstellung von standard- und nähesprachlichen Bewertungen (Das ist cool! vs. Das ist SUPER / MEGA cool / WIE cool ist DAS DENN!) erkennen die Lerner, dass in der Nähesprache Techniken der Verstärkung, Steigerung und Übertreibung verwendet werden. Diese Erkenntnis fungiert als Lernbasis für den verstehenden Zugriff auf die spanischen Formate wie z.B. Es MAZO guay / Es MÁS guay / ¡QUÉ guay!

Der Sprachvergleich macht zum einen sichtbar, dass die Verwendung rhetorisch-stilistischer Verfahren und Techniken ein sprachenübergreifendes Merkmal der Nähesprache ist. Zum anderen verschafft er die Erkenntnis, dass sich diese Verfahren in bestimmten syntaktisch-prosodischen Figuren manifestieren. Dabei muss den Lernern die syntaktische Struktur bewusst gemacht werden: Es + MAZO / MÁS + Adjektiv (+/-) bzw. QUÉ + Adjektiv (+/-). Schließlich eröffnet der Sprachvergleich den Blick für syntaktisch-prosodische Ähnlichkeiten und sensibilisiert für Unterschiede zwischen den Formaten beider Sprachenpaare, so dass zugleich Sprachbewusstheit gefördert wird.

Üben

Da nähesprachliche Kommunikation einen geringen Planungsgrad bei der Formulierung der Äußerung verlangt, müssen die syntaktisch-prosodischen Muster automatisiert verfügbar sein. Deshalb empfiehlt es sich, sie in mehrstufigen Übungsphasen gemäß der variierenden Wiederholung in dialogischen Minimalkontexten nicht nur situativ und syntaktisch richtig, sondern auch mit der angemessenen Intonation einzuüben. In einem ersten von zwei gestuften Übungsschritten wird im Sinne des *focus on form* die Aufmerksamkeit auf die Aussprache und angemessene Intonation durch gefühlsbetontes Vor- und Nachsprechen gelegt, um dann in einer kommunikativen Minimalsituation nach dem Muster ,Aussage' – ,Bewertungskommentar' die Formate einzuüben. Hier bietet sich eine systematische Ausweitung der Interaktion etwa im Sinne eines Omnium-Kontakts an (vgl. dazu u.a. Schiffler 1993).

   A   ¿Qué hiciste durante las vacaciones?
   B   Hice un tour en bici por España.
   A   ¡QUÉ guay! / ¡Es SÚPER guay!

Dieses sprachpraktische Training bereitet auf die freie Anwendung umgangssprachlicher Bewertungsformate im Transferdialog vor.

Anwendung

Für die dialogische Anwendung der nähesprachlichen Formate wird folgende Kommunikationssituation vorgegeben:

   quién: tú y un amigo / una amiga de la clase
   dónde: en el aula
   cuándo: después de las vacaciones, lunes 8:30 antes de la clase
   objetivo: hablar de las actividades durante las vacaciones pasadas;
             evaluar las actividades del otro de manera coloquial

Die Lerner entwickeln mündlich ein logisch sinnvolles Dialoggerüst, das dann durch thematische Redeintentionen erweitert wird, denen die umgangssprachlichen Formate zugeordnet werden. Variationsmöglichkeiten bestehen bei der Verwendung nähesprachlicher Formate. Anschließend erproben die Lerner ihre Dialoge in szenischer Interaktion.

Ergebnissicherung

Die Dialogpräsentation vor der Lerngruppe dient der Bestätigung des Kompetenzzuwachses. Dabei kommt es insbesondere auf angemessenes Reagieren sowie auf prosodisch-intonatorische Aspekte emotional-emphatischer Kommunikation an.

5. Schlussbemerkung

Die behutsame und wohldosierte Vermittlung der vorgestellten Formate in sinnvoller didaktischer Progression bereitet Lerner auf nähesprachliche Kommunikation vor. Durch die Standardisierung der Formate in bestimmten Kommunikationssituationen können Lerner ohne größeren Versprachlichungsaufwand, grundlegende kommunikative Akte des Bewertens oder Zurückweisens nähesprachlich realisieren. Es kann somit gelingen, in Ansätzen eine nähesprachliche Kommunikationsfähigkeit im fortgeschrittenen Spanischunterricht anzubahnen, mit der sich Spanischlerner aktiv und authentisch in Gespräche mit Gleichaltrigen einbringen können.

Literaturverzeichnis

ABEL, Fritz. 1992. „Sprachprüfungen im Fremdsprachenunterricht", in: Anschütz, Susanne R. ed. *Texte, Sätze, Wörter und Moneme*. Heidelberg: Heidelberger Orientverlag, 1-15.

ABEL, Fritz. 2002. „Eine wichtige Etappe auf dem Weg zur transparenten Zertifizierung von Fremdsprachenkenntnissen – nicht mehr", in: Bausch, Karl-Richard & Christ, Herbert & Königs, Frank G. & Krumm, Hans-Jürgen. edd. *Der Gemeinsame europäische Referenzrahmen für Sprachen in der Diskussion. Arbeitspapiere der 22. Frühjahrskonferenz zur Erforschung des Fremdsprachenunterrichts*. Tübingen: Narr, 9-21.

ALTENBERG, Bengt. 1998. „On the phraseology of spoken English: the evidence of recurrent word combinations", in: Cowie, Anthony P. ed. *Phraseology: Theory, Analysis and Applications*. Oxford: Oxford University Press, 101-122.

BRIZ, Antonio. 1998. *El español coloquial en la conversación*. Barcelona: Ariel.

BRIZ, Antonio. 2002. *El español coloquial en la clase de E/LE. Un recorrido a través de los textos*. Madrid: SGEL.

BRIZ, Antonio & GÓMEZ MOLINA, José Ramón & MARTÍNEZ ALCALDE, María José & GRUPO VAL.ES.CO. edd. 1997. *Pragmática y Gramática del español hablado. El español coloquial. Actas del II Simposio sobre el español coloquial (Valencia, 1995)*. Zaragoza: Pórtico.

BÜRGEL, Christoph. 2010. „Vergleichen: Techniken und Muster für dialogische Kommunikation im Fremdsprachenerwerb", in: Veldre-Gerner, Georgia & Thiele, Sylvia. edd. *Sprach-*

vergleich und Sprachdidaktik. Akten des gleichnamigen Kolloquiums vom 25.-27.3.2009 an der WWU Münster, Stuttgart: ibidem, 145-165.
BÜRGEL, Christoph. 2011. „Jugend- und umgangssprachliche Formate für Dialogschulung im Französischunterricht", in: Frings, Michael & Schöpp, Frank. edd. *Varietäten im Französischunterricht, I. Französisch Fachdidaktiktagung* (Gutenberg-Gymnasium, Mainz). Stuttgart: ibidem, 11-34.
BÜRGEL, Christoph & SIEPMANN, Dirk. edd. 2016. *Sprachwissenschaft und Fremdsprachendidaktik: Zum Verhältnis von sprachlichen Mitteln und Kompetenzentwicklung*. Baltmannsweiler: Schneider.
BÜRGEL, Christoph & REIMANN, Daniel. edd. i.V. *Sprachliche Mittel im Unterricht der romanischen Sprachen. Aussprache, Wortschatz und Morphosyntax in Zeiten der Kompetenzorientierung*. Tübingen: Narr.
CAMACHO ADARVE, María Matilde. 2001. „Las repeticiones del discurso oral como elementos delimitadores de unidades discursivas", in: *Especolo. Revista de Estudios Literarios* 30. http://pendientedemigracion.ucm.es/info/especulo/numero30/disoral.html (15.01.17).
CAMACHO ADARVE, María Matilde. 2009. *Análisis del discurso y repetición: palabras, actitudes y sentimientos*. Madrid: Arco Libros.
CASCÓN MARTÍN, Eugeno. 2006. *Español coloquial. Rasgos, Formas y Fraseología de la lengua diaria*. Madrid: Edinumen.
COSERIU, Eugenio. 1988. „Die Begriffe ‚Dialekt', ‚Niveau' und ‚Sprachstil' und der eigentliche Sinn der Dialektologie", in: *Energeia und Ergon: Sprachliche Variation – Sprachgeschichte – Sprachtypologie. Bd. 1: Schriften von Eugenio Coseriu (1965–1987)*. Eingeleitet und hg. von Jörn Albrecht. Tübingen: Narr, 15-43.
CORTÉS RODRÍGUEZ, Luis. ed. 1995. *El español coloquial. Actas del I Simposio sobre análisis del discurso oral*. Almería: Universidad de Almería.
EGGS, Ekkehard. 2004. „*Potzblitz! – Hört! Hört!* Exklamationen zwischen Staunen und Widerlegung", in: Krause, Maxi & Ruge, Nikolaus. edd. *Das war echt spitze! Zur Exklamation im heutigen Deutsch*. Tübingen: Stauffenburg.
ELLIS, Nick C. 2003. "Constructions, Chunking and Connectionism: The Emergence of Second Language Structure", in: Doughty, Catherine & Long, Michael H. edd. *The Handbook of Second Language Acquisition*. Oxford: Blackwell, 63-103.
FERNÁNDEZ COLOMER, María José & ALBELDA MARCO, Marta. 2008. *La enzeñanza de la conversación coloquial*. Madrid: Arco Libros.
GAVIÑO RODRÍGUEZ, Victoriano. 2008. *Español coloquial. Pragmática de lo cotidiano*. Cádiz: Universidad de Cádiz.
KIESLER, Reinhard. 2013. *Zur Syntax der Umgangssprache. Vergleichende Untersuchungen zum Französischen, Italienischen und Spanischen*. Mainz: Akademie der Wissenschaften und der Literatur / Darmstadt: Wissenschaftliche Buchgesellschaft.
KOCH, Peter & OESTERREICHER, Wulf. 2011. *Gesprochene Sprache in der Romania: Französisch, Italienisch, Spanisch*. Tübingen: Niemeyer.
LAGUNA CAMPOS, José & PORROCHE BALLESTEROS, Margarita. 2007. „Gramática del español coloquial para estudiantes de EL2", in: Balmaseda Maestu, Enrique ed. *Las destrezas orales en la enzeñanza del español L2-LE, II*. Logroño: Universidad de la Rioja, 691-704.
LANGACKER, Ronald W. 1999. *Grammar and Conceptualization*. Berlin: Mouton de Gruyter.

LEITZKE-UNGERER, Eva. 2010. „Zielkulturelle und lernkontextbezogene Authentizität im Fremdsprachenunterricht", in: Frings, Michael & Leitzke-Ungerer, Eva. edd. *Authentizität im Unterricht romanischer Sprachen.* Stuttgart: ibidem, 11-24.
LEWIS, Michael. 2000. *Teaching collocation: further developments in the lexical approach.* Hove, UK: Language Teaching Publications.
MIRANDA, José Alberto. 1998. *Usos coloquiales del español.* Salamanca: Ediciones Colegio de España.
MURA, Giovanna Angela. 2012. *La fraseología de desacuerdo: los esquemas fraseológicos en español y en italiano.* Madrid: Tesis.
PAUELS, Wolfgang. 2007. „Kommunikative Übungen", in: Bausch, Karl-Richard & Christ, Herbert & Krumm, Hans-Jürgen. edd. *Handbuch Fremdsprachenunterricht.* Tübingen: Francke, 302-305.
PORROCHE BALLESTEROS, Margarita. 2009. *Aspectos de gramática del español coloquial para profesores de español como L2.* Madrid: Arco Libros.
RUÍZ, Leonor. 1998. *La fraseología del español coloquial.* Barcelona: Ariel.
SANTOS GARGALLO, Isabel. 1994. „Lo coloquial en la enseñanza del español como lengua extranjera en niveles elementales", in: Sánchez Lobato, Jesús & Santos Gargallo, Isabel. edd. *Problema y métodos en la enseñanza del español como lengua extranjera.* Madrid: SGEL, 437-448.
SCHIFFLER, Ludger. 1993. Omniumkontakt – nach jeder Einführung. Eine neue interaktive Phase der Sprachverarbeitung, in: *Praxis des neusprachlichen Unterrichts* 40 (3), 238-243.
SCHMALE, Günter. 2013. „Qu'est-ce qui est préfabriqué dans la langue? – Réflexions au sujet d'une définition élargie de la préformation langagière", in: *Langages* 189/1, 27-45.
SEARLE, John R. 1977. Speech acts. An essay in the philosophy of language. London: Cambridge University Press.
SEGERMANN, Krista. 2012. *Fremdsprachendidaktik alternativ – Ein Dialog zwischen Theorie und Praxis.* Beiträge zur Fremdsprachenvermittlung, Sonderheft 17. Landau: Verlag Empirische Pädagogik.
SENDZIK, Joachim. 2005. *Dialogschulung im Anfangsunterricht – mit und ohne Lehrbuch.* Erfahrungen und Anregungen aus der Praxis. Landestagung Niedersachsen des Fachverbandes Moderne Fremdsprachen. Langenhagen, Hannover (unveröffentlicht).
SIEPMANN, Dirk. 2007. „Wortschatz *und* Grammatik: zusammenbringen, was zusammengehört", in: *Beiträge zur Fremdsprachenvermittlung* 46, 59-80.
SINCLAIR, John. 1991. *Corpus, concordance, collocation.* Oxford: Oxford University Press.
WRAY, Alison. 2008. *Formulaic language : pushing the boundaries.* Oxford: Oxford University Press.
ZIMMERMANN, Klaus. 2003. „Kontrastive Analyse der spanischen, französischen, portugiesischen und deutschen Jugendsprache", in: Neuland, Eva. ed. *Jugendsprache – Jugendliteratur – Jugendkultur: Interdisziplinäre Beiträge zu sprachkulturellen Ausdrucksformen Jugendlicher.* Frankfurt a.M.: Lang, 169-182.

Anhang 1 zur Unterrichtseinheit: Einstiegsdialog

Dialogbaustein	Redemittel
Begrüßung	A: ¡Hola! B: ¡Hola!
Frage nach Befinden	A: ¿Qué tal? B: Bien, ¿y tú?
Alltagsunterhaltung Thema ‚Ferien'	A: Todo bien. ¿Qué tal tus vacaciones? B: Estuve con mi familia tres semanas en Ecuador. A: ¡QUÉ chulo! B: ¡Sí, fue SÚPER guay! Viajamos dos semanas por el país y luego estuvimos unos días en las islas Galápagos. A: ¡VAYA viaje! B: Y tú, ¿que hiciste? A: Viajé con mi padre cinco semanas con la bici por Argentina. B: ¡MENUDA aventura! A: Sí, fue una aventura inolvidable ... sobre todo cuando estuvimos en la Patagonia. B: ¿Es MOGOLLÓN de peligroso, no? A: Pues no. Por suerte, todo fue bien.
Vorschläge aushandeln	B: Me gustaría ver tus fotos del viaje. A: Claro que sí. Si quieres, quedamos el fin de semana para una sesión de fotos.
Ausstieg	B: Buena idea ... uff, el señor Müller viene. A: ¡Ah no! Adiós a las vacaciones, hola a las clases ...

Anhang 2 zur Unterrichtseinheit: Tandembogen

La situación
quién: *tú y un amigo/una amiga*
dónde: *en la librería*
cuándo: *miércoles, 16:00*
objetivo: *comprar un cómic como regalo de cumpleaños para un amigo/una amiga*

A	B
Du fragst, welchen Comic ihr schenken wollt.	*¿Qué cómic vamos a regalar?*
Pues, mira el cómic [XY]. *La acción es* | *tan/más/mazo/* | *apasionante* *Los diálogos son* | *súper/hiper/* | *chulos* *Las figuras son* | *mega* | *divertidas*	Du schlägst das Comic XY vor uns stellst es umgangssprachlich bewertend vor: (++) spannende Handlung (++) coole Dialoge (++) lustige Figuren
Du willst ihn sehen und bist von den Zeichnungen total begeistert und fragst nach dem Preis.	*Dámelo. ¡Qué/Vaya dibujos!* *¿Cuánto es/cuesta?*
Cuesta 30 euros	Preisangabe: 30 €
Du sagst, dass du das total teuer findest.	*¡Qué caro (es)! / ¡Pues sí que es caro! / ¡Es súper/hiper/ mega caro! / Es mazo de dinero*
¿Y qué? ¡Da igual! ¡Qué mas da! ¡Me importa un bledo!	Du reagierst völlig gleichgültig auf den Preis.
Du schlägst stattdessen das Comic XZ vor und stellst umgangssprachlich bewertend kurz vor: (++) cooler Titel (++) lustige Handlung	*Pues, mira el cómic [XZ].* *El título es* | *tan/más/mazo/* | *chulo* *La acción es* | *súper/hiper/mega* | *divertida*
¿Cuánto es/cuesta?	Du fragst nach dem Preis.
Preisangabe: 15 €	*Cuesta 15 euros*
Es tan/mazo/súper barato. Pues, ¿vamos a comprarlo?	Du sagst, dass das total billig ist und schlägst vor, ihn zu kaufen.
Du stimmst zu und fragst, ob er zahlt.	*Vale, ¿pagas tú?*
Lo siento, no llevo dinero encima.	Du sagst, es tut dir Leid, aber du hast kein Geld dabei.
Du bist verdutzt und fragst nach.	*¿Y eso? ¿Cómo es que no tienes dinero?*
Ayer me robaron mi bolso.	Du sagst, dass sie dir gestern deine Tasche gestohlen haben.
Du sagst emotional, wie blöd es ist, das sie ihm die Tasche gestohlen haben und sagst, dass du bezahlst.	*Qué fuerte que te robaran el bolso. Pues pago yo.*

[Nach dem Bezahlen]	
¿*Vamos a hacer algo mañana?*	Du fragst, ob ihr morgen etwas unternehmen wollt.
Du antwortest, dass du es noch nicht weißt und er dich nochmal anrufen soll.	*No sé, llámame y lo vemos.*
¿*Cómo? Ya sabes que no tengo móvil.*	Du reagierst emotional und fragst, wie denn, da er doch weiß, dass du kein Handy hast.
Du schlägst vor, dass ihr morgen nochmal in der Schule darüber sprechen könnt.	*Pues hablamos mañana en la pausa.*
Vale, muy bien. Hasta mañana.	Du stimmst zu und verabschiedest dich.
Du erwiderst die Verabschiedung.	*Hasta luego.*

Von ¡Hola tío! bis zu ¿Qué onda, güey? Jugendsprachliche Anredeformen spanischsprachiger Varietäten als Beitrag zur Förderung von *Language Awareness*

Katharina Pater

Einleitung

Gerade in Bezug auf jugendliche Lerner ist die Entwicklung von Offenheit und Neugierde für die Lebenswelt spanischsprachiger Jugendlicher eines der zentralen Ziele des Spanischunterrichts und Bestandteil zahlreicher Spanisch-Lehrwerke (vgl. z.B. *Punto de Vista* 2014, *Adelante* 2011). Dem Erkennen und der Vermittlung jugendsprachlicher Besonderheiten wird im Fremdsprachenunterricht jedoch bislang nur wenig Rechnung getragen, obwohl gerade die Jugendsprache bzw. der *lenguaje juvenil* als Beispiel einer diastratischen Varietät insbesondere in der Kommunikation eine integrative Rolle spielen kann (vgl. Schumann 2009, 23). Jugendsprachliche Äußerungen sind in der Mehrheit klar dem Bereich der Nähesprache zuzuordnen; sie variieren sowohl regional als auch sozial und zeichnen sich durch einen schnellen Wandel aus, sodass ein Erlernen konkreter sprachlicher Phänomene wenig sinnvoll erscheint.

Bei aller Variation und Differenzierung stellt das „Anredesystem der Jugendsprache" (Androutsopoulos 1998, 478) eine Art Kontrapunkt dar. Als Bestandteil vieler Grußformeln dient die Anrede nicht nur der Kontaktherstellung und -sicherung, sondern bringt gleichzeitig die soziale Beziehung zwischen den Sprechern zum Ausdruck und erfüllt nicht selten die Aufgabe gesprächsstrukturierender und rezeptionssteuernder Diskursmarker.

Die Herausforderung besteht nun darin, diese konkreten varietätenlinguistischen Erkenntnisse auch für den Unterricht nutzbar zu machen. Im vorliegenden Beitrag sollen verschiedene Möglichkeiten einer solchen Umsetzung aufgezeigt werden. Dabei soll insbesondere das Sprachbewusstheit der Schülerinnen und Schüler geschult sowie deren interkulturelle Sensibilisierung in den Blick genommen werden. Nach einer kurzen Beschreibung nähesprachlicher Elemente von Jugendsprache folgt eine Definition des Vokativs und damit einhergehend weiterer Nominalanreden ausgewählter hispanoamerikanischer Länder. Dabei wird u.a. auf Textbeispiele des Jugendsprachekorpus COLAm zurückgegriffen, die mit Hilfe eigens erstellter Aufgabenvorschläge einen authentischen Zugang zu den jeweiligen jugendsprachlichen Varietäten ermöglichen sollen.

1. Jugendsprache als Teil der gesprochenen Sprache

Wirft man einen Blick auf die Forschungsliteratur, so wird deutlich, dass es bei der Beschäftigung mit Jugendsprache primär darum geht, aufzuzeigen, inwieweit es sich hierbei um eine lexikalisch markierte Ausdrucksform handelt (vgl. Radtke 1990, 137). Allerdings ist die Jugendsprache bereits in sich derart stark differenziert und variiert sowohl regional als auch sozial (vgl. Wieland 2008, 116), dass Zimmermann (vgl. 2004, 27) die Verfahren, die bei Bildung und Kreation von Jugendsprache angewandt werden, zu Recht allen sprachlichen Ebenen zuordnet. Die Bereiche der Syntax, Phonologie und Semantik wie auch die Pragmatik, weitere diskursive Formen des Redens und der Bereich der nonverbalen Kommunikation sind demnach gleichermaßen von jugendsprachlichen Neuerungen betroffen. So vielfältig die sprachlichen Bereiche auch sind, in denen sich jugendsprachliche Elemente auffinden lassen, so klar und deutlich wird ersichtlich, dass Jugendsprache in „Situationen mündlicher Kommunikation jugendkultureller Art" (Wieland 2008, 115) eingesetzt wird und auch dort entsteht. Aus diesem Grund gilt die sowohl von Zimmermann (1996, 484) als auch von Herrero (1989, 199) hervorgebrachte These: „[...] el lenguaje juvenil, o mejor dicho, la pluralidad de variedades juveniles, son expresiones específicas de la cultura oral" (Herrero 1989, 199). Jugendsprache kann demnach als eine Art Sonderform der gesprochenen Sprache klassifiziert werden und enthält deshalb ebenfalls zahlreiche Elemente, die allgemeine Besonderheiten der gesprochenen Sprache darstellen.

Um das Verhältnis von Jugendsprache und gesprochener Sprache näher zu beleuchten wie auch die Berührungspunkte zwischen beiden ausfindig zu machen, ist eine Auseinandersetzung mit den Studien von Koch & Oesterreicher (1985, 2011) und dem von ihnen entworfene Nähe-Distanz-Kontinuum (1985, 23) in besonderem Maße zielführend und unabdingbar.

1.1 Nähesprachliche Elemente von Jugendsprache

Das Kontinuum von Nähe- und Distanzsprache ist für den Bereich der Jugendsprachforschung von erheblicher Relevanz (vgl. Wieland 2008, 101). Jugendsprachliche Äußerungen sind in der Mehrheit klar dem Bereich der Nähesprache zuzuordnen, wie auch Briz (2003) eindeutig hervorhebt:

> [E]so que se ha llamado lenguaje juvenil se inscribe dentro de la tradición oral, del discurso conversacional (lo que no niega que pueda aparecer en otras manifestaciones discursivas orales e incluso que esta oralidad se refleje en textos escritos), está marcado, así pues, por la inmediatez comunicativa y se refiere más en concreto a la modalidad coloquial.
>
> (Briz 2003, 42).

Ebenso unterstreichen auch Zimmermann (1996, 484) und Herrero (1989, 199) das enge Verhältnis von gesprochener Sprache bzw. „Sprache der Nähe" und Jugendsprache. Sie bestreiten nicht, dass sich neben den eindeutig mündlichen Äußerungen nicht auch auf schriftsprachlicher Ebene Elemente von Mündlichkeit finden lassen, wie beispielsweise in der Chat-Kommunikation. Eines der wichtigsten Merkmale stellt aber weiterhin der Grad der Dialogizität bzw. die Unmittelbarkeit des kommunikativen Aktes dar. Der Grad der Dialogizität umfasst mehr als die Häufigkeit und/oder Möglichkeit zur *turn*-Übernahme und bezieht sich ebenfalls auf die emotionale Beteiligung der Gesprächspartner sowie den Referenzbezug.

Ausgehend von dem kommunikativen Parameter der Dialogizität ergeben sich für die Art und Weise sprachlicher Äußerungen die folgenden universalen Charakteristika mündlicher Äußerungen. Diese Charakteristika sind dabei nicht exklusiv dem jugendsprachlichen Kontext vorbehalten, sondern finden sich auch in Gesprächen unter Erwachsenen wieder. Dennoch ist das Auftreten derartiger Elemente in der mündlichen, jugendsprachlichen Kommunikation durch eine weitaus größere Häufigkeit und Variation gekennzeichnet.

1.2 Gesprächsmarker und Vokative

Bei der Verwendung von Anredeformen sind zwei Charakteristika von zentraler Bedeutung. Der Gebrauch der sogenannten Gesprächsmarker (*marcadores conversacionales*) sticht dabei als besonders wichtig hervor. Wenn es darum geht, die Aufmerksamkeit des Gesprächspartners auf sich zu lenken bzw. zu gewährleisten, dass dieser der Unterhaltung weiterhin folgt, sind Ausdrücke wie *hombre* oder *mira* (vgl. Zimmermann 2002, 150) sehr häufig anzutreffen. Darüber hinaus zeigt sich in der Verwendung dieser Ausdrücke klar die phatische Funktion von Sprache. Zentraler Bestandteil einer Vielzahl von Unterhaltungen ist es, erste Kontakte zu knüpfen, Gemeinsamkeiten herzustellen und diese weiter zu erhalten. Für diese Ziele sind daher sprachliche Handlungen, die in erster Linie eine soziale Funktion erfüllen, von elementarer Wichtigkeit.

Neben der Verwendung von Gesprächsmarkern, die vornehmlich die Kooperation zwischen zwei Kommunikationspartnern sichern und erleichtern sollen, stellen die verschiedenen Formen der Anrede das zweite wichtige Charakteristikum mündlicher Kommunikation dar. Je nach Vertrautheit der Kommunikationspartner und emotionaler Beteiligung können die Anredeformen stark variieren, weshalb Zimmermann (2002) eine erste Unterteilung vornimmt. Er unterscheidet zwischen „términos neutrales con valor discursivos: *hombre*" und „voces denigrantes y hasta insultantes, pero con sentido cariñoso entre amigos: *nano* [...], *cabrón* [...], *macho* [...]" (2002, 150).

Im Gegensatz zu den Gesprächsmarkern, die in vielen verschiedenen Kontexten und Situationen auftreten können, auch unabhängig von der Vertrautheit der Kommunikationspartner, bleibt die Verwendung von bestimmten Anredeformen oft auf einen überschaubaren Kreis von Personen beschränkt. Briz (2003) beschreibt die Funktion und die Einsatzmöglichkeiten der Anredeformen wie folgt:

> Dicho empleo viene favorecido por la relación de familiaridad, por eso es frecuente en grupos sociales, más o menos cerrados, cuya relación interpersonal va más allá del simple contacto ocasional, cuya comunión fática es más pronunciada. Es cierto que a veces pueden utilizarse de forma esporádica para referirse a alguien, pero en general son esos grupos los que más uso hacen de estas fórmulas vocativas.
>
> (Briz 2003, 146)

Es zeigt sich deutlich, dass der Gebrauch vokativischer Anredeformen klar über die bloße Anrede hinausgeht und die phatische Funktion der Sprache zum weiteren wichtigen Bestandteil derartige Äußerungen wird. In Gruppen, die von einem starken Zusammenhalt und Vertrautheit geprägt sind, tragen Anredeformen somit dazu bei, Identität zu stiften, sowie spielerisch und kreativ mit Sprache umzugehen.

Mit den Gesprächsmarkern und den Formen der Anrede sind somit zwei Charakteristika jugendsprachlicher Äußerungen genannt, die eindeutig in den Bereich der Nähesprache fallen. Die physische Nähe der Kommunikationspartner wie auch ihre emotionale Beteiligung und die Dialogizität sind in diesem Fall wichtige Kommunikationsbedingungen, die den Gebrauch von verschiedenen Anredeformen und Gesprächsmarkern erst erforderlich machen und sinnvoll erscheinen lassen.

2. Der Vokativ im Spanischen

Der Gebrauch des Vokativs ist, wie bereits beschrieben, ein zentrales Merkmal mündlicher Kommunikation. Vokativische Anredeformen werden dabei nicht nur genutzt, um einen ersten Kontakt zwischen den Kommunikationspartnern herzustellen, sondern finden auch im Gespräch selbst Verwendung, z.B. um den Partner auf den eigentlichen Redeinhalt vorzubereiten (vgl. Beinhauer 1958, 21). Aus diesem Grund lässt sich der Vokativ gut aus einer pragmatisch orientierten Perspektive heraus definieren; ist er schließlich nicht unwesentlich für den Gebrauch bzw. den Einsatz bestimmter Sprechakte. In der *Gramática descriptiva de la lengua española* definiert Alonso-Cortés (1999, 4037) den Vokativ unter Berücksichtigung der vorangegangenen Überlegungen wie auch unter Einbezug der Sprachtheorie von Bühler. Er folgt somit einer pragmatischen Charakterisierung und schreibt:

> En un acto de habla, el hablante (o primera persona gramatical) puede dirigirse al oyente (segunda persona gramatical) empleando un nombre o pronombre. Este nombre o pronombre cumple entonces la función de apelar o llamar la atención del oyente. Puede definirse el vocativo como el uso del nombre para apelar al oyente o segunda persona gramatical, uso que corresponde a la función apelativa del lenguaje.
>
> (Alonso-Cortés 1999, 4037)

Die Definition zeigt auf, dass es zunächst Eigennamen oder die Personalpronomen der zweiten Person Singular bzw. Plural sind, die für vokativische Anredeformen in Frage kommen. Darüber hinaus können aber auch allgemeine Namen und Bezeichnungen eine vokativische Funktion erfüllen. In solchen Fällen handelt es sich häufig um Berufsbezeichnungen wie z.B. *doctor* oder *profesor* oder um bestimmte Verwandtschaftsbezeichnungen wie *niño, papá, joven* etc. Vera-Morales (2008, 518) betont, dass mit Ausnahme der Formen *tío* bzw. *tía* alle weiteren Verwandtschaftsbeziehungen in einem wörtlichen Sinn zu verstehen sind. Es trifft zu, dass Ausdrücke wie *tío* bzw. *tía* auch für Unbekannte verwendet werden können und sich in einem solchen Fall oft durch einen vertrauensvoll-frechen bis despektiven Beiklang auszeichnen (vgl. Zimmermann 2005, 246); gleiches gilt für die Ausdrücke *hombre, güey* und *boludo*.

Bereits Fernández Ramírez (1951) deutet in seiner Grammatik der spanischen Sprache an, dass sich der Vokativ durch mehr als nur die Anrede auszeichnet und dass die Verwendung von Eigennamen keine unbedingte Voraussetzung für vokativische Anredeformen darstellt. Fernández Ramírez geht davon aus, dass

> cuando tratamos de reclamar la atención de la persona a la cual se dirigen nuestras palabras, no siempre utilizamos en la conversación el nombre de nuestro interpelado [...], ni siquiera en los momentos en que está presente más de un posible interlocutor. [...] el vocativo es con mucha frecuencia un aporte de acentos afectivos de mayor o menor intensidad.
>
> (Fernández Ramírez 1951, 496f.)

Den Ausführungen ist zu entnehmen, dass der Einsatz des Vokativs und seine damit verbundenen Funktionen in hohem Maße von der Intention des Sprechers abhängig sind. Betrachtet man das sprachliche Verhalten zweier Kommunikationspartner, so nähern diese sich unter der Berücksichtigung der Griceschen Konversationsmaximen einander an. Die Maxime „Try to make your contribution one that is true" (Grice 1975, 27) stellt eine Voraussetzung dar, die das Gespräch zweier Personen kennzeichnen kann. Je nach Einstellung des Sprechers wird mit Befolgung der Höflichkeitsmaxime aber nicht nur Rücksicht auf den Kommunikationspartner genommen, sondern es werden auch persönliche Interessen durchgesetzt (vgl. Beinhauer 1958, 93). Der Aspekt der Höflichkeit ebenso wie der der vermeintlichen ‚Unhöflichkeit' ist somit für die Verwendung vokativischer Anredeformen von zentraler Bedeutung, zumal diese ein weites Panorama verschiedener Einstellungen abdecken können.

Es sind eben diese Nuancen, die Gespräche zu dem machen, was sie sind. So zeigt sich, dass mit der kleinsten Veränderung hinsichtlich des Gebrauchs der Anredeform, Gespräche eine völlig andere Wendung nehmen können und es eben diese Anredeformen sind, die viel Zusatzinformation über die Kommunikationspartner liefern. Diese Information ist für Schülerinnen und Schüler interessant, zumal diese so besser einordnen können, um welche Art Gespräch es sich handelt bzw. für die eigene mündliche Kommunikation geschult werden, ebenfalls Gebrauch entsprechender Anredeformen zu machen.

3. Vokativische Anredeformen im Spanischunterricht der Oberstufe

Ziel der folgenden Vorschläge ist es, Gemeinsamkeiten, Unterschiede und Beziehungen vokativischer Anredeformen in verschiedenen spanischsprachigen Varietäten zu erkennen und zu reflektieren. Die Arbeitsblätter 1-6 (vgl. Anhang) lassen sich in Teilen sowohl im Spanischunterricht der Oberstufe als auch an der Universität im Rahmen sprachwissenschaftlicher Proseminare einsetzen. Je nach Arbeitsblatt wird die genaue Adressatengruppe entsprechend konkretisiert.

Insgesamt werden in den Arbeitsblättern nominale Anredeformen drei verschiedener spanischsprachiger Varietäten behandelt, so wie sie auch im Jugendsprachekorpus COLAm auftauchen. Dies schafft, beispielsweise bei einem leistungsstarken Spanisch-Leistungskurs, die Möglichkeit zur Binnendifferenzierung durch ein angeleitetes Stationenlernen. In diesem Fall werden jeweils ein oder zwei Arbeitsblätter pro Varietät eingesetzt, die dann nacheinander in Gruppen bearbeitet werden. In einer Unterrichtsreihe, die sich z.B. mit dem Spanischen in Amerika im Kontrast zum europäischen Spanisch auseinandersetzt, würde ein derartiges Stationenlernen seinen Platz finden. Auf dieses Weise werden neben kulturellen und historischen Unterschieden und Gemeinsamkeiten sprachliche Besonderheiten berücksichtigt und im Unterricht thematisiert, um somit dem Kompetenzbereich „Reflexion über Sprache" Rechnung zu tragen Insgesamt liegt der Fokus der verschiedenen Arbeitsaufträge auf der bereits im Titel des Beitrags genannten Förderung der Language Awareness. Diese bedeutet „Sensibilität für und Nachdenken über Sprache" (KMK 2012, 21) und zielt darüber hinaus auf eine „sensible Gestaltung der sprachlich-diskursiven Beziehungen mit anderen Menschen" (ebd., 21) ab. Auf einem erhöhten Lern-Niveau und bezogen auf das hier vorgestellte Thema der nominalen Anredeformen lernen die Schülerinnen und Schüler „die Varietäten des Sprachgebrauchs sprachvergleichend einzuordnen" (ebd., 21) sowie die Erfordernisse einer kommunikativen Situation zu reflektieren und im Sprachhandeln zu berücksichtigen (vgl. ebd., 21)

Neben der kurz angeschnittenen Unterrichtsform des Stationenlernens, die den Einsatz nahezu aller Arbeitsblätter ermöglicht, sollen nun die einzelnen Arbeitsblätter getrennt vorgestellt werden.

3.1 ¡Hombre, imagínate! Vom Vokativ zum Diskursmarker

Die sich mit der nominalen Anredeform bzw. dem Diskursmarker *hombre* befassenden Arbeitsblätter 1 und 2 (vgl. Anhang) eignen sich am besten für den Einsatz in einem sprachwissenschaftlichen Proseminar, welches z.b. Diskursmarker im Allgemeinen oder auch kontrastiv behandelt. Ein besonderer Schwerpunkt beim Einsatz des ersten Arbeitsblattes sollte auf der Thematisierung der Diskursmarker liegen. Im Kontext Hochschule kann anhand der von Martín Zorraquino & Portolés Lázaro (1999, 4081) entworfenen Tabelle dargestellt werden, in welche Gruppe von Diskursmarkern *hombre* einzuordnen ist. Es wird deutlich, dass die Hauptfunktion von *hombre* darin besteht, die soziale Beziehung zwischen den Sprechern zum Ausdruck zu bringen, oftmals ganz unabhängig von dessen Position im Satz.

Nichtsdestotrotz soll unter Hinzuziehen des Korpus COLAm zunächst auf die Position von *hombre* im Satz eingegangen werden. Dafür werden die Schülerinnen und Schüler angeleitet, eine Korpusrecherche durchzuführen, um so herauszufinden, wie oft *hombre* im gesamten Korpus vorkommt. Im Anschluss daran können zwecks Hypothesenbildung Vermutungen über die entsprechende Verteilung von *hombre* im Satz angestellt werden. Im nächsten Schritt werden nun die unterschiedlichen Funktionen von *hombre* behandelt. Ein detaillierter Blick auf die Ergebnisse der Korpusrecherche soll hier Klarheit schaffen. Die vorgegebene Tabelle lässt sich dabei beliebig weiter ergänzen, zumal davon ausgegangen werden kann, dass die Studierenden zahlreiche Funktionen ausmachen.

Im Spanischunterricht der Oberstufe wäre eine Verortung dieses Arbeitsblattes ebenfalls denkbar, jedoch eher in einer Unterrichtseinheit zum gesprochenen Spanisch oder gar zu Diskursmarkern im Allgemeinen. Auf den ersten Blick scheint dieses Thema vergleichsweise sperrig zu wirken, allerdings hat es bereits zumindest im spanischsprachigen Raum durchaus seinen Eingang in die Unterrichtspraxis gewonnen, wie z.B. die Publikation von Marchante (2008) zeigt. Marchante befasst sich in ihrer stark linguistisch orientierten Publikation mit einer Vielzahl von Diskursmarkern, so wie sie auch in der bereits erwähnten Tabelle von Martín Zorraquino & Portolés Lázaro (1999, 4081) zu finden sind. Jeder Gruppe von Diskursmarkern ist ein Kapitel gewidmet, das neben einer kurzen pragmatisch-grammatikalischen Erklärung Einsatzübungen, Vervollständigungen von Dialogen und vieles mehr bietet. Die Tatsache, dass ein Diskursmarker im Satz unterschiedliche Funktionen erfüllen kann, wird dabei in allen Kapiteln thematisiert bzw. ist sie auch elementarer Bestandteil des zweiten Arbeitsblattes.

Zu sehen sind hier sechs Dialoge aus dem Korpus COLAm, in denen an jeweils unterschiedlichen Stellen der Diskursmarker *hombre* vorkommt. Diese Aufgabe lässt sich sowohl mit Studierenden eines Proseminars als auch mit fortgeschrittenen Schülerinnen und Schülern eines Leistungskurses Spanisch durchführen, wobei Abänderungen verschiedener Art möglich sind. So ließe sich die Aufgabe z.b. erschweren, indem man die Begriffe weglässt und die Studierenden bittet, selbstständig den zu den Dialogen zugehörigen Begriff zu finden. Eine Vereinfachung ließe sich wiederum durch bestimmte Vokabelangaben erreichen. Darüber hinaus ist es ebenfalls möglich, die Studierenden bzw. die Schülerinnen und Schüler zu bitten, sich nochmals ggf. auch als Hausaufgabe intensiv mit dem Korpus auseinanderzusetzen und weitere Beispiele zu suchen. Liegen dann Beispiel-Dialog und der dazugehörige Begriff vor, ist es möglich, die richtigen Zuordnungen durch ein in Gruppenarbeit durchgeführtes Memory zu finden.

3.2 ¿Ser o hacerse *güey*?

Die Arbeitsblätter 3 und 4 (vgl. Anhang) setzen sich intensiv mit der für das mexikanische Spanisch typischen nominalen Anredeform *güey* auseinander. Insgesamt kann der Ausdruck *güey* eine Fülle an Funktionen übernehmen und tritt z.b. nicht nur als Adjektiv auf, sondern auch als Nomen oder Diskursmarker zur Markierung unterschiedlicher sozialer Beziehungen zwischen den Sprechern (vgl. Kleinknecht 2013, 238).

Um die Herkunft des Wortes näher zu beleuchten, soll an dieser Stelle nicht auf unterschiedliche Aussprachevariationen von *güey* eingegangen werden (vgl. Kleinknecht 2013, 239), wohl aber auf den semantisch-pragmatischen Hintergrund. Hierzu soll der Text der mexikanischen Bloggerin Queretanita (Queretanita 2009) herangezogen werden, der die Entwicklung des Ausdrucks *güey* auf eine interessante und kurzweilige Art und Weise nachzeichnet.

Dieser Blog-Eintrag, als ein aktueller und im Internet zugänglicher Text, spricht das Interesse von Schülerinnen und Schülern in besonderer Weise an, zumal es ein Blog ermöglicht, unmittelbar nach der Lektüre den Text zu kommentieren oder zu Kommentaren anderer Leser Stellung zu beziehen. Nicht zuletzt endet der Blog-Eintrag mit einer Frage, die ganz direkt auf eine Stellungnahme der Leser abzielt.

Zur Verwendung in einem Spanisch-Leistungskurs ist dieser Text sicherlich gut geeignet und nach entsprechender lexikalischer Vorentlastung gut im Unterricht einzusetzen. Darüber hinaus bietet er die unterschiedlichsten Anknüpfungspunkte, die im Anschluss an die Lektüre in Form einer Mind-Map weiter ausgearbeitet werden können. Diese dient einmal der Sicherung des Textverständnisses und zum anderen lassen sich auf dieser Basis auch mündlich kurze Stellungnahmen abgeben, die sich mit dem einen oder anderen Punkt beschäftigen.

Ein weiterer Aspekt, der durchaus für den Einsatz dieses Textes im Unterricht spricht, ist die Tatsache, dass Queretanita explizit auf die pragmatischen Besonderheiten von *güey* eingeht. Bereits bei der Auseinandersetzung mit *hombre* als einem typischen Diskursmarker des gesprochenen europäischen Spanisch konnten mit Hilfe einzelner Mini-Dialoge des Korpus COLAm verschiedene Bedeutungsvariationen und Einsatzbereiche des Diskursmarkers ausfindig gemacht werden.

Queretanita weist in ihrem Blog-Eintrag ebenfalls auf die facettenreiche Verwendungsweise von *güey* hin, indem sie Beispielsätze auflistet, verschiedene Kontexte beschreibt und gleichzeitig erklärt, wann *güey* welches sprachliche Register bedient.

Dieses Hintergrundwissen ist nötig, um der ersten Aufgabe auf Arbeitsblatt 4 zu begegnen. Darüber hinaus ist es in diesem Zusammenhang wichtig, den doch sehr derben, vulgären Humor, der sich in den entsprechenden Ausdrucksweisen niederschlägt, im Vorfeld zu thematisieren. Insbesondere das Verb *chingar* bedarf einer eingehenden Erklärung, zumal es polysem und außerdem stark pejorativ aufgeladen ist (vgl. Montes de Oca Sicilia 2013). Mit dem entsprechenden

Vorwissen ist es den Schülerinnen und Schülern möglich, den dargestellten Dialog zu lesen und zu verstehen. Das gehäufte, ja fast schon übertriebene Aufkommen des Ausdrucks *güey*, das ist diesem Fall eindeutig der phatischen Kommunikation zuzurechnen ist, ist nicht von der Hand zu weisen, genauso wenig wie das Auftreten anderer nominaler Anredeformen wie z.b. *cabrón* und weiterer Elemente des mündlichen Sprachgebrauchs. Außerdem ist der Dialog ein gutes Beispiel jugendsprachlicher Äußerungen und Sprechweisen, wie sie etwa aus der Arbeit mit COLAm schon in einigen Teilen bekannt sind.

Die Aufgabe, die an die Interpretation des Mini-Dialogs anschließt, ist vielmehr im Bereich der Textproduktion anzusiedeln. Mit anderen Worten geht es darum, einen Kommentar zu verfassen zur dargestellten Werbung der Buchhandlung *Gandhi*. Sollten die Aufgaben in chronologischer Reihenfolge bearbeitet werden, ist die Sensibilisierung der Schülerinnen und Schüler für die Aussage *Leer, güey, incrementa güey, tu vocabulario güey* zu diesem Zeitpunkt deutlich geschärft. Sie haben sich nun zum einen mit dem Text der Bloggerin Queretenita beschäftigt und wissen um Hintergründe und den Bedeutungswandel des Ausdrucks *güey*. Zum anderen haben sie weitere Beispiele für den Einsatz von *güey* durch die Arbeit am Dialog zwischen mehreren Jugendlichen erhalten.

Nun gilt es, das bisher Erlernte in den Kommentar miteinfließen zu lassen. Ist der Gebrauch von *güey* als ein Zeichen sprachlichen Verfalls anzusehen? Wird dieser Ausdruck genutzt, weil einem sonst nichts Besseres einfällt? Und wie steht die Werbung bzw. in diesem Fall der Buchhandel dazu? Wie ist die Werbung aufgebaut? Wozu führt der wiederholte Gebrauch von *güey* auf dem Werbeplakat und welche Auswirkungen hat dieser noch im Gespräch zwischen den Jugendlichen? Diese und weitere Fragen sollten für das Verfassen des Kommentares leitend sein, um zu einer differenzierten Darstellung eines besonderen sprachlichen Phänomens zu kommen.

3.3 El caso de *boludo*

Neben dem Spanischen der Iberischen Halbinsel und dem mexikanischen Spanisch bietet das argentinische Spanisch ebenfalls eine Vielzahl nominaler Anredeformen, von der eine besonders im Fokus steht. Ähnlich wie das für Mexiko typische *güey* ist in Argentinien im mündlichen Sprachgebrauch der Ausdruck *boludo* stark präsent. Nicht nur das häufige Auftreten von *boludo* macht die Auseinandersetzung mit diesem Ausdruck interessant, sondern auch die Tatsache, dass mit Hilfe des Jugendsprachekorpus COLAm ebenfalls auf Gesprächsmaterial zurückgegriffen werden kann, was sich wiederum in der Konzeption der Aufgaben widerspiegelt.

Die für die Arbeit mit der nominalen Anredeform *boludo* entworfenen Arbeitsblätter 5 und 6 (vgl. Anhang) lassen sich sowohl an der Hochschule als auch im schulischen Kontext einsetzen. Für den Einsatz in einem sprachwissenschaftlichen Proseminar bedarf es keiner Vereinfachungen bezüglich der Aufgabenstellungen; in der Schule hingegen dürfen Vokabelangaben nicht fehlen bzw. ist eine ausführliche Einführung in die Handhabung des Korpus COLAm unabdingbar. Gleiches gilt auch für die Aufgaben der ersten beiden Arbeitsblätter, die ebenfalls die Zur-Hilfe-Nahme des Korpus voraussetzen.

Bei *boludo*, wie auch schon bei *güey*, handelt es sich um einen polysemen Ausdruck. Die Polysemie schlägt sich allerdings nicht nur innerhalb eines Landes nieder, sondern bleibt über Ländergrenzen hinaus bestehen. Genau auf dieses Bewusstsein zielt die erste Aufgabe (Arbeitsblatt 5) ab. Mit Hilfe eines Screenshots oder auch durch eigenständige Recherche wird die entsprechende Seite des *Diccionario de la Lengua Española* (http://dle.rae.es/?id=5pIEPpY) aufgerufen. Es ist erkennbar, dass der Ausdruck *boludo* je nach Land völlig unterschiedliche Bedeutungen haben kann. Aufgabe der Studierenden bzw. der Schülerinnen und Schüler ist es nun, diese teilweise sehr kurz gefassten und in sich stark gebündelten Definitionen mit eigenen Worten auszudrücken. Zum einen wird dadurch das sprachliche Bewusstsein im Hinblick auf polyseme Ausdrücke geschärft und zum anderen der Umgang mit einem, in diesem Fall elektronischen Wörterbuch eingeübt.

Zur weiteren Auseinandersetzung mit dem Ausdruck *boludo* wird ähnlich wie im Fall von *güey* auf einen Text zurückgegriffen. Dieses Mal handelt es sich allerdings um eine andere Textsorte. Es ist kein Blog-Eintrag, der gelesen werden soll, sondern ein Text aus der Sekundärliteratur, der sich dem sprachlichen Phänomen auf seine für ihn typische Weise nähert. Der Textausschnitt gibt eine erste Definition von *boludo,* beschreibt in Kürze die Entwicklung des Ausdrucks und betont des Weiteren die unterschiedlichen Bedeutungsdimensionen. Ferner wird, wenn auch nur in einem Satz, das weibliche Pendant *boluda* angesprochen. Aufgabe ist es nun, diesen Text zu lesen und zu verstehen und die dort vorgefundene Definition mit dem abzugleichen, was die Wörterbuchrecherche ergeben hat. Es ist auffällig, dass der Artikel in seiner Definition von *boludo* verstärkt auf den negativen und beleidigenden Aspekt des Ausdrucks eingeht bzw. sehr nah an der wortwörtlichen Bedeutung bleibt und diese differenziert darstellt. Um den aber weitaus größeren Bedeutungsspielraum von *boludo* einzufangen, ist eine ausführliche Korpusrecherche unabdingbar. Zumindest kann damit stichprobenartig mehr über die Bedeutung des Ausdrucks und auch dessen Position im Satz gesagt werden. Die letzte Aufgabe zielt genau darauf ab, und das sechste Arbeitsblatt zeigt in einem Sceenshot, wie eine mögliche Ergebnisliste einer Korpusrecherche aussehen könnte. Wie bei der Arbeit mit *hombre* kann auch an dieser Stelle erneut auf die Positionen im Satz eingegangen werden, die *boludo* einnimmt, bzw. ist es darüber hinaus von Interesse, wie die Resultate für die Form *boluda* aussehen. Die Aufgabenstellung kann aus diesem Grund je nach Schwerpunkt erweitert und modifiziert werden bzw. ist es auch möglich, den Arbeitsauftrag freier zu gestalten, sodass die Studierenden bzw. Schüler sich selbst einen Rechercheauftrag und eine dazugehörige Fragestellung überlegen.

4. Fazit

Die theoretische Einführung ins Thema wie auch die praktischen Aufgabenbeispiele haben gezeigt, dass auch ein vergleichsweise sperrig anmutendes Thema nicht unbedingt ein Nischendasein fristen muss, sondern gleichermaßen seinen Eingang in den unterrichtlichen Alltag finden kann. Gerade die Arbeit an und mit den Korpora bzw. das Bewusstsein, dass es sich in den meisten Fällen um jugendsprachliche Ausdrucksformen handelt, wecken sowohl an der Schule als auch an der Universität das Interesse für eine Auseinandersetzung mit den aktuellen nominalen Anredeformen. Darüber hinaus ist dies vielmehr als eine Art Momentaufnahme anzusehen, denn so wie die Jugendsprache im Allgemeinen einem schnellen Wandel unterliegt, so tun dies auch die Anredeformen, sodass durchaus Raum für weitere Rechercheaufträge und kontrastive Betrachtungen gegeben ist.

Literaturverzeichnis

ALONSO-CORTÉS, Ángel. 1999. „Las construcciones exclamativas. La interjección y las expresiones vocativas", in: Bosque, Ignacio & Delmonte, Violeta. edd. *Gramática descriptiva de la lengua espanola.* Tomo 3. Madrid: Espasa Calpe, 3993-4050.
ANTROUTSOPOULOS, Jannis. 1998. *Deutsche Jugendsprache. Untersuchungen zu ihren Strukturen und Funktionen.* Frankfurt a.M.: Lang.
BEINHAUER, Werner. 1958. *Spanische Umgangssprache.* Bonn: Dümmlers.
BRIZ, Antonio y grupo Val.Es.Co. 2002. *Corpus de conversaciones coloquiales.* Madrid: Arco Libros.
BRIZ, Antonio. 2003. „La interacción entre jóvenes. Español coloquial, argot y lenguaje juvenil", in: Echenique Elizondo, María Teresa. ed. *Lexicografía y lexicología en Europa y América. Homenaje a Günther Haensch en su 80 aniversario.* Madrid: Gredos, 141-154.
BROWN, Penelope & GILMAN, Albert. 1960. „The pronouns of power and solidarity", in: Sebeok, Thomas. ed. *Style in language.* New York: Wiley, 253-276.
COLAm: *Corpus oral de lenguaje adolescente de Madrid.*
http://www.colam.org/ (15.01.17).
COLAba: *Corpus oral de lenguaje adolescente de Buenos Aires.*
http://www.colam.org/ (15.01.17).
DICCIONARIO DE LA LENGUA ESPAÑOLA. 2014. http://dle.rae.es/?id=5pIEPpY (15.01.17).
FERNÁNDEZ RAMÍREZ, Salvador. 1951. *Gramática española.* Madrid: Arco Libros.
GRICE, Paul. 1975. „Logic and Conversation", in Cole, Peter & Morgan, Jerry. edd. *Syntax and Semantics.* New York: Academic Press, 22-40.
HERRERO, Gemma. 1989. „El coloquio juvenil en los cómicos marginales", in: Rodríguez González, Feliz. ed. *Comunicación y lenguaje juvenil.* Madrid: Fundamentos, 179-201.
KLEINKNECHT, Friederike. 2013. „Mexican *güey* – from vocative to discourse marker. A case of gramaticalization?", in: Sonnenhauser, Barbara & Noel Aziz Hanna, Patrizia. edd. *Vocative! Addressing between System and Performance.* Berlin/New York: De Gruyter, 235-268.
KMK 2012: KULTUSMINISTERKONFERENZ. ed. *Bildungsstandards für die fortgeführte Fremdsprache (Englisch/ Französisch) für die Allgemeine Hochschulreife.*
http://www.kmk.org/fileadmin/veroeffentlichungen_beschluesse/2012/2012_10_18-Bildungsstandards-Fortgef-FS-Abi.pdf (15.01.17).
KOCH, Peter & OESTERREICHER, Wulf. 1985. „Sprache der Nähe – Sprache der Distanz. Mündlichkeit und Schriftlichkeit im Spannungsfeld von Sprachtheorie und Sprachgeschichte", in: *Romanistisches Jahrbuch.* Berlin/New York: De Gruyter, 15-43.
KOCH, Peter & OESTERREICHER, Wulf. 2011. *Gesprochene Sprache in der Romania. Französisch, Italienisch, Spanisch.* Berlin/New York: De Gruyter.
LÓPEZ QUERO, Salvador. 2007. „Marcadores discursivos y cortesía en la conversación virtual", in: *Language Design* 9, 93-112.
MARCHANTE, Pilar. 2008. *Práctica tu español. Marcadores del discurso (ELE).* Madrid: SGEL.
MARTÍN ZORRAQUINO, María Antonia & PORTOLÉS LÁZARO, José. 1999. „Marcadores del discurso", in: Bosque, Ignacio & Delmonte, Violeta. edd. *Gramática descriptiva de la lengua espanola.* Tomo 3. Madrid: Espasa Calpe, 4051-4213.

MONTES DE OCA SICILIA, María del Pilar. 2013. *El chingonario del bosillo. Diccionario de uso, reuso y abuso del chingar*. México D.F.: Algarabía.
PALACIOS, Niktelol. 2002. „Algunos marcadores discursivos característicos del habla de los adolescentes mexicanos", in: *Iztapalapa* 18/53, 225-247.
QUERETANITA. 2009. *¿Ser o hacerse Güey?*. *Blog con M de México*. http://mdemexico.blogspot.mx/2009/03/ser-o-hacerse-guey.html (15.01.17).
RADTKE, Edgar. 1990. „Substandardsprachliche Entwicklungstendenzen im Sprachverhalten von Jugendlichen im heutigen Italien", in: Holtus, Günther & Radtke, Edgar. edd. *Sprachlicher Substandard III: Standard, Substandard und Varietätenlinguistik*. Tübingen: Niemeyer, 128-171.
RAMÍREZ GELBES, Silvia & ESTRADA, Andrea. 2003. „Vocativos insultivos vs. Vocativos insultativos: acerca del caso de *boludo*", in: *Anuario de estudios filológicos* 16, 335-353.
SCHUMANN, Adelheid. 2009. „Die Bedeutung der spanischen Sprache weltweit", in: Grünewald, Andreas & Küster, Lutz. edd. *Fachdidaktik Spanisch. Tradition, Innovation, Praxis*. Stuttgart: Klett, 10-25.
VERA-MORALES, José. 1992. *Spanische Grammatik*. München: Oldenbourg.
WIELAND, Katharina. 2008. *Jugendsprache in Barcelona. Der Sprechstil katalanischer Jugendlicher und seine Darstellung in den Kommunikationsmedien*. Tübingen: Niemeyer.
ZIMMERMANN, Klaus. 1996. „Lenguaje juvenil, comunicación entre jóvenes y oralidad", in: Kotschi, Thomas. ed. *El español hablado y la cultura oral en España e Hispanoamérica*. Frankfurt a.M./Madrid: Vervuert/Iberoamericana, 475-514.
ZIMMERMANN, Klaus. 2002. „La variedad juvenil y la interacción verbal entre jóvenes", in: Rodríguez González, Félix. ed. *El lenguaje de los jóvenes*. Barcelona: Ariel, 137-163.
ZIMMERMANN, Klaus. 2004. „Äquivalenzgrade der Übersetzung von jugendsprachlichen Texten und die Möglichkeiten der kontrastiven lexikographischen Erfassung der Jugendsprache (am Beispiel des Deutschen und Portugiesischen)", in: Endruschat, Annette & Schönberger, Axel. edd. *Übersetzung und Übersetzen aus dem und ins Portugiesische*. Frankfurt a.M.: Domus Editoria Europaea, 23-57.
ZIMMERMANN, Klaus. 2005. „Construcción de la identidad y anticortesía verbal entre jóvenes", in: Bravo, Diana. ed. *Estudios de la (des)cortesía en español. Categorías conceptuales y aplicaciones a corpus orales y escritos*. Buenos Aires: Programa EDICE-Editorial Dunken, 245-271.

Lehrwerke

ADELANTE. 2011. Schülerbuch. 11./12. Schuljahr. Nivel intermedio: Spanisch als neu einsetzende Fremdsprache an berufsbildenden Schulen und Gymnasien. Stuttgart: Klett.
PUNTO DE VISTA. TEXTE UND AUFGABEN FÜR DIE OBERSTUFE. 2014. Schülerbuch. Berlin: Cornelsen.

Hinweis zur Reihenfolge der Arbeitsblätter im Anhang:
Auf Arbeitsblatt 1 folgt aus Platzgründen Arbeitsblatt 4.

Anhang: Arbeitsblätter

Arbeitsblatt 1

"¡Hombre, imagínate!" – Del vocativo al marcador del discurso

Definición: 'Marcador del discurso'

Los 'marcadores del discurso' son unidades lingüísticas invariables, no ejercen una función sintáctica en el marco de la predicación oracional – son, pues, elementos marginales – y poseen un cometido coincidente en el discurso: el de guiar, de acuerdo con sus distintas propiedades morfosintácticas, semánticas y pragmáticas, las inferencias que se realizan en la comunicación.

(Martín Zorraquino & Portolés Lázaro 1999, 4057)

Tareas

Consulta el corpus COLAm y busca la palabra *hombre*.

- ¿Cuántas veces aparece en el corpus?
- Respecto a su posición en la frase, ¿dónde aparece? Completa la tabla.

La distribución de las posiciones de *hombre*		
Inicial	Media	Final

- Revisando los resultados que obtienes a través de tu búsqueda, ¿cuáles son las funciones que ocupa *hombre* en las frases? Completa la tercera columna.

Funciones de *hombre* según su posición		
Inicial	Media	Final
Llamar al atención	Identificar el apelado	(a) (b)

Arbeitsblatt 4

Tareas

- Lee el siguiente fragmento de una conversación.
- ¿Qué tipo de relación crees que hay entre los interlocutores a juzgar por los tratamientos que se utilizan?

En este fragmento están platicando que unos amigos le hacían siempre la misma bromaa uno de sus compañeros, y éste la olvidaba pronto, de tal forma que a los pocos días volvía a ser sorprendido.

H4: Como al Gámez, que llegaba el Amarillo y le decía, le decía el Amarillo: "Gameo, Gameo" / "¿qué?" / "¿vas a ir?" / "¿a dónde?, güey" / "a chingar a tu madre" / y el Gameo se quedaba así / (*Risas*) / se iba güey y a los dos días: "Gameo, Gameo" / "¿qué?" / "¿vas a ir?" / "¿a dónde?, güey" / "a chingar tu madre" / y nada más se quedaba así. (*Risas*)
H5: ¿Quién decía eso?
H3: El Amarillo al Gameo, güey.
H5: ¿Y ahorita fue?
H4: No, como cuatro veces.
H1: No, ahorita no, güey, pero antes sí, güey es que no mames, imagínate, te lo dice ayer, güey te lo vuelve a decir hoy y no te acuerdas, cabrón.

(Palacios 2002, 228)

- Comenta la siguiente publicidad tomando en cuenta la información que sacaste del artículo de la bloguera Queretanita:

  ¿Qué significado tiene la palabra *güey* en esa publicidad? ¿Por qué nos llama la atención? ¿Qué pensarían los lectores cuando se les presenta esa publicidad? Se sentirían insultados? Considera también cómo encaja o no el uso de la palabra *güey* en una publicidad de una librería.

  Escribe aproximadamente 200 palabras.

Leer, güey, incrementa, güey, tu vocabulario, güey.

Arbeitsblatt 2

Tareas

- Lee los ejemplos del corpus COLAm. ¿Qué es lo que quieren expresar las personas? Relaciona los párrafos 1-6 con los siguientes términos.

  desacuerdo
  duda
  sorpresa
  afirmación
  intensificación de lo dicho
  tranquilización

(1)

MALCC2G03:	y y y ya si te digo la verdad me pones un ordenador y no me acuerdo ya
MALCC2G01:	2[pero como no te vas a acordar inútil]
MALCC2G03:	2[que no me acuerdo que te lo juro chaval]
NOSPEAKER:	<ruido de coches/>
MALCC2G01:	si te tienes que acordar **hombre**
MALCC2G03:	{a o mejo|a lo mejor} si me ponen y tal un a hacer tal yo no me acuerdo tío en serio

(malcc2-06.htm08-Jan-2008 11:48, COLAm)

(2)

MAORE2J02:	el jueves. llamó el..no llamó el miércoles
NOSPEAKER:	<silencio/>
MAORE2J01:	por la noche.
MAORE2J01:	y el día que me levanté a las cuatro.
MAORE2J02:	que estaba (XXX) a comer no te acuerdas/
MAORE2J02:	2[que no se puede levantar]
MAORE2G01:	2[aaaah/]
MAORE2G01:	pero **hombre** no eso fue el viernes.
MAORE2J02:	ah bueno pues

(maore2-06.htm02-Oct-2007 15:49, COLAm)

(3)
A: me han dicho que está por la Coma
B: .la Coma/ dónde está?
A: por la montaña me han dicho
C: (( )) en el desierto desiERTO DE LAS PALMAS?
B: .¿al desierto↑ van a ir?/// (4'') no me hace mucha gracia / que vayan al desierto en Coche (4'')
A: **hombre/** no creo que esté muyy alejado

(Briz 2002, VC.117.A.1: ll. 238-246, p. 328)

(4)
C: ¿el desierto de LAS PALMAS↑? ¡**hombre**!/ pasaa/// (3'') antes de llegar a-/ al colegio ese que hay↑ '

(Briz 2002, VC.117.A.1: ll. 247-249, p. 328)

(5)
MALCB2JO1: que tu te preocu% tu especificabas mucho más lo que había que hacer para quitar este y otro y este otro gas <sonido de boca/> contaminante y este otro gas contaminante y tomagua <no vocaliza/> el libro te ponía solo uno de los procedimientos yyy pasaban
MALCB2J02: <risas/>
MALCB2JO1: sabes
MALCB2J02: **hombre** es que no van a profundizar en eso porque

(malcc2-13a.htm15-Mar-2007 16:05, COLAm)

(6)
MAESB2J03: porque ellos solo te piden que saques buenas notas que no lo cumples\ que no te dan privilegios
MAESB2J01: mañana por la mañana me ha dicho mi madre
MAESB2J01: mañana por la mañana te levantas y estudias si bueno un momento por la mañana te levantas y estudias si me he acostado a las cuatro de la mañana evidentemente mañana por la mañana no me levanto y estudio
MAESB2G04: **hombre** claro

(maesb2-03.htm10-Nov-2009 00:11, COLAm)

Arbeitsblatt 3

¿SER O HACERSE GÜEY?

Resulta que cuando era pequeñita, por ahí de la década de los 70s, esta expresión empezaba a surgir y no era bien visto que alguien la pronunciara, mucho menos que la repitiera, porque tenía un sentido netamente ofensivo.

Hoy en día, no sólo es un adjetivo, es un sustantivo, es una muletilla que sustituye a un gran número de palabras cuando el vocabulario verbal es lo que falta para transmitir una idea.

En mis tiempos infantiles, un *güey* era una persona analfabeta, tonta con una ignorancia que podía equipararse a un mastodonte, como el buey. El buey es una bestia de carga; bueno, pues el *güey* era una bestia humana. Al más bestia de los bestias se le calificaba así. Entonces, no era muy grato que a alguien le pusieran este calificativo, claramente era un insulto.

Luego, de los 90 para acá, ya todo mundo es *güey*, y la palabra ya tiene otro significado, conforme pasó el tiempo y la adoptaron las nuevas generaciones.

Bueno, así define Wikipedia este vocablo popular: **GÜEY**: "Término utilizado en México como sustantivo y en menor medida como adjetivo. Se usa comúnmente para referirse a cualquier persona sin necesidad de llamarlo por su nombre y aplica de igual manera al género másculino como el femenino." Un chico puede ser *el güey*, y la chica no será la güeya, sino que es o se hace *güey*. Así, con sorpresa y alegría podemos escuchar como es el saludo entre *güeyes*: "¿Qué onda, güey?" / "Pues aquí, güey" / "¿Estás ocupado/-a, güey?" / "no, aquí, nomás pasándola y haciéndome güey un rato".

Ahora, ya tiene un significado más de camaradería, un sentido amistoso. Los *güeyes* ahora no se ofenden si se califican así recíprocamente. En la forma en que coloquialmente chatean los jóvenes vía messenger, lo escriben así: *Wey*. Entonces, un *Wey* es un *güey* que se la pasa en la Web, en el chat y en el Internet, sí, un *güey* cibernético. Claro, entre jóvenes ya no lo toman como insulto, pero está mal visto que un joven le diga *güey* a un mayor, a un profesor o alguna autoridad. Entonces sí sería un insulto.

La palabra así, sigue siendo inculta, propia del habla juvenil, del lenguaje coloquial-vulgar y jamás se escuchará en un lenguaje formal y culto.

Ser güey entonces, es ser tonto por naturaleza, de nacimiento. Una misma persona puede decirse: "soy bien güey para las matemáticas". *Hacerse güey* es más de astutos, son listos, pero deliberadamente se hacen pasar por tontos o flojos, ejemplo: "cuando asignan responsabilidades en el trabajo, me hago güey y no digo nada, así no me toca ninguna responsabilidad extra". También un *güey* es un gente sin nombre: "quién es el 'güey' de la camiseta roja que vino hoy por la mañana". También puede identificarse como una expresión de asombro o sorpresa: "ay, güey, no sabía que iban a llegar tus papás".

¿Y tú? ¿Qué opinas del *güeyismo*? :)

(http://mdemexico.blogspot.mx/2009/03/ser-o-hacerse-guey.html; texto abreviado, K.P.)

Tareas

- Lee el artículo de la bloguera Queretanita.
- Después de la lectura, completa el mindmap con la información obtenida. Ten en cuenta cómo se desarrolló el significado de la palabra, de qué manera cambia la manera de cómo se escribe esa palabra y cuál es la diferencia en *ser güey* o *hacerse güey*.

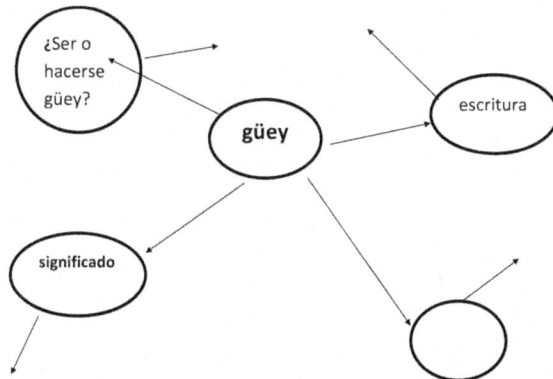

Arbeitsblatt 5

Tareas

La palabra *boludo, -a* se utiliza en varios países hispanoamericanos, pero no siempre con el mismo significado. El *Diccionario de la Lengua Española* demuestra qué tan diferente pueden ser los significados.

- Intenta 'traducir' al alemán las definiciones y luego da una explicación en tus propias palabras (en español).

boludo, -a ("bola" + "-udo")
1. adj. malson. coloq. *Arg. y R. Dom.* Necio o estúpido. Apl. a pers., u. t. c. s.
2. adj. *Cuba.* Dicho del calzado: De puntera redonda.
3. adj. *El Salv.* adinerado.
4. adj. *Méx.* Que tiene protuberancias.
5. adj. malson. coloq. *Ur.* Lerdo, parsimonioso, irresponsable. U. t. c. s.
6. adj. *Ur.* Dicho de una persona: Que ha llegado a la adolescencia o a la juventud. U. t. c. s.
7. adj. *Ur.* Dicho de una cosa: De gran tamaño.

(*Diccionario de la Lengua Española*: http://dle.rae.es/?id=5pIEPpY)

- Ahora lee la definición de Ramírez Gelbes & Estrada (2003) que estudian el uso de la palabra *boludo, -a* en Buenos Aires y contesta a las siguientes preguntas.

Boludo es una mala palabra que designa al hombre con testículos grandes y se forma sobre la base *bolas* (testículos) más el sufijo *-udo* que, adosado a una parte del cuerpo humano (*frente/ frentudo, hueso/huesudo*), se convierte en aumentativo (de frente grande o de huesos grandes, respectivamente). Debe recordarse que, en el imaginario popular, el que tiene las *bolas grandes* es el valiente, el corajudo, el que es muy hombre. Sin embargo, en *boludo* esa especie de aumentativo se transforma en diminutivo: *boludo* es el que no tiene las *bolas suficientes* o suficientemente grandes para afrontar determinadas situaciones, o bien que las tiene muy grandes pero su carácter moral no se condice con esa característica, por la cual hay una oposición semántica entre *tener las bolas grandes* (ser valiente, decidido, sagaz) y *ser un boludo* (ser un cobarde, pusilánime y tarado). Por trasposición, *boluda* designa a la mujer tonta, falta de carácter.

Este significado injurioso de boludo/a convive, sin embargo, con una versión no injuriosa. Pareciera, entonces, que en determinadas ocasiones el vocativo *boludo* ha perdido su carácter de insulto y que se ha convertido en el equivalente de la forma *che* que solía distinguir a los argentinos y a las argentinas hace algunas décadas.

(Ramírez Gelbes & Estrada 2003, 335)

- ¿Qué significado tiene la palabra *boludo* en el imaginario popular?
- ¿Cómo cambia el significado de *boludo* cuando se transforma en diminutivo?
- ¿Imagínate: ¿En qué tipo de situación o conversación se podría usar la palabra *boludo* en su versión no injuriosa?

Arbeitsblatt 6

Tarea

En el corpus *COLAba* el uso de la palabra **boludo, -a** también es muy frecuente. A continuación estás viendo las concordancias con esa palabra. Teniendo en cuenta los resultados de trabajo sobre el marcador del discurso *hombre*:

- ¿llegas a resultados parecidos respecto a la distribución de las posiciones en el caso de *boludo*?
- ¿y como serán los resultados con el equivalente femenino *boluda*?

Corpus COLAba: *Corpus oral de lenguaje adolescente de Buenos Aires* (http://www.colam.org/)

Onomatopeyas e interjecciones:
Interkulturell-kommunikative Kompetenz durch Comics
verschiedener Sprachen und Varietäten des Spanischen

Corinna Koch

Einleitung

Lautmalereien und Interjektionen stellen charakteristische mediensprachliche Besonderheiten des Comics dar. Sie sind jedoch vermehrt auch in anderen Kontexten zu finden, in denen Geräusche sprachlich nachgebildet und / oder Ausrufe dargestellt werden, z.b. in der gesprochenen informellen Umgangssprache und in verschriftlichter Mündlichkeit wie (jugendsprachlicher) digitaler Kommunikation. Authentische Comics bieten die Möglichkeit, Spanischlernenden einen kontextbezogenen Einblick in die onomatopoetischen Besonderheiten des Spanischen und ihre grafischen Darstellungsmöglichkeiten zu geben.

Da Onomatopoetika, z.b. menschliche Geräusche wie „achís" für Niesen, „cof" für Husten und „chuic" oder „muá" für einen Kuss, sprachlichen Konventionen innerhalb einer Sprachgemeinschaft unterliegen, sehen spanische Lautmalereien häufig anders aus als deutsche, englische und französische. Gleiches gilt für Interjektionen, die zusätzlich zu sprach- auch varietätsspezifische Unterschiede aufweisen, z.b. zwischen dem *español peninsular* („¡venga!") und dem mexikanischen Spanisch („¡órale!"). Für gelingende interkulturelle Kommunikation im Sinne eines kompetenten rezeptiven und ggf. produktiven Umgangs mit Lautmalereien und Interjektionen ist somit Sprachbewusstheit und interkulturell-kommunikative Kompetenz gefragt. Dieser Beitrag zeigt auf, wie dies anhand von Comics verschiedener Sprachen und Varietäten auf schülerorientierte Weise erfolgen kann.

1. Definition und didaktisches Potenzial von Comics

Als Comic wird in diesem Beitrag eine statische, narrative Folge gezeichneter Bilder verstanden, die optional durch Text ergänzt werden kann (vgl. für die folgenden Ausführungen auch Koch 2013, 33ff.). Bei der Rezeption dieser Bildfolge muss der Rezipient aktiv werden und interpretieren, denn es gilt, die statischen Bilder im Kopf imaginierend zu einem lebendigen Prozess zusammenzuführen. Dafür werden Textbausteine gelesen, die Einzelbilder wahrgenommen und mit vorangehenden und darauffolgenden Bildern verglichen und verknüpft.

Der westlichen Leserichtung folgend, gehen Rezipienten bei westlichen Comics dabei von links nach rechts und von oben nach unten vor und ‚lesen' einen Comic somit zum einen wie einen Text linear-sukzessiv; da Bilder jedoch immer auch als Ganzes wirken – und damit ist nicht nur das Einzelbild, sondern auch eine ganze Comicseite oder -doppelseite gemeint –, werden Comics zum anderen parallel in einer Zickzack-Bewegung gelesen, denn das Auge springt vor und zurück und nimmt neue sowie ggf. erst nachträglich als bedeutsam wahrgenommene Bild- und Textelemente auf und integriert sie in die Konstruktion der Geschichte. Der große Vorteil für den Fremdsprachenunterricht besteht somit darin, dass langsames und wiederholtes Lesen bei Comics im Rezeptionsprozess bereits angelegt ist. Zudem bleiben die Bilder – im Gegensatz zum Film – so lange für den einzelnen Lernenden verfügbar, wie er sie benötigt. So kann in individuellem Tempo vorgegangen werden.

Die Bilder fungieren darüber hinaus in der Regel als Verständnishilfe, indem sie einen kommunikativen Rahmen schaffen, in dem z.B. Mimik und Gestik der Personen oder aber abgebildete Orte und Gegenstände beim Verständnis der fremden Sprache unterstützend wirken können. Dafür müssen Lernende die gängigen Comiccodes kennen, was jedoch in den meisten Fällen gegeben ist (vgl. Koch, erscheint). Sprache ist in Comics dabei notwendigerweise kurz, denn der Text muss in die Bilder eingebaut werden und darf nicht zu viel von ihnen überdecken.[1] Der Vorteil von wenig Text ist zum einen der Motivationswert, der besonders für Lernende wichtig ist, die von langen Erzähltexten eher abgeschreckt werden; zum anderen lernen die Schülerinnen und Schüler durch die im Comic verdichtete Sprache, wie zum Teil viel Inhalt in wenigen Worten untergebracht werden kann. Der Nachteil der kurzen Texte kann jedoch auch gerade in dieser Kondensierung liegen, durch die ggf. mehr (kulturelle) Wissensbestän-

---

[1] Eine gewichtige Ausnahme stellen diesbezüglich graphische Romane dar, die zwar im Prinzip ebenfalls eine statische, narrative Folge gezeichneter Bilder darstellen, der Text ist aber dabei nicht optional, sondern integraler Bestandteil und in der Regel umfangreicher.

de für die Entschlüsselung erforderlich sind als in einem Erzähltext, in dem Vieles explizit erläutert wird. Ein Vorteil ist dafür wiederum, der große Anteil direkter Rede, der das intensive Kennenlernen sprach- und varietätenspezifischer mündlicher Sprachverwendung, unter anderem gekennzeichnet durch Interjektionen, in einem konkreten kommunikativen Kontext ermöglicht. Bei der Auswahl von Comics für den Fremdsprachenunterricht gilt es somit – wie bei allen anderen Texten auch – sorgfältig abzuwägen, inwiefern der bildliche und sprachliche Schwierigkeitsgrad eines thematisch passenden Comics der jeweiligen Lerngruppe angemessen ist und welche Lerngelegenheiten er eröffnet.

Bezüglich der Länge gibt es mittlerweile eine so große Auswahl an Comics, dass von einem kurzen *Mafalda*-Comicstrip oder einem kurzen Ausschnitt aus einem längeren Comic bis hin zu ganzen Albenserien wie beispielsweise *Mortadelo y Filemón* – als Ganzschrift aufgrund des Schwierigkeitsgrades jedoch nur für Fortgeschrittene geeignet – für jeden Geschmack und jede Unterrichtssituation etwas dabei ist. Die schon erwähnte thematische Passung, die vermutlich das erste Kriterium bei der Suche nach Unterrichtsmaterial ist, mag für weniger comicaffine Lehrkräfte zunächst als Hindernis erscheinen, die Vielzahl von Comicveröffentlichungen im hispanophonen Sprachraum sorgt jedoch dafür, dass für so gut wie alle Themen etwas Passendes gefunden werden kann. Das liegt nicht zuletzt daran, dass Komik trotz des Begriffs ‚Comic' kein Gattungsmerkmal (mehr) ist: Alle Genres, die aus Erzähltexten und Filmen bekannt sind, gibt es auch im Comic: von Thriller über Krimi und Geschichtsdokumentation bis hin zu Science Fiction und z.B. Gesundheits- oder Umweltaufklärung.

2. Varietäten im kompetenzorientierten Spanischunterricht

In diesem Beitrag werden neben Comics verschiedener Sprachen auch Comics verschiedener Varietäten des Spanischen als Unterrichtsgegenstand vorgestellt. Als Varietät kann dabei nach Bußmann eine „spezifische Ausprägung eines sprachlichen Verhaltens in einem mehrdimensionalen (regional, sozial, situativ, historisch) differenzierten Varietätenraum" (Bußmann 2002, 730) verstanden werden. Varietäten werden dabei durch Parameter wie Raum, Gesellschaft und Medien bestimmt. Die am häufigsten betroffenen sprachlichen Merkmale, die eine Varietät ausmachen, sind Phonetik, Phonologie, Morphologie, Syntax, Lexik, Semantik und Pragmatik. Im schulischen Spanischunterricht bietet es sich in den ersten Lernjahren an, ausschließlich die Lehrwerksvarietät – meist europäisches Spanisch, das *español peninsular*, – als Arbeits- und Unterrichtssprache zu nutzen, da ein zu frühes Nebeneinander verschiedener Varietäten das Risiko einer zu vermeidenden Mischung in den Bereichen Aussprache, Lexik und Grammatik birgt und damit Lernschwierigkeiten provozieren kann (vgl. den Beitrag von Leitzke-Ungerer im vorliegenden Band). Als Unterrichtsgegenstand können Varietäten und ihre Besonderheiten jedoch bereits in den Anfangsjahren und zunehmend im fortgeschrittenen Unterricht, wann immer es sich anbietet, punktuell behandelt werden. Auch wenn es nicht Ziel des Spanischunterrichts sein kann, alle Varietäten in ihren Einzelheiten zu thematisieren, ist es dennoch entscheidend, die Vielfalt und Bedeutung von Varietäten im hispanophonen Sprachraum in den Unterricht zu integrieren, indem Materialien verschiedener Varietäten eingesetzt werden. Eine „rezeptive Varietätenkompetenz" (vgl. die Beiträge von Leitzke-Ungerer und Reimann im Band) ist dabei in der Regel ausreichend, so dass hinsichtlich der Kompetenzbereiche vor allem die kommunikativ-rezeptiven und die interkulturelle Kompetenz sowie die Sprachbewusstheit im Zentrum stehen.

Im Folgenden wird nun zunächst visuelle Akustik in Form von Lautmalerei in Comics verschiedener Sprachen im Zentrum stehen. Dies ist für das Thema Varietäten insofern von Bedeutung, als unmittelbar deutlich wird, warum bei divergierenden Lautmalereien in Comics verschiedener Varietäten des Spanischen kein direkter Schluss auf eine bestimmte Varietät möglich ist. Anschließend steht verschriftlichte Mündlichkeit im Zentrum; der Schwerpunkt liegt dabei auf Interjektionen in Comics verschiedener geographischer Varietäten des Spanischen.

Sowohl bezüglich Lautmalereien als auch hinsichtlich Interjektionen soll stets die Frage beantwortet werden, wie diese Phänomene anhand von authentischen Comics verschiedener Sprachen bzw. Varietäten einen Beitrag zur Ausbildung der kommunikativ-interkulturellen Kompetenz und der Sprachbewusstheit der Lernenden leisten können.

3. Lautmalereien in Comics verschiedener Sprachen im Spanischunterricht

Der Fachbegriff für Lautmalereien, „Onomatopöie", kommt aus dem Griechischen und bedeutet „,einen Namen prägen bzw. schaffen, benennen'" (Meloni 2013, 319). Durch Imitation, Nachahmung bzw. eine grobe Kopie von Lauten und Geräuschen (vgl. ebd. sowie Havlik 1981, 8, Mahne 2007, 48) wird „mit den im Lautbestand der Sprache vorhandenen Mitteln" (Kleemann 1980, 9) „visualisierte Akustik" (Müller 1979, 191) geschaffen. Dabei werden eher willkürlich relevant erscheinende Lautmerkmale ausgewählt, die nie „die ganze Schallfülle wiedergeben können, sondern von ihr abstrahieren" (Lewandowski 1994, 760). Lautmalereien wohnt somit trotz ihres nachahmenden Ansatzes immer ein „gewisser Grad an Arbitrarität" (Kaindl 2004, 248) inne. Diese Arbitrarität und die Darstellung mit Lautbeständen der jeweiligen Sprache erklären auch die Unterschiede zwischen verschiedenen Sprachen bei ein und demselben Geräusch (vgl. Bußmann 2002, 484). Lautmalereien bewegen sich somit „im Spannungsfeld zwischen Motiviertheit [...] und den konventionalisierten Bedingtheiten der Sprachregelungen und sozio-kulturellen Determinanten" (Wienhöfer 1980, 191). Eine „lexikalische Bedeutung im engeren Sinne" (Meloni 2013, 319) haben Lautmalereien nicht, aber sie erfüllen eine „semantisch-pragmatische Funktion" (ebd., 320). Im Falle von Comics haben sie dabei gleichzeitig eine narrative Funktion, denn sie bilden in Form einer „sequentiell zu lesende[n] Buchstabenfolge", die auch als visuelles Ausdruckselement auftritt, die Akustik der erzählten Geschichte ab (vgl. Kaindl 2004, 250). Die Aufmachung und Platzierung der Lautmalereien im Bildraum verdeutlichen dabei die Quelle und Richtung des Geräusches (vgl. Mahne 2007, 48) und unterscheiden Lautmalereien somit von sonstigem Text wie gesprochener Sprache in Sprechblasen, Erzählerkommentaren in entsprechenden Kästen und der Beschriftung von Dingen im Bild.

Bei Lautmalereien in spanischen Comics ist bis heute der Einfluss amerikanischer Comics deutlich erkennbar (vgl. Sierra Soriano 1999, 584, Pauer o.J.). In den Anfängen der Comicübersetzung galten Lautmalereien als universell verständlich, so dass bei der Übersetzung von amerikanischen Comics ins Spanische keine Anpassung der Lautmalereien erfolgte. So hatten sich englische Lautmalereien bereits im spanischen Comic etabliert und waren Teil der spanischen Comicsprache geworden, als begonnen wurde, spanischspezifische Lautmalereien zu schaffen und einzusetzen. Dies führt dazu, dass in heutigen spanischsprachigen Comics – egal, ob sie aus dem Englischen übersetzt worden sind oder direkt auf Spanisch geschrieben wurden – häufig eine Mischung aus englischen und spanischen Lautmalereien vorherrscht. Francisco Ibáñez nutzt in seiner genuin spanischen Comicreihe *Mortadelo y Filemón* beispielsweise sowohl englische Lautmalereien wie „boom" (vgl. z.B. Ibáñez 1994, 1B), obwohl die Schreibweise „bum" eigentlich eher der spanischen Aussprache entsprechen würde, als auch typisch spanische Formen wie ‚¡ñaca! ¡ñaca!' beim Essen, ‚gluc' beim Schlucken, ‚¡ñiaoiiik!' wenn etwas zerbricht oder ‚¡tronch!' und ‚¡cronch!' für Schläge (vgl. Valero Garcés 2014, 244). Beobachtungen, die vor allem im Übersetzungskontext häufig formuliert werden, um eine Systematik der Verwendung englischer oder spanischer Lautmalereien im Comic zu erarbeiten, lassen sich dabei meist schnell durch Gegenbeispiele entkräften. In der Übersetzung von Robert Crumbs *My Troubles with Women II*, *Mis problemas con las mujeres II*, hat sich der Übersetzer, Narcís Fradera, beispielsweise dafür entschieden, den englischen Ruf eines Hahnes, „Cockadoodledo-o-o-o" auch im Spanischen beizubehalten (vgl. Crumb 1986, 52 sowie 1987, 55). Regeln wie „English onomatopoeia are usually replaced by Spanish equivalents in the case of sound produced by animals" (Valero Garcés 2014, 241) besitzen somit keine Allgemeingültigkeit, denn letztendlich entscheidet jede/r Autor/in und jede/r Übersetzer/in, welche Lautmalereien er oder sie nutzt.

Ebenso wird bei *Astérix*-Übersetzungen ins Spanische nicht deutlich, nach welchen Kriterien die Entscheidung für oder gegen eine Anpassung der Lautmalereien fällt. Im französischen Original von *Astérix en Hispanie* ist etwa der Aufprall eines Steins auf dem Kopf von Julius Caesar mit „Poc!" lautmalerisch dargestellt. In der spanischen Übersetzung wurde dies zu „¡Paf!" verändert. Ein Bild später wird jedoch ein weiteres „Poc!", ebenfalls das Geräusch eines aufprallenden Steins, in der spanischen Version als Lautmalerei beibehalten; es erhält nur durch ein vorgeschaltetes invertiertes Ausrufezeichen einen spanischen Aspekt: „¡Poc!" (vgl. Goscinny & Uderzo 1969a+b, 3A).

Für den Spanischunterricht hat diese Inkonsistenz spanischer Lautmalerei zur Folge, dass bei einer Behandlung von Comics verschiedener Varietäten divergierende Lautmalereien nicht eindeutig auf die Eigenheiten der jeweiligen Varietät zurückgeführt werden können und dass eine Kenntnis englischer Lautmalereien auch zum Verständnis genuin spanischsprachiger Comics notwendig sein kann. Dafür kann zum einen sprachvergleichend gearbeitet werden, zum anderen sollte in jedem Fall anhand von spanischen Beispielen eine Sprachbewusstheit für Lautmalereien, ihre Besonderheiten und ihre unterschiedlichen Schriftbilder geschaffen werden, indem Lernende – den gattungsspezifischen Merkmalen des Comics entsprechend – für Text-Bild-Bezüge sensibilisiert werden, die nicht nur helfen, *gesprochene* Sprache im Comic zu verstehen, sondern eben auch Lautmalereien:

> Lenguaje corporal o paralenguaje que aparece en el dibujo de los personajes de los tebeos y entonación remarcada por la codificación de los trazados de los bocadillos o los caracteres impresos, lo que facilita, en gran medida, la comprensión del discurso iconográfico.
>
> (de Buron-Brun 2006, 769)

Ein *Mafalda*-Comicstrip eignet sich dafür besonders (Quino o.J. a): In den ersten drei Bildern sieht man Mafalda mit wechselnden Körperhaltungen bitterlich weinen (mit weit aufgerissenem Mund, Händen vor den Augen, spritzenden Tränen). Im ersten Bild wird ihr Weinen durch „¡Buaaa!", im zweiten durch „¡Quijí-quijí!" und im dritten durch „Uuuaaay-ay-ay-ay!" lautmalerisch dargestellt. Auf dem vierten Bild entfernt sich Mafalda völlig gefasst mit den Worten: „Llegar a llorar una buena gama requiere mucha dedicación" (ebd.). Präsentiert man diesen *Mafalda*-Comicstrip zunächst ohne das letzte Bild, könnten die Lernenden (ab GeR-Niveau A1/A2, 1./2. Lernjahr, Spanisch als dritte Fremdsprache) diese Fragen beantworten: *¿Qué pasa en este cómic? ¿Cómo sabéis que se trata de un cómic en español? ¿Conocéis a la niña?* Die Lernenden sollten zunächst erkennen, dass Mafalda weint oder schluchzt, wobei Gestik, Mimik und Tränen helfen. Wenn sie die Comicfigur Mafalda kennen, ist meist klar, dass es sich um einen Comic in spanischer Sprache handelt – wobei auch Übersetzungen existieren. Dennoch kann in jedem Fall anschließend analysiert werden, woran erkennbar ist, dass es sich z.b. nicht um ein deutsches, englisches, französisches etc. Schluchzen handelt, wie die invertierten Ausrufezeichen, die Akzente auf dem „i" und Lautkombinationen wie „ay" erkennen lassen. Kommt dann noch das vierte Bild hinzu, kann über eine Frage wie *¿Por qué no hay bocadi-*

llos en las tres primeras viñetas? der Unterschied zur gesprochenen Sprache im Comic noch einmal hervorgehoben werden. Zur Vertiefung (ab GeR-Niveau A2/B1, 2./3. Lernjahr, Spanisch als dritte Fremdsprache) wäre es anschließend möglich, sich anhand verschiedener Beispiele mit den Darstellungsmöglichkeiten für Lautstärke, Länge, Rhythmus und Verlauf von Lautmalereien zu beschäftigen. Anhand einzelner *viñetas*, z.B. zu unterschiedlichen Geräuschen wie dem oben beschriebenen Weinen von Mafalda (Quino o.J. a), dem Schluchzen ihrer Mutter, „¡Sñóg!", als diese feststellt, dass ihr Bikini nicht mehr passt (ebd. b) oder der Ohrfeige einer entrüsteten Dame, „¡Paz!" (ebd. c), könnten die Lernenden z.B. diese Aufgaben erledigen:

- *Identificad los tipos de sonido que se pueden encontrar en los cómics.*
- *Describid el volumen, la duración, el ritmo y el desarrollo de los sonidos.*
- *Nombrad los recursos del cómic para representar el volumen, la duración, el ritmo y el desarrollo de los sonidos.*

Relevant ist ein kompetenter Umgang mit Lautmalereien in spanischsprachigen Texten für Lernende dabei nicht nur im Kontakt mit Comics, denn Onomatopöien haben auch „Eingang in die Alltagssprache gefunden" (Kaindl 2004, 247): In der gesprochenen Umgangssprache sind sie anzutreffen, in jugendsprachlicher SMS-Kommunikation, Blogs und Chatforen, z.B. in Form von Lachen, „jajaja", „jejeje", in der Werbung oder auch in Romanen, wie dieser Ausschnitt aus Esther Guillems Werk *Best Seller* zeigt (Guillem 2013, 258):

A la mañana siguiente me levanto temprano y sin pereza. [...] Despierto a Paco con un par de hostias en la cara [...].
¡Plaf! ¡Plof!
- ¡Paco, ya es hora de enfrentarse a la vida! ¡Muévete! ¡Arriba! [...]
¡Plaf! ¡Plof! Y una de regalo. ¡Patapaf!

Comics bieten somit einen sehr guten Zugang zu einem sprachlichen Phänomen, das in allen Sprachen große Relevanz in der Alltagskommunikation hat.

4. Interjektionen in Comics verschiedener Varietäten im Spanischunterricht

Ein weiteres sprachliches Phänomen, das in Comics besonders häufig vorkommt, aber auch in zahlreichen anderen Sprachsituationen präsent ist, sind Interjektionen. Der Begriff geht auf das lateinische „interiectio" zurück, was „Dazwischengeworfenes" oder „Einschub" bedeutet. Interjektionen sind somit Zwischenrufe, „die man in Sätze einfügen kann" (Bußmann 2002, 314, Meloni 2013, 300), aber nicht muss, denn sie können syntaktisch auch alleine stehen und sind in der Regel morphologisch invariabel. Die knapp-synthetischen Ausrufe sind eine der „auffälligsten Eigenschaften des Nähesprechens" (Koch & Oesterreicher 2011, 60). Schriftlich kommen sie vor allem „in grafischen Medien (Comics, Plakaten, Werbung, Filmen usw.) und in der Literatur (Dialoge in Romanen, Theaterstücke) als Stilmittel gesuchter Mündlichkeit" (Meloni 2013, 301) vor und werden häufig mit Ausrufe- und / oder Fragezeichen abgebildet. Interjektionen können aus verschiedenen Wortarten bestehen – aus Substantiven („¡hombre!"), Adjektiven („¡genial!"), Verben („¡vamos!"), Adverbien („¡fuera!") oder nominalen, adverbialen oder verbalen Ausdrücken („¡faltaba más!") (vgl. de Buron-Brun 2006, 768) – und verschiedene pragmatische Funktionen erfüllen: Als „Empfindungswörter", auch „Ausdruckspartikel" oder „Affektwörter" genannt (Meloni 2013, 300), haben sie eher eine expressive Funktion, indem sie beispielsweise Zustimmung oder Ablehnung ausdrücken, wenn sie Teil einer Aufforderung oder Frage sind, haben sie eher eine appellative Funktion (vgl. Koch & Oesterreicher 2011, 60, Sierra Soriano 1999, 583). Da sie häufig mit einer bestimmten Intonation sowie gestischen und mimischen Ausdrücken einhergehen, gelten sie als Sprachpartikel, „die in einem Bereich zwischen Sprache und Parasprache bzw. nonverbalem Körperverhalten angesiedelt sind" (Meloni 2013, 302).

Besonders bekannt sind außerhalb von Spanien z.B. die spanischen Interjektionen „¡viva!", „¡olé!" und „¡ay!", die stereotyp für eine typisch spanische Sprechweise stehen, wie unter anderem der gehäufte Gebrauch durch alle spanischen Figuren in *Astérix en Hispanie* deutlich macht (vgl. Goscinny & Uderzo 1969a, z.B. 1B und 4B). Im Spanischunterricht sollten darüber hinaus jedoch vor allem weniger stereotype, dafür aber alltäglich prominente Interjektionen im Zentrum stehen. Mithilfe eines Comicstrips können Lernende die kommunikative Funktion von Interjektionen gut erschließen, z.B. anhand eines weiteren *Mafalda*-Strips (vgl. Quino o.J. d): In diesem spielt Mafalda mit ihrem Freund Felipe Schach. Er erläutert: „Mi papá me explicó cómo es esto del ajedrez. Primero van los peones, en esta línea ...". Mafalda kommentiert: „Ajhá." Er fährt fort: „Después, en esta otra, van el rey, la reina y ..." Sie unterbricht: „¡Cómo! ... ¡No, no, no! ... Debe ser al revés. Primero el rey y la reina, y después los peones." Felipe erwidert: „¡No, mi papá me dijo que primero los peones!" Mafalda entgegnet: „¿Es socialista tu papá? ¿Ehé? ¡A que es socialista! ... ¿No? ... ¡Es! ... ¿Ehé? ¡Es socialista! ¿No es verdad? ¿Ehé?".

Nach der Sicherung des Leseverstehens könnten die Lernenden (ab GeR-Niveau A2/B1, 2./3. Lernjahr, Spanisch als dritte Fremdsprache) anhand der Aufgabe Explicad la función comunicativa de ‚ajhá' (primera viñeta) y ‚¿ehé?' (tercera viñeta) herausfinden, dass „ajhá" für Überraschung, ggf. Skepsis, aber als Signal von Verständnis mit grundsätzlicher Akzeptanz genutzt wird, wie im Deutschen „Aha." oder „Ah ja.". Diese Art der Interjektion findet sich im Spanischen auch in den Formen „¡ah!" und „¡ajá!". „¿Ehé?" wird in diesem Comicstrip hingegen als Aufforderung an den Gesprächspartner genutzt, der gerade getätigten eigenen Aussage zuzustimmen. Im Deutschen ist hier häufig „Ne?" zu hören. Interessant wäre zudem, das dargestellte Gespräch im Anschluss laut vorlesen zu lassen, denn die Lernenden haben nach der inhaltlichen Analyse sicherlich eine bestimmte Vorstellung von der Intonation, mit der diese Interjektionen vorgetragen werden sollten, um ihre kommunikative Funktion zu unterstreichen. Im Anschluss könnte der Dialog auch szenisch dargestellt werden, um das Sprachliche wieder mit dem Visuellen zu verbinden.

Besonders interessant, wenn der Schwerpunkt der Unterrichtseinheit im fortgeschrittenen Spanischunterricht (ab Niveau B1/B2, 4. Lernjahr, Spanisch als fortgeführte Fremdsprache in der Oberstufe) z.B. gerade auf einer bestimmten Varietät des Spanischen und ihren spezifischen Ausprägungen liegt, ist in diesem Fall die Arbeit mit Comics der jeweiligen Varietät, um (unter anderem, aber nicht nur!) varietätsspezifische Interjektionen in den Blick zu nehmen. Ausgehend vom konkreten Comic könnte auch eine Recherche über die Ursprünge der jeweiligen Interjektion erfolgen oder die Lehrkraft liefert die notwendigen Informationen. Steht gerade das kolumbianische Spanisch im Zentrum, stellt z.B. ein Comicstrip aus Ernesto Francos Copetín, der über 30 Jahre in El Tiempo erschienen ist, ein sinnvolles Material dar. Die kolumbianische Nationalbibliothek bezeichnet Copetín, einen Jungen, der in den Straßen des Zentrums von Bogotá

Onomatopeyas e interjecciones in Comics verschiedener Sprachen und Varietäten 173

Abb. 1: Ernesto Francos *Copetín*, ein kolumbianischer Comicstrip (Franco o.J.)

lebt, als „„el personaje de historieta más reconocido y recordado en el país durante el siglo XX" (Biblioteca Nacional de Colombia o.J.). *Copetín* lebt von gesundem Menschenverstand und schwarzem Humor, der u.a. auf Ungleichheiten und Unsicherheiten in Bogotá aufmerksam macht und das in einer anderen Weise als z.B. Nachrichten.

Schon der Titel des Comics stellt dabei eine kolumbianische Besonderheit dar, denn „copetín" ist in Kolumbien eine ‚Kleinigkeit zu essen' und beschreibt damit in etwa das, was in Spanien als „tapas" bekannt ist und in Argentinien und Uruguay als „picada". In Abb. 1 ist ein Comicstrip zu sehen, der bereits im ersten Bild eine typische Sprechweise darstellt, „pel'ao" im kolumbianischen Spanisch ohne „d", für „junger Mann" oder „Junge", vor allem aber im letzten Bild mit „¡Caray!" eine Interjektion kontextualisiert, die als Ausdruck von Überraschung und Euphemismus von „carajo" vor allem im Gebiet von Bogotá verbreitet ist. Zur groben Einbettung könnten den Lernenden, sofern nicht schon geschehen, anhand einer Karte die dialektalen Zonen Lateinamerikas erläutert werden, die sich nicht immer an Landesgrenzen halten:

> Dentro del continente americano, las áreas dialectales hispánicas con más personalidad son cinco. 1. un área mexicana y centroamericana (representada por los usos de la Ciudad de México y de otras ciudades y territorios significativos), 2. un área caribeña (representada por los usos de San Juan de Puerto Rico, La Habana o Santo Domingo), 3. un área andina (representada por los usos de Bogotá, Quito, Lima o La Paz), 4. un área chilena (representado por los usos de Santiago) y 5. un área austral (representada por los usos de Buenos Aires, de Montevideo o de Asunción).
>
> (Moreno Fernández 2014, 53)

Abb. 2: Die Interjektion „canejo" in Dante Quinternos *Patoruzú* (Quinterno 1935)

Ein weiteres Beispiel im Falle der Behandlung von argentinischem Spanisch, im Rahmen derer sich in jedem Fall auch die bereits mehrfach erwähnte *Mafalda* als Material anbietet – klassischerweise für die Vermittlung des *voseo* eingesetzt –, ist Dante Quinternos (*1909 Buenos Aires, † 2003) *Patoruzú*. Geschaffen im Jahr 1928 stellt Patoruzú, ein Indianerhäuptling, der letzte vom Stamm der *tehuelches*, eine der wichtigsten und einflussreichsten Figuren des argentinischen Comics dar. Abb. 2 zeigt einen Ausschnitt, in dem Patoruzú die Interjektion „¡canejo!" gebraucht, ebenfalls ein Euphemismus von „carajo", der seinen Ursprung im *Lunfardo* hat, einer Varietät des Spanischen, die im 19. Jahrhundert in Buenos Aires entstanden und heute in der informellen Sprache Argentiniens und Uruguays zu finden ist. Ein weiteres Beispiel stellt die Interjektion „chei" dar, die in Abb. 3 von Patoruzú verwendet wird und ihren Ursprung ebenfalls im *Lunfardo* hat. „Chei" geht auf das Wort „che" zurück, das aus der indigenen Sprache Mapudungun stammt, die in Chile und Argentinien von den Mapuche gesprochen wird, und „gente" bedeutet.

Des Weiteren bieten sich mexikanische Comics an, um Lernende mit varietätsspezifischen Interjektionen sowie weiteren interkulturellen und sprachlichen Merkmalen in Kontakt zu bringen. Polo Jassos *El Cerdotado* ist beispielsweise ein mexikanisches Comic, dessen Titel auf den mexikanischen Spitznamen „cerdotado" für dickliche Personen zurückgeht. Der Protagonist ist ein Schwein mit menschlichen Zügen, das Superkräfte besitzt – die phonologische Ähnlichkeit mit „ser dotado" ist somit intendiert. *El Cerdotado* erscheint seit 1998 und

Onomatopeyas e interjecciones in Comics verschiedener Sprachen und Varietäten 175

Abb. 3: Die Interjektion „chei" in Dante Quinternos *Patoruzú* (Quinterno 1935)

derzeit täglich in der spanischen Zeitung *Milenio* und ist – ähnlich wie *Copetín* gesellschaftskritisch und satirisch angelegt. In Abb. 4 beruht die Geschichte darauf, dass einer Frau die Handtasche gestohlen wird, Cerdotado sich auf den Dieb stürzt und sich intensiv mit diesem prügelt, was sowohl rein bildlich als auch durch zahlreiche Schreie und Lautmalereien dargestellt wird. Der Dame macht Cerdotado damit solch eine Angst, dass sie am Ende schon weggelaufen ist, als er ihr die Tasche zurückgeben möchte.[2] Der Comicstrip endet mit der mexikanischen Interjektion „ching" als Ausdruck von Überraschung.

Abb. 4: Die Interjektion „ching" in Polo Jassos *El Cerdotado* (Jasso o.J.)

---

[2] Die Geschichte ist Teil einer Serie zum Handtaschendiebstahl. In einer anderen Episode kommt Cerdotado zu spät, und die Frau hat sich ihre Tasche schon selbst zurückgeholt.

5. Fazit und Ausblick

Lautmalereien und Interjektionen stellen sprachliche Phänomene dar, die in der verschriftlichten mündlichen Alltagskommunikation große Präsenz zeigen und damit für viele spanische Texte – im weitesten Sinne – relevant sind, mit denen Spanischlernende in Kontakt kommen. Comics bieten sich insofern als Darstellungsmedium an, als beide Phänomene dort überproportional häufig enthalten sind und Comics durch ihre Bildbasiertheit eine Verständnishilfe darstellen, die Lernenden einen eindrücklichen Zugang zu diesen Phänomenen ermöglicht. Die gewonnene Sicherheit im – vor allem rezeptiven – Umgang mit Lautmalereien und Interjektionen kann anschließend auf alle beliebigen Textsorten übertragen werden. Da hinter den Besonderheiten des Spanischen oder bestimmter Varietäten in diesen beiden Bereichen meist bedeutsame kulturell-geschichtliche Ereignisse und Entwicklungen stecken, wie die Übernahme von Lautmalereien aus dem Englischen oder die unterschiedliche Ausdifferenzierung von euphemistischen Interjektionen anstelle von „carajo", trägt die Beschäftigung nicht nur zu (rezeptiver) kommunikativer, sondern auch zur interkulturellen Kompetenz der Lernenden bei. Gleichzeitig leistet die hier beschriebene Sensibilisierung einen bedeutsamen Beitrag zur Ausbildung von Sprachbewusstheit – sowohl im Vergleich mit anderen Fremdsprachen der Lernenden als auch in Bezug auf Vergleiche verschiedener Varietäten des Spanischen.

Literaturverzeichnis

DE BURON-BRUN, Bénédicte. 2006. „La onomatopeya, ¿mucho ruido para pocas nueces o un rompecabezas para el traductor?", in: Bruña Cuevas, Manuel et al. edd. *La cultura del otro. Español en Francia, francés en España = la culture de l'autre: espagnol en France, français en Espagne*. España: 768-784.
   http://dialnet.unirioja.es/servlet/libro?codigo=502433 (15.01.17).
BIBLIOTECA NACIONAL DE COLOMBIA. o.J. *Ernesto Franco y Copetín*.
   http://www.bibliotecanacional.gov.co/comic/ernesto-franco-y-copet%C3%ADn (15.01.17).
BUßMANN, Hadumod. ed. 2002. *Lexikon der Sprachwissenschaft*. Stuttgart: Alfred Kröner.
CRUMB, Robert. 1986. *My Trouble with Women I, II*. San Francisco: Last Gasp.
CRUMB, Robert. 1987. *Mis problemas con las mujeres I, II*. Barcelona: Ediciones La Cúpula.
HAVLIK, Ernst. 1981. *Lexikon der Onomatopöien. Die Lautimitierenden Wörter im Comic*. Frankfurt a.M.: Dieter Fricke.
KAINDL, Klaus. 2004. *Übersetzungswissenschaft im interdisziplinären Dialog am Beispiel der Comicübersetzung*. Tübingen: Stauffenburg.

KLEEMANN, Frist. 1980. „Der Gebrauch der Interjektionen bei Wilhelm Busch.", in: *Sprachpflege* 20, 8-11.
KOCH, Corinna. erscheint. *Texte und Medien in Fremdsprachenunterricht und Alltag: eine empirische Bestandsaufnahme mit einem Schwerpunkt auf Comics*. Stuttgart: ibidem.
KOCH, Corinna. 2013. „Die spezifischen Merkmale der Medienkombination *bande dessinée* und ihr Potenzial für den Französischunterricht", in: Leitzke-Ungerer, Eva & Neveling, Christiane. edd. *Intermedialität im Französischunterricht*. Stuttgart: ibidem, 31-46.
KOCH, Peter & OESTERREICHER, Wulf. 2011. *Gesprochene Sprache in der Romania: Französisch, Italienisch, Spanisch*. Tübingen: Niemeyer.
LEWANDOWSKI, Theodor. 1994. *Linguistisches Wörterbuch*. Bd. 2. Heidelberg: Quelle und Meyer.
MAHNE, Nicole. 2007. *Transmediale Erzähltheorie: Eine Einführung*. Göttingen: Vandenhoeck & Ruprecht.
MELONI, Ilaria. 2013. *Erika Fuchs' Übertragung der Comicserie Micky Maus*. Hildesheim: Olms.
MORENO FERNÁNDEZ, Francisco. 2014. „Qué español hablar – que español enseñar", in: *Hispanorama* 145, 52-60.
MÜLLER, Monika. 1979. *Visualisierungs- und Verbalisierungsmechanismen in Comics*. Salzburg: unveröffentl. Dissertation.
PAUER, Susanne. o.J. „Die Übersetzung von Onomatopöien im Comic."
http://www.academia.edu/8515104/Die_%C3%9Cbersetzung_von_Onomatop%C3%B6ien_im_Comic (15.01.17).
SIERRA SORIANO, Ascención. 1999. „L'interjection dans la BD: réflexions sur sa traduction", in: *Meta. Journal des traducteurs* 44, 582-603.
VALERO GARCÉS, Carmen. 2014. „Onomatopoeia and Unarticulated Language in the Translation and Production of Comic Books: A Case Study: Comic Books in Spanish", in: Zanettin, Frederico. ed. *Comics in Translation*. London: Routledge, 237-250.
WIENHÖFER, Friederike. 1980. *Untersuchungen zur semiotischen Ästhetik des Comic Strip unter der besonderen Berücksichtigung von Onomatopoesie und Typographie. Zur Grundlage einer Comic-Didaktik*. Dortmund: unveröffentl. Dissertation.

Zitierte Comics und Romane

FRANCO, Ernesto. o.J. *Copetín* (caray).
http://4.bp.blogspot.com/-Ij4oOxZWOCI/UmtD71HqPoI/AAAAAAAAAIA/KNnxdX4F7Wo/s1600/Digitalizar13-10-09+1813.png (15.01.17).
GOSCINNY, René & UDERZO Albert. 1969a. *Astérix en Hispanie*. Paris: Hachette.
GOSCINNY, René & UDERZO Albert. 1969b. *Astérix en Hispania*. Paris: Hachette.
GUILLEM, Esther. 2013. *Best Seller*. El Ejido: Círculo Rojo.
IBÁÑEZ, Francisco. 1994. *Mortadelo y Filemón: Barcelona -92*. Barcelona: Ediciones B.
JASSO, Polo. o.J. *El Cerdodato* (ching).
http://www.taringa.net/posts/comics/2010818/Comic-El-Cerdodato.html (15.01.17).
QUINO. o.J. a. *Mafalda* (Weinen – etwas erreichen).
http://patogiacomino.com/?attachment_id=928 (15.01.17).
QUINO. o.J. b. *Mafalda* (Weinen – Bikini).

https://nonperfect.files.wordpress.com/2012/03/mafalda_bikini.jpg (15.01.17).
QUINO. o.J. c. *Mafalda* (Schlag).
    http://www.unitedexplanations.org/wp-content/uploads/2013/06/mafalda-paz.jpg
    (15.01.17).
QUINO. o.J. d. Mafalda (Interjektionen / Schachspiel).
    http://www.unitedexplanations.org/wp-content/uploads/2013/06/maf04.png (15.01.17).
QUINTERNO, Dante. 1935. *Patoruzú. El Gitano Juanillo* 1 de 2.
    http://costalito.blogspot.de/2012/03/patoruzu-el-gitano-juanillo-1-de-2.html (15.01.17).

Diatopik im Unterricht romanischer Sprachen: Eine kontrastive Analyse zu Varietäten des Spanischen und Französischen am Beispiel ausgewählter Lehrwerke

Julia Montemayor & Vera Neusius

1. Problemstellung und Zielsetzung

Das *Sprachenkonzept Saarland* (2011), das aus allgemeinen europapolitischen Leitlinien zur Mehrsprachigkeit und Mehrkulturalität (vgl. GeR 2001) hervorging, empfiehlt die adäquate sprachliche Ausbildung der Schülerinnen und Schüler zu sozialer, kultureller und beruflicher Handlungsfähigkeit. Auf den internationalen Arbeitsmärkten ist die Kenntnis von Nachbar- und Verkehrssprachen eine Schlüsselqualifikation, weshalb auch gerade für die saarländische Wirtschaft fremdsprachliche Kompetenzen an Bedeutung gewinnen.[1] Sprachenunterricht an saarländischen Schulen soll effizienter und vor allem anwendungsbezogener gestaltet werden, damit die zukünftigen Sprachnutzer die „Sprachen in konkreten privaten und beruflichen Kommunikationssituationen kompetent anwenden können".[2] Allerdings spielt bislang die Vermittlung sprachlicher Varietäten im Unterricht moderner Fremdsprachen in Form von „Schlaglichter[n]" nur eine untergeordnete Rolle (Thiele 2012, 104). In einer intensiveren Auseinandersetzung mit diatopischen Varietäten im Klassenzimmer besteht in diesem Sinne noch ein ausschöpfbares Potenzial, um die Lernenden auf die immer stärker von Mobilität sowie zunehmenden internationalen Kontakten geprägte (Arbeits-)Welt vorzubereiten.

Vor diesem Hintergrund orientiert sich dieser Beitrag an zwei in den letzten Jahren verstärkt formulierten Forderungen: einerseits die Notwendigkeit einer intensiven Beschäftigung mit Lehrwerken und Lehrmaterialien und andererseits aufbauend auf dieser Bestandsaufnahme eine Fokussierung auf die wichtige

---

[1] http://www.saarland.de/dokumente/res_bildung/Das_Sprachkonzept_Saarland_2011.pdf (15.01.17). Vgl. auch Polzin-Haumann & Reissner (2012).
[2] http://www.saarland.de/100202.htm (15.01.17).

Rolle von Lernereinstellungen, im Besonderen das Vorhandensein von Stereotypen im Fremdsprachenunterricht (vgl. Polzin-Haumann 2008, 153f.). Auf der Grundlage dieser fremdsprachendidaktischen Desiderata und fachwissenschaftlichen Überlegungen behandelt der Beitrag folgende Fragenkomplexe:

- Welche inhaltlichen und methodischen Anknüpfungspunkte beschreiben die Lehrpläne in Bezug auf die obligatorischen kommunikativen und interkulturellen Lernziele sowie deren Verbindung mit diatopischen Varietäten?
- Wie ist der Bereich Diatopik in den Lehrwerken repräsentiert? Wie sind dabei Kenntnisse regionaler Varietäten mit konkreten sprachlichen Merkmalen verknüpft?
- Können Thematisierungsformen von Diatopik in Lehrwerken der Ausbildung von interkultureller Kompetenz dienen? Oder schaffen sie vielmehr einen Nährboden für die Entstehung von Stereotypen zu Sprache und Sprechern?
- Wo liegen im Rahmen heutiger Vorgaben Möglichkeiten, Grenzen und Risiken? Welche Rolle kommt hierbei der sprachlichen Norm zu? (vgl. z.B. Martín Zorraquino & Díez Pelegrín 2001, Moreno Fernández 2010, Schumann 2011)
- Welche Synergien können sich letztlich aus der Annäherung von Linguistik und Fremdsprachendidaktik für eine effiziente Berücksichtigung von Diatopik im Unterricht ergeben?

Hinsichtlich dieser Fragen sind im Folgenden zunächst einige theoretische und methodische Prämissen zu beachten.

2. Theoretische Rahmenbedingungen

2.1 Kompetenzbegriff

In den zentralen Referenzdokumenten für die Entwicklung des Fremdsprachenunterrichts, vor allem dem *Gemeinsamen europäischen Referenzrahmen* (GeR 2001) sowie den Bildungsstandards (KMK 2004, 2012), wird die Kompetenzorientierung als fachdidaktischer Leitbegriff definiert, der sich weiter in die Be-

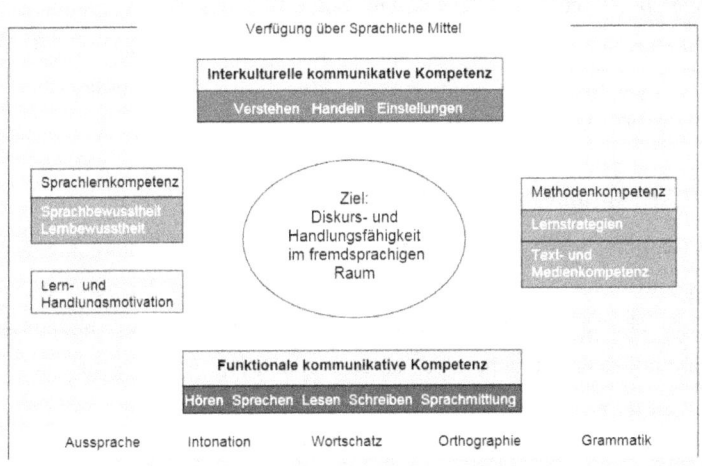

Abb. 1: Kompetenzmodell (F-LP 2014, 8)

reiche des deklarativen Wissens (*savoir*), Fertigkeiten und prozeduralen Wissens (*savoir-faire*), persönlichkeitsbezogener Kompetenzen und Einstellungen (*savoir-être*) und Lernfähigkeit (*savoir-apprendre*) aufgliedert (vgl. Abb. 1).

Von unmittelbarer Relevanz für die Betrachtung diatopischer Varietäten im Unterricht sind die Sprachlernkompetenz – hier vor allem die Ebene der Sprachlern- und Sprachbewusstheit – sowie als Schnittstelle die interkulturelle kommunikative Kompetenz. Letzterer werden soziokulturelles Orientierungswissen und Sensibilisierung für den Umgang mit kultureller Differenz zur praktischen Bewältigung interkultureller Begegnungssituationen als zentrale Lernziele zugeordnet (vgl. KMK 2012, 19, 151, Leupold 2010, 51).

Aus diesem allgemeinen Begriffsverständnis ergibt sich auf der nächsten Stufe das Plädoyer für die Vermittlung einer mehrsprachigen und plurikulturellen Kompetenz. SchülerInnen sollen eine ganzheitliche kommunikative Kompetenz ausbilden, „[…] zu der alle Sprachkenntnisse und Spracherfahrungen beitragen", um diese in sprachenübergreifenden Lernsituationen anzuwenden (GeR 2001, 17). In diesem Sinne postuliert der *Referenzrahmen für Plurale Ansätze zu Sprachen und Kulturen* bereits mit Beginn der schulischen Ausbildung die Integration aller Formen sprachlicher Varietäten in einer komplexen Kompetenz (RePA 2009, 7, vgl. Fäcke 2015, 188), mit dem Ziel einer möglichst authentischen Vermittlung sprachlicher Realität und Diversität. Er bietet den Lehrenden die Möglichkeit eines „operativen Zugriff[s]" auf den Kompetenzbegriff, bei dem die entscheidenden Lernzielebenen Wissen, Können und Einstellungen (vgl. oben) dimensioniert werden (vgl. Meißner 2011, 11).

2.2 Normproblematik und Sprachvermittlung

In der Realität sind Sprachen Diasysteme mit Variation auf diatopischer, diaphasischer und diastratischer Ebene. Die Einbeziehung sprachlicher Varietäten im Fremdsprachenunterricht ist jedoch oftmals der Vermittlung eines normativen bzw. unmarkierten Sprachenbilds untergeordnet. Die Ausgrenzung diatopischer und anderer Varietäten führt in der Unterrichtspraxis zur Ausbildung einer künstlichen und wenig authentischen Form der Sprache, die keiner sozialen Realität des Ziellandes entspricht. Um SchülerInnen die Ausbildung einer ganzheitlichen kommunikativen Kompetenz zu ermöglichen, sollten sie durch die Betonung sprachlicher Variation auf die realen Kommunikationsbedingungen im Zielsprachenland vorbereitet werden (vgl. Raabe 2003, 536). In der konkreten didaktischen Umsetzung ergibt sich jedoch auch die Problematik, dass die Lehrperson u.a. nicht immer über weitreichende Kompetenzen in den unterschiedlichen Varietäten verfügt und dementsprechend auf die Kenntnis einer standardsprachlichen Norm zurückgreift (vgl. Abel 2003, 188, Polzin-Haumann 2007, 665). Gerade deshalb sollte im Unterricht und in den Lehrwerken eine Bewusstmachung und grundsätzliche Toleranz bzgl. der natürlichen Sprachvariation angestrebt werden.

2.3 Nutzbarmachung didaktischer Grundsätze

Für die Arbeit im Klassenzimmer stellt sich weiterhin die Frage, welche didaktischen Grundsätze für die Auseinandersetzung mit diatopischen Varietäten bei der Ausbildung der Kommunikationsfähigkeit, über die kommunikative Kompetenz bis zum Erwerb interkultureller Handlungsfähigkeit von Relevanz sind. Neben der *Lernerorientierung* als grundlegendem unterrichtskonstituierendem Verfahren liegt vor allem in der Vermittlung diatopischer Varietäten Potenzial für eine *handlungsorientierte* Unterrichtspraxis. Dabei gilt es, durch authentische, auf die sprachliche Vielfalt der Zielsprachenländer bezogene Materialien

Brücken zur außerschulischen Realität zu schlagen, wobei „der Gesichtspunkt der formalen Korrektheit der Sprache im Sinne eines normgerechten Sprachgebrauchs [...] zugunsten eines der Situation angemessenen sprachlichen und nicht-sprachlichen Verhaltens zurück[tritt]" (Leupold 2007a, 131). Eine Sensibilisierung für diatopische Varietäten kann dabei als fördernder Faktor bei der Verstärkung der Authentizität in spezifischen Kommunikationssituationen von der Lehrperson nutzbar gemacht werden (vgl. ebd.). Aus lernpsychologischer Sicht kann dabei gleichzeitig die Möglichkeit etabliert werden, „entdeckend über die Sprachen nach(zu)denken [...]" (ebd.), wodurch Prozesse der Sprachverarbeitung im Sinne eines *prozessorientierten Unterrichts* gefördert werden.

2.4 Vorgaben durch den Lehrplan

Diese Grundlagen spiegeln sich in den Lehrplänen für das Saarland in der Forderung nach einer Vermittlung funktionaler und interkultureller kommunikativer Kompetenzen wider. Der Bereich der interkulturellen kommunikativen Kompetenz bietet Anknüpfungspunkte zur Integration diatopischer Varietäten, wie die folgenden Belege illustrieren:

Der Spanischlehrplan regt in diesem Zusammenhang zu einer „vorurteilsfrei[en]" Beschäftigung mit spanischsprachigen Gruppen außerhalb des Mutterlandes an. Spanisch biete einerseits Zugang zu wichtigen Grundlagen der europäischen Kultur und sei andererseits auch „Schlüssel zum mittel- und südamerikanischen Kontinent" (S-LP 2004, 8). Für die Klassenstufe 8 wird zunächst die Orientierung an der „korrekte[n] Aussprache der spanischen Hochsprache" empfohlen (vgl. S-LP 2004, 11, 18), wobei unklar bleibt, was genau unter einer solchen zu verstehen ist; in Klassenstufe 9 sollen SchülerInnen dann hinsichtlich Phonetik und Intonation auch „regionale spanische und hispanoamerikanische Aussprachevarianten" kennenlernen (S-LP 2005, 26). Im Bereich interkulturelles Lernen ist eine Groborientierung bezüglich der geographischen und gesellschaftlichen Struktur Spaniens und Hispanoamerikas vorgesehen, wobei sich die folgenden, in ihrer Natur sehr unterschiedlichen Themenkomplexe herauskristallisieren: In diesem Sinne stehen auf spanischer Seite Mehrsprachigkeit, Tourismus oder Sehenswürdigkeiten der Darstellung des präkolumbischen Erbes, der

Bevölkerungsstruktur und sozialer Probleme (wie Großfamilie, Kinderarbeit und Armut) auf amerikanischer Seite gegenüber (vgl. S-LP 2004, 21).

Für das Fach Französisch bietet das Saarland ausgehend von den schulformübergreifenden Richtlinien der Bildungsstandards eine integrierte Lehrplanversion für die Klassenstufen 5 bis 9, die auf der Basis eines fachspezifischen Kompetenzmodells inhaltsbezogene und allgemeine Lernziele formuliert (vgl. F-LP 2014, 3f.). Die französische Sprache in ihrer funktionalen Bedeutung als „Tor zur Mehrsprachigkeit" soll den SchülerInnen eine Sprachkompetenz nicht nur für den Kontakt mit dem Partnerland Frankreich, sondern auch innerhalb der gesamten Frankophonie ermöglichen (ebd., 6f.). Für das Saarland selbst spielen grenz- und nähedidaktische Komponenten aufgrund seiner geographischen Lage eine besondere Rolle (vgl. ebd.). Für die vorliegende Thematik definiert der Lehrplan „Offenheit und Neugierde für die Lebenswelt frankophoner Jugendlicher" und „grundlegende Kenntnisse über soziale und kulturelle Gegebenheiten [...] [in] Frankreich und im frankophonen Raum" als zentrale Kompetenzerwartungen (ebd., 29). Zu erwerbende Voraussetzungen für die SchülerInnen sind dabei in erster Linie „Interesse, wachsendes Verständnis und kritische Toleranz für andere Wirklichkeiten der frankophonen Welt" (ebd.). Was dabei konkret zur Ausbildung einer angemessenen kommunikativen Fähigkeit notwendig ist, bleibt im Französischlehrplan abstrakt. Kenntnisse diatopischer Varietäten[3] neben der „authentischen Standardsprache" (ebd., 33) werden nicht als spezifisches Lernziel definiert.

3. Analyse ausgewählter Spanisch- und Französischlehrwerke

Lehrwerke spiegeln in ihrer Konzeption und methodisch-didaktischen Gestaltung ihre Zeit wider (vgl. Fäcke 2011, 216) und bilden damit einen zentralen Gegenstand in der Unterrichtspraxis. Im Folgenden soll exemplarisch untersucht werden, in welchem Maß und in welcher Form Diatopik in den Lehrwerken thematisiert wird.[4]

---

[3] Es erhöhe sich bei einer Annäherung an diese z.B. das Sprechtempo, die Sprache bekomme evtl. eine dialektale Färbung und enthalte Elemente des *code parlé* (F-LP 2014, 33).

[4] In Anhang 1 und 2 findet sich für beide Lehrwerkreihen eine tabellarische Übersicht zu den entsprechenden Themen und Aufgaben.

3.1 Encuentros 3000

Encuentros 3000 ist als Neuauflage der *Encuentros Nueva Edición*-Reihe in zwei Bänden (Bd. 1 2011, Bd. 2 2011) im Cornelsen-Verlag erschienen und wurde für die Klassenstufen 8, 9 und 10 mit Spanisch als dritter Fremdsprache konzipiert.

Von Beginn an wird die Hispanophonie als Ganzes betrachtet und durchgehend thematisiert. So findet sich auf der ersten Seite von Bd. 1 eine Karte zur Einordnung des Spanischen in der Welt, wobei einzelne Protagonisten mit ihren entsprechenden Muttersprachen (auch Regionalsprachen Spaniens und indigene Sprachen) vorgestellt werden (vgl. Bd. 1 L. 1, 8f.).

Auch Bd. 2 wird mit einem Blick auf die Mehrsprachigkeit in der Hispanophonie eröffnet: Mallorca stellt hier eine erste Gelegenheit dar, die Regionalsprachen in Spanien zu thematisieren (vgl. Bd. 2 L. 1, 22, 28, fakultativer Teil zu *España bilingüe*).

Den Vorgaben der Lehrpläne folgend steht die Kenntnis des europäischen Spanisch im Vordergrund, wohingegen Hispanoamerika in beiden Bänden je in einer Lektion einen Themenschwerpunkt bildet und dabei v.a. mit landeskundlichen Inhalten verknüpft wird.[5]

In Bd. 1 Lektion 5 wird laut Inhaltsverzeichnis lateinamerikanisches Spanisch thematisiert. Dies geschieht in Form eines *Ojo*-Kästchens mit zwei Lexemen aus dem kolumbianischen Spanisch (vgl. Bd. 1 L. 5, 88f.). Lektion 6 behandelt einen Themenschwerpunkt zu Kolumbien, in dem neben einer geographischen Orientierung einzelne Besonderheiten der kolumbianischen Varietät in einem weiteren *Ojo*-Kästchen vorgestellt werden (vgl. Bd. 1 L. 6, 104f.). Auf diese Merkkästchen wird allerdings weder im Grammatik- noch im Vokabelteil Bezug genommen.

Im zweiten Band stellt Mexiko den Themenschwerpunkt dar; es werden Traditionen wie der *Día de los Muertos*, aber auch indigene Sprachen sowie aus

---

[5] Häufig geschieht dies in den fakultativen Teilen (z.B. unter Bezugnahme auf bekannte amerikanische Persönlichkeiten wie Shakira und die Musikgruppe Panteón Rococó in Bd. 1 (fakultativer Teil Bd. 1 L. 2, 45) oder durch die Präsentation unterschiedlicher Musikrichtungen wie Salsa oder Mariachi-Musik (Bd. 2 L. 2, 47). Sprachliche Besonderheiten werden allerdings nicht explizit thematisiert.

dem Náhuatl stammende Lexeme (vgl. Bd. 2 L. 3, 49, 52, 53) und die Diminutivverwendung angesprochen. Am Ende steht wiederum ein fakultativer *Anímate*-Teil in Form eines Mexiko-Dossiers zu Rezepten, Musik und Kunst (vgl. Bd. 2 L. 3, 64f.). Auf die Mehrsprachigkeit in einzelnen Regionen wird z.b. durch das fakultative *Suplemento Cataluña* (vgl. Bd. 1, 138f.) eingegangen. Neben landeskundlichen Informationen findet sich auch ein *Ojo*-Kästchen mit Lexemen aus dem Katalanischen (vgl. Bd. 1, 139, 142) und ein Merkkästchen mit Informationen zum Katalanischen.

Weiterhin steht am Ende beider Bände des Lehrwerks ein Glossar mit Zusatzinformationen, u.a. zu den Regionalsprachen und einzelnen indigenen Sprachen und Völkern (vgl. Bd. 1, 172-176).

Laut Lehrplan wird eine Beschränkung auf Besonderheiten im Phoneminventar angestrebt; grammatische Besonderheiten oder Vokabular werden dort nicht genannt. In *Encuentros 3000* werden Aussprachebesonderheiten Amerikas allerdings nicht explizit thematisiert; dafür finden sich aber vereinzelte Beispiele für andere, nicht aussprachebezogene Elemente des amerikanischen Spanisch, z.B. den Zusammenfall von *vosotros* und *ustedes* (vgl. Bd. 1 L 6A, 107).

Wenn es eine Aufgabe gibt, handelt es sich häufig um einen Wissenstest zu geographischen Gegebenheiten, um Diskussionsaufforderungen oder Rechercheaufträge.

In der Vorgängerversion *Encuentros Nueva Edición* gestaltet sich dieses Panorama im Prinzip ähnlich. ‚Amerikanische' Themenschwerpunkte bilden hier in Bd. 1 z.B. Chile, in Bd. 2 Mexiko und Argentinien. In dieser Auflage wird der spanische Sprachraum im Gegensatz zum amerikanischen Sprachraum eher homogen dargestellt. In der neuen Auflage werden Mehrsprachigkeit und sprachliche Vielfalt auch für Spanien deutlicher herausgearbeitet. Die Lehrwerke für das Spanische scheinen sich insgesamt durch einen weiter gefassten Normbegriff auszuzeichnen, in dem hispanoamerikanische Varietäten ihren Platz und ihre – wenn auch im Gesamtbild geringere – Thematisierung finden (vgl. Polzin-Haumann 2007, 669).

3.2 À plus!

Jahrgangsstufenäquivalent wurden stellvertretend aus Gründen der Vergleichbarkeit die im Saarland mehrheitlich verwendeten Französischlehrbücher aus der Cornelsen-Reihe *À plus! Französisch für Gymnasien* die Bände 3 und 4 (*cycle long* und *cycle court*) betrachtet.

Im Gegensatz zu den Spanischlehrwerken ergibt sich in keinem der Französisch-Schulbücher ein Gesamtbild der Frankophonie. In der Regel bilden bekannte Großstädte Frankreichs neben anderen Gegenständen aus den Bereich Alltag und Jugend den thematischen Fokus der Lektion (z.B. Bd. 3a L. 1). Zumeist erfolgen Einblicke in frankophone Länder in Form einzelner Lektionen mit Schlaglichtfunktion (vgl. Thiele 2012, 104), wobei die Vermittlung landeskundlicher Inhalte stets im Vordergrund steht. Dies entspricht den Vorgaben des jahrgangsübergreifenden Lehrplans, in erster Linie ausgewählte Regionen Frankreichs und weiterhin ein anderes frankophones Land vorzustellen (vgl. F-LP 2014, 29). In Bd. 3 ist dies Québec. Wie auch im Spanischlehrwerk steht die Schulung kommunikativer produktiver und rezeptiver Kompetenzen im Vordergrund (z.B. Bildbeschreibungen bzw. Leseverstehen zur Geschichte Montréals, vgl. z.B. Bd. 3a L. 6, 93, 98f.). Dazwischen werden im Teil *Vocabulaire et expression* auch konkrete Informationen und eine Übung zu lexematischen Unterschieden zwischen dem Französischen Frankreichs und Québecs angeboten (vgl. Bd. 3a L. 6, 97).

Im Anschluss werden die SchülerInnen im fakultativen Teil anhand eines Links zur Recherche bezüglich weiterer sprachlicher lexikalischer Besonderheiten aufgerufen. Im selbigen Teil dieser Lektion werden den Lernern statistische Informationen zu den Sprachen Kanadas sowie erneut ein Link zur weiterführenden Recherche zur Verfügung gestellt (vgl. Bd. 3a L. 6, 104). Eine visuelle Unterstützung stellt die Landkarte Kanadas im Buchdeckel dar.

Auch in *À plus!* findet sich ein sogenannter *Petit dictionnaire de civilisation* (vgl. Bd. 3a, 144ff.) mit stichwortartigen Angaben zu den zuvor behandelten frankophonen Regionen und ihren Sprachen; im Gegensatz zum Pendant in *Encuentros 3000* findet hier nur eine punktuelle Nennung einzelner Regional- oder anderen Sprachen statt.

Den extrahexagonalen thematischen Schwerpunkt bildet in Band 4 die im Curriculum verpflichtende Lektion *Le monde francophone: Le Maghreb* (Bd. 4a L. 4, 93). Zum Einstieg in die Lektion werden Kurzprofile der drei Maghrebstaaten präsentiert, wobei eine Angabe zur sprachlichen Situation wiederum nur stichwortartig unter Nennung von Sprecherzahlen erfolgt. In einem *Entracte facultatif* wird den Schülern anhand von franko-algerischen Chansons ein Einblick in die nordafrikanische Sprachkontaktsituation ermöglicht. Jedoch gibt es neben landeskundlichen Informationen zu Nordafrika (im *Dictionnaire de civilisation*, Bd. 4a, 111-116) und einer Nennung zweier arabischstämmiger Lexeme (*le souk, la médina*) keine unterstützenden Aufgabenformate zur vertiefenden Analyse (vgl. Bd. 4a, 148).

Wie in den Spanischlehrwerken werden auch hier interkulturelle Themenfelder eher selten als Ausgangspunkt für Behandlung diatopischer Besonderheiten frankophoner Varietäten genutzt. Werden solche dargestellt, geschieht dies vor allem auf der Basis einer oberflächlichen Darbietung landeskundlicher Fakten und nicht zur Schulung funktionaler kommunikativer Kompetenzen innerhalb einer bestimmten Varietät. Die sprachliche Vielfalt in der Frankophonie wird nur marginal behandelt, wodurch der Fokus auf der Vermittlung einer am französischen Mutterland orientierten Norm liegt.

Im Rahmen eines Ausblicks kann abschließend ergänzt werden, dass auch in der *Nouvelle Édition* der *À plus*-Reihe bei bislang erschienenen Bänden keine markant stärkere Einbettung diatopischer Merkmale erfolgt. Exemplarisch wurde hierzu der 2014 veröffentlichte Band 3 betrachtet. So bietet dieser zwar zum Einstieg in das Lehrwerk einen spielerischen Wiederholungsteil, der in Form eines landeskundlichen Fragenkatalogs auch die Varietäten des Französischen behandelt. Dieser ist jedoch erneut in einem fakultativen Teil verortet (vgl. Bd. 3c 2014, 7). Weitere, punktuell gestreute Lerneinheiten zu räumlicher Sprachenvielfalt in der Frankophonie werden größtenteils deckungsgleich aus der Vorgängeredition übernommen und sind informativen Charakters. Schwerpunkt ist abermals die Provinz Québec (vgl. Bd. 3c 2014: 55, 59). Weitere Angaben im *Petit dictionnaire de civilisation* bleiben auch in diesem Band auf landeskundlicher Ebene (Bd. 3c 2014, 151f.).

3.3 Fazit der Analyse

Die Analyse der Lehrwerke hat gezeigt, dass sich hinsichtlich der Vermittlung diatopischer Aspekte ein recht unterschiedliches Bild in den beiden Fremdsprachen ergibt. Für den Spanischunterricht ermöglicht das Lehrwerk *Encuentros 3000* einen für Lerner guten Überblick über das Spanische in der Welt sowie wichtige Ansätze für einen relativ natürlichen Umgang mit der (Normen-)Vielfalt in der Hispanophonie. Den Vorgaben der Lehrpläne wird damit grundsätzlich Folge geleistet, wobei jedoch die Konkretisierung einzelner – im Rahmen des Fremdsprachenunterrichts vermittelbarer – funktionaler kommunikativer Kompetenzen, z.B. im Bereich des Phoneminventars, weiterhin ein Desiderat darstellt.

Für die Französisch-Lehrwerke ergibt sich ein vergleichsweise engerer Blick, bei dem räumliche Variation in der Frankophonie so gut wie nicht repräsentiert ist. Die *À plus!*-Bände ermöglichen lediglich ein Erlernen der französischen Sprache in Verbindung mit einer Begegnung einzelner Länder, die eine historische Bindung zu Frankreich haben (vgl. Leupold 2007b, 26). Hierbei stehen, in Kohärenz zum integrativen Lehrplan, nicht die sprachlichen Differenzen innerhalb der Frankophonie selbst im Vordergrund, sondern vielmehr gilt es, die französische Sprache als Vehikel des Mutterlands Frankreichs „in jeweils unterschiedlicher Ausprägung der nationalen und kulturellen Identität" als „Mittler kultureller Information" (ebd., 26) in Szene zu setzen, sodass interkulturelles Lernen stets den eigentlichen Schwerpunkt bildet. Auf dieser Grundlage eines im Lehrwerk durchgehend präsenten Frankreich-Fokus ist eine Bewusstmachung verschiedener Varietäten in den einzelnen frankophonen Sprachräumen im Sinne einer realitätskonformen *Language Awareness* nicht gegeben.

4. Zur handlungsorientierten Verknüpfung von Diatopik und sprachlich-kulturellen Stereotypen

Die exemplarische Analyse der Lehrwerkreihen konnte deutlich machen, dass es alleine durch den Einsatz des Lehrwerkes nicht möglich ist, im Unterricht ein authentisches Gesamtbild der multiperspektivischen sprachlichen Realität der Zielsprachenländer zu vermitteln. Vor diesem Hintergrund erscheint es umso bedeutender, dass im Rahmen des im modernen Fremdsprachenunterricht dominant vertretenen Lernzielbereichs des interkulturellen Lernens Wert auf eine realitätskonforme Lebensweltvermittlung gelegt wird. Die Entwicklung einer interkulturellen Kompetenz mit „kognitiven, affektiv-attitudinalen, strategischen und pragmatisch-handlungsbezogenen Anteilen" (Suprun & Kuligina 2010, 154) zielt in diesem Sinne nicht nur auf das Bereitstellen und Nutzbarmachen von Fachwissen ab, sondern vor allem auch auf die Befähigung zu Orientierung und angemessenem kommunikativem Handeln in interkulturellen Begegnungssituationen, was einen „vorurteilsfreien Umgang mit fremden Sprachen und Kulturen" voraussetzt. In der Unterrichtspraxis stellt die Umsetzung dieses Ziels allerdings eine komplexe Herausforderung dar, denn Stereotype sind in unserem Bewusstsein fest verankert und dadurch relativ stabil. Weiterhin können auch die im Unterricht eingesetzten Materialien zu einem pauschalen Bild der zielsprachlichen Sprechergemeinschaft führen, sodass sich Stereotype durch den Einsatz undifferenzierter Bilder bisweilen sogar eher festigen oder auf deren Basis auch neu gebildet werden können als dass ein Abbau derselben stattfände (vgl. Suprun & Kuligina 2010, 151f.).

4.1 Stereotype im Fremdsprachenunterricht

In Wissenschaft und Alltag existieren unterschiedliche Erklärungskonzepte und Definitionen zum Begriff Stereotyp aus psychologischer, linguistischer und didaktischer Sicht sowie seiner Abgrenzung zu verwandten, häufig synonym verwendeten Termini wie Vorurteil, Klischee, Einstellung oder *frame* (vgl. dazu Doyé 1993, Lippmann 1998 [1922], Löschmann 1998, Quasthoff 1973, Schaff 1980, Wowro 2010). Für den vorliegenden Beitrag wird eine bewusst offene Definition von Stereotypen als „standardisierte[n] Urteile[n] eines Kollektivs über sich selbst oder über andere [...], [die] durch kognitive Prozesse entstehen und durch soziokulturelle und psychologische Faktoren beeinflusst [werden]" (Wagner 2008, 15), vorgeschlagen. Für eine didaktische Einordnung und Diskussion des Begriffs ist folgende Definition nach Doyé (1993, 408) festzuhalten: „Sie sind nützlich, denn sie erleichtern die Orientierung. Sie machen die komplexe Welt überschaubar, handhabbar". Sie dienen der „mentalen Kategorisierung des Anderen durch Vereinfachung und Generalisierung" (Schumann 2008, 113) und verfügen über einen „relative[n] Wahrheitsgehalt" (Bausinger 1988, 161). Deshalb können sie – u.a. durch eine angemessene Thematisierung im Fremdsprachenunterricht – modifiziert werden und stiften in ihrer Abgrenzungsfunktion der eigenen von der Fremdgruppe Identität (vgl. Schumann 2008, 117, Wowro 2010, 306).[6] In dieser zweiten, sozialen Funktion steht häufig die emotionale Verteidigung der eigenen Gruppe und ihrer Werte zur Bewahrung deren gesellschaftlichen Rangs sowie die Gestaltung der Gruppenidentität im Vordergrund (vgl. Wowro 2010, 309f.). In der Nachkriegszeit wurden Stereotype zunächst als „gefährliche Fremdbilder" verstanden (Schumann 2008, 114), die es im Fremdsprachenunterricht abzubauen galt. Dabei wurden diese entweder bewusst vermieden, indem sie aus den Lehrbüchern einfach verbannt wurden, oder sie wurden explizit behandelt und dabei meist auf historische Auseinandersetzungen bezogen. Erst seit den 1980er Jahren wird die Notwendigkeit eines reflektierten Umgangs mit Stereotypen gewinnbringend erkannt und im Rahmen des kommunikativen Ansatzes (vgl. Thörle 2008, 134) in der Kombination der beiden Verfahren umgesetzt (vgl. Schumann 2008, 115). Insbesondere bei der Herausbildung der interkulturellen Kompetenz spielt die Erklärung stereotyper Inhalte eine Rolle (vgl. Wowro 2010, 313); SchülerInnen sollten im Fremdsprachenunterricht dafür sensibilisiert werden, „dass Kulturen, sowohl die fremde als auch die eigene, nicht homogen sind […]" (Suprun & Kuligina 2010, 153). In diesem Sinne wäre es wohl auch „Aufgabe des Unterrichts […], diese kulturellen Stereotype zu nuancieren. Die Sprachlehrbücher nehmen heute glücklicherweise die Aufgabe wahr, mit dem Sprach-Unterricht schon vom ersten Lernjahr an auch reale Informationen über den jeweiligen Sprachraum zu vermitteln […]" (Jurt 2011, 39).

Diese Aussage ist Ausgangspunkt für eine Auseinandersetzung mit der Frage, ob über die Integration von Diatopik in die Lehrwerke in einem weiteren Schritt eine Sensibilisierung im Umgang mit Stereotypen erreicht werden kann. Zwar wurde insbesondere im Rahmen der Analyse von *Encuentros* deutlich, dass ein natürlicher Umgang mit der sprachlichen Variation in der Hispanophonie ver-

---

[6] Vorurteile hingegen sind nach Lüsebrink (2005, 91) „ideologisch besetzte Verfälschungen von Wirklichkeitsphänomenen", die normalerweise negativ konnotiert sind und häufig dazu dienen, die Eigengruppe gegenüber der Fremdgruppe aufzuwerten (vgl. Schumann 2008, 118). Ihr Wahrheitsgehalt kann nicht überprüft werden (vgl. Wowro 2010, 304).

mittelt werden soll. Dennoch können gerade diese Inhalte auch Anlass für eine von sprachlich-kulturellen Stereotypen geprägte Beschäftigung mit landeskundlichen Gegebenheiten bieten.

4.2 Ausgewählte Beispiele

Im direkten Vergleich mit der Vorgängerversion *Encuentros Nueva Edición* wird in *Encuentros 3000* die sprachliche Vielfalt in der Hispanophonie deutlicher und nuancierter präsentiert. In der alten Version findet sich z.B. keine einführende Weltkarte mit der Thematisierung indigener Sprachen, die in *Encuentros 3000* gleich auf der ersten Seite angeboten wird. Stattdessen finden sich in der älteren Auflage häufiger stereotype Bilder zweier ‚Welten' (vgl. bspw. Bd. 1 L. 9, 132; Bd. 1 L. 6C, 93; L. 9 fakultativ, 136; Bd. 2 L. 4).

Eine handlungsorientiertere Alternative stellt hingegen ein Aufgabenformat (Leseverständnis) zur Beschäftigung mit den (vermeintlichen) Unterschieden im deutschen und im mexikanischen Alltag dar. Auf dieser Grundlage sollen die SchülerInnen im Anschluss ihre eigenen Eindrücke zu diesen Phänomenen schildern, was der Festigung von Stereotypen entgegenwirken und eine nuancierte Interpretation fördern soll (vgl. Bd. 1 L. 9C fakultativ, 138f.).

Dieser zweite Aufgabenteil erscheint elementar, da die vorher angelegte Aufgabenstellung – ohne eine tiefergehende Besprechung durch die Lehrperson – eher zur Schaffung als zum Abbau von stereotypen Vorstellungen im Klassenzimmer beitragen würde.

Die thematische Verteilung bestimmter landeskundlicher Inhalte ist bereits im Lehrplan so angelegt, dass ein stereotyper Umgang mit den hispanophonen Lebenswelten auch im Lehrwerk durch diese Vorgaben prädeterminiert ist: Es fällt auf, dass in Verbindung mit lateinamerikabezogenen Texten soziale Probleme von ‚Entwicklungsländern' wie Großstadtfamilien, Kinderarbeit und Armut (S-LP 2004, 21; S-LP 2005, 30) sowie Menschenrechte (S-LP 2006, 4) angesprochen werden sollen. Konkret schlägt sich dies in den Lehrwerken in Lektionen nieder, die die prekären Lebensbedingungen von Straßenkindern in Amerika im Gegensatz zu ‚moderneren' Lebenswelten (Bildungswesen, Natur und Umwelt, Mehrsprachigkeit, Geschlechterrollen, S-LP 2006, 4) auf europäischer Seite zum Gegenstand haben (vgl. Abs. 2.4).

Für das Französische hat die vorgehende Analyse deutlich gemacht, dass Aspekte der außerhexagonalen Frankophonie nur marginal behandelt und demzufolge Diatopik eine untergeordnete Rolle spielt. Folglich liefert diese insgesamt geringe und nur schlaglichtartige Thematisierung des frankophonen Panoramas auf der Basis des Lehrwerks auch kaum Anknüpfungspunkte für die Diskussion potenziell vorhandener Stereotype in diesem Bereich. Wenn sich solche in *À plus!* bieten, dann z.b. in Form einer Kontrastierung deutscher und französischer Alltagsszenarien (vgl. Bd. 3b L. 4, 84), wobei eine Schulung der kommunikativen Kompetenz (i.d.R. Leseverstehen) immer im Vordergrund des jeweiligen Aufgabenformats steht.

Exemplarisch konnte für die Französisch- und Spanischlehrwerke gezeigt werden, dass vereinzelt Aufgaben existieren, auf deren Basis im Unterricht Selbst- und Fremdwahrnehmungsprozesse am Beispiel von stereotypen Vorstellungen angesprochen und differenziert betrachtet werden können. Dieses Potenzial kann durch eine kulturell sensible Herangehensweise (und eine entsprechend ausgebildete Lehrperson) und ausreichende Reflexionsmomente im Klassenzimmer sinnvoll ergänzt werden.

5. Bilanz und Perspektiven

Die vorliegende Analyse konnte insgesamt belegen, dass die Thematisierung diatopischer Besonderheiten im Fremdsprachenunterricht noch verstärkt werden könnte. Dies sollte allerdings nicht quantitativ als Akkumulation sämtlicher Varietäten verstanden werden, sondern vielmehr qualitativ: Einzelne räumliche Varietäten können in diesem Sinne zum Erreichen der Kernkompetenz, Schüler zu einem erfolgreichen interkulturellen Handeln zu befähigen, genutzt werden, denn diatopische Unterschiede können als Basis für die Beschäftigung mit Lernereinstellungen und stereotypen Bildern der Eigen- und Zielsprachenkultur dienen. Im Fremdsprachenunterricht beinhaltet eine angemessene Auseinandersetzung mit Stereotypen das Erkennen und Aufdecken ebendieser, die Bewusstmachung ihrer Funktionen und deren Potenzial zur Ausbildung interkultureller Missverständnisse und Konfliktsituationen sowie das Entwickeln von Techniken und Strategien zur ganzheitlichen Deutung von Stereotypen und ihrer Vermeidung (vgl. Suprun & Kuligina 2010, 154ff.).

Der Schlüssel zu diesen – zugegebenermaßen ehrgeizigen – Zielen scheint in der Lehrerausbildung und dabei in der Nutzung von Synergien zwischen Fachdidaktik und Fachwissenschaft zu liegen. Auf zahlreiche potenzielle Berührungspunkte zwischen diesen Disziplinen wurde bereits vielfach hingewiesen (vgl. Dahmen et al. 2009, Klump 2006, Meißner 2009, Polzin-Haumann 2008, Schmelter 2009, Thörle 2008). So seien beispielsweise „die Perspektive der kognitiven Linguistik in der Fremdsprachendidaktik gut vereinbar mit konstruktivistischen Lerntheorien" und Lernziele, Unterrichtsgegenstände und methodische Ansätze immer auch Spiegel sprachwissenschaftlicher Strömungen (Thörle 2008, 135f.). Ausbildungsziel der LehrerInnen ist folglich die Fähigkeit, fachwissenschaftliche Theorien und Konzeptionen auf fachdidaktische Konzeptionen zu beziehen (vgl. Meißner 2009, 27) und durch Metareflexion Unterricht und Curricula weiterzuentwickeln (vgl. Pieklarz 2006, 117). Insbesondere die kontrastive Linguistik steht traditionell mit der Fremdsprachendidaktik in engem Kontakt (vgl. Polzin-Haumann 2008, 149), wobei Kenntnisse von Gemeinsamkeiten und Unterschieden gerade für die Vermittlung interkultureller Kompetenz nutzbar gemacht werden können. Eine profunde sprachwissenschaftliche Beschäftigung mit dem regionalen, funktionalen und sozialen Varietätenspektrum stellt sicherlich eine unverzichtbare Voraussetzung für eine angemessene Übertragung und Vermittlung sowohl von Diatopik als auch weiterführend für den Umgang mit stereotypen Vorstellungen in der Unterrichtspraxis dar (vgl. Thörle 2008, 140, Polzin-Haumann 2008, 149, 161). Eine Auseinandersetzung mit der Frage der Normenpluralität in Hispano- und Frankophonie ist in diesem Zusammenhang (u.a. auch für die Evaluation von Schülerprodukten) bedeutsam; denn „die Deskription der Zielsprache im Sinne ihrer statistischen Norm und ihrer relevanten Varietäten [...] liefert grundlegende inhaltliche Maßstäbe für das Sprachencurriculum und für die Korrektur von Fehlern [...]" (Meißner 2009, 26).

Die Vermittlung sämtlicher Facetten sprachlicher Variation kann und muss dabei also nicht angestrebt werden, wenn die Lehrperson auf der Basis einer zielgerichteten Fokussierung von Einzelaspekten eine Sensibilisierung für Pluralität und Toleranz bezüglich kultureller und sprachlicher Unterschiede und eine Befähigung der SchülerInnen zur Handlungskompetenz und zum „Perspektivwechsel" (Grünewald & Küster & Lüning 2011, 58) in interkulturellen Begegnungssituationen erreichen kann. Das Lehrbuch sollte für den Lerner nicht den einzigen Referenzgegenstand darstellen; eine Chance besteht daneben auch im Erwerb varietätenspezifischer Kenntnisse, der Bewusstmachung und ggf. Relativierung eventuell vorhandener Stereotype und in der direkten Erprobung interkultureller Handlungsfähigkeit durch den aktiven Sprachgebrauch in authentischen Begegnungssituationen, z.b. durch Schüleraustauschprogramme sowie anschauliche Materialien mit Identifikationsmöglichkeiten für die Lernenden (vgl. Fauß 2006, 120) und die Nutzung neuer Medien (Chats, virtuelle Austauschplattformen, etc.). In diesem Sinne könnte die Behandlung von Diatopik im Unterricht nicht nur eine Chance zur Ausbildung von *Language Awareness*, sondern auch von *Attitude Awareness* darstellen.

Literaturverzeichnis

ABEL, Fritz. 2003. „Quinze thèses sur la norme dans l'enseignement/apprentissage du français langue étrangère", in: Osthus, Dietmar & Polzin-Haumann, Claudia & Schmitt, Christian edd. *La norme linguistique. Théorie– pratique – médias – enseignement. Actes du colloque tenu à Bonn le 6 et le 7 décembre 2002*. Bonn: Romanistischer Verlag, 187-193.

BAUSINGER, Hermann. 1988. „Stereotype und Wirklichkeit", in: *Jahrbuch Deutsch als Fremdsprache*, Jg. 14, 157-170.

DAHMEN, Wolfgang et al. edd. 2009. *Romanische Sprachwissenschaft und Fachdidaktik. Romanistisches Kolloquium XXI*. Tübingen: Narr.

DOYÉ, Peter. 1993. „Fremdsprachenunterricht ohne Stereotypen? Sozialpsychologische, logische und pädagogische Aspekte", in: Timm, Johannes-Peter & Vollmer, Helmut Johannes edd. *Kontroversen in der Fremdsprachenforschung*. Bochum: Brockmeyer, 408-416.

FÄCKE, Christiane. 2011. Fachdidaktik Spanisch. Tübingen: Narr.

FÄCKE, Christiane. 2015. „L'évaluation des compétences interculturelles", in: Watrelot, Martine & Polzin-Haumann, Claudia. edd. *L'évaluation des compétences langagières. Un regard franco-allemand sur les défis et perspectives actuels*. Namur: PUN, 179-200.

FAUß, Anne. 2006. „Varietätenlinguistik im Französischunterricht", in: Frings, Michael. ed. *Sprachwissenschaftliche Projekte für den Französisch- und Spanischunterricht*. Stuttgart: ibidem, 99-122.

GRÜNEWALD, Andreas & KÜSTER, Lutz & LÜNING, Maritta. 2011. „Kultur und Interkulturalität", in: Meißner, Franz-Joseph & Krämer, Ulrich. edd. *Spanischunterricht gestalten. Wege zur Mehrsprachigkeit und Mehrkulturalität*. Seelze: Kallmeyer, 49-80.

JURT, Joseph. 2011. „Sprache – universelles Kommunikationsinstrument oder Ausdruck des jeweiligen Kulturraumes?", in: *Französisch heute*, Jg. 42, Heft 1, 35-41.

KLUMP, Andre. 2006. „Zur Verankerung sprachwissenschaftlicher Aspekte im modernen Französisch- und Spanischunterricht", in: Frings, Michael ed. *Sprachwissenschaftliche Projekte für den Französisch- und Spanischunterricht*. Stuttgart: ibidem, 15-27.

LEUPOLD, Eynar. 2007a. *Französisch unterrichten. Grundlagen, Methoden, Anregungen*. Seelze-Velber: Kallmeyer.

LEUPOLD, Eynar. 2007b. *Französischunterricht als Lernort für Sprache und Kultur. Prinzipien und Praxisbeispiele*. Seelze-Velber: Kallmeyer.

LEUPOLD, Eynar. 2010. „Bildungsstandards", in: Hallet, Wolfgang & Königs, Frank G. edd. *Handbuch Fremdsprachendidaktik*. Seelze: Klett/Kallmeyer, 49-54.

LÖSCHMANN, Martin. 1998. „Stereotype, Stereotype und kein Ende", in: Löschmann, Martin & Stroinska, Magda. edd. *Stereotype im Fremdsprachenunterricht*. Frankfurt a.M.: Lang, 7-33.

LÜSEBRINK, Hans-Jürgen. 2005. *Interkulturelle Kommunikation: Interaktion, Fremdwahrnehmung, Kulturtransfer*. Stuttgart: Metzler.

MARTÍN ZORRAQUINO, María Antonia & DÍEZ PELEGRÍN, Cristina. edd. 2001. *¿Qué español enseñar? Normas y variación lingüísticas en la enseñanza del español a extranjeros*. Zaragoza: Universidad de Zaragoza.
http://cvc.cervantes.es/ensenanza/biblioteca_ele/asele/asele_xi.htm (15.01.17).

MEIßNER, Franz-Josef. 2009. „Fachdidaktik und Linguistik in der Romanistik – Bilanz und Perspektiven", in: Dahmen et al. edd., 11-30.

MEIßNER, Franz-Joseph. 2011. „Spanischunterricht: Rahmenbedingungen und Herausforderungen", in: Meißner, Franz- Joseph & Krämer, Ulrich edd. *Spanischunterricht gestalten. Wege zur Mehrsprachigkeit und Mehrkulturalität*. Seelze-Velber: Kallmeyer, 9-15.

MORENO FERNÁNDEZ, Francisco. 2010. *Las variedades de la lengua española y su enseñanza*. Madrid: Arco Libros.

PIEKLARZ, Magdalena. 2006. „Stereotype und Affektivität im interkulturellen Fremdsprachenunterricht", in: *Glottodidactica* XXXII, 109-121.

POLZIN-HAUMANN, Claudia. 2008. „Lernziel kommunikative Kompetenz: Beitrag zu einem Dialog von (romanistischer) Sprachwissenschaft mit Sprachlehrforschung und Fremdsprachendidaktik", in: Schumann & Steinbrügge. edd., 147-166.

POLZIN-HAUMANN, Claudia. 2010. „À propos de la constitution de la norme dans l'enseignement des langues", in: Iliescu, Maria & Siller-Runggaldier, Heidi & Danler, Paul. edd. *Actes du XXVe Congrès International de Linguistique et de Philologie Romanes*. Tome III. Berlin/New York: de Gruyter, 663-672.

POLZIN-HAUMANN, Claudia & REISSNER, Christina. 2012. „Perspectives du français en Sarre: politiques et réalités", in : Cichon, Peter & Ehrhart, Sabine & Stegu, Martin. edd. *Synergies Pays germanophones. Les politiques linguistiques implicites et explicites en domaine francophone*. Berlin: Avinus, 129-143.

QUASTHOFF, Uta. 1973. *Soziales Vorurteil und Kommunikation. Eine sprachwissenschaftliche Analyse des Stereotyps. Ein interdisziplinärer Versuch im Bereich von Linguistik, Sozialwissenschaft und Psychologie*. Frankfurt a.M: Fischer.

RAABE, Horst. 2003. „Französisch", in: Bausch, Karl-Richard & Christ, Herbert & Krumm, Hans-Jürgen. edd. *Handbuch Fremdsprachenunterricht*. Tübingen/Basel: Francke, 533-538.

RePA 2009: Candelier, Michel et al. 2009. *RePA. Referenzrahmen für Plurale Ansätze zu Sprachen und Kulturen*. Graz: Europarat/Europäisches Fremdsprachenzentrum, http://archive.ecml.at/mtp2/publications/C4_RePA_090724_IDT.pdf (15.01.17).

SCHAFF, Adam. 1980. *Stereotypen und das menschliche Handeln*. Wien: Europaverlag.

SCHMELTER, Lars. 2009. „Von der Sprachlehrforschung über die Lehrerbildung direkt in den Fremdsprachenunterricht und zurück?", in: Dahmen et al. edd., 137-156.
SCHUMANN, Adelheid. 2008. „Stereotype im Französischunterricht. Kulturwissenschaftliche und fachdidaktische Grundlagen", in: Schumann & Steinbrügge. edd., 113-127.
SCHUMANN, Adelheid & STEINBRÜGGE, Lieselotte. edd. *Didaktische Transformation und Konstruktion. Zum Verhältnis von Fachwissenschaft und Fremdsprachendidaktik.* Frankfurt a.M.: Lang.
SCHUMANN, Adelheid. 2011. „Soziolinguistische Varietäten und ihre Funktion für die Entwicklung kommunikativer Kompetenzen im Spanischunterricht", in: Abendroth-Timmer, Dagmar et al. edd. *Kompetenzen beim Lernen und Lehren des Spanischen. Empirie und Methodik.* Frankfurt a.M.: Lang, 65-77.
SUPRUN, Nina I. & KULIGINA, Tatjana. 2010. „Entwicklung kritischer Einstellung im Fremdsprachenunterricht", in: *Das Wort. Germanistisches Jahrbuch Russland*, 151-163.
THIELE, Sylvia. 2012. *Didaktik der romanischen Sprachen. Praxisorientierte Ansätze für den Französisch-, Italienisch- und Spanischunterricht.* Berlin/Boston: De Gruyter.
THÖRLE, Britta. 2008. „Zur Beziehung zwischen Sprachwissenschaft und Fachdidaktik in der Ausbildung von FranzösischlehrerInnen", in: Schumann & Steinbrügge. edd.,131-146.
WAGNER, Katja. 2008. *Stereotype und Fremdsprachenunterricht. Über den Umgang mit Vorurteilen und Stereotypen im interkulturellen Fremdsprachenunterricht.* Saarbrücken: VDM.
WOWRO, Iwona. 2010. „Stereotype aus linguistischer und didaktischer Sicht. Stereotypisisierungen in ausgewählten Lehrwerken für DaF", in: *Convivium*, 303-325.

Lehrwerke

ENCUENTROS NUEVA EDICIÓN Bd. 1: MARÍN BARRERA, Sara & AMANN, Klaus & SCHLEYER, Jochen. 2006. *Encuentros Nueva Edición. Método de español. Lehrwerk für den Spanischunterricht.* Bd. 1. Berlin: Cornelsen.
ENCUENTROS NUEVA EDICIÓN Bd. 2: AMANN, Klaus & MARÍN BARRERA Sara & SCHLEYER, Jochen & VICENTE ÁLVAREZ, Araceli. 2006. *Encuentros Nueva Edición. Método de español. Lehrwerk für den Spanischunterricht.* Bd. 2. Berlin: Cornelsen.
ENCUENTROS 3000 Bd. 1: AMANN MARÍN, Sara & SCHLEYER, Jochen & VICENTE ÁLVAREZ, Araceli & WLASAK-FEIK, Christine. 2011. *Encuentros. Edición 3000. Método de español. Lehrwerk für Spanisch als dritte Fremdsprache.* Bd. 1. Berlin: Cornelsen.
ENCUENTROS 3000 Bd. 2: SCHLEYER, Jochen & STEVEKER, Wolfgang & VICENTE ÁLVAREZ, Araceli & WEBER-BLEYLE, Christina. 2011. *Encuentros Edición 3000. Método de español. Lehrwerk für den Spanischunterricht.* Bd. 2. Berlin: Cornelsen.
À PLUS! Bd. 3a: GREGOR, Gertraud & JORIßEN, Catherine & SCHENK, Sylvie. 2006. *À plus! Lehrwerk für den Französischunterricht an Gymnasien.* Bd. 3. Berlin: Cornelsen.
À PLUS! Bd. 3b: BLUME, Otto-Michael & GREGOR, Gertraud & SCHENK, Sylvie & WLASAK-FEIK, Christine. 2010. *À plus! Méthode intensive Charnières. Lehrwerk für den Französischunterricht (3. Fremdsprache) an Gymnasien.* Berlin: Cornelsen.
À PLUS! Bd. 3c: BLUME, Otto-Michael & GREGOR, Gertraud & JORIßEN, Catherine & MANN-GRABOWSKI, Catherine & NIKOLIC, Lara. 2014. *À plus! Nouvelle Édition. Lehrwerk für den Französischunterricht an Gymnasien.* Bd. 3. Berlin: Cornelsen.

À PLUS! Bd. 4a: GREGOR, Gertraud & JORIßEN, Catherine & SCHENK, Sylvie. 2007. À plus! Cycle long. Lehrwerk für den Französischunterricht an Gymnasien. Bd. 4. Berlin: Cornelsen.
À PLUS! Bd. 4b: GREGOR, Gertraud & JORIßEN, Catherine & SCHENK, Sylvie 2007. À plus! Cycle court. Lehrwerk für den Französischunterricht an Gymnasien. Bd. 4. Berlin: Cornelsen.

Lehrpläne und sonstige Richtlinien

F-LP 2014: MINISTERIUM FÜR BILDUNG UND KULTUR SAARLAND. 2014. *Lehrplan Französisch Gymnasium. Erste Fremdsprache. Integrierte Version Klassenstufen 5-9. Erprobungsphase.*
 http://www.saarland.de/dokumente/thema_bildung/LP_Fr_Gym_1FS_5-9_integriert_2014.pdf (15.01.17).
GER 2001: GOETHE-INSTITUT INTER NATIONES ET AL. edd. *Gemeinsamer europäischer Referenzrahmen für Sprachen: lernen, lehren, beurteilen.* Berlin: Langenscheidt.
KMK 2004: KULTUSMINISTERKONFERENZ. 2004. *Bildungsstandards für die erste Fremdsprache (Englisch/Französisch) für den Mittleren Schulabschluss.*
 http://www.kmk.org/fileadmin/Dateien/veroeffentlichungen_beschluesse/2003/2003_12_04-BS-erste-Fremdsprache.pdf (15.01.17).
KMK 2012: KULTUSMINISTERKONFERENZ. 2012. *Bildungsstandards für die fortgeführte Fremdsprache (Englisch/Französisch) für die Allgemeine Hochschulreife.*
 http://www.kmk.org/fileadmin/veroeffentlichungen_beschluesse/2012/2012_10_18-Bildungsstandards-Fortgef-FS-Abi.pdf (15.01.17).
RePA 2009: Candelier, Michel et al. 2009. *RePA. Referenzrahmen für Plurale Ansätze zu Sprachen und Kulturen.* Graz: Europarat/Europäisches Fremdsprachenzentrum.
 http://archive.ecml.at/mtp2/publications/C4_RePA_090724_IDT.pdf (15.01.17).
S-LP 2004: MINISTERIUM FÜR BILDUNG, KULTUR UND WISSENSCHAFT SAARLAND. 2004. *Lehrplan für das Fach Spanisch als dritte Fremdsprache. Klassenstufe 8.*
 http://www.saarland.de/dokumente/thema_bildung/Spanisch8_.pdf (15.01.17).
S-LP 2005: MINISTERIUM FÜR BILDUNG, KULTUR UND WISSENSCHAFT SAARLAND. 2005. *Achtjähriges Gymnasium. Lehrplan für das Fach Spanisch. Klassenstufe 9.*
 http://www.saarland.de/dokumente/thema_bildung/spanisch9.pdf (15.01.17).
S-LP 2006: MINISTERIUM FÜR BILDUNG, KULTUR UND WISSENSCHAFT SAARLAND. 2006. *Achtjähriges Gymnasium. Lehrplan Spanisch als dritte Fremdsprache für die Einführungsphase der gymnasialen Oberstufe.*
 http://www.saarland.de/dokumente/thema_bildung/SN3EinfphFeb2006.pdf (15.01.17).
SPRACHENKONZEPT SAARLAND 2011: MINISTERIUM FÜR KULTUR. 2011. *Neue Wege zur Mehrsprachigkeit im Bildungssystem. Sprachenkonzept Saarland 2011.*
 http://www.saarland.de/dokumente/res_bildung/Das_Sprachkonzept_Saarland_2011.pdf (15.01.17).
SPRACHKONZEPT SAARLAND O.J.: http://www.saarland.de/100202.htm (15.01.17).

Diatopische Varietäten in Spanisch- und Französischlehrwerken 199

Anhang 1: Diatopik im Spanisch-Lehrwerk *Encuentros 3000*: Themen und Aufgaben

	Themen	obl. / fakult.	Kompetenzbereiche	Aufgaben
		BAND 1		
L. 1, 8f.	Weltsprache Spanisch, indigene und Regionalsprachen	o	Sprechen, interkulturelle kommunikative Kompetenz (IKK)	Hörverstehen, mündliche Sprachproduktion
L. 2, 45	*Mi mundo*: spanischsprachige Musik kennenlernen	f	Hörverstehen, Sprechen, IKK	Hörverstehen, mündliche Sprachproduktion
L. 3, 63	Geburtstagstraditionen Spaniens und Amerikas	f	Hörverstehen, Sprechen, Leseverstehen, IKK	Hörverstehen, Leseverstehen, mündliche Sprachproduktion
L. 5, 88f.	Kleidung einkaufen	o	Wortschatz	- -
L. 6, 104-114	Themenschwerpunkt Kolumbien	o	Leseverstehen, Wortschatz, Grammatik, Hörverstehen, interkulturelle Kompetenz (IK)	Hörverstehen
Supl., 138-143	*Suplemento Cataluña*	f	IK, Wortschatz Katalanisch	Leseverstehen
Glossar, 172-176	Zusatzinformationen *Cultura y Civilización*	o/f	IK	Informationsregister zur Recherche nutzen
		BAND 2		
L. 1, 12ff.	Mallorca und Regionalsprachen Spaniens	o	Sprechen, IKK	Hörverstehen, mündliche Sprachproduktion, Mehrsprachigkeit erkennen
L. 1, 28f.	*España bilingüe*	f	Leseverstehen, Sprechen, Wortschatz Katalanisch, IKK	Lese- und Hörverstehen, mündliche Sprachproduktion zu Mehrsprachigkeit
L. 2, 46f.	Jugend: Musikrichtungen	f	Leseverstehen, Hörverstehen, IK	Lese- und Hörverstehen, Diskussion
L. 3, 48-57	Themenschwerpunkt Mexiko	o	Leseverstehen, Hörverstehen, IKK, Wortschatz	Lese- und Hörverstehen, Landeskunde indigene Sprachen
L. 3, 64f.	Mexiko-Dossier	f	IK	Rechercheaufgaben
Glossar, 174-180	Zusatzinformationen *Cultura y Civilización*	o/f	Hörverstehen, Leseverstehen, IK	Informationsregister zur Recherche nutzen, Hör- und Leseverstehen

Anhang 2: Diatopik im Französisch-Lehrwerk *À plus!* : Themen und Aufgaben

	Themen	obl. /fakult.	Kompetenzbereiche	Aufgaben
BAND 3				
U. 6, 97	Québec	o	Wortschatz	Zuordnungsaufgabe
U.6, 104		f	Kommunikative Kompetenz	Rechercheaufgabe
Annexe, 146		f	IK	Informationsregister zur Recherche nutzen
BAND 4a				
D. 4	Le monde francophone	f	Hörverstehen	- -
Annexe, 148	Arabische Lexeme, z.B. *souk*	o	Wortschatz, IK	thematische Nachbereitung und Vertiefung anhand exemplarisch gewählter Lexeme
BAND 4b				
128	Civilisation	o/f	IK	Informationsregister zur Recherche nutzen

Español neutro im Fremdsprachenunterricht?
Potenzial und Grenzen

Benjamin Meisnitzer

Einleitung

Der Begriff des *español neutro* ist weit verbreitet, obwohl er bisweilen nur *ex negativo* definiert ist. Dementsprechend existieren sehr unterschiedliche Auslegungen. Im vorliegenden Beitrag soll daher das *español neutro* zunächst im Hinblick auf seine Reichweite und seine Verortung innerhalb des Varietätengefüges des Spanischen als plurizentrischer Sprache besprochen werden. Auf dem Weg zu einer Definition des Begriffs ist sodann der Bezug zu den Massenmedien im Hinblick auf diese Kunstsprache der Synchronisation und Übersetzung herauszuarbeiten. Anschließend folgt eine Beschreibung des *español neutro* im Hinblick auf seine sprachlichen Merkmale. Auf Basis dieser Erkenntnisse lassen sich sein Status festlegen und Überlegungen zu seinem Nutzen im Fremdsprachenunterricht überprüfen. Ausgangspunkt dabei ist die naheliegende Annahme, dass das *español neutro* angesichts seiner panamerikanischen Gültigkeit eine ideale sprachliche Form für Lernende des lateinamerikanischen Spanisch im Fremdsprachenunterricht sein müsste. Es ermöglicht dem Lernenden die Problematik der sprachlichen Varianten innerhalb der unterschiedlichen Varietäten weitestgehend zu überbrücken.

1. Das *español neutro* im Varietätengefüge des Spanischen als plurizentrische Sprache

Heutzutage besteht Konsens darüber, dass das Spanische zu den plurizentrischen Sprachen zählt, auch wenn es durchaus kontroverse Ansichten zu den Standardvarietäten und folglich den Varietätenräumen des Spanischen in Hispanoamerika gibt (vgl. Bierbach 2000, Greußlich 2015, Oesterreicher 2001, Polzin-Haumann 2005). Die Plurizentrik des Spanischen charakterisiert sich durch ein asymmetrisches Verhältnis der Standardvarietäten (vgl. Pöll 2012, 34). Die Frage nach der oder den Standardvarietäten erweist sich bei Hispanoamerika als besonders schwierig, weil neben nationalen Varietäten regionale Varietäten sogenannte *Regionalstandards* bilden, zum Beispiel das Spanische der Andenstaaten oder das Spanische der La-Plata-Staaten (vgl. Oesterreicher 2001, 310). Einem vereinheitlichenden Diskurs im Sinne eines ‚Spanischen in Amerika' stehen die hohen Sprecherzahlen, die innersprachliche Heterogenität im Sinne von sprachlicher Variation, die geographischen Gegebenheiten und die unterschiedlichen Sprachkontaktszenarien (vgl. Lipski 2005) sowie die außerordentlich heterogenen kommunikativen Räume gegenüber (vgl. Polzin-Haumann 2005, 274). Plurizentrik ist folglich kein ausschließlich sprachliches, sondern ein kommunikatives Phänomen (vgl. Greußlich 2015, 87).

Im Zeitalter der medialisierten Volkskultur und des Anspruchs auf eine möglichst globale Verbreitung der Massenmedien stellt sich daher die Frage, ob es nötig ist, einen Film oder eine Fernsehserie in den unterschiedlichen (Standard-) Varietäten des Spanischen zu synchronisieren und welches Spanisch sich am besten eignet, um eine möglichst große Zahl an Sprechern zu erreichen. Die Mehrzahl der massenmedialen Produkte wird in Amerika übersetzt und dabei werden *usos americanos* favorisiert (vgl. Pöll 2012, 36). Das hierbei verwendete Spanisch ist eine möglichst unmarkiert gehaltene Hybridform aus den unterschiedlichen Standardvarietäten, die ein Produkt wirtschaftlicher Überlegungen in der Medienbrache ist, wie Polzin-Haumann festhält:

> Vor allem unter ökonomischen Aspekten werden derzeit Möglichkeiten und Grenzen einer panhispanischen Norm diskutiert, die als *español neutro* bezeichnet wird […]. Dieses ‚neutrale Spanisch' vereinigt Elemente verschiedener Varietäten und soll vor allem in Büchern und Übersetzungen, die für den gesamten hispanophonen Markt bestimmt sind, Anwendung finden […].
>
> (Polzin-Haumann 2005, 282)

Man muss folglich zwischen *español neutro* und der Distanzsprache der Massenmedien im Allgemeinen unterscheiden, die innerhalb der jeweiligen Sprachräume hochgradig unmarkiert ist, jedoch als Referenz die jeweilige lokale Standardvarietät hat. So würde ein Nachrichtensprecher in einem argentinischen Nachrichtenformat niemals auf seine [ʒ]-Realisierung verzichten, eine Variante, die im *español neutro* vermieden bzw. eliminiert würde.

Diese ‚neutrale' Form stellt eine panhispanische Kunstsprache dar, die meistens als *español neutro*, jedoch auch als „español internacional" (Ávila 2001),

„español general" (López Morales 2006, 18) oder „norma CNN" (Tejera 2003) bezeichnet wird, da die Fernsehkette diese sprachliche Hybridform einsetzt. Das *español neutro* findet Verwendung in Synchronisationen, in der Werbung, in Fernsehdokumentarsendungen, in unterschiedlichen Nachrichtenformaten und in Callcentern. Es ist keine Standardvarietät, wie Lebsanft & Mihatsch & Polzin-Haumann (2012b) konstatieren, sondern eine in ihrem Ausbau stark begrenzte Kunstvarietät des Spanischen, die in ihrem Gebrauchsradius auf den beruflich-professionellen Kontext beschränkt und eigentlich nur für das informelle Register konzipiert ist, eine

[...] modalidad creada para el doblaje de películas y que reúne características de ciertas variedades hispanoamericanas. No se trata de una variedad estándar, sino de una modalidad que sirve para doblar diálogos de películas, imitando en la mayoría de los casos registros coloquiales.

(Lebsanft & Mihatsch & Polzin-Haumann 2012b, 13)

Bei der Genese des *español neutro* spielt ohne Zweifel das mexikanische Spanisch eine wichtige Rolle, da der erste reguläre Sender in Mexiko bereits im August 1950 (Canal 4) eingeweiht wird – Argentinien folgt 1951 (Radio Belgrano TV Canal 7; vgl. Moschner 1982, 40, 47). Mexiko nimmt in der Folgezeit eine wichtige Vermittlerrolle zwischen den nord- und südamerikanischen Film- und Fernsehbranchen ein. In Mexiko-Stadt erfolgt die Synchronisation vor allem nordamerikanischer Produktionen, die das große Vorbild für die lateinamerikanischen Produktionen darstellen. Mitte der 1960er Jahre kamen Produzenten in Guadalajara (Mexiko) zusammen und riefen das sogenannte *español neutro* ins Leben. Ziel war es, einen neuen Abnehmermarkt für massenmediale Produkte mit internationaler Reichweite zu schaffen und dadurch die Einschaltquoten zu steigern.

Das *español neutro* erfährt zwar aufgrund seiner sprachlichen Merkmale in Lateinamerika flächendeckende Akzeptanz, ist jedoch niemandes L1. Somit hat es für niemanden in dieser Form Referenzcharakter und bietet folglich kein Identifikationspotenzial. Es ist eine Sprachform ohne Vitalität im Alltag (vgl. Polzin-Haumann 2005, 283). Gleichzeitig ergibt sich ein zweites Problem daraus, dass das *español neutro* über keine normativen Instanzen verfügt, an denen sich die Sprechergemeinschaft orientieren könnte. Die *Agencia Efe* als weltweit größte Nachrichtenagentur versucht dem durch die Veröffentlichung sogenannter Stilbücher als Richtlinie für die Sprecher/Nutzer des *español neutro* entgegenzuwirken. Durch die Gründung des *Departamento de Español Urgente* 1980, einer Kommission, der vor allem Linguisten und Philologen angehören und die Entscheidungen im Bereich der Sprachverwendung trifft und Redakteuren für Rückfragen zur Verfügung steht, will die *Agencia Efe* den Mangel an normativer Referenz kompensieren (vgl. Torrent-Lenzen 2006, 257). Mit dem *Manual de Español Urgente*, erstmals 1976 veröffentlicht[1], versucht die Agentur, die Sprachform zu normieren und zu fixieren, die eigentlich nur als abstraktes und künstlich geschaffenes Konstrukt existiert. Besonders aktiv und wichtig in diesem Zusammenhang ist auch die 2005 gegründete *Fundación del Español Urgente* (FUNDÉU).

2. Schwierigkeiten bei der Statusbestimmung des *español neutro*

Sinner (2010, 708, 714) weist auf ein Hauptproblem des *español neutro* hin: Es ist nur *ex negativo* definiert, obwohl der Begriff immer gebräuchlicher wird. Befragungen in Spanien haben gezeigt, dass Personen ohne sprachbezogenen Beruf überzeugt sind, es handele sich dabei um ein entnationalisiertes Spanisch, das möglichst vielen Spanischsprechern ‚verkauft' werden kann (vgl. Sinner 2010, 708). In Personenkreisen, die mit Sprache im Allgemeinen arbeiten, herrscht hingegen die Überzeugung, dass es eine „forma del español hispanoamericano creada por razones mercantiles" (ebd.) ist, die vor allem auf lexikalischer Ebene von „formas malsonantes" in Hispanoamerika durch Formen mit panamerikanischer Gültigkeit bereinigt ist. Viele Personen antworteten, es handele sich um ein Spanisch, das auf lexikalischer Ebene von diatopisch markierten Formen bereinigt ist (vgl. Sinner 2010, 709). Festzuhalten bleibt, dass sich das *español neutro* als ‚Sprache der Synchronisation' im Zusammenspiel von Medien und Märkten entwickelt (vgl. Bravo García 2011, 54-55) und eine Antwort auf die Herausforderung darstellt, dass wie Sinner (2010, 708) festhält: „de ningún modo puede armonizarse el español europeo con las variedades americanas". Aus diesem Grund begann Walt Disney bereits 1988, jeweils eine Synchronisation

---

[1] Die bislang letzte Auflage des *Manual de Estilo Urgente* erschien 2011 (https://alt1024.wordpress.com/2013/05/02/descargar-libros-de-estilo-a-disposicion-del-publico-en-internet/ (15.01.17).

seiner Filme für Lateinamerika und eine für Spanien anzufertigen (vgl. Sinner 2010, 712).

Die Frage nach dem Status des *español neutro* ist keine leichte und man findet viele widersprüchliche Antworten (vgl. Arnoux 2004, Born 2004, Knauer 2008). Wie jedoch in den vorherigen Abschnitten gezeigt wurde, ist es keine Varietät des Spanischen, die in der Varietätenkette verortet werden könnte. Es handelt sich um eine primär panamerikanische Form des Spanischen, die der Interkomprehension aller Spanischsprecher dient, jedoch den europäischen Standard und die Entwicklung der europäischen Varietäten weitestgehend unbeachtet lässt. Insofern lässt es sich gegenüber dem *español internacional* abgrenzen, in dem eine relative Harmonisierung im Rahmen eines einem Koineisierungsprozess ähnlichen Verfahrens stattfand und das für internationale massenmediale Formate auf beiden Seiten des Atlantiks dient (vgl. Matthiessen 2012, 166). Folglich werden in dieses panhispanische und auch rein europäische Charakteristika integriert, während sich das *español neutro* fast ausschließlich – die Lexik ausgenommen – aus sprachlichen Elementen der hispanoamerikanischen Varietäten speist.

Die ausgewählten sprachlichen Merkmale stammen aus den unterschiedlichen lateinamerikanischen Varietäten des Spanischen und charakterisieren sich durch überregionale, tendenziell panamerikanische Gültigkeit. Im Hinblick auf das Nähe-Distanzkontinuum von Koch & Oesterreicher (1985, 2011) handelt es sich um eine recht ‚neutrale' Form, die relativ in der Mitte zwischen den beiden kommunikativen Distanzpolen zu verorten ist, da die kommunikativen Kontexte, in denen diese künstliche Varietät der Medien eingesetzt wird, in der Regel weder besonders umgangssprachlich noch besonders elaboriert sind.

Das Hauptproblem besteht ähnlich wie beim internationalen Spanisch – im Sinne der vorausgehenden Definition – darin, festzulegen, welches System und welche Kriterien herangezogen werden sollen, um sprachliche Elemente als Teil des *español neutro* anzunehmen oder abzulehnen (vgl. Gómez Font 2012, 23). Für ein internationales Spanisch gaben beispielsweise alle Journalisten, die in den USA arbeiten, im Jahr 2004 zusammen ein *Manual de Estilo* der *National Association of Hispanic Journalists* (NAHJ) heraus (vgl. Gómez Font 2012, 22). Doch ähnlich wie beim *español neutro* geht man eher intuitiv vor und diskutiert die getroffene Auswahl mit Kollegen unterschiedlicher Regionen, die folglich unterschiedliche Standardvarietäten als präskriptive Norm anerkennen.

Das Definitionsproblem ist interessant, wenn man bedenkt, dass das *español neutro* als Sprache der Synchronisation und Untertitelung in Argentinien beispielsweise im Gesetz 23.316 zur "Doblaje en idioma castellano neutro, según su uso corriente en nuestro país, de películas y/ o tapes, publicidad, prensa y series a los efectos de su televisación" vom 3. Juni 1986 als rechtlich verbindlich, explizit normativ, festgelegt ist:

> Artículo 1.
> El doblaje para la televisación de películas y/ o tapes de corto o largo metraje, la presentación fraccionada de ellas con fines de propaganda, la publicidad, la prensa y las denominadas series que sean puestas en pantalla por dicho medio y en los porcentajes que fija esta ley, deberá ser realizado en idioma castellano neutro, según su uso corriente en nuestro país, pero comprensible para todo el público de la América hispano hablante.

(Legislación Nacional Argentina 1986[2])

Mit dem „uso corriente en nuestro país" ist gemäß den in Argentinien verwendeten Regeln gemeint, obwohl das *español neutro* natürlich eine transnationale Gültigkeit besitzt und keine diatopischen Varietäten aufweist. Das zeigen die Ergebnisse einer umfangreichen, unveröffentlichten Studie zur Perzeption des *español neutro* von Lüffe (2013). Lüffe führte ein Perzeptionsexperiment mit 273 Informanten aus Argentinien (Buenos Aires und Córdoba, 84 Probanden), Mexiko (Mexiko Stadt, 107 Probanden) und Spanien (Madrid, 82 Probanden) durch. Die Mehrheit der Befragten war zwischen 18 und 39 Jahren und das Geschlechterverhältnis war bei allen Samples relativ ausgewogen. Als Stimuli dienten Filmausschnitte des Animationsfilms *The Incredibles* von Disney und Pixar Animation Studios. Dieser Film wurde 2004 in vier ‚Varietäten' des Spanischen synchronisiert: im mexikanischen, argentinischen und peninsularen Spanisch sowie im *español neutro* (vgl. Lüffe 2013, 52). Lüffe wählte diesen Film, weil er in keinem bestimmten soziolinguistischen Raum angesiedelt ist (mexikanische Revolution, argentinischer Tango oder ähnliches; vgl. ebd.). Den Probanden wurden drei Versionen des Films vorgespielt. Die eigene Varietät wurde ausgelassen; zum Beispiel ein mexikanischer Proband bekam die peninsulare, die argentinische und die Synchronisation in *español neutro* vorgespielt,

---

[2] http://www1.hcdn.gov.ar/dependencias/cceinformatica/Sanciones/Ley_23316.html (15.01.17).

um diese jeweils zu bewerten. Um die Unterschiede besser zu veranschaulichen hier zwei Beispiele für Transkriptionen aus dem Film:

(1)
Peninsulares Spanisch: *Mamá a veces estás poniendo caras raras.*
Mexikanisches Spanisch: *Mami, otra vez haces caras raras.*
Español neutro: *Mamá, otra vez haces caras raras.*
Argentinisches Spanisch: *Mamá, otra vez estás haciendo caras raras.*
Original: *Mom. You're making weird faces again.*

(Lüffe 2013, 53)

(2)
Peninsulares Spanisch: *Bob, no necesita que le alienten.*
Mexikanisches Spanisch: *Bob, no se trata de darle alas.*
Español neutro: *Bob, no se trata de incitarlo.*
Argentinisches Spanisch: *Bob, no se trata de alentarlo.*
Original: *Bob! We are not encouraging this.*

(ebd., 55)

Von besonderem Interesse für unsere Fragestellung ist Lüffes Feststellung, dass 54 % der spanischen Informanten das *español neutro* für mexikanisches Spanisch hielten und nur 40 % es korrekt identifizierten (Lüffe 2013, 67), obwohl 63 % es für die verständlichste und am besten geeignete Form für die Synchronisation hielten (ebd., 70). Die Ablehnung der mexikanischen Varietät beruhte meist auf der ungewohnten Aussprache und der Bevorzugung der eigenen Varietät (ebd., 72). Die argentinischen Informanten konnten zu 67 % das *español neutro* korrekt identifizieren (ebd., 76). Die lateinamerikanischen Probanden zeigten insgesamt eine klare Präferenz für das *español neutro* für die Synchronisation – wegen der Verständlichkeit. Ablehnungen beruhten auf dem artifiziellen Charakter der Sprache – laut den Angaben argentinischer Informanten spreche niemand so. Bei den mexikanischen Probanden waren 62 % überzeugt, das *español neutro* sei mexikanisches Spanisch und lediglich 37 % ordneten es richtig zu (ebd., 85). Die sprachgeschichtlichen Gründe hierfür wurden bereits erläutert; die oben angeführten Beispiele (1) und (2) zeigen exemplarisch den geringen sprachinternen Abweichungsgrad. Erschwerend kommt im Fall von *The Incredibles* hinzu, dass die Synchronsprecher auch tatsächlich Mexikaner waren, was sich trotz der Neutralisierungsversuche besonders salienter sprachlicher Merkmale der eigenen Varietät vor allem auf der Ebene der Prosodie bemerkbar macht. Die Prosodie und die Phonetik spielen bei der Wahrnehmung des *español neutro* eine zentrale Rolle, wie der Vergleich der beiden Befragungen ergibt und Lüffe (2013, 92) nach ihrem Experiment zu Recht schlussfolgert.

Interessant ist ebenfalls die Feststellung, dass das *español neutro* häufig nicht als ‚neutral', sondern von Sprechern anderer Varietäten als mexikanisches Spanisch wahrgenommen wird. Die dennoch breite Akzeptanz der Form lässt sich durch die Geschichte der Synchronisation und der Filmproduktion in Lateinamerika erklären.

3. Sprachliche Merkmale des *español neutro*

Das *español neutro* hat das Ziel, negativ konnotierte oder nur in manchen Ländern Lateinamerikas bekannte Lexeme und stark nationalstaatliche bzw. regional markierte Aussprachetraditionen zu vermeiden (vgl. Sinner 2013, 22). Betrachtet man die Stilbücher und Studien zum *español neutro*, so lässt es sich durch einige zentrale Merkmale definieren:[3]

1. Im phonologischen Bereich charakterisiert es sich durch den *seseo* und den *yeísmo* (vgl. Polzin-Haumann 2005, 282) und durch die Vermeidung der Aspiration von [s] zu [h], wie es in der *habla porteña* zum Beispiel üblich ist. Außerdem findet man im *español neutro* keine Allophone von /b/ und /d/, die als [b] und [d] realisiert werden.
2. In der Morphosyntax ist der Gebrauch des Subjektpronomens der zweiten Person Singular (*tú*) mit den angeglichenen entsprechenden Verbalformen der zweiten Person Singular (z.B. Präsens Indikativ *tienes, cantas, abres*) typisch. Die zweite Person Plural hingegen konvergiert mit der dritten Person Plural und wird durch das Pronomen *ustedes* realisiert (*tratamiento unificado*).
3. Im Verbalbereich zeichnet sich das *español neutro* durch eine für weite Teile Lateinamerikas charakteristische geringe Verwendung der peri-

---

[3] Die hier aufgeführten sprachlichen Merkmale sind vorwiegend aus Petrella (1997) und aus den von Maisabé bereitgestellten Kursunterlagen für *español neutro*-Kurse entnommen (siehe http://www.maisabe.com.ar/actacademica.htm, 15.01.17). Andere Quellen wurden separat gekennzeichnet.

phrastischen analytischen Verbformen aus. Und das *imperfecto de subjuntivo* wird sowohl als *perfecto simple* als auch als *plusquamperfecto* verwendet (*No creo que falleciera.*). Ebenfalls charakteristisch sind der häufige Gebrauch von Passivkonstruktionen und von Konstruktionen aus *deber* und *poder* + Infinitiv, während andere ähnliche Konstruktionen kaum verwendet werden (z.B. *¿Ves las cosas?* anstatt *¿Estás viendo las cosas?*) und die häufige Verwendung des *futuro imperfecto de indicativo* neben dem periphrastischen Futur *voy a*. Wünsche und Wahrscheinlichkeiten werden durch das Konditional ausgedrückt.

4. Auf morphologischer Ebene fällt die einheitliche Verwendung des Suffixes -*ito* für Diminutiva auf, die unterschiedliche Varianten in den unterschiedlichen Varietäten des lateinamerikanischen Spanisch aufweist.

5. Im Bereich der Syntax ist besonders die Voranstellung von vier- und mehrsilbigen Adjektiven in Synchronisationen im *español neutro* auffällig, die für das europäische Spanisch untypisch ist (vgl. Matthiessen 2012, 181, dort Tabelle 8).

6. In der Lexik dominiert der Versuch, Lexeme mit möglichst großem Diffusionsgrad im hispanophonen Raum heranzuziehen (z.B. *automóvil* anstatt *coche* oder *carro*, vgl. Polzin-Haumann 2005, 283) und Lexeme mit negativen Konnotationen zu vermeiden (z.B. *tomar el autobús* anstatt *coger el autobús*, da *coger* in Mexiko, Chile, Argentinien und Venezuela eine sexuelle (Negativ-)Konnotation aufweist). Der Wortschatz entstammt den unterschiedlichen lateinamerikanischen und den Madrider *normas cultas*. Es ist auffällig, dass in der Lexik kein strenges Schema befolgt wird. So findet man zwar vorwiegend Lexeme, die aus dem mexikanischen Spanisch stammen, wie *bistec, aguacete* oder *coyote*, daneben sind aber durchaus auch Wörter aus anderen lateinamerikanischen Varietäten des Spanischen belegt, wie *plagio* anstatt *secuestro* aus der venezolanischen Norm. Auch zahlreiche Lexeme aus dem europäisch-madrilenischen Spanisch findet man wieder, sofern die unterschiedlichen lateinamerikanischen Entsprechungen eine zu starke diatopische Markierung aufweisen. Beispiele hierfür sind *nevera, periódico* und *enfadarse*. Außerdem fällt die Häufigkeit von Lehnübersetzungen aus dem Englischen auf, wie *per-*

ros calientes (engl. *hot dogs*), *platillos voladores* (engl. *flying saucers*) oder *estación de servicio* (engl. *service station*). Der ersichtliche Mangel an Systematizität in der Zusammensetzung des *español neutro* legt die Annahme nahe, dass es durchaus noch zu Aktualisierungen in Form von Ersetzungen durch Lexeme aus anderen Varietäten des lateinamerikanischen Spanisch kommen kann. Eine systematische Erhebung und/oder Auflistung des Lexikons des *español neutro* in Form eines Wörterbuchs steht noch aus und es gibt keine festgelegte normative Instanz, die über die ‚Aufnahme' neuer Lexik entscheidet.

7. Auch auf pragmatischer Ebene zeichnet sich das *español neutro* durch Besonderheiten aus, denn bei den Übersetzungen werden Interjektionen wie *rayos, demonios, diablos, por todos los cielos* verwendet, die zum Beispiel dem argentinischen Spanisch in diesem Gebrauch fremd sind (vgl. Petrella 1997). Auch finden sich Euphemismen für Schimpfwörter, die zwar im lateinamerikanischen Spanisch gebräuchlich sind, die das La-Plata-Spanisch jedoch nicht kennt, wie *bastardo, maldita* oder *perra* (vgl. ebd.). Dasselbe gilt für Vokative wie *amigo, cariño, cielo* oder *encanto*.

Neben einem Wörterbuch wäre folglich auch eine Grammatik des *español neutro* erforderlich, um es einerseits zu fixieren und dann systematisch im Fremdsprachenunterricht vermitteln zu können. Mit den aktuellen ‚Lehrwerken' und Ratgebern bleiben die kommunikativen Möglichkeiten dieser Kunstsprache sehr beschränkt und der Sprecher ist bei seiner Auswahl im Zweifelsfall oftmals auf sich selbst gestellt.

4. *Español neutro* im Fremdsprachenunterricht

Im Hinblick auf die Vermittlung des Spanischen im Unterricht an deutschen Schulen ist zunächst festzuhalten, dass das Spanische in Lehrwerken der Sekundarstufe I und II zwar durchaus anhand von exemplarischen Merkmalen unterschiedlicher Varietäten als plurizentrische Sprache eingeführt wird, sodass den Schülerinnen und Schülern (SuS) ein Bewusstsein dafür vermittelt wird. Ein systematisches Lernen von Besonderheiten auf den unterschiedlichen sprachlichen Ebenen bleibt hingegen aus (vgl. Polzin-Haumann 2010, 668), da sich die Lehrwerke ausnahmslos an der Norm des kastilischen Spanisch orientieren.

Aus Sicht der SuS stellt sich sicherlich die Frage, wie sinnvoll eine Auseinandersetzung mit den sprachlichen Besonderheiten der unterschiedlichen lateinamerikanischen Standardvarietäten ist. Sofern man den Ansatz einer Annäherung über eine lateinamerikanische Varietät verfolgen möchte, was bisher in Deutschland noch in keinem Bundesland praktiziert wird, wäre zu diskutieren, welche Varietät(en) genau man dem Unterricht zugrunde legt. Der Begriff des ‚lateinamerikanischen Spanisch' ist zwar problematisch, da er einen (didaktischen) Reduktionismus der Komplexität des lateinamerikanischen Spanisch darstellt, gleichzeitig ist es jedoch unmöglich, Schulklassen der Sekundarstufe die sprachliche Komplexität des Spanischen in Lateinamerika in vollem Umfang zu präsentieren. So erweist sich eine Beschränkung auf sprachliche Merkmale, die auf die meisten lateinamerikanischen Standardvarietäten des Spanischen zutreffen, wie z.B. der *seseo* oder der Ersatz von *vosotros* durch *ustedes,* aus didaktischer Sicht als durchaus legitim (vgl. hierzu Leitzke-Ungerer und Visser in diesem Band).

Das *español neutro* bietet angesichts der Koexistenz unterschiedlicher Standardvarietäten in Lateinamerika auf den ersten Blick eine gute Alternative für den Einstieg in das (lateinamerikanische) Spanisch. Derzeit erfolgt der Einstieg über das europäische Spanisch und es wird lediglich von den SuS der Sekundarstufe II erwartet, dass sie zwischen unterschiedlichen Aussprachevarianten unterscheiden können (Spanien/Lateinamerika), phonetische und intonatorische Elemente des Spanischen beherrschen (im allgemeinen des Kastilischen, aber auch einer hispanoamerikanischen Varietät), mindestens eine Region Spaniens und ein lateinamerikanisches Land genauer kennen und über die wesentlichen gesellschaftlichen, politischen, wirtschaftlichen und kulturellen Aspekte in Spanien und Lateinamerika Bescheid wissen, wie die Kompetenz- und Inhaltsanforderungen für das Fach Spanisch als dritte Fremdsprache des Landes Baden-Württemberg (vgl. MKBS 2004, 353-362) oder Bayern[4] oder auch der Lehrplan für das Fach Spanisch des Landes Rheinland-Pfalz (vgl. LP Rh-P 2012, 18-19) belegen.

---

[4] http://www.isb-gym8-lehrplan.de/contentserv/3.1.neu/g8.de/index.php?StoryID=26376, http://www.isb-gym8-lehrplan.de/contentserv/3.1.neu/g8.de/index.php?StoryID=26431 (15.01.17).

Obwohl das *español neutro* SuS zwar die Möglichkeit bieten würde, ein Spanisch zu erlernen, das alle lateinamerikanischen L1-Sprecher gleichermaßen verstehen und das keinem als markiert auffällt, ist eine Implementierung dieser Kunstsprache im Unterricht der Sekundarstufe wohl weder realistisch noch umsetzbar. Denn die wichtige Funktion einer jeden natürlichen Sprache, das identitätsstiftende Element, fehlt dem *español neutro* vollständig. Im schulischen Unterricht aber vollzog sich spätestens in den 1990er-Jahren ein Paradigmenwechsel: Seither sind die öffentlichen Diskurse und auch die fremdsprachendidaktischen Themen von Interkulturalität, multiethnischen Gesellschaften, Migration und Globalisierung geprägt (vgl. Fäcke 2011):

> Aus der Fokussierung der jeweils anderen Kultur in der Landeskunde werden Überlegungen zu interkulturellem Lernen mit einer doppelten Blickrichtung zwischen der eigenen und der fremden Kultur entwickelt. Sichtweisen und Wahrnehmungen der eigenen und anderer Kulturen kommen zur Sprache, möglichst gegenseitiges Verstehen wird anvisiert.

(Fäcke 2011, 174)

Der moderne Fremdsprachenunterricht zielt auf den Erwerb interkultureller kommunikativer Kompetenz ab, sodass eine Loslösung der Sprachvermittlung von Landeskunde und Kultur undenkbar geworden ist (vgl. ebd., 172-173). In Schulen erfolgt die Vermittlung der Fremdsprachen wesentlich über das Wecken der Faszination für fremde Kulturen. Eine Sprachform, die man nicht in reale kommunikative Kontexte des Alltags einbauen kann, da sie dort nicht vorkommt, und die niemand als L1 spricht, bietet auch nicht die erforderlichen interkulturellen Anknüpfungspunkte für SuS und ist somit keine Option für den Fremdsprachenunterricht in der Sekundarstufe I und II. Hier geht es immerhin darum, Wissen über andere Kulturen und Sprachen aufzubauen, eigene Einstellungen hierzu zu entwickeln und zu hinterfragen, um dann in interkulturellen Begegnungssituationen sprachlich adäquat handeln zu können (vgl. KMK 2012, 19-20 und Fäcke 2011, 176-177). Der Erfolg der Vermittlung eines Lernstoffs hängt stark von dem praktischen Nutzen, den die SuS darin erkennen, ab. Bei Fremdsprachen besteht dieser in der Fähigkeit zur Kommunikation mit realen Menschen in unterschiedlichen Kontexten und kommunikativen Situationen (vgl. Segermann 2014, 238-239 und KMK 2012, 19). Dazu muss ein Bezug zur alltäglichen realen eigenen und fremden Welt hergestellt werden (vgl. Aguilar

Río & Brudermann 2014, 291) – und genau diese Dimension fehlt dem *español neutro* aufgrund seines künstlichen Charakters. Die Vermittlung der anderen Sprache und die Entwicklung von interkulturellen Kommunikationskompetenzen gehen in einem modernen Fremdsprachenunterricht jedoch Hand in Hand (vgl. auch Schumann 2009):

> Learning an L/C 2 is not a matter of learning linguistic aspects, but also social, pragmatic, civilization-related, diachronic or synchronic ones, for example, as it supposes a process of personal development along which the IL will broaden aspects of his/her own identity and personality.
> (Aguilar Río & Brudermann 2014, 304)

Interessant ist das *español neutro* dagegen für den fachsprachlichen Unterricht der Unternehmenskommunikation und der Handelskorrespondenz, und zwar für die Kommunikation der *Shareholder* – die Eigenkapitalgeber eines Unternehmens – wie auch der *Stakeholder* – alle anderen Personen, die existentielles Interesse am Funktionieren des Unternehmens haben (Lieferanten, Kunden, Mitarbeiter, Regierung, NGOs u.a., vgl. Lavric 2012, 391). In den derzeit stark gefragten Kursen für Wirtschaftsspanisch an Universitäten, Volkshochschulen und Fremdspracheninstituten (*Cervantes, Inlingua* u.a.) wollen erwachsene Lernende Spanisch möglichst schnell und mit wenig Aufwand für bestimmte, sehr spezifische kommunikative Situationen und Kontexte lernen. Angesichts eines steigenden Volumens der Handels- und Wirtschaftsbeziehungen mit Lateinamerika und den USA stellt das *español neutro* eine interessante Alternative für diese Gruppe der Lernenden dar. Die Vermittlung des *español neutro* würde ihnen sprachliche Mittel für eine flächendeckende Kommunikation in Lateinamerika an die Hand geben, ohne das Risiko der Vermischung sprachlicher Charakteristika unterschiedlicher lateinamerikanischer Varietäten des Spanischen. Lernende könnten sich selbst bei nicht allzu fortgeschrittenen Spanischkenntnissen in ganz Lateinamerika und auch den USA ohne die Problematik von Ambiguitäten oder unerwünschten negativ konnotierten Lexemen gut verständigen. Besonders in der Prosodie und Phonologie würden die sprachlichen Produktionen der Sprecher breite Akzeptanz finden, da die Sprecher der unterschiedlichen Varietäten zumindest passiv mit der Form des *español neutro* aus den Massenmedien vertraut sind Dies erweist sich aus Sicht der erwachsenen Fremdsprachenlerner als besonders vorteilhaft, da die Akteure internationaler Beziehungen nicht nur Wirtschaftsbeziehungen mit einem Land, sondern mit unterschiedlichen hispanophonen Ländern in Lateinamerika oder mit Lateinamerika und den USA pflegen (vgl. Lavric 2012, 395-396). Betrachtet man die gängigen Curricula und Lehrwerke dieser Fachkurse, so spielen Kultur und Landeskunde keine Rolle. Lediglich die interkulturelle Kommunikation ist Lehrgegenstand, die jedoch für Lateinamerika bisher wenig erforscht ist[5] und problemlos in einen Kurs, der das *español neutro* als sprachliche Grundlage hat, eingebaut werden kann. Die Unternehmenskommunikation ist ähnlich wie die Kommunikation in Callcentern thematisch-inhaltlich relativ eingeschränkt und vermittelt trotz kommunikativer Interaktion eher unilateral, was der Sprecher im Vorfeld vorbereitet und reflektiert hat, ohne große kommunikative Spontaneität.

Es wäre folglich denkbar, in Wirtschaftsspanischkursen das *español neutro* als Grundlage zu wählen, besonders angesichts seines breiten Wirkungsradius. Allerdings gibt es derzeit noch keine entsprechenden Lehrwerke. Die Wirtschaftssprachendidaktik sollte sich davon jedoch nicht abschrecken lassen und sich auf alle Fälle der Diskussion dieser Möglichkeit öffnen.

Das *español neutro* als Grundlage des Fremdsprachenunterrichts ist jedoch mit diversen Problemen verbunden. So ist, wie oben beschrieben, das Lexikon relativ heterogen in seiner Zusammensetzung und nicht normiert bzw. nicht hinreichend (präskriptiv) fixiert. Aktualisierungen und Erweiterungen werden oft bei Bedarf und wenig systematisch auf der Ebene von individuellen Sprechakten (*parole*) vorgenommen. Das *español neutro* charakterisiert sich folglich auf der Ebene der Lexik durch eine ‚Einfärbung' je nach Herkunft des Sprechers.

Ein weiteres Problem ist die Tatsache, dass es kein systematisches Lehrwerk gibt, sondern die Vermittlung meist über Auflistungen von Merkmalen erfolgt. Ein erstes Buch zum *español neutro* erschien 2013, *El Español Neutro. Realización hablada. En audiovisuales, doblaje, web y telemarketing* von Alejandro Guevara. Es handelt sich jedoch primär um eine Erklärung der Entstehung des *español neutro* und seiner Funktionen und um eine Besprechung von Beispielen

---

[5] Ein erstes Werk, das auch die interkulturelle Dimension systematisch sowohl für Spanien als auch für Lateinamerika berücksichtigt, ist Felices, Ángel et al. (2010). *Cultura y Negocios. El español de la economía española y latinoamericana.* Madrid: Edinumen.

und nicht um ein didaktisch und systematisch aufbereitetes Lehrwerk, wie folgende Belege verdeutlichen:

(3)
Los productos que fueron introducidos en la era pre-global por empresas que asociaron los productos a sus marcas generaron expresiones como es el caso de los "Championes", como se conoce al calzado deportivo en Uruguay y Paraguay, a los que en otras regiones se conoce como "Cuba tenis", o "tenis", en otras como "zapatillas" y en otras como "zapatos de goma". En estos casos, para *neutralizar* puede usarse terminología genérica, vea que el término que utilicé para referirme a "Championes" o "Cuba tenis" fue *"calzado deportivo"* igual que usaría *"combustible"* en lugar de "nafta" o "gasolina".

(Guevara 2013, 44; Hervorhebungen im Original)

(4)
La característica distintiva del neutro la que está más generalizada en América (como en España) es el uso del *tú* como segunda persona del singular, con sus correspondientes formas gramaticales. La eliminación de la oposición entre el *vosotros* y el *ustedes* que se usa en España, en América resulta en *ustedes* como única segunda persona del plural. Hay varias regiones en las que las normas son distintas pero, aún en las regiones en donde se utiliza vos como segunda persona del singular, se entiende perfectamente el "tú" y es sencillo realizarlo si se quiere aprender a hablar neutro.

(ebd., 49-50; Hervorhebungen im Original)

(5)
Las /s/ finales siempre son sonoras para el neutro aunque muchas regiones, y sobre todo en registros informales, se suela disminuir o quitar. // El fonema /y/ se usa en neutro tanto para palabras con Y tanto como con LL. El sonido neutro es intermedia entre el /i/ latino y el /j/ inglés.

(ebd., 51)

Für das Erlernen des *español neutro* reicht das Werk keineswegs aus; man muss bereits Spanisch können und mit den lateinamerikanischen Varietäten vertraut sein, um davon profitieren zu können.

Die wenigen vorliegenden Kursunterlagen sind ebenfalls zu wenig linguistisch und didaktisch aufbereitet, wie nachstehend anhand von ausgewählten Beispielen aus den Kursunterlagen des Kurses[6] von Maisabé – Locutora Nacional für die *Asociación de Actores* in Buenos gezeigt werden soll (*Material para ser*

---

[6] *Español neutro*-Kurse werden in regelmäßigen Abständen u.a. bei Ibero – *Locución y Comunicación iberoamericana* angeboten.
Vgl. http://locucioniberoamericana.com/quienes.html (15.01.17).

utilizado en cursos de español neutro; im Folgenden: MN 1765).[7] Die Kursunterlagen sind in der Regel Eigenanfertigungen der jeweiligen Sprachschulen, die entsprechende Kurse anbieten. Sie beschränken sich im Wesentlichen auf laienlinguistische Hinweise zur Aussprache und lange Wortschatzlisten, die der Wortform der lokalen Standardvarietät das äquivalente Wort im *español neutro* gegenüberstellen.

So liest man z.B. in den Unterlagen von Maisabé in dem Abschnitt zur Aussprache, dass labial <b> und labiodental <v> angeglichen werden mit Beispielen wie *adberbios, adjetibos, bisibilidad, bentana* anstelle einer Annotation gemäß dem IPA. Es wird außerdem darauf hingewiesen, dass das <d> immer ausgesprochen wird ("entre sílabas y en los finales") – gemeint ist sowohl in intervokalischer Position als auch in der Silbenkoda vor Konsonant – mit Beispielen wie *adversidad, ciudad* und *calidad* (MN 1765). Auch in diesem Fall erfolgt die ‚Erklärung' ohne Rückgriff auf die etablierte Fachterminologie oder eine reale Systematisierung. Der Lernende muss mithilfe der Lehrkraft anhand der Beispiele selbst die Regeln ableiten.

Anlässlich des *seseo* liest man in den Kursunterlagen: „Se igualan la s, c, z, se elimina el 'zezeo', las 's' inter silábicas [sic] se pronuncian todas y las finales también" (MN 1765). Ebenso laienlinguistisch und wenig systematisch fallen die Erklärungen zur Aussprache von <r> und <rr> aus: „La pronunciación de la 'R' y 'RR' es siempre sonora al comienzo, entre sílabas y al final" (MN 1765). Die Erläuterungen zur Vermeidung des *Rehilamiento* – die Aussprache von <y> und <ll> als postalveolare Frikative [ʒ] oder [ʃ] – liest sich so: „La pronunciación de la 'Y', 'LL' ó doble 'L': Diferenciar la 'Y' rioplatense de 'yuvia' ó la 'LL' de 'lluvia' española por la pronunciación neutra de 'Yiuvia'. Veamos algunos ejemplos: Arroyos: **Arroyios**; Llevar: **Yievar**; Huyó: **Huiyió** u.a." (MN 1765, Hervorhebungen im Original). Besonders auffällig ist im vorletzten Beispiel, dass die zuvor angeführte Regel, dass labialer und labiodentaler Konsonant angeglichen werden, hier eine Seite später in den Kursunterlagen bei der (laienlinguistischen) Angabe zur Aussprache nicht mehr berücksichtigt wird.

---

[7] Auf die Kursunterlagen kann nicht online zugegriffen werden. Die Beispiele stammen aus den Kursunterlagen einer deutschen Studentin, die einen *español neutro*-Kurs in Buenos Aires besuchte, der sich an Mitglieder des Verbandes der argentinischen Schauspieler richtete. Die Kursunterlagen sind nicht mit Seitenzahlen versehen.

Der Wortschatz wird nach einer einleitenden Anweisung („En nuestra lengua rioplatense, decimos 'coche' cuando casi la totalidad de los hispano parlantes dice 'automóvil'; nunca vamos a encontrar en el lenguaje neutro, palabras y expresiones de origen rioplatense" (MN 1765) in Form von seitenlangen Listen vermittelt, in denen alle typischen Wörter aus dem Rioplatense-Spanisch durch (meist) panamerikanische Wörter ersetzt sind.

Die Morphosyntax erscheint nur marginal behandelt, nämlich in Anmerkungen zur Vermeidung des pronominal-verbalen *Voseo* („La forma adecuada de tratar a las personas es de 'tú' ó de 'Ud.', nunca utilizar el 'vos' típicamente rioplatense", MN 1765). Der Erklärungsansatz ist im Hinblick auf das Zielpublikum nachvollziehbar, müsste jedoch für ein didaktisches Lehrwerk zum fachsprachlichen Fremdsprachenerwerb deutlich überarbeitet werden.

Derzeit wird das *español neutro* noch wenig systematisch abstrakt reflektiert und die Kurse sind immer für ein sehr spezifisches Publikum konzipiert, sodass die meist in Eigenregie erstellten Kursunterlagen auf sehr spezifische kommunikative Kontexte zugeschnitten sind, ohne dass eine umfangreiche systematische (korpusbasierte) Erfassung der Merkmale des *español neutro* unter Berücksichtigung der unterschiedlichen sprachlichen Ebenen vorliegt – ein Forschungsdesiderat. Unter Rückgriff auf eine derartige Grundlage könnte dann ein Lehrwerk analog zu den Lehrbüchern für Wirtschaftsspanisch von Felices & Iriarte & Nuñez & Calderón (2010), Gleich (2011) oder Köhler & Wolf & Martin (2003) mit dem *español neutro* als sprachlicher Grundlage erarbeitet werden. Hierbei sollte neben der Fachdidaktik auch die Linguistik mitwirken, da wohl noch ein intensiver Ausbau, im Sinn von Kloss (1987), erforderlich ist, um dieses Ziel zu verwirklichen.

5. Fazit und Ausblick

Im Beitrag wurde das *español neutro* als eine künstliche Sprache der Medien beschrieben, die auf eine sehr begrenzte Anzahl an vorwiegend unidirektionalen Kommunikationssituationen mit wenig Interaktion und einem geringen Grad an Spontaneität beschränkt ist: Synchronisationen, Übersetzungen, Callcenter, Werbung und Dokumentarfilme. Aus varietätenlinguistischer Sicht handelt es sich beim *español neutro* um eine Kunstsprache und eine „tercera norma" im

Sinn von Tejera (2003, 862-863), frei von Lokalismen, die aus rein wirtschaftlichen Interessen heraus entstand und den internationalen Massenmedien als Werkzeug zur Informationsübermittlung dient.

Da niemand das *español neutro* als L1 spricht und es trotz seines panamerikanischen Kommunikationsradius kein identitätsstiftendes Potenzial bietet, ist es nicht für den Fremdsprachenunterricht in der Sekundarstufe an Schulen geeignet. Es fehlen die natürlichen kommunikativen Kontexte und die kulturelle Verankerung der Sprache wäre nur sehr artifiziell vermittelbar.

Anders ist die Situation in Fachsprachenkursen für Wirtschaftskommunikation, in denen es den Lernenden nicht um eine ausgeprägte kommunikative Fähigkeit in der Fremdsprache geht, sondern primär um ein stark pragmatisches und zielorientiertes Erlernen der Fremdsprache für die Verwendung in relativ standardisierten Kommunikationssituationen. Angesichts des vergleichsweise geringen Ausbaus des *español neutro* stellt sich jedoch die Frage, ob es den kommunikativen Anforderungen im wirtschaftlichen Kontext gerecht werden würde. Zudem liegen bisher fast ausschließlich Kursunterlagen vor, die Eigenanfertigungen von Lehrpersonen für sehr spezifische Adressaten erstellt wurden.

Eine Eignung für den fachsprachlichen Fremdsprachenunterricht erscheint aktuell trotz der kommunikativen Effizienz dieser künstlichen ‚Norm' sehr fragwürdig und würde eine umfangreiche systematische Aufbereitung und weitere linguistische Studien in Kooperation mit der Fachdidaktik erfordern, deren Ergebnisse dann wiederum systematisiert in ein Lehrwerk für Wirtschaftsspanisch eingearbeitet werden könnten. Gleichzeitig setzt das Erlernen des *español neutro* angesichts des geringen extensiven und intensiven Ausbaus eigentlich Spanischkenntnisse voraus und ist für Anfänger aus dem Bereich der Wirtschaft folglich relativ ungeeignet. Pragmatisch gesehen wäre es dennoch eine optimale Lösung, die Umsetzung und dafür erforderliche Akzeptanz seitens der Sprecher erscheint derzeit aber (noch) problematisch.

Literaturverzeichnis

AGUILAR RIO, José & BRUDERMANN, Cédric. 2014. „Language Learner", in: Fäcke, Christiane. ed., 291-307.
ARNOUX, Elvira Narvaja de. 2004. „El castellano en América Latina y en Europa. Condiciones postcoloniales de una lengua pluricéntrica", in: Kremnitz, Georg & Born, Joachim.

edd. *Lenguas literaturas y sociedad en la Argentina. Diálogos sobre la investigación en Argentina, Uruguay y en países germanófonos. Actas del Coloquio* (Viena, 25-28 de marzo 2003). Wien: Praesens, 21-39.
ÁVILA, Raúl. 2001. „Los medios de comunicación masiva y el español internacional", in: Instituto Cervantes. ed. *El español en la sociedad de información. II. Congreso internacional de la lengua española.*
http://www.cervantes.es/sobre_instituto_cervantes/publicaciones_espanol/congresos_lengua/congreso_valladolid_2001.htm (15.01.17).
BIERBACH, Mechthild. 2000. „Spanisch – eine plurizentrische Sprache?", in: *Vox Romanica* 59, 143-170.
BORN, Joachim. 2004. „'No hace sentido' – Ein Sprachkonflikt neuer Art: opake Anglizismen und *español neutro* erobern das Internet", in: Döring, Martin & Osthus, Dietmar & Polzin-Haumann, Claudia. edd. *Medienwandel und romanistische Linguistik. Akten der gleichnamigen Sektion des XVIII. Deutschen Romanistentages Kiel, 28.9.-3.10.2003.* Bonn: Romanistischer Verlag, 75-89.
BORN, Joachim et al. edd. *Handbuch Spanisch. Sprache, Literatur, Kultur, Geschichte in Spanien und Hispanoamerika. Für Studium, Lehre und Praxis.* Berlin: Schmidt.
BRAVO GARCÍA, Eva. 2011. *El español internacional.* Madrid: Arco Libros.
FÄCKE, Christiane. 2011. *Fachdidaktik Spanisch. Eine Einführung.* Tübingen: Narr.
FÄCKE, Christiane. ed. *Manual of Language Acquisition.* Berlin/New York: De Gruyter.
FELICES, Ángel & IRIARTE, Emilio & NÚÑEZ, Emilia & CALDERÓN, Maria Ángeles. 2010. *Cultura y Negocios. El español de la economía española y latinoamericana.* Madrid: Edinumen.
GLEICH, Wolfgang. 2011. *Wirtschaftskorrespondenz Spanisch.* Stuttgart: Schmetterling.
GÓMEZ FONT, Alberto. 2012. „El español global en la prensa del siglo XXI", in: Lebsanft, Franz & Mihatsch, Wiltrud & Polzin-Haumann, Claudia. edd., 19-26.
GREUßLICH, Sebastian. 2015. „El pluricentrismo de la cultura lingüística hispánica", in: *Lexis* XXXIX (1), 57-99.
GUEVARA, Alejandro. 2013. *El Español neutro. Realización hablada. En audiovisuales, doblage, web y telemarketing.* Buenos Aires: Iberoamericana.
ILIESCU, Maria & SILLER-RUNGGALDIER, Heidi & DANLER, Paul. edd. *Actes du XXVe Congrès International de Linguistique et de Philologie Romanes. Innsbruck 2007.* Berlin/New York: De Gruyter,
KLOSS, Heinz. 1987. „Abstandsprache und Ausbausprache", in: Ammon, Ulrich & Dittmar, Norbert & Mattheier, Klaus. edd. *Sociolinguistics/Soziolinguistik.* Bd I. Berlin/New York: De Gruyter, 302-308.
KMK 2012: KULTUSMINISTERKONFERENZ. ed. *Bildungsstandards für die fortgeführte Fremdsprache (Englisch/ Französisch) für die Allgemeine Hochschulreife.*
http://www.kmk.org/fileadmin/veroeffentlichungen_beschluesse/2012/2012_10_18-Bildungsstandards-Fortgef-FS-Abi.pdf (15.01.17).
KNAUER, Gabriele. 2005. „Lengua y medios de comunicación étnicos: el caso del español de EE. UU. ", in: Noll, Volker & Neumann-Holzschuh, Ingrid & Zimmermann, Klaus. edd. *El español de América: Aspectos teóricos, particularidades, contactos.* Frankfurt a.M./Madrid: Vervuert/Iberoamericana, 133-150.

KOCH, Peter & OESTERREICHER, Wulf. 1985. „Sprache der Nähe – Sprache der Distanz. Mündlichkeit und Schriftlichkeit im Spannungsfeld von Sprachtheorie und Sprachgeschichte", in: *Romanistisches Jahrbuch* 36, 15-43.
KOCH, Peter & OESTERREICHER, Wulf. 2011. *Gesprochene Sprache in der Romania. Französisch, Italienisch, Spanisch.* Berlin/New York: De Gruyter.
KÖHLER, Heinz & WOLF, Renate & MARTÍN, María. 2003. *Éxito. Spanische Handelskorrespondenz.* Troisdorf: Eins-Kieser.
LAVRIC, Eva. 2012. „Unternehmenskommunikation", in: Born, Joachim et al. edd., 391-397.
LEBSANFT, Franz & MIHATSCH, Wiltrud & POLZIN-HAUMANN, Claudia. edd. 2012a. *El español, ¿desde las variedades a la lengua pluricéntrica?* Frankfurt a.M./Madrid: Vervuert/ Iberoamericana.
LEBSANFT, Franz & MIHATSCH, Wiltrud & POLZIN-HAUMANN, Claudia. 2012b. „Introducción: Variación diatópica, normas pluricéntricas y el ideal de una norma panhispánica", in: Lebsanft, Franz & Mihatsch, Wiltrud & Polzin-Haumann, Claudia. edd., 7-18.
LP Rh-P 2012: MINISTERIUM FÜR BILDUNG, WISSENSCHAFT, WEITERBILDUNG UND KULTUR. ed. *Lehrplan für das Fach Spanisch.* Mainz: Ministerium für Bildung, Wissenschaft, Weiterbildung und Kultur Rheinland-Pfalz.
LIPSKI, John. 2005. „El español de América: Los contactos bilingües", in: Cano, Rafael. ed. *Historia de la lengua española.* Barcelona: Ariel, 1117-1138.
LOPEZ MORALES, Humberto. 2006. *La globalización del léxico hispánico.* Madrid: Espasa Calpe.
LÜFFE, Anna Roberta. 2013. *Zur Perzeption des sogenannten español neutro: Eine Fallstudie zur audiovisuellen Translation.* München: Ludwig-Maximilian-Universität München (unveröffentlichte Magisterarbeit).
MATTHIESSEN, Sönke. 2012. „De 'chicas nuevas' y 'nuevas nenas': un análisis contrastivo. De la posición del adjetivo en el español europeo y americano", in: Lebsanft, Franz & Mihatsch, Wiltrud & Polzin-Haumann, Claudia. edd., 161-184.
MKBS 2004: MINISTERIUM FÜR KULTUS, BILDUNG UND SPORT BADEN-WÜRTTEMBERG. *Bildungsplan 2004. Allgemein bildendes Gymnasium.* Stuttgart: Reclam. 353-362.
MN 1765: RAMÍREZ, María Isabel. 2013. *Material para ser utilizado en cursos de español neutro.* Buenos Aires: Maisabé – Locutora Nacional MN 1765.
MOSCHNER, Meinhard. 1982. *Fernsehen in Lateinamerika. Strukturen und Widersprüche einer abhängigen Kulturproduktion unter besonderer Berücksichtigung der Entwicklungen in Kolumbien, Peru und Chile.* Frankfurt a.M.: Lang.
OESTERREICHER, Wulf. 2001. „Plurizentrische Sprachkultur – der Varietätenraum des Spanischen", in: *Romanistisches Jahrbuch* 51, 287-318.
PETRELLA, Lila. 1997. „El español 'neutro' de los doblajes: intenciones y realidades", in: *I° Congreso internacional de la lengua española. La televisión. Congreso de Zacatecas.* Buenos Aires: Centro Virtual Cervantes. http://cvc.cervantes.es/obref/congresos/zacatecas/television/comunicaciones/petre.htm (15.01.17).
PÖLL, Bernhard. 2012. „Situaciones pluricéntricas en comparación: el español frente a otras lenguas pluricéntricas", in: Lebsanft, Franz & Mihatsch, Wiltrud & Polzin-Haumann, Claudia. edd., 29-45.

POLZIN-HAUMANN, Claudia. 2005. „Zwischen *unidad* und *diversidad* – sprachliche Variation und sprachliche Identität im hispanophonen Raum", in: *Romanistisches Jahrbuch* 56, 271-295.

POLZIN-HAUMANN, Claudia. 2010. „À propos de la constitution de la norme dans l'enseignement des langues", in: Iliescu & Siller-Runggaldier & Danler. edd., 663-672.

POLZIN-HAUMANN, Claudia. 2012. „Standardsprache, Norm und Normierung", in: Born, Joachim et al. edd., 44-54.

SCHUMANN, Adelheid. 2009. „Förderung interkultureller Bildung und Kompetenzen", in: Grünewald, Andreas & Küster, Lutz. ed. *Fachdidaktik Spanisch. Tradition, Innovation, Praxis*. Stuttgart: Klett, 213-225.

SEGERMANN, Krista. 2014. „Foreign Language Teaching and Learning", in: Fäcke, Christiane. ed., 236-254.

SINNER, Carsten. 2010. „¿Es neutro el español neutro?", in: Iliescu & Siller-Runggaldier & Danler. edd., 707-716.

SINNER, Carsten. 2013. „Weltsprache", in: Herling, Sandra & Patzelt, Carolin. ed. *Weltsprache Spanisch. Variation, Soziolinguistik und geographische Verbreitung des Spanischen. Handbuch für das Studium der Hispanistik*. Stuttgart: ibidem, 3-26.

TEJERA, María Josefina. 2003. „La tercera norma del español de América", in: Moreno Fernández, Francisco et al. edd. *Lengua, variación y contextos. Estudios dedicados a Humberto López Morales*. Tomo 2. Madrid: Arco Libros, 861-873.

TORRENT-LENZEN, Aina. 2006. *Unidad y pluricentrismo en la comunidad hispanohablante. Cultivo y mantenimiento de una norma panhispánica unificada*. Titz: Lenzen.

Varietäten des Spanischen
in der Lehrerbildung

Pluralidad lingüística y cultural en la formación de profesores de E/LE: estado de la cuestión y desiderata

Agustín Corti & Bernhard Pöll

1. Introducción

En el *Handbook of Spanish Second Language Acquisition* (Geeslin 2014), se discute una variada gama de problemas relacionados con el aprendizaje del español; sin embargo, en sus 30 capítulos, el lector no encontrará ninguno sobre el tema de qué español enseñar (cf. Moreno Fernández 2002) en relación con qué contexto o, en términos más generales, sobre qué papel tiene la variación lingüística y normativa, así como cultural, en la enseñanza de Español como segunda lengua o lengua extranjera (E/LE).

Ello resulta tanto más sorprendente cuanto en los pasados quince años muchas publicaciones han llamado la atención sobre esta temática. Entre ellas destacan las actas del congreso de ASELE con el título *¿Qué español enseñar? Norma y variación en la enseñanza del español a extranjeros* (Martín Zorraquino & Díez Pelegrín 2000) y, claro está, los dos libros de Francisco Moreno Fernández: *Qué español enseñar* de 2002 – y su versión ampliada de 2010 – *Las variedades de la lengua española y su enseñanza*.[1] Los profesores de E/LE son sin duda unánimes en valorar la importancia de la elección de un modelo, de una norma meta para la enseñanza de una lengua hablada por más de 400 millones de personas. Si se toma en cuenta además el reclamo de establecer un contexto adecuado al uso real de la lengua, es decir, a su trasfondo cultural, la cuestión resulta más compleja y urgente.

En el siguiente artículo intentaremos señalar algunos puntos clave respecto a la decisión sobre la norma lingüística y sus implicaciones culturales teniendo en cuenta un grupo particular, el de los aprendientes que serán futuros enseñantes. Si bien nos referiremos por razones de concreción al marco normativo austríaco y al contexto germanohablante, consideramos que las siguientes reflexiones conciernen a la formación de profesores de Español en general. Respecto a la

---

[1] Cf. también para el caso estadounidense Lipski (2009) y Del Valle (2014).

norma lingüística, describiremos los diferentes modelos y contextos de aprendizaje y enseñanza, repasaremos después la normativa establecida por los planes de estudio a fin de determinar los puntos que requieren ser abordados en el futuro. Después analizaremos el modo en que la decisión sobre la norma lingüística incide sobre el contexto cultural en E/LE, repasando materiales y lineamientos curriculares. Nuestro aporte consiste en señalar nudos problemáticos no suficientemente aclarados y las tareas pendientes en la formación de profesores de E/LE que derivan de ellos.

2. Diferentes modelos en diferentes contextos de enseñanza y aprendizaje

La respuesta a la pregunta de qué modelo normativo es apropiado para la enseñanza de E/LE no se puede esbozar sin tomar en cuenta una serie de preguntas generales previas de las que, en última instancia, depende toda decisión:

1. ¿Dónde se enseña y aprende? ¿En un país de lengua española o en el extranjero?
2. ¿A qué grupo de aprendientes se destina la enseñanza? Por ejemplo: ¿son aprendientes que tienen un interés general en el aprendizaje y para quienes el uso del idioma extranjero en situaciones concretas está relegado a un segundo plano, o se trata de personas animadas por el deseo o la necesidad de comunicarse en el idioma extranjero, por motivos profesionales u otros?
3. ¿Quién dispensa la enseñanza? ¿Hablantes nativos o profesores que hablan el idioma como lengua extranjera?
4. ¿Qué nivel de conocimiento o dominio del idioma se intenta alcanzar?

En el caso concreto que nos interesa aquí, es decir, la enseñanza del español a futuros profesores de E/LE en los países de habla alemana, la situación se puede caracterizar de la siguiente manera:

1. La enseñanza se da en un espacio geográfico en el que la lengua meta no se habla como lengua materna o segunda lengua salvo en casos excepcionales.
2. Los aprendientes van a ser ellos mismos profesores de E/LE.

3. Los docentes universitarios pueden tener una proveniencia diversa: ser españoles de diversas regiones de la Península, hispanoamericanos y, también, no nativos.
4. Con vistas a los objetivos profesionales de los aprendientes, no cabe duda de que los conocimientos y destrezas en español deben llegar más allá del nivel C1 establecido por el *Marco Común Europeo de Referencia* (MCER).

En efecto, respecto al cuarto punto, hay que resaltar que el alumno que va a ser a su vez docente aprende el idioma extranjero no solamente para comunicarse con hablantes del idioma extranjero, sino que pretende ser también un modelo para otros aprendientes: es su pronunciación la que van a escuchar los alumnos con regularidad, es su manejo de las normas interaccionales el que los alumnos van a imitar, y es su imagen de la cultura meta la que los alumnos tendrán como punto de referencia.

Las normas de interacción implican de por sí el dominio de una de las variantes prestigiosas de la lengua meta en las situaciones que lo requieren. Si, para el aprendiente 'normal', el respeto de una norma estándar es un objetivo importante, en el caso del estudiante-futuro profesor, el dominio consistente – y lo más auténtico posible – de una de las normas estándar constituye un ideal que no se puede dejar de lado. No se trata sin embargo de una condición para poder ejercer la profesión, ya que no está legalmente prescrito.

La realidad es en este sentido compleja: al aprender el idioma con el fin de ser profesor, el alumno se encuentra en un campo de tensión entre varios modelos con los que se ve confrontado cotidianamente:

- en las clases de E/LE entra, real o potencialmente, en contacto con varios modelos, según el origen de los docentes;
- en los manuales se le propone, por lo general y en el marco del que estamos hablando, un español con un marcado tinte peninsular, sazonado con una pizca más o menos generosa de particularidades del español de América;[2]

---

[2] Es interesante señalar que esto tiene su paralelo en la postura del *Instituto Cervantes* respecto a la norma meta de la enseñanza E/LE: en su planes curriculares (1994, 2007), los

- en la realidad comunicativa, escucha y lee textos que siguen tanto la norma peninsular como las normas hispanoamericanas. A esto se añade una variedad a la que se recurre cada vez más en los productos mediáticos con vocación y alcance internacionales, el llamado "español neutro", a saber, una variedad conformada en base a usos muy difundidos – mayoritariamente hispanoamericanos – sin ostentar rasgos marcadamente nacionales (cf. Tejera 2003, Bravo 2011, Pöll 2012 y, en este volumen, Meisnitzer);
- en el uso de diccionarios bilingües se enfrenta a una pluralidad de normas que generalmente no puede distinguir y cuyo alcance normativo, muchas veces, no puede determinar.

A continuación nos fijaremos más detalladamente en lo que potencialmente se les ofrece a los alumnos en la clase de E/LE y en los desajustes que puedan resultar de la convivencia de los diferentes modelos que acabamos de exponer. Los modelos normativos que están presentes en las clases corresponden globalmente a la tipología tripartita propuesta por Moreno Fernández (2002, 80ss.).

Existe, primero, una norma peninsular, naturalmente representada por docentes españoles, actualizada por el uso real, según la fórmula de Moreno Fernández (2002, 80): "Castilla + Academia + modernidad cultural". Para los representantes de este modelo, no surgen problemas a la hora de trabajar con los manuales existentes: de hecho, lo que de hispanoamericano hay en los manuales, el docente puede agregarlo a su modelo. La fórmula sería entonces: "Castilla + Academia + modernidad cultural + americanismos".

En segundo lugar, existe la posibilidad, más potencial que real cuando se trata de profesores de origen hispanoamericano, de optar por "el español de mi tierra". Por supuesto, un modelo hispanoamericano regional debe orientarse por una de las grandes normas zonales (en el sentido de Gauger 1992), como por ejemplo México o el Río de la Plata. Si los profesores que adoptan algún modelo hispanoamericano trabajan con los manuales centrados en el uso peninsular pueden surgir problemas. Piénsese por ejemplo en un profesor que sigue un modelo rioplatense: mientras que en los manuales se insiste en la diferencia entre el pre-

---

contenidos lingüísticos se orientan por el español peninsular norteño y se da cabida, puntualmente, a las particularidades del español de América. Cf. también Moreno (2012).

térito perfecto indefinido y el compuesto, esta diferencia tiene poca vigencia u otros valores en el modelo del docente.

En tercer lugar, también se presenta la opción del "español neutro", denominado "español de Disneylandia" por Moreno Fernández. A pesar de que el "español neutro" ha ido convirtiéndose también en una variedad nativa (cf. Guevara 2013), se presta más para profesores de E/LE que tienen el español como lengua extranjera que para nativos. Tanto en el plano léxico como a nivel fónico, el español neutro diverge del modelo presente en los manuales.

Esta lista quedaría incompleta si no le añadiéramos un cuarto modelo, no por deseable, sino por constituir una realidad: se trata del "español inexistente". Este término, que tomamos prestado de Carmen Blanco (2000), alude al hecho de que la variedad de algunos hablantes no nativos – incluso profesores de E/LE – se compone de rasgos que no co-ocurren en la realidad idiomática, o sea, no hay hablantes nativos de dichas variedades. Sirva como ejemplo real aquel profesor germanohablante que combina en la variedad que practica el lleísmo, el seseo, un léxico más bien peninsular que americano y un tratamiento que concede al tuteo un espacio menos amplio que en el español peninsular. El modelo del "español inexistente" se puede observar a menudo en los estudiantes mismos, sobre todo si han pasado algún tiempo en un país hispanófono con rasgos muy marcados desde el punto de vista peninsular o panhispánico. Así, hay estudiantes que vuelven de un semestre en Argentina con una pronunciación rehilada del fonema /j/, pero siguen utilizando el tuteo y emplean para el tratamiento íntimo en plural el pronombre *vosotros*.

Este fenómeno nos lleva directamente a la pregunta de qué norma van a transmitir los alumnos/futuros profesores una vez concluidos sus estudios universitarios. En este contexto, conviene prestar atención a lo que se requiere de ellos por parte de las autoridades escolares. Finalmente, la pregunta crucial es si los formadores de profesores somos capaces de brindarles a los futuros profesores los conocimientos y capacidades para tomar decisiones fundamentadas sobre este punto. Y, por lo tanto, ¿en qué consisten dichos conocimientos y capacidades?

3. Modelos normativos en planes de estudio y manuales de E/LE

Por razones prácticas, nos limitaremos al contexto en el que trabajarán los futuros profesores que se forman en la universidad donde llevamos adelante nuestra docencia, es decir, la enseñanza de E/LE en la educación secundaria de Austria. Repasamos también tres manuales de didáctica publicados para la enseñanza del Español en el mundo germano.

Al leer los planes curriculares de los últimos decenios se advierte, claro está, la evolución de la didáctica de las lenguas extranjeras: el predominio de la gramática se ha sustituido por el objetivo central de la competencia comunicativa y la inclusión de las necesidades de los aprendientes. Por otro lado, en lo que a las normas lingüísticas se refiere, constatamos un claro retroceso: primero, las indicaciones respecto a la norma son escasas o están implícitas en otras metas, y segundo, en el plan curricular actualmente en vigor se trata a los idiomas extranjeros de manera unitaria. Los dos aspectos pueden ilustrarse mediante la disposición relativa a la pronunciación, que representa la única frase del texto en que aparece la palabra *estándar*:

> Lautwahrnehmung, Aussprache und Intonation sind in dem Maße zu schulen, wie sie eine in der Zielsprache angemessene Verständigung gewährleisten. Eine Annäherung der Aussprache an die Standardaussprache ist zwar wünschenswert, darf jedoch nicht zur Überforderung der Schülerinnen und Schüler führen.
>
> (*Lehrplan Lebende Fremdsprache*, 3)

No vamos a profundizar aquí en la dificultad que conlleva subordinar la corrección fonética al objetivo de la comunicación lograda; baste con subrayar que los autores de este texto aparentemente no estaban conscientes de – o no creyeron que tuviera ninguna relevancia – que idiomas como el inglés o el español tienen varios sistemas legítimos de pronunciación y que hace falta tomar una decisión al respecto.

Además, resulta evidente que los autores del texto adoptan una postura monocéntrica: en el párrafo dedicado a la adquisición de competencias sociolingüísticas ("Erwerb soziolinguistischer Kompetenzen", *Lehrplan*, 3) se alude a las variedades nacionales, y el tratamiento que se les debe dar consistirá en integrarlas selectivamente en las actividades destinadas a desarrollar la comprensión oral: "Nationale Sprachvarietäten sind exemplarisch in den Fertigkeitsbereich Hörverstehen zu integrieren" (*Lehrplan*, 3).

De este modo, las variedades nacionales están subordinadas a una hipotética norma supranacional que sirve de "techo" y referencia única. Si comparamos el plan curricular actual con el anterior, elaborado a finales de los años 80, nos encontramos ante una situación paradójica: en aquella época sí se mencionaban explícitamente las diferentes normas. Se estipulaba que el modelo de pronunciación "soll eine der gesprochenen Standardsprachen spanischsprechender Länder sein" (*Lehrplan-Service* 1990, 273).[3]

Así, mientras que el mundo hispano se convierte cada vez más en un comunidad lingüística pluricéntrica, las autoridades escolares se han alejado de este modelo y proponen, para todos los idiomas enseñados en los institutos, una visión incompatible con la realidad sociolingüística. Para el español ello significa que de un modelo que legitima tanto el "español de mi tierra" (en la terminología de Moreno Fernández) como el español peninsular norteño hemos pasado a una situación en la que se privilegia un estándar suprarregional que no se define.

Partiendo de esta base legal, la concientización en cuanto a las cuestiones normativas cobra una importancia central en la formación de los futuros profesores de E/LE, tanto más cuanto que los manuales de didáctica de E/LE publicados en el mundo germanohablante o no tratan el tema o adoptan una posición ambigua. Fäcke (2011) y Thiele (2012) no tematizan las diferentes normas del español; Bade (2009, 319) alude a esta problemática: en un capítulo intitulado "Preguntas frecuentes (FAQ) von Studierenden und Referendaren" y respecto a la pregunta de si el profesor tiene el derecho de utilizar exclusivamente el español americano ("*das* lateinamerikanische Spanisch", la cursiva es nuestra) el autor les aconseja a los estudiantes o futuros profesores en período de prácticas que integren los elementos del español peninsular (por ej. la forma de la segunda persona de plural) no solo en los textos y ejercicios con los que se trabaja, sino también en su propio uso del idioma en clase. Ello equivale a proponer una mezcla de normas, o sea, el "español inexistente".

---

[3] Esta exigencia se repite en otro contexto en la misma página.

4. Desiderata en la formación de profesores de E/LE

En cuanto al papel de la lingüística en la formación de profesores de E/LE, la variación diatópica del español se suele presentar, aún en el siglo XXI, desde una perspectiva peninsular: los lingüistas les explicamos a nuestros estudiantes los rasgos del español hablado fuera de España del mismo modo como los docentes de E/LE lo hacen acorde a los manuales, es decir, "en cómo difiere del 'castellano estándar'" (Beaven & Garrido 2000, 187). Bien es verdad que los manuales y diccionarios que aconsejamos a los alumnos reflejan la variación del español, pero la legitimidad de los usos no peninsulares – o sea, el pluricentrismo – queda muchas veces oculta. Obviamente la presentación "como algo diferente" implica de por sí misma un juicio de valor.

Conscienciar a los futuros profesores presupone brindarles informaciones fiables en las diferentes asignaturas lingüísticas y desarrollar una estrategia conjunta con los profesores de lengua del ámbito universitario. A nuestro modo de ver, de entre los contenidos lingüísticos imprescindibles en la formación de profesores destaca la variación lingüística en todas sus dimensiones, tanto en la lengua que los alumnos están aprendiendo como en su propio idioma. Una larga experiencia en la enseñanza universitaria nos muestra que no logramos por completo nuestros objetivos.

Para dar un ejemplo concreto: en los exámenes de final de carrera se les ha presentado últimamente a los candidatos la siguiente foto (fig. 1):

Fig. 1: Cartel publicitario en la ciudad de Managua (foto: Bernhard Pöll)

La tarea propuesta consiste en:
- comentar, desde el punto de vista lingüístico, la frase que se puede leer en este letrero publicitario,
- emitir una hipótesis sobre el lugar donde se encuentra y
- analizar y valorar desde una perspectiva normativa la morfología verbal de la frase.

Los estudiantes que se ven confrontados con esta tarea han asistido a cuatro o cinco clases dedicadas exclusivamente a la lingüística del español. Sin embargo, en no pocos casos, el resultado de esta parte de la prueba es un rotundo fracaso, algunas veces en las tres consignas. Si estudiantes de E/LE que aspiran al profesorado no son capaces, al final de su carrera, de reconocer la morfología del voseo, de enumerar países voseantes y de explicar que el voseo es un rasgo del habla culta en unos países y un rasgo marcado en otros, no cumplen con una de las exigencias que define el Instituto Cervantes para los profesores de E/LE (Instituto Cervantes 2012, 13): ser "consciente[s] de las variedades de uso de la lengua que enseña[n]" para estar en condiciones de "hacer consciente al alumno de esa realidad".

Ante esta situación, que se caracteriza por una formación lingüística insuficiente, no podemos seguir transmitiéndoles a nuestros estudiantes contenidos con escasa relevancia para el perfil profesional[4], en detrimento de otros, más centrales y urgentes para su futura labor profesional.

5. La relación entre norma lingüística y cultura

Al abordar el tema de la cultura en conjunto con la norma lingüística resalta también el silencio respecto al tema en lo que concierne al ámbito de E/LE. Se podría objetar que la cuestión de la norma lingüística y la adquisición de la lengua extranjera en sus diferentes competencias resulta suficientemente compleja como para ocuparse de un componente que tal vez es posible tratar aparte de la decisión sobre la norma lingüística. Una afirmación de este tipo resulta problemática en al menos tres aspectos:

---

[4] Por ejemplo: los últimos avances de la Gramática Generativa (Programa Minimalista) o la dialectometría.

- En primer lugar, postular la independencia de *norma lingüística* y *cultura* olvida los aspectos extralingüísticos que cumplen un papel determinante en la decisión sobre la norma lingüística, sea el prestigio otorgado a una cultura sobre otra, sea la utilidad asociada a fines específicos.
- En segundo lugar, la idea de cultura en el aprendizaje y enseñanza de E/LE está de hecho fuertemente determinada por la norma lingüística elegida. Ejemplificaremos este aspecto en base a dos textos de diferente calado, la nueva versión del manual *Aula Internacional* (Corpas et al. 2013) y el *Plan Curricular del Instituto Cervantes* (2007).
- En tercer lugar, se estaría dando paso *nolens volens* a una visión neutra de la realidad cultural, insostenible desde cualquier visión actual sobre el fenómeno de la cultura.

Antes de desarrollar estos tres aspectos, conviene aclarar que por contenidos culturales o socioculturales comprendemos aquí cualquier interpretación de hechos o textos que poseen un significado en diversos niveles simbólicos, ya sean referentes integrados en una visión del mundo, saberes determinados o habilidades relacionadas con comportamientos y actitudes. No se pretende exhaustividad, sino brindar una versión – algo vaga tal vez – hermenéutica de la cultura a fin de poder aclarar ciertas características de la enseñanza del español.[5]

Las razones extralingüísticas que determinan la elección de la norma poseen relevancia en el contexto abierto por la pragmática lingüística a la enseñanza de lenguas. Si todo acto lingüístico solo tiene sentido en un contexto, la explicación de este contexto resulta clave para la comprensión de cualquier enunciado. Por lo tanto, la enseñanza y el aprendizaje de idiomas tienen como tarea también la apropiación de los conocimientos necesarios para comunicarse en los diferentes contextos. Estos conocimientos se caracterizan como culturales. Para observar este modelo en el caso del español, si elijo una norma peninsular, es natural que me refiera a los contextos culturales que hacen posible la comunicación en el contexto de esa norma y, por lo tanto, a la cultura peninsular. Bajo esta premisa los contenidos culturales se asocian directamente a una norma lingüística. Esta cultura asociada cumple igualmente un papel normativo. El problema radica en

---

[5] Una versión similar, sin el componente hermenéutico, maneja el mismo *Plan Curricular del Instituto Cervantes*.

que esta normatividad actúa *de facto* y sin mediar reflexión en la enseñanza de lenguas.[6]

6. De la norma lingüística a la cultura

El segundo aspecto se deriva del primero y puede verse con mayor o menor conciencia en los materiales a disposición de los docentes o los producidos por estos mismos. En la última versión del manual *Aula Internacional 1* (Corpas et al. 2013) se encuentra la elección de una norma lingüística peninsular y la presencia de elementos socioculturales tanto de España como de Hispanoamérica. Es fácil descubrir sin embargo que la perspectiva desde la cual se presentan los contenidos culturales es sobre todo peninsular. Para dar un ejemplo, en la unidad 7 se trata el tema de la comida y se plantea como una meta a nivel léxico el conocimiento de "in Spanien übliche Speisen und typische Speisen der spanischsprachigen Welt" (2013, 82). Mientras que la comida en España recibe un trato neutral, los platos de Hispanoamérica reciben el epíteto de "typische lateinamerikanische Speisen", asociados fuertemente a países.

Si bien la nueva versión de *Aula* persigue una visión global de la cultura del español, casi siempre se trata de una integración o un complemento que toma como punto de partida una cultura de corte ibérico. Esta posición puede constatarse por un lado en la prolijidad con la que se exponen aspectos de ciertas regiones de España, así como en la constante referencia a países de América (2013, 36-37). Los pares conceptuales que funcionan como términos de comparación suelen ser: España-Hispanoamérica y regiones de España-países de Hispanoamérica. Como se ve, existe un cierto desfasaje conceptual deudor de la decisión sobre dicha perspectiva.

El *Plan Curricular del Instituto Cervantes* (Instituto Cervantes 2007), por su parte, se presenta en su última versión de 2007 como una descripción de los niveles de referencia para el español en cuanto desarrollo del MCER. El *Marco* está centrado fundamentalmente en las lenguas europeas e invita a su especifica-

---

[6] Schumann (2009, 215) subraya el papel de mediador cultural que cumple la lengua y la necesidad de conocer las características particulares asociadas a una lengua. En otro contexto (2009, 224) se refiere a la dificultad de la elección de temas en un ámbito tan amplio como el hispanohablante. Fäcke (2011, 52) resalta por su parte que con el paradigma intercultural las capacidades ("Können") le roban terreno a los conocimientos declarativos ("Wissen").

ción para las realidades de las lenguas de Europa, lo que explícitamente intenta realizar el *Plan Curricular*:

> En este sentido, los Niveles de referencia para el español se hacen eco de la petición del MCER de que se desarrolle, para cada lengua nacional y regional europea, el material lingüístico necesario en relación con los descriptores que caracterizan las competencias comunicativas de los alumnos en los diferentes niveles, así como las especificaciones que correspondan a las competencias generales.
>
> (Instituto Cervantes 2007, Introducción general)

Una de las novedades de la última versión del *Plan Curricular* radica en la expansión del aspecto cultural: "Tratamiento amplio y matizado de los aspectos culturales, socioculturales e interculturales: conocimientos generales sobre la sociedad y los productos culturales de España y de los países hispánicos." Desde su perspectiva europea, el *Plan Curricular* contiene una tabla de conocimientos enciclopédicos, en la que se pueden encontrar desde características geográficas o históricas generales hasta medios de transporte locales de todo el mundo hispánico. En el inventario de saberes y comportamientos socioculturales, solo existen descripciones correspondientes a España. La razón brindada es la incapacidad de dar un "conocimiento de primera mano", tal como "requieren los aspectos que constituyen la vida cotidiana, los usos y las costumbres, el estilo de vida, etc." En el documento se propone por ello que los contenidos de otros lugares se agreguen en un "segundo nivel de concreción curricular" mediante proyectos. La argumentación se basa aquí en una oposición *enciclopédico* (accesible universalmente) y *comportamiento sociocultural* (accesible únicamente a través de una experiencia de primera mano).

La clara y definida posición peninsular – asociada al país España – considera los aspectos culturales y socioculturales del mundo hispánico como la posibilidad de una suma.[7] Se trata de un agregado de aspectos culturales integrable desde la perspectiva europea propuesta. Es decir, el énfasis radica en la cantidad, en la posibilidad de acceder a ella o no, pero no en la perspectiva. Se propone aquí

---

[7] Del Valle (2014, 364) resalta la tensión entre unidad normativa y adaptabilidad intercultural del *Plan Curricular* como uno de los principales aspectos de la nueva política lingüística del panhispanismo que embandera el Instituto Cervantes. Su conclusión es que la decisión sobre la norma debe formar parte del currículo e integrar el aspecto ideológico del que no puede escapar. En ningún modo debe tratarse como algo neutro.

un modelo discursivo integrador de acceso a la cultura que no se justifica del todo que se da por supuesto.

7. La normatividad de la cultura

El tercer punto radica justamente en el postulado implícito de una visión neutra de la cultura del español independiente de la adopción de una norma lingüística determinada. No se trata aquí de invalidar una visión de la cultura y proponer otra, es decir, rechazar esta perspectiva ibérica y adoptar una, digamos, caribeña. Kramsch (1998) y Risager (2006) han destacado al respecto que la relación entre cultura y lengua debe analizarse en varios niveles. Cuando se presenta la cultura del mundo hispano, suele partirse de una realidad lingüística que se expande hacia la cultura, como hemos visto antes. La cultura del español es así la cultura de los países donde se habla español o, en una versión más matizada, de los sitios en los que se habla la lengua. Con este movimiento conceptual se está dejando sin embargo de lado un aspecto central de la cultura, que es su carácter discursivo. La unidad, en este nivel, no existe ni a nivel de la norma lingüística ni de su par asociado, la cultura.

No es el caso, como lo sugiere el argumento que se podría denominar *falacia pragmática*, que de una realización lingüística – acorde a la norma – podamos inferir una práctica cultural que tenga el mismo valor normativo que en el nivel lingüístico. Más interesantes a fin de pensar la cultura en relación con la norma lingüística son – como también ha señalado Risager (2006) – las relaciones internas entre una particular realización de una lengua y ciertos aspectos semánticos y pragmáticos. Si se pregunta "¿Cómo es tu piso?", la respuesta puede ser muy diversa e ir desde la descripción de un color o una forma referida al suelo ('Boden') hasta la descripción de todos los apartamentos de una planta ('Etage') o de las características de la propia vivienda ('Wohnung'). La congruencia semántica y pragmática (cf. Risager 2006, 164ss.) existente en una de las realizaciones no se puede expandir a otra de las variantes sino en un segundo paso, necesariamente discursivo. En una lengua pluricéntrica como el español, el hecho de que el aprendiente adquiera una variante va unido a cierta coherencia pragmática con los contenidos de alguna cultura determinada. Cuando comparamos y agregamos significados y prácticas, como decíamos antes refiriéndonos a la norma lingüística, nos movemos dentro de un marco discursivo determinado y, por lo tanto, fuera de toda neutralidad. Se rompería así la unidad postulada para las culturas del español en relación con la lengua. Pero no porque la cultura sea un reflejo de la norma, que constituye una abstracción; porque así tendríamos tantas culturas del español como normas lingüísticas, sino por la necesaria perspectiva desde la cual se interpreta el diverso mundo del español.

La cultura cumple en este sentido por sí misma un papel normativo, sobre todo en el aula de E/LE. Este aspecto, dejado de lado demasiado a menudo en el ámbito de la formación de profesores, es básico para el desarrollo de la comprensión de la cultura de la lengua que se quiere primero aprender y luego enseñar. Como señalábamos antes, los aprendientes que serán enseñantes acceden en el contexto germanohablante por lo general a la cultura del español, como a la lengua, no desde una posición de hablantes de lengua materna, sino como hablantes de otra lengua. No se trata de una cultura que pueda describirse con los mismos mecanismos que se utilizan para participar en una cultura de manera interna. La situación en la que se encuentran los aprendientes es ciertamente anómala, ya que su participación en dicha cultura es por un lado pasiva y, por otro, constructiva en cuanto interpretación.[8] El papel de los futuros profesores es activo en cuanto a la interpretación y, por lo tanto, determinación de una imagen de la cultura, pero pasivo en cuanto a la conformación interna de dicha cultura. Y este aspecto debe tenerse en cuenta, ya que la meta de estos aprendientes no es únicamente la de un hablante intercultural que tenga como meta comunicarse directamente con los hablantes de lengua materna. El lugar institucional y la función son otros. Esta conclusión no pretende minimizar el valor de la competencia intercultural comunicativa, sino dar voz a la complejidad mayor y la disparidad de las metas que presenta la formación de profesores en dicho ámbito. Es sabido que las metas de los aprendientes que pretenden ser enseñantes de idioma difieren de las metas comunicativas usuales de otros aprendientes, porque cubren un campo mayor. Señalábamos anteriormente que el futuro enseñante no solo adopta un modelo, sino que también promueve un modelo. En el caso

---

[8] Hannerz (1992, 14) afirma respecto a la distribución de la cultura: "[T]here are meanings, and meaningful forms, on which other individuals, categories, or groups in one's environment somehow have a prior claim, but to which one is somehow yet called to make a response."

de la cultura no está necesariamente unido a la lengua. En el plano discursivo, la cultura podría tratarse perfectamente en otra lengua, en el ámbito que nos compete, por ejemplo, en alemán.

No obstante, puede seguir funcionando a este nivel como un marco normativo, por ejemplo, asociando el español a España y sus costumbres. El vínculo entre norma lingüística y norma cultural no es necesario, sino que se trata de un vínculo establecido a nivel discursivo. Para poner un ejemplo: puedo llevar adelante el experimento mental de traducir al alemán la unidad de *Aula Internacional 1* mencionada anteriormente; la perspectiva elegida por el libro, es decir, la narrativa, seguirá existiendo independientemente de que ahora dichos contenidos estén presentados en otra lengua. Desaparece la coherencia semántico-pragmática asociada a las realizaciones de la lengua, el nivel micro, pero no el nivel macro de la estructura discursiva.

Esta perspectiva se refleja en la posición de muchos estudiantes. A modo de ejemplo citaremos una encuesta realizada en un grupo de traducción inversa (alemán-español) con el fin de evaluar su percepción de la relación entre elementos gramaticales y norma lingüística.[9] A una pregunta sobre la variedad normativa utilizada en la traducción de una oración determinada, nueve estudiantes respondieron que su uso se basaba en la norma peninsular española (sin mayor precisión). Una respuesta rezaba que había utilizado la "norma latinoamericana" debido al uso verbal (imperfecto e indefinido en lugar de perfecto compuesto). En cuanto a la relación entre contenidos y norma lingüística, se expresaba en una respuesta: "Si el texto habla de personas de Argentina, no voy a traducir al español estándar." Para la mayoría de los encuestados, la decisión sobre la norma resultaba decisiva a fin de lograr claridad en el texto a nivel semántico, es decir, la norma está directamente unida al contexto y a la semántica, pero de forma poco clara.

El ejemplo pretende resaltar por un lado la preeminencia de la elección de una norma peninsular – aunque dicha elección no resulte coherente en su realización – que se considera estándar y la inseguridad existente al tratar conjuntamente norma y cultura. Es decir, si se pretende asociar la cultura a una cierta norma

---

[9] La misma se realizó entre nueve estudiantes avanzados de Filología Románica de la Universidad de Salzburgo.

lingüística, debo imponer los matices necesarios para que este presupuesto no me lleve al absurdo de pensar que no puedo hablar de contenidos culturales o socioculturales de Argentina si no es utilizando una norma rioplatense del español.

Las normativas de los planes curriculares no ayudan aquí más que en la cuestión de la norma lingüística. El elemento cultural sí ocupa un lugar preponderante en los planes de estudio, sobre todo en el fomento de la interculturalidad. Se promueve la sensibilización de los alumnos respecto a la variedad lingüística y la comprensión de sus culturas, presuponiendo que el docente sabrá elegir el material adecuado y guiar la interpretación con vistas a una conciencia intercultural.[10] Señalábamos anteriormente que en el plan se trata a las lenguas en conjunto, lo que en primer lugar opaca las diferencias internas que puedan existir en una lengua pluricéntrica como el español o lo transforma en una multiplicidad de lenguas y culturas. La decisión a la hora de mediar sobre esta cultura queda del lado de los docentes, es decir, yace en las competencias que estos profesores hayan podido adquirir durante su formación.

8. Conclusión

De la argumentación precedente se deriva nuestra creencia de que, por un lado, la norma lingüística debe estar presente en la formación de profesores y por otro, que es básico desatar el nudo existente sobre la relación entre norma y cultura desde una conceptualización del uso de la norma lingüística en clase de E/LE y desbrozando los niveles en los que una lengua pluricéntrica despliega sus culturas.

Entre los contenidos lingüísticos imprescindibles del currículum destaca la variación diatópica, y sobre todo su vinculación indisociable con las otras dimensiones de la variación: las cuestiones de prestigio, de estigma, de estandarización y de emergencia de *hablas cultas*. Algo análogo vale para el caso de la cultura: si no se es consciente del carácter discursivo de la cultura y de los niveles en los que esta interactúa con la norma lingüística de una lengua pluricéntrica, la enseñanza del español se transforma en tanteo de ciegos. Pero, por otro

---

[10] *Lehrplan Lebende Fremdsprache*, 3. Una posición análoga toma el documento del Instituto Cervantes (2012, 19).

lado, debe tomarse en cuenta seriamente la situación que prevalece en la comunidad de origen de los estudiantes y su relación con la lengua y cultura metas. Modificando doblemente la conocida frase de Goethe podemos decir que "Quien no conoce la situación sociolingüística y cultural de su propia lengua, difícilmente podrá entender la de otras lenguas."

Referencias bibliográficas

BADE, Peter. 2009. „Preguntas frecuentes (FAQ) von Studenten und Referendaren", in: Grünewald & Küster. edd., 317-324.
BEAVEN, Tita & GARRIDO, Cecilia. 2000. „El español tuyo, el mío, el de aquél... ¿Cuál para nuestros estudiantes?", in: Martín Zorraquino & Díez Pelegrín. edd., 181-190.
BLANCO, Carmen. 2000. „El dominio del concepto de norma como presupuesto del profesor de ELE", in: Martín Zorraquino & Díez Pelegrín. edd., 209-216.
BRAVO GARCÍA, Eva. 2011. „El español internacional: valoración actual y usos específicos", in: Congosto Martín, Yolanda & Méndez García de Paredes, Elena. edd. *Variación lingüística y contacto de lenguas en el mundo hispánico. In memoriam Manuel Alvar.* Madrid/ Frankfurt: Iberoamericana/Vervuert, 49-71.
CORPAS, Jaime et al. 2013. *Aula Internacional 1.* Stuttgart: Klett.
DEL VALLE, José. 2014. „The Politics of Normativity and Globalization: Which Spanish in the Classroom?", in: *The Modern Language Journal* 98/1, 358-372.
FÄCKE, Christiane. 2011. *Fachdidaktik Spanisch: eine Einführung.* Tübingen: Narr.
GAUGER, Hans-Martin. 1992. „Sprachbewußtsein im spanischen Lateinamerika", in: Reinhard, Wolfgang & Waldmann, Peter. edd. *Nord und Süd in Amerika. Gemeinsamkeiten – Gegensätze – Europäischer Hintergrund.* Vol. 1. Freiburg: Rombach, 506-520.
GEESLIN, Kimberley L. ed. 2014. *The Handbook of Spanish Second Language Acquisition.* Chichester: Wiley.
GRÜNEWALD, Andreas & KÜSTER, Lutz. edd. 2009. *Fachdidaktik Spanisch: Tradition, Innovation, Praxis.* Stuttgart: Klett.
GUEVARA, Alejandro. 2013. „Aprender español neutro". Vídeo disponible en: https://www.youtube.com/watch?v=rq8g4pcux4E (15.01.17).
HANNERZ, Ulf. 1992. *Cultural complexity.* New York: Columbia University Press.
INSTITUTO CERVANTES. 2007. *Plan Curricular del Instituto Cervantes.*
http://cvc.cervantes.es/ensenanza/biblioteca_ele/plan_curricular/ (15.01.17).
INSTITUTO CERVANTES. 2012. *Las competencias clave del profesorado de lenguas segundas y extranjeras. Instituto Cervantes.*
http://cfp.cervantes.es/imagenes/File/competencias_profesorado.pdf (15.01.17).
KRAMSCH, Claire. 1998. *Language and Culture.* Oxford: Oxford University Press.
LEHRPLAN-SERVICE 1990: *Französisch/Spanisch Kommentar.* Oberstufe. Wien, ÖBV/Jugend und Volk.
LEHRPLAN LEBENDE FREMDSPRACHE: *Lehrplan Lebende Fremdsprache (Erste, Zweite) (Englisch, Französisch, Italienisch, Russisch, Spanisch, Tschechisch, Slowenisch, Bosnisch/ Kroatisch/Serbisch, Ungarisch, Kroatisch, Slowakisch, Polnisch).*

https://www.bmbf.gv.at/schulen/unterricht/lp/lp_ahs_os_lebende_fs_11854.pdf?4dzgm2 (15.01.17).
LIPSKI, John M. 2009. „Which Spanisch(es) to Teach?", in: *ADFL Bulletin* 41/2, 48-59.
MARTÍN ZORRAQUINO, María Antonia & DÍEZ PELEGRÍN, Cristina. edd. 2001. *¿Qué español enseñar? Normas y variación lingüísticas en la enseñanza del español a extranjeros*. Zaragoza: Universidad de Zaragoza.
http://cvc.cervantes.es/ensenanza/biblioteca_ele/asele/asele_xi.htm (15.01.17).
MORENO FERNÁNDEZ, Francisco. 2002. *Qué español enseñar*. Madrid: Arco Libros.
MORENO FERNÁNDEZ, Francisco. 2010. *Las variedades de la lengua española y su enseñanza*. Madrid: Arco Libros.
MORENO FERNÁNDEZ, Francisco. 2012. „Der Umgang des Instituto Cervantes mit den Varianten des Spanischen", in: Cichon, Peter & Ehlich, Konrad. edd. *Eine Welt? Sprachen, Schule und Politik in Europa und [sic] anderen Kontinenten*. Wien: Praesens, 95-103.
PÖLL, Bernhard. 2012. „Situaciones pluricéntricas en comparación: el español frente a otras lenguas pluricéntricas", in: Lebsanft, Franz & Mihatsch, Wiltrud & Polzin-Haumann, Claudia. edd. *El español, ¿desde las variedades a la lengua pluricéntrica?* Frankfurt/Madrid: Vervuert/Iberoamericana, 29-45.
RISAGER, Karen. 2006. *Language and Culture*. Clevedon: Multilingual matters.
SCHUMANN, Adelheid. 2009. „Förderung interkultureller Bildung und Kompetenzen", in: Grünewald & Küster. edd., 213-225.
TEJERA, María Josefa. 2003. „La tercera norma del español de América", in: Moreno Fernández, Francisco et al. edd. *Lengua, variación y contexto. Estudios dedicados a Humberto López Morales*. Vol. II. Madrid: Arco Libros, 861-873.
THIELE, Sylvia. 2012. *Didaktik der romanischen Sprachen. Praxisorientierte Ansätze für den Französisch-, Italienisch- und Spanischunterricht*. Berlin: De Gruyter.

Das Spanische und seine Varietäten aus der Sicht zukünftiger Fremdsprachenlehrerinnen und -lehrer: Überlegungen zur Lehrerausbildung

Christina Reissner

Die technologischen, gesellschaftlichen und sozialen Veränderungen der letzten Jahrzehnte wirken sich in vielen Lebensbereichen aus. Insbesondere die weltumspannenden Kommunikationswege und die veränderten individuellen Mobilitätsmöglichkeiten bergen neue Potentiale, aber ebenso Problemfelder und Herausforderungen. So hat sich auch die Wahrnehmung und Bedeutung der spanischen Sprache mit ihrer weiträumigen geographischen Verbreitung und ihren vielfältigen Varietäten in den letzten Jahrzehnten verändert und von einer ursprünglich europäischen hin zu einer eher gesamthispanischen Perspektive entwickelt; das Spanische wird nicht mehr nur in der fachwissenschaftlichen Forschung als komplexes Gefüge wahrgenommen, zu dem es sich im Laufe jahrhundertelanger Sprachwandelprozesse entwickelt hat.

Dennoch bleibt eineinhalb Dekaden nach der von Martín Zorraquino & Díez Pelegrín (2001) und Moreno Fernández (2000) aufgeworfenen Frage *¿Qué español enseñar?* die Fragestellung für das pädagogische Handlungsfeld Schule und den Sprachunterricht aktuell. Noch immer wird den Varietäten des Spanischen im deutschen Spanischunterricht häufig nur eine eher marginale Bedeutung beigemessen, die ihre Bedeutung in der Realität bei Weitem nicht in angemessenem Maße widerspiegelt.

Die spanische Sprache als offizielle Sprache der Vereinten Nationen, der Europäischen Union und weiterer internationaler Institutionen ist eine wichtige internationale Verkehrssprache und wird aktuell von mehr als 500 Millionen Menschen gesprochen (Instituto Cervantes 2013). Damit liegt sie (je nach Quelle, vgl. z.B. Kabatek & Pusch 2009, 5, Sinner 2009,3) an dritter bzw. vierter Stelle weltweit; die europäischen Muttersprachler des Spanischen machen davon nicht einmal 10% aus.

Dennoch ist nach wie vor der Standard des peninsularen Spanischen vielfach der Maßstab und die Norm, die dem Unterricht und auch offiziellen Prüfungen wie etwa den *diplomas de español como lengua extranjera* (DELE) zugrunde liegt; allerdings deuten sich aktuell auch hier erste Veränderungen an, wie etwa das argentinische Zertifikat CELU (vgl. den Beitrag von Moser im vorliegenden Band) belegt. Allmählich sind allenthalben Tendenzen zu beobachten, die auf einen bewussteren Umgang mit dem Varietätenreichtum des Spanischen und insbesondere die steigende Akzeptanz der hispanoamerikanischen Varietäten und Standards schließen lassen. So hat sich auch die *Real Academia Española* (RAE) als Sprachpflegeinstitution, die seit mehr als zwei Jahrhunderten maßgeblich die Belange des Spanischen lenkt, spätestens seit der Gründung der *Asociación de Academias de la Lengua Española* (ASALE) im Jahre 1951 den Fragen einer panhispanischen Perspektive geöffnet. Den entscheidenden Schritt zur Sichtbarmachung dieser Öffnung machte die *Ortografía de la lengua española* im Jahre 1999, an der erstmals offiziell die 21 Akademien Lateinamerikas mitarbeiteten. Seither wurden zahlreiche Werke von RAE und ASALE gemeinsam erstellt, die *Nueva gramática de la lengua española* aus dem Jahre 2009 steht ausdrücklich unter dem Motto „unidad en la diversidad".[1] Seither verschreibt sich die RAE der Einheit des Spanischen in der reichhaltigen Vielfalt seiner Varietäten und propagiert dies auch deutlich in ihrer Außendarstellung (vgl. z.B. Augustin 2015, 37f, Schumann 2011, 65).

Vor dem Hintergrund der Schlüsselrolle des Spanischen in der Welt werden im Folgenden zunächst die curricularen Vorgaben erörtert, die den institutionellen Rahmen für die Spanischvermittlung im deutschen Schulsystem vorgeben. Die Einstellungen von Studierenden des Spanischlehramts, wie sie sich in einer exemplarischen Fragebogenerhebung an der Universität des Saarlandes darstellen, bilden anschließend den Ausgangspunkt für Überlegungen, an welchen Punkten die Lehrerausbildung ansetzen kann, um die Thematik der Plurizentrik deutlicher in den Fokus der Studierenden zu rücken – denn ihnen kommt eine zentrale Rolle für die zukünftige Gestaltung des Spanischunterrichts zu. Schließ-

---

[1] Einen umfassenden Überblick gibt die Chronologie der Aktivitäten und Publikationen für das 21. Jahrhundert auf der Webseite der RAE unter:
http://www.rae.es/la-institucion/politica-panhispanica/siglo-xxi (15.01.17).

lich wird anhand des Referenzrahmens für Plurale Ansätze (RePA 2009) erörtert, wie die verschiedenen Dimensionen der Plurizentrik als Grundlage für die Herausbildung von Varietätenkompetenz im Spanischunterricht genutzt werden können.

1. Rahmenbedingungen für den Spanischunterricht in Deutschland

1.1 Europarat und Kultusministerkonferenz

Der institutionelle Rahmen für den Fremdsprachenunterricht in Deutschland wird durch übergeordnete Vorgaben bestimmt. Dazu gehört zunächst der allgemeine Grundsatz einer auf Diversität, Sprachenreichtum und Mehrsprachigkeit ausgerichteten Politik, die durch Europarat und EU vorangetrieben wird.

Vor diesem Hintergrund wurden mit dem Gemeinsamen Europäischen Referenzrahmen für Sprachen und Kulturen (GeR 2001) allgemeine Richtlinien für das Sprachenlernen in Europa entwickelt. Sie haben sich als gemeinsamer Bezugsrahmen für die Entwicklung von Lehrplänen und Curricula in Deutschland wie in ganz Europa durchgesetzt.[2] Neben den linguistischen und pragmatischen Kompetenzen widmet der GeR der soziolinguistischen Kompetenz, die zur „Bewältigung der sozialen Dimension des Sprachgebrauchs" notwendig ist (GeR 2001, Kap.5.2.2), einen eigenen Abschnitt. Auch wenn der GeR dazu keine Deskriptoren o.ä. entwickelt und sie nicht in die (sprachlichen) Kompetenzniveaus einbezieht, räumt er der soziolinguistischen Kompetenz damit eine gewisse Relevanz ein.[3] Die Varietäten (sozial, regional, ethnisch usw.) nehmen ein eigenes Unterkapitel ein, nach dem zur soziolinguistischen Kompetenz „[...] auch die Fähigkeit, sprachliche Variation [...] zu erkennen" gehört (ebd., Kap. 5.2.2.5). Im deutschen Bildungssystem wird allerdings nur auf die kommunikativen Kompetenzniveaus, die der Referenzrahmen beschreibt, Bezug genommen, die sich fast durchgängig auf die „Standardsprache" beziehen; auf ihnen beruhen auch die Vorgaben bezüglich des fremdsprachlichen Unterrichts in Deutschland.

---

[2] Nur in Frankreich und Österreich ist der GeR gesetzlich verankert (vgl. Broek & van den Ende 2013).
[3] Dies ist einer der Aspekte, die der *Referenzrahmen für Plurale Ansätze* (RePA 2009) berücksichtigt, indem er stets mehrere Sprachen bzw. Varietäten in den Blick nimmt; vgl. dazu auch Abs. 3.

Eine weitere übergreifende Grundlage für den Spanischunterricht bilden die Richtlinien, die die Kultusministerkonferenz (KMK) für das deutsche Schulsystem entwickelt. Seit dem Beschluss der KMK im Jahre 1997 wurden noch keine Bildungsstandards für das Fach Spanisch verabschiedet; in den Spanisch-Lehrplänen der Bundesländer wird daher jeweils auf die Bildungsstandards für das Englische und Französische Bezug genommen, die für den Mittleren Schulabschluss (KMK 2004) bzw. für die Abiturstufe (KMK 2012) entwickelt wurden.

Darüber hinaus liegen mit den *Einheitlichen Prüfungsanforderungen in der Abiturprüfung* (EPA; KMK 2013) gemeinsame Vorgaben für den Spanischunterricht vor, zu deren Einhaltung sich alle Bundesländer verpflichtet haben. Die derzeit aktuellste Fassung der EPA Spanisch berücksichtigt Varietäten ausdrücklich im Bereich ‚Hörverstehen/Hör-Sehverstehen/Verstehen'. Die EPA sehen vor, dass die Schülerinnen und Schüler in der Lage sind, „längere gesprochene Texte zu verstehen, komplexeren thematischen und argumentativen Zusammenhängen zu folgen, geeigneten Programmen in den Medien zu folgen, sofern überwiegend Standardsprache (peninsulares Spanisch bzw. Standards der hispanoamerikanischen Länder) gesprochen wird [...]" (KMK 2013, 5). Damit werden die Standards der hispanoamerikanischen Länder denen des europäischen Spanisch gleichgestellt; dies gilt ebenso für die sprachlichen Mittel, über die die Lernenden verfügen sollen (ebd., 6), und die Leistungsanforderungen hinsichtlich spezifisch fachlicher Konzepte (ebd., 10). Auch im Bereich der interkulturellen Kommunikation finden „Spanien und Kulturen hispanoamerikanischer Länder" gleichrangig Erwähnung (ebd.); ansonsten ist die spanische Sprache ohne weitere Spezifizierung Gegenstand der Ausführungen. Es wird deutlich, dass die EPA der KMK bereits einen Perspektivwechsel eingeleitet haben; es bleibt abzuwarten, ob dies die zukünftigen Generationen von Spanischlernern mit einer offeneren Sichtweise für die Vielfalt des Spanischen sensibilisieren und sie für den Umgang damit vorbereiten wird.

1.2 Die Landesebene

Die Bundesländer sind auf der Grundlage dieser gemeinsamen Vorgaben der KMK in der näheren Ausgestaltung ihrer Rahmenrichtlinien und Lehrpläne frei. In einigen Ländern liegen bereits Dokumente vor, die im Sinne der Bildungsstandards Rahmenpläne und Kerncurricula für das kompetenzorientierte Unterrichten des Spanischen vorsehen und dabei zum Teil auch die Einbeziehung der Varietäten des Spanischen ausdrücklich thematisieren. Dabei orientieren sie sich insbesondere für die Oberstufe an den o.g. Vorgaben der EPA, d.h. sie beschränken sich diesbezüglich ebenfalls auf die rezeptiven Kompetenzen und die Sprachbewusstheit.[4]

Ein exemplarischer Blick auf das Saarland zeigt, dass in einigen Bundesländern jedoch noch an älteren Lehrplänen festgehalten wird. So wurden die aktuellen Lehrpläne des Saarlandes für das Fach Spanisch, das hier jeweils als dritte Fremdsprache angeboten wird, für die 8. und 9. Klassenstufe zuletzt im Jahr 2004/05 geändert. Sie geben als verbindliche Inhalte in Klasse 8 Kenntnisse bezüglich der hispanophonen Welt ausschließlich vor dem Hintergrund des interkulturellen Lernens vor, etwa als „wichtige Elemente der Kulturen und Wertsysteme der hispanophonen Welt", Kenntnis der „kulturspezifischen, gesellschaftlichen und politischen Gegebenheiten in Spanien und Spanisch sprechenden Ländern Lateinamerikas und anderen Spanisch sprechenden Bevölkerungsgruppen" (LP Saarland 2004, 8-9). In Klasse 9 erscheint im Lehrplan das Kennenlernen der Phoneme „der spanischen Hochsprache", mit der unzweifelhaft das peninsulare Spanisch gemeint ist; ihnen wird das Kennenlernen „der hispanoamerikanischen Phoneme" entgegensetzt, außerdem „regionale Varianten in Sprechrhythmus und Satzmelodie" (Lehrplan Saarland 2005, 27). Eine weitere Thematisierung sprachlicher oder soziolinguistischer Aspekte fehlt hier, ebenso die Ausrichtung der fachspezifischen Anforderungen an den Grundprinzipien der Bildungsstandards. Es ist jedoch davon auszugehen, dass die Überarbeitung der saarländischen Lehrpläne im Rahmen der geforderten Orientierung auf allgemeine Bildungsziele und Kompetenzorientierung die Varietäten des Spanischen angemessen berücksichtigen wird.

Der saarländische Lehrplan macht für die Spracherwerbsphase die alleinige Orientierung an der pensinsularen Standardnorm deutlich, wie sie symptomatisch für die ältere Spanischdidaktik ist und den deutschen Spanischunterricht

---

[4] Aus Platzgründen kann hier nur exemplarisch auf kompetenzorientierte Vorgaben verwiesen werden, z.B. Berlin-Brandenburg und Mecklenburg-Vorpommern (2006), Niedersachsen (2009/2011), Nordrhein-Westfalen (2009).

jahrzehntelang und teilweise bis heute prägt. Auch wenn es aus pragmatischen Gründen unerlässlich ist, sich gerade im Anfängerunterricht an einer Norm, einem Standard, zu orientieren, so sollte deutlich werden, dass es nicht zwangsläufig diejenige des peninsularen Spanischen sein muss, und vor allem sollte dies nicht unreflektiert und ohne jede Einbeziehung der Varietätenvielfalt des Spanischen geschehen. Die Grundeinstellung zu der einen, peninsularen Norm für den deutschen Spanischunterricht spiegelt sich auch in den älteren Spanischlehrwerken wider. In vielen aktuell eingesetzten Lehrwerken für das Spanische ist Hispanoamerika noch immer ganz überwiegend vor dem Hintergrund landeskundlicher Aspekte im Bereich des interkulturellen Lernens verankert; sprachliche Besonderheiten werden allenfalls punktuell und fast ausschließlich in lexikalischer Hinsicht thematisiert. Insbesondere ist nicht erkennbar, dass auf den Umgang mit den Varietäten des Spanischen in Kommunikationssituationen Bezug genommen oder auf solche vorbereitet wird. Gleichwohl ist in den jüngeren Lehrbuchgenerationen auch hier eine gewisse Dynamik erkennbar. Sie vollziehen den angesprochenen Perspektivwechsel zur Lerner- und Kompetenzorientierung ebenso wie in Bezug auf die Valorisierung und Thematisierung der iberoamerikanischen Varietäten aus einem übergreifenderen, soziolinguistisch ausgerichteten Blickwinkel (vgl. hierzu Montemayor & Neusius im vorliegenden Band).

Auch wenn hinsichtlich der Rahmenbedingungen in institutioneller Hinsicht und in den neueren Spanischlehrwerken deutliche Anzeichen für eine Öffnung für die Frage der Einbeziehung der Varietäten des Spanischen zu beobachten sind, bleibt die Praxis z.T. weit entfernt insbesondere von einer kompetenzorientierten Umsetzung im Unterrichtsalltag, wie sie in Hinblick auf die kommunikativen Funktionen der Sprachvarietäten einzufordern ist (vgl. Schumann 2011, 66). Die derzeitige Studierendengeneration ist (noch) geprägt vom eindimensionalen Umgang mit der Hispanophonie und dem Varietätenreichtum des Spanischen, wie auch die im Folgenden zusammengefasste Erhebung zu Erfahrungen und Einstellungen von Lehramtsstudierenden exemplarisch zeigt.

2. Einstellungen zukünftiger Fremdsprachenlehrerinnen und -lehrer

Den Lehrkräften kommt eine zentrale Rolle zu, sollen die in der Fachwissenschaft diskutierten Erkenntnisse ebenso wie die damit verbundenen Inhalte und

Kompetenzanforderungen in das Unterrichtsgeschehen Einzug halten. Sie sind es, die von den jeweiligen Zielsetzungen überzeugt sein müssen, um sie effektiv in der Schule umzusetzen. Daher stehen vorliegend die Einstellungen von Lehramtsstudierenden zum Spanischen und seinen Varietäten und zu deren Implementation im Unterricht im Fokus.

Um einen Einblick in ihre Sicht auf die zu vermittelnde Sprache und Kultur sowie die verschiedenen diatopischen, diastratischen und diaphasischen Varietäten und ihre Relevanz für den Unterricht zu erhalten, wurde im Sommersemester 2014 an der Universität des Saarlandes eine stichprobenartige Umfrage per Fragebogen unter 52 Lehramtsstudierenden des Spanischen durchgeführt. Auch wenn die Untersuchung nicht repräsentativ ist, so gibt sie eine exemplarische Momentaufnahme bezüglich der Einstellungen der zukünftigen Lehrergeneration zum Spanischen und seinen Varietäten wieder, die für ihr späteres Handeln im Klassenraum von Bedeutung sein werden.

Die Studierenden geben beinahe ausnahmslos an, im schulischen Spanischunterricht nur das europäische Spanisch kennengelernt zu haben, bei einem Sechstel wurden „ab und zu Bezüge zu Lateinamerika" hergestellt, allerdings werden in den Freitexten nur Bezugnahmen aus landeskundlicher Perspektive geschildert und keine sprachlichen Aspekte genannt.

60% der befragten Studierenden haben einen mindestens sechsmonatigen Aufenthalt in Spanien hinter sich, nur 3,9% von ihnen haben ein hispanoamerikanisches Land bereist. Die Erfahrungen mit diatopischen Varietäten wurden daher vor allem in Spanien gesammelt und umfassen in erster Linie die peninsularen Varietäten (am häufigsten wird das Andalusische genannt); aber auch (erste) Kontakte mit hispanoamerikanischen Sprechern entstehen nach Angaben der Befragten überwiegend in Spanien oder mit Studierenden aus hispanoamerikanischen Regionen in Deutschland. Vereinzelt werden auch Kontakte über das Internet genannt, Musik oder Filme werden nicht erwähnt.

Die überwiegende Mehrzahl der Befragten gibt auf die Frage „Für wie wichtig halten sie..." (vgl. Abb. 1) an, dass die Hispanophonie eine hohe Priorität (61%) bzw. einen eher wichtigen Stellenwert (17%) für ihren zukünftigen Unterricht einnimmt; die übrigen Befragten messen der Hispanophonie eine „mittlere" Bedeutung bei, keiner von ihnen misst ihr einen weniger wichtigen oder keinen wichtigen Stellenwert bei.

Auch der Plurizentrik wird generell ein „eher wichtiger" Stellenwert oder „hohe Priorität" zugeschrieben, ebenso den diastratischen, diatopischen und diaphasischen Varietäten. Allerdings fällt im direkten Vergleich auf, dass die Bedeutung der Einzelaspekte unterschiedlich gewichtet wird: Auch wenn etwa drei Viertel der Studierenden generell den einzelnen vorliegend diskutierten Aspekten eine eher bis sehr hohe Relevanz beimessen (Hispanophonie 78%, Varietäten insgesamt 74%, diatopische Varietäten 73% und die Plurizentrik 80%), so zeigt ein genauerer Blick, dass dabei der Anteil derer, die den einzelnen Faktoren eine „hohe Priorität" einräumen, sehr unterschiedlich verteilt ist: Auf die konkrete Frage nach dem Stellenwert der diatopischen Varietäten im Unterricht räumen nur 40% der Befragten ihr eine „hohe Priorität" ein, 7% sehen sie als „eher unwichtig" an. Der Plurizentrik des Spanischen wird nur von einem Fünftel der Befragten „hohe Priorität" eingeräumt. Hier zeigen sich demnach deutliche Abweichungen im Vergleich zur allgemeineren Frage nach der Wichtigkeit der Hispanophonie für den Spanischunterricht, die für 61% der Studierenden eine „hohe Priorität" und damit die vergleichsweise höchste Relevanz hat. Einen Überblick über die unterschiedlichen Prioritäten enthält Abb. 1.

Dieses Phänomen lässt sich möglicherweise vor dem Hintergrund der geschilderten (institutionellen) Rahmenbedingungen und eigenen Lernerfahrungen der befragten Studierenden erklären. Die Angaben der Studierenden lassen sich zusammenfassen als Ergebnisse ihrer mentalen Repräsentationen, die sich zusammensetzen aus einer „Kombination aus persönlichen Erfahrungen während der eigenen Schulzeit, praktischen Erfahrungen als Lehrkraft, fachlich-didaktischen Alltagstheorien und professionellen Wissensbeständen […]" (Thaler 2010, 163).

Insbesondere die in den Erhebungen hervorgehobenen eigenen Lernerfahrungen der Befragten und das, was die (älteren) Lehrbücher abbilden, lassen sich hier wiederfinden: Die Hispanophonie wird als landeskundlicher, häufig touristisch geprägter Aspekt thematisiert, sprachliche Gesichtspunkte im weitesten Sinne bleiben im Hintergrund oder werden überhaupt nicht thematisiert.

Ein Fünftel der Studierenden hebt auf die Frage nach der Bedeutung der Plurizentrik des Spanischen in den Freitexten die Rolle des Spanischen als Welt-

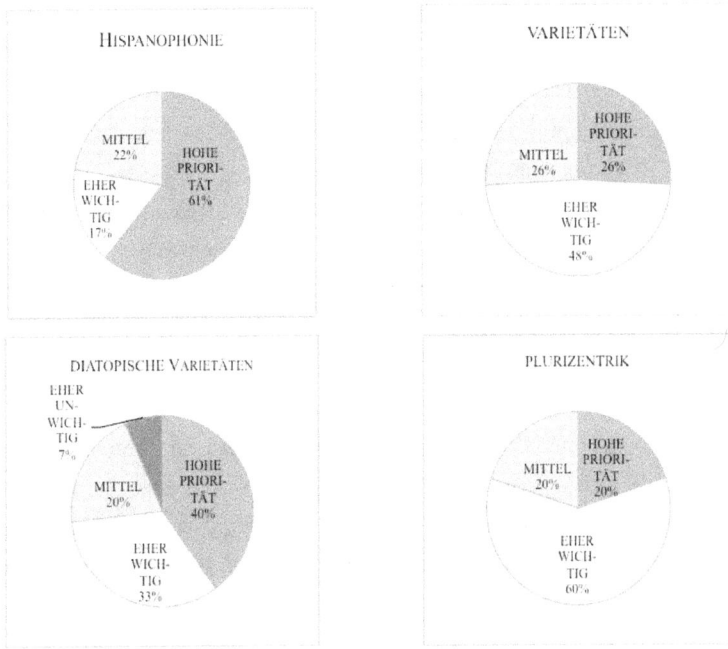

Abb. 1: Ergebnisse der Fragebogenstudie im Vergleich:
„Für wie wichtig halten Sie die Einbeziehung von ... in Ihren Unterricht?"[5]

sprache bzw. *lingua franca* hervor. Die Absicht, die Schülerinnen und Schüler für die Varietäten sensibilisieren oder ein „Bewusstsein für die Varietäten schaffen" sowie „nicht nur ‚das' Spanische" thematisieren zu wollen, wird von einem Sechstel zum Ausdruck gebracht. Einzelne Stimmen fordern: „lateinamerikanischen Varietäten sollte gleiche Gewichtung gegeben werden", andere weisen auf die Gefahr der Überforderung hin: „größere Bedeutung v.a. für fortgeschrittene Lerner; um Überforderung bei Anfängern zu vermeiden".

Es ist also bei einigen Studierenden bereits das Bewusstsein für die Bedeutung der Varietäten ausgeprägt. Dennoch liegt angesichts der stichprobenartigen Ergebnisse der Befragung der Lehramtsstudierenden der Schluss nahe, dass (sozio-)linguistische und interkulturelle Fragestellungen im Zusammenhang mit

---

[5] Die genaue Fragestellung lautete: „Bitte fassen Sie Ihre Einschätzung auf der Skala zwischen HOHER PRIORITÄT, EHER WICHTIG, MITTEL, WENIGER WICHTIG und UNWICHTIG zusammen."

den Varietäten des Spanischen nicht von allen als vorrangig für ihren Unterricht erachtet werden.

Generell kann davon ausgegangen werden, dass (neben weiteren Faktoren) das Rollenbild der Lehrkraft wesentlich von ihrem Erfahrungswissen und ihren subjektiven Theorien bestimmt wird. Untersuchungen zu den Einstellungen, Vorstellungen und Wahrnehmungen von Fremdsprachenlehrerinnen und -lehrern belegen deren zentrale Bedeutung für den Unterricht (vgl. Meissner et al. 2008, Muller & de Pietro 2001, Putsche 2011). Die von der Lehrkraft vermittelten Wertigkeiten sowie ihr Selbst- und Weltbild (vgl. Caspari 2003) wirken sich ebenfalls auf die Repräsentationen der Schülerinnen und Schüler aus, ihre „[…] Vorerfahrungen und Vorbilder im Fremdsprachenunterricht, positive oder klischeehafte Einstellungen und Haltungen zu einer Sprache, ihrer Kultur (bzw. ihren Kulturen) sowie wissenschaftlich fundiertes Wissen über den Fremdsprachenerwerb und die Didaktik und Methodik des Fremdsprachenunterrichts bilden gerade bei Referendaren und Berufsanfängern die Basis ihrer Entscheidungen im Spanischunterricht" (Häuptle-Barceló 2009, 108). Damit ist davon auszugehen, dass „[…] des représentations envers les langues enseignées (et les pays dans lesquels on les parle) ne cessent dans les classes de langue […]", also die Einstellungen der Lehrenden, während des Unterrichtsgeschehens präsent bleiben werden (vgl. Muller & De Pietro 2001, 55).

Die Antworten der Studierenden können als Indikator dafür interpretiert werden, dass nur ein geringer Anteil unter ihnen die Verknüpfung zwischen den verschiedenen Blickwinkeln auf die diatopischen Varietäten des Spanischen herstellt und sie aus einer mehrdimensionalen und vor allem auch kompetenzorientierten Perspektive betrachtet, die landeskundliche, interkulturelle und soziolinguistische Aspekte umfasst, und dabei nicht zuletzt sprachrezeptive und ggf. auch -produktive Kompetenzen nicht vernachlässigt.

3. Varietäten und Mehrsprachigkeitserziehung

Insbesondere die Ausführungen des GeR (2001) sowie des *Referenzrahmens für Plurale Ansätze zu Sprachen und Kulturen* (RePA 2009) bieten nützliche Anhaltspunkte für eine Verknüpfung der fachwissenschaftlichen mit der didaktischen Ebene.

Das höchste Niveau soziolinguistischer Angemessenheit (C2) haben nach der Skalierung des GeR Sprachverwender, die u.a. „die soziolinguistischen und soziokulturellen Implikationen der sprachlichen Äußerungen von Muttersprachlern richtig einschätzen und entsprechend darauf reagieren" können (GeR Kap. 5.2.2.5).

Der RePA stellt in Ergänzung zum GeR ein Instrument „zur Verbindung von Sprachen und sprachlichen Varietäten dar, in denen Lernende Kenntnisse besitzen oder erwerben" (Flyer zum RePA[6]), um eine entsprechende sprachenvernetzende Unterrichts- und Lehrplanentwicklung zu erleichtern. Hier besteht ein zentraler Anknüpfungspunkt zwischen Mehrsprachigkeitsdidaktik und Spanischunterricht, denn indem verschiedene Varietäten des Spanischen thematisiert und miteinander in Beziehung gesetzt werden, findet sprachenübergreifendes, *mehr*sprachiges Lernen statt. Im Folgenden werden daher einige Elemente des RePA vorgestellt, die einerseits als wichtige Grundlagen für das Lehren und Lernen einer Fremdsprache allgemein anzusehen sind, die aber andererseits auch für eine gezielte Auseinandersetzung mit der Varietätenthematik im Spanischunterricht genutzt werden können.

Plurale Ansätze entwickeln den Begriff einer übergreifenden mehrsprachigen und interkulturellen Kompetenz auf der Grundlage von Aktivitäten, die sich gleichzeitig auf mehrere Sprachen bzw. Varietäten beziehen (vgl. Coste 2009). Sie richten sich gezielt auf die Überwindung der hergebrachten, strikt einzelsprachlich ausgerichteten Sprachvermittlung („monolingualer Habitus", Gogolin 1994). Auch der GeR beschreibt als Grundannahme eine mehrsprachige, plurikulturelle Kompetenz, „die das gesamte Spektrum der Sprachen umfasst, die einem Menschen zur Verfügung stehen" (GeR 2001, 163). In Anknüpfung an den GeR, der sich in seinen Kompetenzbeschreibungen ausschließlich auf die funktional-kommunikativen Kompetenzen hinsichtlich jeweils *einer* Zielsprache bezieht, operationalisiert der RePA (2009) darüber hinaus die sog. ‚weichen Kompetenzen', die im Rahmen des interkulturellen *sprachenübergreifenden* Lernens entwickelt werden. Damit umfasst er diejenigen Ressourcen und Deskriptoren, die für den Unterrichtsprozess von Bedeutung sind (vgl. Meissner

---

[6] Vgl. http://carap.ecml.at/Portals/11/documents-final/carap-depliant-DE.pdf (15.01.17).

2013, 3); diese sind zudem für den kompetenzorientierten Fremdsprachenunterricht im Sinne der deutschen Bildungsstandards relevant.

Eines der zentralen Konzepte ist dabei die Schaffung von Sprache*n*bewusstheit, die „sowohl die Aufmerksamkeit für sprachliche Phänomene und Varietäten als auch für die eigene Lernersprache [...]" umfasst (Meissner 2013, 8). Die Förderung von Sprach(en)bewusstheit im Rahmen des Spanischunterrichts kann sich konkret auf die Frage der Varietäten beziehen und sich gleichermaßen auf die kommunikativen wie die soziolinguistischen und pragmatischen Kompetenzen richten.

Die Deskriptoren des RePA umfassen die drei Dimensionen des *savoir, savoir-faire* und *savoir-être*, die auch dem GeR zugrunde liegen. Der Kompetenzbegriff des RePA beruht dabei darauf, „dass sich Kompetenzen mit der Aktivierung verschiedener Ressourcen (Fähigkeiten, Wissen, Haltungen) bilden und Kompetenzen umgekehrt diese Ressourcen zusammenführen" (Meissner 2013, 10). Der Begriff *Sprache* wird dabei in dem Bewusstsein verwendet, „dass jede Sprache eine Vielzahl von Varietäten umgreift, von denen eine jede Anspruch auf Dignität hat" (ebd., 29).

Exemplarisch werden hier diejenigen Deskriptoren in der Kategorie *Wissen* im Bereich *Sprache* genannt, in denen Varietäten ausdrücklich im Fokus stehen:[7]

- Wissen, dass es Varietäten innerhalb einer Sprache gibt (K 1.5)
- Kenntnisse über Sprachvarietäten in synkronischer [sic!] Perspektive haben (diatopische, soziale, altersbedingte, berufsbedingte Varietäten, Varietäten für ein bestimmtes Zielpublikum [...] (K 2.1)
- Wissen, dass diese Varietäten in bestimmten Kontexten und unter bestimmten Bedingungen angemessen sind (K 2.1.1)
- Wissen, dass die Berücksichtigung soziokultureller Eigenschaften der Sprecher für die Interpretation von Sprachvarietäten notwendig ist (K 2.1.2)
- Wissen, dass Land und Sprache nicht verwechselt werden dürfen (K 5.6.1)
- Wissen, dass zwischen Sprachen/sprachlichen Varietäten Ähnlichkeiten und Unterschiede bestehen (K6)

---

[7] Die Kategorie des „Wissens" ist konstitutiv für das „Können" und die „Einstellungen" der Lerner, die in den weiteren Abschnitten des RePA beschrieben, hier aber aus Platzgründen nicht ausgeführt werden können.

- Wissen, dass jede Sprache/jede Varietät ein eigenes System hat (K 6.1)
- Wissen, dass vergleichbare Sprechakte (z.B. Begrüßungsformeln, Höflichkeitskonventionen usw.) in verschiedenen Sprachen variieren können (K 6.10.2)

Damit sind wesentliche Faktoren umrissen, die es im Rahmen des Spanischunterrichts für verschiedene Varietäten in den Blick zu nehmen gilt und die sich als Grundlage für die Entwicklung von Aufgaben und Kompetenzen bei den Lernenden sowie für die Unterrichtsplanung insgesamt anbieten. Anhand dieser Faktoren kann auch Studierenden verdeutlicht werden, wie sie Aspekte dieses Themenbereichs operationalisieren und die Lernenden mit den erforderlichen Grundlagen vertraut machen können. Auf diese Weise können sie in die Lage zu versetzt werden, diese Ressourcen im Rahmen authentischer Kommunikationssituationen zu mobilisieren.

Die genannten Wissensbestände können freilich nicht vollumfänglich von Beginn an Gegenstand des Spanischunterrichts sein; aber einige grundsätzliche Aspekte, etwa das Bewusstsein dafür, dass es immer Varietäten innerhalb einer Sprache gibt (K1.5), oder dass Land und Sprache nicht verwechselt werden dürfen (K 5.6.1), können von Anfang an im Sinne der Herausbildung eines Sprachenbewusstseins thematisiert werden. Dieses Wissen kann dann auch bei der Herausbildung einer „Varietätenkompetenz" mobilisiert werden, die sich insbesondere auf die weiter oben angesprochenen rezeptiven (Handlungs-)Kompetenzen erstreckt (vgl. die Beiträge von Leitzke-Ungerer und Reimann im vorliegenden Band), aber auch sprachproduktive Varietätenkompetenzen nicht unberücksichtigt lässt.

4. Perspektiven für die Lehrerausbildung

Im Rahmen der Lehramtsausbildung für das Fach Spanisch gehört die Hispanophonie ebenso wie die Grundlagen der Plurizentrikdiskussion zu den verpflichtenden Inhalten der grundständigen Studienprogramme an deutschen Universitäten. Damit sind die Studierenden vertraut mit den fachwissenschaftlichen Aspekten, Inhalten und Fakten aus linguistischer und auch sprachpolitischer Perspektive. Offensichtlich fehlt es aber häufig an der oben zitierten soziolinguistischen Kompetenz, an dem entsprechenden Bewusstsein darüber, was dieses – fachwissenschaftlich fundierte – Wissen für ‚das' Spanische und vor allem den

Unterricht ‚der' spanischen Sprache bedeutet. Der beinahe ausschließliche Fokus auf die landeskundlichen und (inter)kulturellen Aspekte Hispanoamerikas, wie er in den Köpfen noch immer weit verbreitet ist, wird den aktuellen Gegebenheiten nicht gerecht. Die adäquate Vorbereitung von Spanischlernenden auf mögliche authentische Kommunikationssituationen darf sich auch nicht darauf beschränken, das Wissen zu vermitteln, dass es verschiedene Varietäten und Standards gibt; vielmehr muss auf den konkreten Umgang damit vorbreitet werden, indem sie in die Lage versetzt werden, Varietäten zu erkennen, sie einzuordnen und darauf angemessen zu reagieren. Dies umfasst vorrangig entsprechende rezeptive Kompetenzen; jedoch ist insbesondere für fortgeschrittene Lerner auch die Ausbildung gewisser produktiver Varietätenkompetenzen nicht ausgeschlossen. Dies zeigt den dringenden Bedarf, Fachwissenschaft und Fachdidaktik zielgerichteter zu verknüpfen; im Rahmen ihres Studiums müssen die Lehramtsstudierenden sich gezielter mit den Zusammenhängen und Implikationen auseinandersetzen, die die Verbreitung des Spanischen in der Welt und die damit verbundene kulturelle und sprachliche Vielfalt und die Plurizentrik mit sich bringen und im Rahmen der Herausbildung von Varietätenkompetenz Berücksichtigung finden sollten.

5. Fazit

Eine breite Argumentationsgrundlage spricht für die gezielte Einbindung diatopischer Varietäten in einen Spanischunterricht, der in authentischer Weise den sozialen und gesellschaftlichen Gegebenheiten ebenso gerecht wird wie pragmatischen Gesichtspunkten, vor allem im Sinne einer funktional ausgerichteten und kompetenzorientierten Vermittlung des Spanischen. Auf einer solchen Basis könnten Schülerinnen und Schülern die entsprechenden Grundlagen und Kompetenzen vermittelt werden, um sie auf die zu erwartenden Kommunikationssituationen vorzubereiten.

Für die Lehrerausbildung fehlen jedoch umfassende Konzepte, die die Fragen nach der Einbeziehung der Varietäten des Spanischen im Unterricht thematisieren und sich auch mit der Frage nach den anzustrebenden sprachlichen wie interkulturellen, soziolinguistischen und pragmatischen (Varietäten-)Kompetenzen der Schülerinnen und Schüler auseinandersetzen.

Sowohl die Ausführungen des GeR (2001) zu den soziolinguistischen Kompetenzen im Rahmen der Sprachverwendung als auch die Deskriptoren des RePA (2009) geben hier förderliche Anhaltspunkte für eine konstruktive Integration der Varietäten in den Spanischunterricht. Schnittmengen bestehen hier insbesondere mit dem Gedanken der Erziehung zur Mehrsprachigkeit, wie er Gegenstand der Pluralen Ansätze ist.

Eine Schlüsselfunktion haben bei alledem die zukünftigen Lehrerinnen und Lehrer, die mit den entsprechenden Konzepten vertraut gemacht und von ihnen überzeugt werden müssen. Nicht zuletzt über die RePA-Deskriptoren kann der Themenkomplex der Varietäten des Spanischen deutlicher in den Fokus der Lehrerausbildung gerückt werden. Die Frage der Plurizentrik des Spanischen darf nicht mehr nur aus linguistischer oder sprachpolitischer Sicht einen wichtigen Bestandteil der Lehramtsausbildung darstellen; vielmehr kann und sollte die Verschränkung der (sozio-)linguistischen Betrachtungsweise der diatopischen spanischen Varietäten mit ihrer Wahrnehmung aus der Perspektive kommunikativer und interkultureller Kompetenzvermittlung als wichtiges Element der Vermittlung von Language Awareness fungieren. Um dies zu erreichen, ist eine verstärkte Zusammenarbeit zwischen den Fachwissenschaften und der Fachdidaktik unverzichtbar, um auf der Grundlage der jeweiligen Erkenntnishorizonte entsprechende Konzepte zu entwickeln.

Literaturverzeichnis

AUGUSTIN, Jenny. 2015. ¿Diversa, democrática y moderna? La imagen trasmitida de la Real Academia Española en el discurso actual. Una mirada panorámica", in: *promptus – Würzburger Beiträge zur Romanistik* 1, 29-57.

Broek, Simon & van den Ende, Inge. 2013. *Die Umsetzung des Gemeinsamen Europäischen Referenzrahmens für Sprachen in den europäischen Bildungssystemen.* http://www.europarl.europa.eu/RegData/etudes/etudes/join/2013/495871/IPOL-CULT_ET%282013%29495871_DE.pdf (15.01.17).

CASPARI, Daniela. 2003. *Fremdsprachenlehrinnen und Fremdsprachenlehrer. Studien zu ihrem beruflichen Selbstverständnis*, Tübingen: Narr.

COSTE, Daniel & MOORE, Danièle & ZARATE, Genevieve. 2009. *Compétence plurilingue et pluriculturelle.* Strasbourg: Conseil de l'Europe.

GeR 2001: GOETHE-INSTITUT INTER NATIONES ET AL. edd. *Gemeinsamer europäischer Referenzrahmen für Sprachen: lernen, lehren, beurteilen.* Berlin: Langenscheidt.

LEBSANFT, Franz & MIHATSCH, Wiltrud & POLZIN-HAUMANN, Claudia, edd. 2012. *El español ¿desde las variedades a la lengua pluricéntrica?* Frankfurt a.M./Madrid: Vervuert/Iberoamericana.
GOGOLIN, Ingrid. 1994. *Der monolinguale Habitus der multilingualen Schule.* Münster/New York: Waxmann.
HÄUPTLE-BARCELÓ, Marianne. 2009. „Gegenwärtig vertretene Prinzipien", in Grünewald, Andreas & Küster, Lutz, edd. *Fachdidaktik Spanisch.* Stuttgart: Klett, 108-128.
INSTITUTO CERVANTES. 2013. *Resumen del Informe 2013 "El español: una lengua viva".* http://www.cervantes.es/sobre_instituto_cervantes/prensa/2013/noticias/diae-resumen-datos-2013.htm (15.01.17).
KABATEK, Johannes & PUSCH, Claus. 2009. *Spanische Sprachwissenschaft. Eine Einführung.* Tübingen: Narr.
KMK 2004: KULTUSMINISTERKONFERENZ. ed. 2004. *Bildungsstandards für die erste Fremdsprache (Englisch/Französisch) für den Mittleren Schulabschluss.* http://www.kmk.org/fileadmin/veroeffentlichungen_beschluesse/2003/2003_12_04-BS-erste-Fremdsprache.pdf (15.01.17).
KMK 2012: KULTUSMINISTERKONFERENZ. ed. *Bildungsstandards für die fortgeführte Fremdsprache (Englisch/ Französisch) für die Allgemeine Hochschulreife.* http://www.kmk.org/fileadmin/veroeffentlichungen_beschluesse/2012/2012_10_18-Bildungsstandards-Fortgef-FS-Abi.pdf (15.01.17).
KMK 2013: KULTUSMINISTERKONFERENZ. ed. 2013. *Einheitliche Prüfungsanforderungen in der Abiturprüfung Spanisch.* https://www.kmk.org/fileadmin/Dateien/veroeffentlichungen_beschluesse/1989/1989_12_01_EPA-Spanisch.pdf (15.01.17).
LP SAARLAND 2004: MINISTERIUM FÜR BILDUNG, KULTUR UND WISSENSCHAFT Saarland, ed. 2004. Achtjähriges Gymnasium. Lehrplan für das Fach Spanisch als dritte Fremdsprache Klassenstufe 8.
http://www.saarland.de/dokumente/thema_bildung/Spanisch8_.pdf, 1-21 (15.01.17).
LP SAARLAND 2005: MINISTERIUM FÜR BILDUNG, KULTUR UND WISSENSCHAFT SAARLAND, ed. 2005. Achtjähriges Gymnasium. Lehrplan für das Fach Spanisch als dritte Fremdsprache Klassenstufe 9.
http://www.saarland.de/dokumente/thema_bildung/spanisch9.pdf, 21-30 (15.01.17).
MARTIN ZORRAQUINO, María Antonia & Diez Pelegrín, Cristina. edd. 2001. *¿Qué español enseñar? Normas y variación lingüísticas en la enseñanza del español a extranjeros.* Zaragoza: Universidad de Zaragoza.
http://cvc.cervantes.es/ensenanza/biblioteca_ele/asele/asele_xi.htm (15.01.17).
MEISSNER, Franz-Joseph et al. 2008. *Mehrsprachigkeit fördern. Vielfalt und Reichtum Europas für die Schule nutzen (MES). Zwei deutsche Stichproben einer internationalen Studie in den Klassen 5 und 9 zu Sprachen und Fremdsprachenunterricht.* Tübingen: Narr.
MEISSNER, Franz-Joseph. 2013. *Die REPA-Deskriptoren der ‚weichen Kompetenzen'. Eine praktische Handreichung für den kompetenzorientierten Unterricht zur Förderung von Sprachlernkompetenz, Interkulturellem Lernen und Mehrsprachigkeit.*
http://geb.uni-giessen.de/geb/volltexte/2013/9372/ (15.01.17).
MORENO FERNÁNDEZ, Francisco. 2000. *Qué español enseñar.* Madrid: Arco Libros.
MORENO FERNÁNDEZ, Francisco 2010. *Las variedades de la lengua española y su enseñanza.* Madrid: Arco Libros.

MULLER, Nathalie & DE PIETRO, Jean-François. 2001. „Que faire de la notion de représentations?", in: Moore, Daniel. ed. 2001. *Les représentations des langues et de leur apprentissage. Références, modèles, données et méthodes.* Paris: Didier, 51-64.

PUTSCHE, Julia. 2011. *Spracheinstellungen von Grundschülerinnen und Grundschülern in einer Grenzregion. Qualitative Untersuchung in zwei paritätisch unterrichteten ersten Klassen mit Zielsprache Französisch.* Frankfurt a.M.: Lang.

REPA 2009: Candelier, Michel et al. 2009. *RePA. Referenzrahmen für Plurale Ansätze zu Sprachen und Kulturen.* Graz: Europarat/Europäisches Fremdsprachenzentrum, http://archive.ecml.at/mtp2/publications/C4_RePA_090724_IDT.pdf (15.01.17).

SCHUMANN, Adelheid. 2011. „Soziolinguistische Varietäten und ihre Funktion für die Entwicklung kommunikativer Kompetenzen im Spanischunterricht," in: Abendroth-Timmer, Dagmar et al. edd. *Kompetenzen beim Lernen und Lehren des Spanischen.* Frankfurt a.M.: Lang, 65-77.

SINNER, Carsten. 2009. „Weltsprache", in: Herling, Sandra & Patzelt, Carolin, edd. 2009. *Weltsprache Spanisch: Variation, Soziolinguistik und geographische Verbreitung des Spanischen. Handbuch für das Studium der Hispanistik.* Stuttgart: ibidem, 3-26.

THALER, Engelbert. 2010. „Lehrer und Lehrerrolle", in: Surkamp, Carola. ed. *Metzler Lexikon Fremdsprachendidaktik.* Stuttgart: Metzler, 162-164.

Varietäten des Spanischen in Sprachenzertifikaten

Análisis de la pluralidad normativa en la certificación del Español como Lengua Extranjera: los DELE

Carla Amorós Negre

Introducción

Las reivindicaciones y demandas en torno a la legitimidad de las diferentes variedades lingüísticas, trasunto de la identidad de las diversas comunidades etnolingüísticas, ha cristalizado en la orientación que la mayor parte de instituciones y organismos de reglamentación lingüística han otorgado a la política lingüística en tiempos recientes. En este sentido, en la planificación educativa se observan también cambios de rumbo para implementar medidas lingüísticas que incentiven el aprendizaje, el uso, el mantenimiento y la revitalización de lenguas, con la mirada puesta en el respeto a los derechos lingüísticos y la equidad social.

En el ámbito del español, son todavía necesarias muchas investigaciones para obtener un conocimiento más profundo acerca del tratamiento que reciben sus diversas variedades geolectales, tanto en la enseñanza a nativos como a extranjeros. A este respecto, esta contribución pretende arrojar un poco más de luz sobre la consideración de los distintos modelos lingüísticos del territorio hispanófono en el ámbito certificativo. Así pues, a partir del análisis de muestras concretas de los exámenes DELE (Diplomas de Español como Lengua Extranjera), podremos comprobar si logran representar la pluralidad de normas geolectales del español y en qué medida se ha integrado el pluricentrismo, entendido como tratamiento equitativo a los diversos centros normativos, en la evaluación del Español como Lengua Extranjera.

1. La diversidad normativa del español en el aula de ELE

Cuando los lingüistas, pedagogos y docentes reflexionamos sobre qué variedad o variedades deberían enseñarse a alumnos extranjeros, es preciso, en primer lugar, poner de relieve que los estudiantes deben familiarizarse con los patrones lingüísticos prestigiosos y aceptados socialmente en una determinada comunidad lingüística. Se trata de que aprendan la variedad estándar o, en caso de pluricentrismo, una de las variedades estándares – del español en este caso –, una norma culta propia de situaciones de distancia comunicativa, la que se estime más adecuada en función de distintas variables: la variedad nativa o aprendida de español del profesor, el contexto en el que tiene lugar la instrucción, la cercanía con países hispanohablantes concretos, el trasfondo de aprendizaje previo de los alumnos y sus propios intereses, etc. La necesidad de escoger una variedad culta como parámetro de referencia parece necesaria para una adecuada labor pedagógica (cf. Martín Perís 2001), con independencia de que el profesor, supuesto conocedor de otras normas cultas, pueda ir introduciendo rasgos de estas en función del nivel, del mismo modo que también tratará la existencia de otras modalidades sociolectales y dará entrada a otros registros y estilos comunicativos que permitan al alumno ser competente y desenvolverse en otras esferas de mayor informalidad e inmediatez comunicativa.

No resulta, por tanto, una cuestión baladí destacar que en este trabajo se concibe la *norma* como patrón de uso modélico, preceptivo, más allá del carácter consuetudinario de la otra acepción de norma 'normal', objetiva coseriana. En este sentido, al tratar de la pluralidad normativa, cabe referirse a los diversos modelos de *buen uso* del español que han distinguido los especialistas, una buena muestra de los cuales se recoge a continuación (cf. fig. 1).

Estas variedades son 'estándares empíricos' (cf. Amorós 2008) en el sentido de que funcionan como modelos de uso y son empleados por hablantes cultos en situaciones de distancia comunicativa, pero gozan, en la mayoría de ocasiones,

---

Español castellano
Español andaluz
Español canario
Español caribeño
Español mexicano y centroamericano
Español andino
   (regiones andinas de Venezuela, parte interior y occidental de Colombia,
   Ecuador y Perú, la mayor parte de Bolivia y el norte de Chile)
Español del Río de la Plata y del Chaco
   (Argentina, Uruguay, Paraguay y el sudeste de Bolivia)
Español chileno

Fig. 1: Modelos geolectales del español
(adaptación de Moreno Fernández 2000 y 2010)

de una normativización informal e implícita, puesto que suelen carecer de sanción oficial y del grado de institucionalización que aporta su presencia en la lengua escrita y, especialmente, su codificación en diccionarios y gramáticas. Salvo casos muy puntuales (cf. el *Diccionario del Español de México*, Lara 2010), estas normas geolectales cultas no están explícitamente prescritas, lo que crea confusión (Blanco 2001) tanto en los propios hablantes como en los mismos profesores o examinadores, que desconocen muchas veces el estatus y valoración de determinados rasgos lingüísticos En efecto, el modelo lingüístico difundido por los principales agentes normativos en la hispanofonía (Academias de la Lengua o el Instituto Cervantes) es el de un único estándar, un único modelo codificado y no varios (García de Paredes 2011), el del *estándar panhispánico* basado en esa noción indeterminada de la expresión culta formal compartida. Esta norma, polimórfica y composicional (Senz 2011), que recuerda al ideal de norma hispánica de que hablaba Lope Blanch (2001), aunque indudablemente acoge soluciones de las diversas normas cultas hispánicas, sigue privilegiando el modelo castellano (cf. Amorós & Prieto en prensa, Borrego Nieto 2013, Tanzmeister 1999). A este respecto, la cristalización del carácter pluricéntrico de la norma española está todavía muy incompleta en lo que atañe a los procesos de normativización y normalización lingüísticas (cf. Lebsanft 1998).

En consecuencia, suele ocurrir que en el ámbito del español como lengua extranjera – también, aunque, en menor medida en el terreno de la enseñanza de español como primera lengua – muchos docentes, examinadores y correctores tienen como marco de referencia tanto un estándar nacional o regional como el llamado *panhispánico*. En este sentido, no son pocos los profesionales dedicados a la enseñanza de español que en España y América – en la educación a extranjeros, pero también a nativos – ante el desconocimiento de las diferentes ejemplaridades idiomáticas y del estatus de muchas variantes lingüísticas en determinada comunidad hispana (la norma culta nacional) deciden decantarse por la enseñanza de la norma peninsular centronorteña que sigue predominando también en la mayoría de materiales didácticos disponibles (De la Torre García 2005, Delgado Fernández 2012, Grande Alija 2001). En efecto, la tónica general de los manuales suele ser la adopción de los patrones lingüísticos del modelo castellano, lo cual es lógico cuando muchos de ellos se elaboran en España, son editoriales españolas las que los producen y la variedad nativa de quienes los escriben es la castellana. Lo que no es lógico ni tampoco corresponde al estado científico actual es la referencia que se hace en muchos de ellos al español americano como un bloque homogéneo, una simple variedad diatópica del español peninsular. No se menciona en la mayoría de estos la existencia de modelos geolectales diferentes para el español y, cuando se hace, el tratamiento a las distintas normas cultas hispánicas es desigual. Además, la preeminencia otorgada al español castellano como la variedad ejemplar, neutra y no marcada aparece no solo únicamente en materiales peninsulares sino en muchos libros de texto producidos en Hispanoamérica (cf. López García 2010)

Coincido plenamente con López Serena (2007, 154) cuando alude a la falta de rigor y de sistematicidad con que la lingüística, en general, tanto en España como en Hispanomérica se ha ocupado de la marcación diasistemática de los fenómenos lingüísticos en los diversos espacios variacionales del español. A nuestro entender, esta indeterminación e indefinición general sobre las diferentes normas cultas del español es una de las causas de inquietud del profesorado y de los examinadores a la hora de seleccionar qué modelo de uso enseñar o sobre qué norma geolectal elaborar una prueba o examen.

Muchas veces surge entre los propios alumnos ese sentimiento de inseguridad ante una mezcla de usos entre las variantes propias de la región y los de una norma externa que les resulta ajena. Para evitar esa situación, hay quienes optan por la variedad conocida como *español internacional* o *español neutro*, un modelo que eliminaría los rasgos más marcados de las diversas variedades, pero que para muchos no es una solución viable, dada su artificialidad, deslocalización y falta de arraigo en una comunidad (cf. Bravo García 2008, 30, Polzin-Haumann 2005, 283).

2. Los exámenes de certificación de Español Lengua Extranjera: el caso de los DELE

Tal y como se ha apuntado anteriormente, si bien es manifiesta la atención que ha recibido el tratamiento a las diferentes normas cultas de la lengua española en manuales y otros materiales de ELE, no así en el ámbito de la denominada evaluación social o de dominio¹. La razón fundamental se encuentra en la dificultad de acceso a los exámenes de certificación. En ocasiones, las instituciones encargadas de administrarlos no facilitan su consulta por miedo a un uso comercial de los mismos, aunque, de esta forma, contravengan uno de los principios básicos que se les suponen a los organismos que tienen transferida la competencia de encargarse de exámenes de dominio, la transparencia, un requisito de todo código deontológico de buenas prácticas (cf. http://www.alte.org/setting_standards/ code_of_practice). Este problema sigue siendo particularmente acuciante en el caso de los Diplomas de Español como Lengua Extranjera (DELE)², dado que el Instituto Cervantes no suele facilitar la consulta de estas pruebas para fines académicos.

2.1 Surgimiento y descripción

Los Diplomas de Español como Lengua Extranjera son pruebas lingüísticas de alto impacto y prestigio que conducen a la obtención de un diploma oficial que certifica la capacidad general de uso de la lengua española de los candidatos, con independencia de cómo se han adquirido tales competencias y habilidades, y en cuya preparación, administración y corrección están involucrados diferentes organismos nacionales e internacionales.

La elaboración de los DELE figura entre los cometidos del Instituto Cervantes, organismo público dependiente del Ministerio Español de Asuntos Exteriores, dedicado a la promoción y extensión de la lengua española, y en cuya web puede leerse como uno de los objetivos: "Expedir en nombre del Ministerio de Educación y Ciencia los Diplomas de Español como Lengua Extranjera (DELE)

---

[1] Respecto al análisis de exámenes a gran escala en el ámbito hispano, las pocas contribuciones existentes se centran en la validación de ítems, desarrollo de escalas y criterios de calificación para garantizar la fiabilidad de las pruebas o en el cumplimiento de los códigos deontológicos de buenas prácticas para examinadores.

[2] Otros exámenes de certificación del ámbito hispánico son: el Certificado de Español Lengua y Uso (CELU) elaborado en Argentina, el Certificado de Español como Lengua Adicional (CELA), de México, o el Examen Nacional de Español, administrado por la Asociación Americana de Profesores de Español y Portugués en EEUU a alumnos de nivel secundario en colegios de este país.

y organizar los exámenes para su obtención", los cuales pueden tomarse en alrededor de 900 centros en casi 100 países (Instituto Cervantes 2014, 15). Los primeros DELE datan de 1989 y desde 1991, año de creación del Instituto Cervantes, la Universidad de Salamanca y, en concreto, la empresa de capital público Cursos Internacionales se encargan de su elaboración (http://cursosinternacionales.usal.es). En 2002, como resultado de los acuerdos tomados por el Consejo de Europa para unificar directrices en el ámbito del aprendizaje, la enseñanza y la evaluación de lenguas dentro del contexto europeo, se publicó el *Marco Común Europeo de Referencia* (MCER), que estableció seis niveles de referencia con sus respectivas escalas y descriptores de actuación lingüística (A1, A2, B1, B2, C1, C2). En este contexto, los DELE, que hasta entonces habían certificado los niveles inicial, intermedio y superior, tuvieron que reformarse para certificar los distintos niveles del *Marco* y facilitar así las comparaciones entre los distintos sistemas de certificación lingüística (*University of Cambridge, Goethe-Institut, Alliance Française*, etc.; cf. fig. 2).

En 2003, el Instituto Cervantes encargó a Cursos Internacionales de la Universidad de Salamanca la renovación de tales pruebas, cuya reestructuración finalizó en agosto de 2013. Los 'nuevos' DELE se diseñaron siguiendo las directrices de MCER y las especificaciones de capacidad lingüística (*Can do Statements*) de ALTE (*Association of Language Testers in Europe*, http://www.alte.org) con el fin de desarrollar y validar un conjunto de escalas con las cuales

Nivel MCER	Denominación	DELE pre reforma	DELE post reforma
A1	Acceso		Diploma de español A1
A2	Plataforma		Diploma de español A2
B1	Umbral	Diploma de español (Nivel inicial)	Diploma de español B1
B2	Avanzado	Diploma de español (Nivel intermedio)	Diploma de español B2
C1	Dominio operativo eficaz		Diploma de español C1
C2	Maestría	Diploma de español (Nivel superior)	Diploma de español C2

Fig. 2: Equivalencias entre los DELE pre y post reforma
(adaptación de http://dele.cervantes.es/informacion/niveles/tipos.html, 15.01.17)

describir lo que los alumnos son realmente capaces de hacer en una lengua extranjera. En 2008 se legisló explícitamente sobre la estructura y reforma de los DELE en el Real Decreto 264/2008 y quedó manifiesta la competencia del Instituto Cervantes en lo que atañe a la dirección académica, administrativa y económica (http://dele.cervantes.es/sites/default/files/real_decreto_264-2008_0.pdf). Sin embargo, el desarrollo y la elaboración de los materiales de examen, así como la corrección íntegra de las pruebas de expresión e interacción escritas de los DELE corren a cargo de Cursos Internacionales de la Universidad de Salamanca, que en 2014 ganó de nuevo el concurso público que sacó a licitación el Instituto Cervantes.

Desde 2009, se administran, por tanto, los DELE reformados, de vigencia indefinida y reconocimiento internacional, los cuales constan de cuatro pruebas correspondientes a la evaluación de las cuatro macrodestrezas: comprensión lectora y auditiva y expresión e interacción escritas-orales (CL, CA, EIE, EIO) y cuya duración depende del nivel.

La puntuación máxima que se puede conseguir en el examen es de 100 puntos y es necesario obtener un número concreto de puntos (en función del nivel) en cada grupo de pruebas (destrezas escritas y destrezas orales) en la misma convocatoria de examen para alcanzar la calificación global de "apto" (cf. www.diplomas.cervantes.es).

Grupos de pruebas	DELE inicial	DELE intermedio	DELE superior	DELE post reforma
Pruebas I y II	Interpretación y producción de textos escritos	Interpretación y producción de textos escritos	Interpretación y producción de textos escritos	Comprensión de lectura y expresión e interacción escritas
Pruebas III y IV	Interpretación de textos orales y conciencia comunicativa	Comprensión auditiva Gramática y vocabulario	Comprensión auditiva Gramática y vocabulario	Comprensión auditiva Expresión e interacción orales
Prueba V	Prueba oral	Prueba oral	Prueba oral	

Fig. 3: Estructura general de los Diplomas DELE pre y post reforma[3]

---

[3] Elaboración propia a partir de: https://web.archive.org/web/20100330213721/, http://www.diplomas.cervantes.es/general/formato.jsp (15.01.17) y Prieto et al. 2004.

Prieto Hernández, Díez Santos, Domínguez López y Martín Maestre (2004), responsables del área de evaluación de Cursos Internacionales y conocedores de primera mano de dicha reforma, ponen de relieve que los nuevos DELE incluyen un mayor número y variedad de ítems en las pruebas de calificación objetiva, una especificación mayor de los criterios de corrección para las pruebas abiertas de expresión e interacción orales y escritas, así como la creación de materiales de examen informativos para correctores, examinadores orales, candidatos, etc. (cf. fig. 3).

2.2 ¿Diversidad de normas geolectales en los DELE? Análisis empírico

Por lo que respecta a la cuestión que nos ocupa más particularmente, el tratamiento a la diversidad de normas cultas del español en los DELE, Prieto Hernández, Díez Santos, Domínguez López y Martín Maestre (2004, 85), manifiestan que "se ha ampliado también, de forma significativa, la presencia de textos y de voces de Latinoamérica, con la intención de ubicar los nuevos diplomas en un ámbito panhispánico". En efecto, el análisis de las pruebas DELE realizado, que toma en cuenta 100 muestras correspondientes a 15 convocatorias (desde abril de 2005 hasta agosto de 2013, cf. fig. 4), evidencia que, en consonancia con la política lingüística panhispánica practicada por las Academias de la Lengua (RAE & ASALE 2004), las muestras de diferentes modelos geolectales distintos al español peninsular han aumentado en un 30%, atendiendo a las muestras empíricas de esta investigación.

Así se aprecia en los textos de entrada y en el input para las pruebas, discursos auténticos de diversas fuentes y tipologías, tal y como se detalla pormenorizadamente en las guías de cada uno de los nuevos diplomas DELE, disponibles en la red.[4]

---

[4] Cf. http://dele.cervantes.es/informacion/guias/default.html, 15.01.17.

Pluralidad normativa en los DELE 271

Convocatorias DELE	Fuentes hispanoamericanas en los exámenes analizados
Abril 2005	www.elmercurio.com (Chile); Negocios (Perú)
Nov. 2005	El Espectador (Colombia); Julio Cortázar (Clarín, Argentina); Radio Nacional Colombia; Revista Producto (Venezuela); Alfredo Bryce Echenique (La amigdalitis de Tarzán, Perú); Isabel Allende (Eva Luna, Chile); El Comercio (Perú); El Universal (México)
Mayo 2006	www.semanario.com (México); www.neourbanismo.com (Argentina); Juan Carlos González Alarcón (Cuentos, México); José Donoso (Donde van a morir los elefantes, Chile); Radio cooperativa (Chile); www.idea.edu.pe/conferencias (Perú)
Nov. 2006	www.culturaargentina.com.arg (Argentina); www.clarin.com.arg (Argentina); El Nuevo Diario (Nicaragua); José Donoso (Cuentos, Chile); Gabriel García Márquez (El amor en tiempos del cólera, México); Cadena 3 (Argentina); Radio Caracol (Colombia); www.bogotaturismo.gov.co (Colombia); Diario Extra de San José (Costa Rica); Sergio Pitol (Cuentos completos, El Mercurio, Chile); www.lanacion.com (Argentina)
Mayo 2007	El Mercurio (Chile); www.opinamos.com (Venezuela); www.contexto.com (Argentina); Radio Buenos Aires (Argentina); La Nación (Argentina); www.precolombino.cl (Chile); Radio Caracol (Colombia); José Ramón Ribeyro (Cuentos completos, Perú); Radio Espectador (Uruguay)
Agosto 2007	www.yucatan.com.mx (México); Augusto Monterroso (Guatemala); Radialistas (Perú)
Nov. 2007	Revista Nuevo México (México); www.lanacion.com (Argentina); Laura Esquivel (Íntimas suculencias, México); El espectador (Colombia); Radio Fórmula (Venezuela); Radio Nacional (Venezuela); Radio Continental (Argentina); www.floresdenieve.cepe.unam.mx (México); Radio Valle de Santa Rosa (Argentina)
Mayo 2008	www.correodelcaroni.com (Venezuela); www.clarin.com.arg (Argentina); La nación (Argentina); El Mercurio (Chile); Fernando Ampuero (Voces, Chile); www.elcomercio.com.pe (Perú); Agencia EFE (México); Gabriel García Márquez (Cien años de soledad, México); www.am.com (México); Radio Artemisa (Cuba); Radio Caracol (Colombia); Diario de la Pampa (Argentina); www.eluniversal.com.mx (México); Isabel Allende (El plan infinito, Chile) www.bolivia.com (Colombia); El Boomeran-Blog literario latinoamericano; Radio Nacional de Venezuela (Venezuela); www.univision.com (México); Radio salta (Argentina)
Agosto 2008	www.eltiempo.com (Colombia); www.elcolombiano.net (Colombia); El Mercurio (Chile); www.sitiosargentina.com.arg (Argentina); Alejandro Jodorowsky (La danza de la realidad, Chile); www.eluniversal.com (Venezuela); Isabel Allende (Eva Luna, Chile); Radio centro (México); Radio continental (Argentina); www. radio tribuna.com (México); www.lv3.com.ar (Argentina); Radio Caracol (Colombia)
Nov. 2008	www.universia.net.colombia (Colombia); www.larepublica.net (Costa Rica); El Mercurio digital (Argentina); www.elcomercio.com.pe (Perú); La Nación (Costa Rica); Santiago Roncagliolo (Pudor, Perú); El Universal (México); Norberto Luis Romero (El círculo de Eliot, Argentina); Radio Universidad (Chile); Radio Nacional (Venezuela); Radio Nacional (Perú); Evolución Radio (México); Continental Radio (Argentina); Radio Caracol (Colombia)
Mayo 2009	www.eluniversal.com (México); www.elmercurio.com (Chile); Alfredo Bryce Echenique (El huerto de mi amada, Perú); Diario El País (Colombia); Mario Vargas Llosa (Lituma en los Andes, Perú); www.radionuevitas.co.cu (Cuba); Radio fórmula (México); Radio Nacional (Argentina); Radio Caracol (Colombia); Latinre.tv (Panamá); Hechos tv (México); Radio 3 (Argentina)
Nov. 2010	www.eluniversal.com.mx (México)
Nov. 2011	www.gaceta.iztacala.unam.mx (México); www.sht.com.ar (Argentina) ; www.icesi.edu.co (Colombia); www.ciudadseva.com (República Dominicana); www.comoves.unam.mx (México); www.caracol.com.co (Colombia)
Sept. 2012	www.eluniversal.com.mx (México); www.radio.com.co (Colombia); www.lanacion.com (Argentina); Augusto Monterroso (Cuentos, Guatemala)
Agosto 2013	www.remomexico.com (México); www.oncemexico.tv (México); www.tvpublica.com.arg (Argentina); www.oni.escuelas.edu.ar (Argentina); elnuevodiario.com.ni (Nicaragua)

Fig. 4: Muestras de diplomas DELE para el análisis empírico: Corpus de datos (elaboración propia, C.A.)

Dichas guías describen también el sistema y escalas de calificación, las diferentes tareas de que consta cada prueba (descripción, formato, duración, focalización, número de palabras de los textos, etc.), ejemplos de textos de salida, es decir, producciones de candidatos, etc. Por lo que respecta al contenido de cada examen DELE, las guías remiten a los *Niveles de Referencia del Español,* es decir, al *Plan Curricular del Instituto Cervantes* (PCIC)[5], que alude explícitamente al modelo de buen uso que se toma como referencia en los diferentes centros y materiales producidos por el Instituto Cervantes:

> El español tiene la cualidad de ser una lengua que cuenta con varias normas cultas que pertenecen a diferentes localizaciones geográficas; la correspondiente a la norma centro-norte peninsular española es solo una de ellas. De ahí que, como no podía ser menos, sean anotadas y comentadas especificaciones de notable extensión en las que la norma central descrita no coincide con amplias zonas lingüísticas del mundo hispánico [...].
> El material lingüístico corresponde *preferentemente* a la norma culta de la variedad centronorte peninsular española. La selección de esta variedad se sustenta en los rasgos comunes que comparte con las restantes normas cultas del mundo hispánico y en su proyección dentro del modelo estandarizado prestigioso de la lengua para la propia comunidad hispánica, a lo que habría que añadir la propia adscripción de la institución encargada de elaborar el Plan curricular.
>
> (Plan Curricular 2007, 59; la cursiva es mía)

Efectivamente, el Instituto Cervantes es un organismo adscrito y sufragado por el gobierno español, lo cual no obsta para que se fomente y promueva también el aprendizaje de la pluralidad de normas cultas[6], sobre todo, porque los diferentes centros repartidos por el mundo tienen potestad para escoger materiales, adaptar

---

[5] El PCIC es el documento que concreta para el caso de la lengua española objetivos, contenidos, criterios de evaluación, funciones, etc. que deben tratarse en los distintos niveles del *Marco Común Europeo* (A1-C2) para desarrollar un aprendizaje centrado en la adquisición de las diferentes competencias y destrezas comunicativas.

[6] Mar-Molinero (2006) se lamentaba, por ejemplo, del lugar secundario que se le otorga al resto de normas cultas en el Aula Virtual de Español, la plataforma de aprendizaje en línea del Instituto Cervantes, un tratamiento que, a su entender, no va más allá de la tolerancia y la aceptación y que ha intentado enmendarse en otros materiales de la institución, como Hola Amigos, curso de español en línea para niños y jóvenes, cuyo tratamiento a la pluralidad normativa es más coherente. Así ocurre también con el Catálogo de voces hispánicas, que "ofrece muestras audiovisuales de las principales manifestaciones y variedades de la lengua española, procedentes de todo el mundo hispánico, junto a muestras de las principales lenguas originarias con las que la lengua española convive." (http://cvc.cervantes.es/lengua/voces_hispanicas/, 15.01.17).

planes curriculares, etc., tal y como comenta Moreno Fernández (2010, 105), director académico de este organismo desde 2008. En este contexto, en el ámbito propiamente evaluativo, en todas las especificaciones y guías de exámenes disponibles para los candidatos no se facilita, por tanto, mucha más información que la que aparece en la web en el apartado de presentación general de los DELE (https://diplomas.cervantes.es/): "El DELE contempla todas las variantes del español y se consideran igualmente válidas para obtener el diploma." Únicamente merece destacarse que es a partir del nivel umbral (B1) cuando los diplomas, generalmente, dan entrada a las diferentes normas cultas. Considérense las especificaciones para los candidatos de los Diplomas DELE A1 y B1 en lo concerniente a la diversidad normativa.

> En los textos de las instrucciones y enunciados, así como en los textos de entrada – tanto orales como escritos – utilizados en el examen *DELE A1 se emplean textos de diversas fuentes y de variedades del español peninsular contemporáneo*. En los textos que produce el candidato, será considerada válida toda norma lingüística hispánica seguida coherentemente y respaldada por grupos amplios de hablantes cultos.
> (http://dele.cervantes.es/informacion/guias/guia_a1/02_examen.html; la cursiva es mía)

> En los textos de las instrucciones y enunciados, así como en los textos de entrada – tanto orales como escritos – utilizados en el examen *DELE B1 se emplean textos de diversas fuentes y de variedades del español*. En los textos que produce el candidato, será considerada válida toda norma lingüística hispánica seguida coherentemente y respaldada por grupos amplios de hablantes cultos.
> (http://dele.cervantes.es/informacion/guias/guia_b1/02_examen.html; la cursiva es mía)

Esta es la única información sobre el tratamiento a las variedades del español de que disponen los candidatos. Sin embargo, aunque resulte sorprendente, tampoco las instrucciones que reciben los creadores de materiales de exámenes son mucho más detalladas. Así, por ejemplo, en las especificaciones para creadores de DELE correspondientes al año 2010 solo se dice "Es recomendable utilizar textos procedentes de países hispanoamericanos" (Cursos Internacionales, Universidad de Salamanca). El Instituto Cervantes sigue sin concretar qué proporción debe seguirse al escoger la procedencia de los textos o qué criterios adoptar para equilibrar las muestras de textos, si bien como muestra la fig. 5, además de la variedad centro-norteña peninsular, suelen predominar la rioplatense, la mexicana y la colombiana.

Fuente	Avisos, instrucciones, material publicitario o promocional, mensajes en contestadores.
Autenticidad (apariencia)	Alta.
Tipología (género)	Monólogo sostenido. Expositivo, descriptivo e instruccional.
Macrofunción	Descriptiva, expositiva e instruccional.
Ámbitos	Personal y público.
Tema	Vida cotidiana, relaciones con otras personas, servicios, vivienda, economía e industria, sociedad, viajes, alojamientos y transportes.
Contenido	Mayoritariamente concreto.
Extensión	< 5 minutos (entre 40-60 palabras cada texto).
Vocabulario	Mayoritariamente frecuente.
Gramática	Oraciones simples en su mayoría.
Pronunciación y entonación	• Articulación clara. • Tres textos estándar peninsular y tres textos variedad hispana (rioplatense, colombiano o mexicano). • Patrones entonativos correspondientes a las modalidades oracionales enunciativa, exclamativa, interrogativa y exhortativa. • Patrones enunciativos correspondientes a las funciones: transmitir información, transmitir instrucciones e indicaciones, pedir objetos al interlocutor o que realice una acción determinada.
Pragmática	Exponentes funcionales básicos para identificar.
Sociolingüística	Marcadores lingüísticos de relaciones sociales y normas de cortesía básicas en registro formal e informal.
Muestra	HOMBRE: *Hola, Cristina, soy Roberto. Seguro que has estado buscando por toda la casa tu agenda. La tengo yo, se te olvidó ayer en el restaurante. Me la llevé sin querer entre mis carpetas. Esta tarde tengo una cita cerca de tu oficina, así que, si te parece bien, me paso por allí y te la doy. Llámame para decirme si vas a estar.*

Fig. 5: Ejemplo de indicaciones para la selección de un texto de entrada para creadores de pruebas DELE C1, 2010[7]

---

[7] Material cedido por Cursos Internacionales, Universidad de Salamanca; http://cursosinternacionales.usal.es, 15.01.17.

Asimismo, téngase en cuenta cómo el predominio de la norma castellana se manifiesta explícitamente en los propios materiales que el Instituto Cervantes proporciona en los cursos de capacitación para examinadores de las pruebas de expresión e interacción orales, según recoge la fig. 6.

Es cierto que antes del nivel B1 es muy difícil encontrar en los DELE textos ajenos a la norma castellana (cf. fig. 6). Se trata, además, de tareas que, debido a su adecuación para un nivel inicial, muchas de las muestras de textos son inventadas. Así las cosas, también a partir del B1, cuando sí puede hablarse propiamente de pluralidad de normas geolectales, la adaptación de textos es tal que en la mayoría de ocasiones resulta prácticamente imposible conocer la procedencia de los mismos si no fuera por la citación de las fuentes. De hecho, de los 100 exámenes DELE analizados, en los cuales es innegable la gran presencia y variedad de textos procedentes de Hispanoamérica, fundamentalmente en las destrezas receptivas, así como la profusión de referencias localistas, culturales, etc. a países y personajes hispanoamericanos – apenas aparecen construcciones gramaticales y vocablos propios del territorio americano – *costo, computador,*

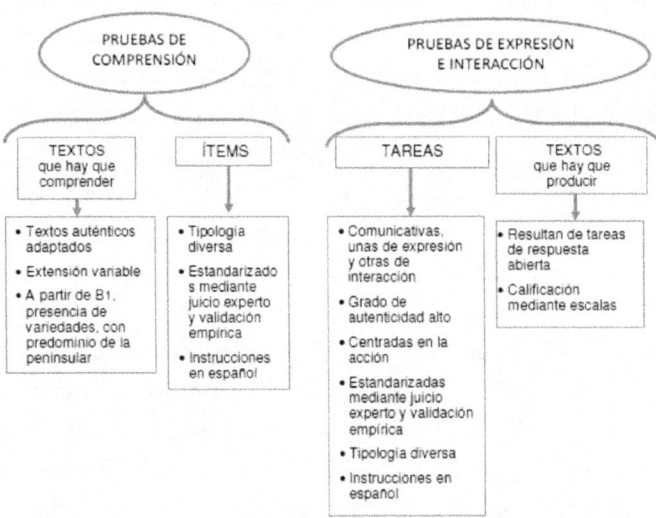

Fig. 6: Ejemplo de material del curso de capacitación para examinadores de la prueba de expresión e interacción oral de los DELE. Instituto Cervantes, enero de 2015

> *A continuación usted va a oír un anuncio publicitario radiofónico. Lo oirá dos veces. Después de la segunda audición marque la opción correcta en la Hoja de Respuestas Número 3.*
>
> ¡Encendé tu computadora y prepará tu examen teórico de conducir de manera gratuita y sin moverte de casa a través de nuestra autoescuela virtual! Nuestra página web es tan sencilla como un libro: presenta partes teóricas, test de autoescuela, modelos de exámenes, cuestionarios y nociones complementarias, pero con toda la potencia de la red: animaciones, foros, estadísticas, etc.
>
> Una vez aprobada la prueba teórica, vení a nuestras instalaciones y, por un costo mínimo, te ayudaremos a superar el examen práctico. Disponemos de servicio de guardería, horarios flexibles – incluidos los fines de semana – , excelentes profesores y una moderna flota de vehículos industriales para prácticas profesionales: conductores de autobuses, transportistas, etc.
>
> Si estás interesado consultá nuestra página web www.escuelamonaco.com.ar o llamá a nuestra central de atención al cliente al 011 4854 2485.
>
> ¡No lo pienses más, te estamos esperando!

Fig. 7: Ejemplo de texto de entrada para la prueba comprensión lectora
Nivel B1, convocatoria de mayo de 2009, parte 3

gaucho, choclos, acá o *platicar* son algunas excepciones –, lo cual es más esperable en tipologías textuales propias de la distancia comunicativa (conferencias, cartas formales, noticias periodísticas, artículos científicos, etc.), pero no tanto en discursos más inmediatos, propios del coloquio (anuncios publicitarios, correos electrónicos, mensajes telefónicos, etc.) y en textos literarios. Valga como muestra que en los materiales examinados solo hemos encontrado un texto con presencia de voseo y cuya fuente de procedencia no se cita (cf. fig. 7).

El mismo Moreno Fernández afirmaba literalmente, todavía en 2010, que "no puede negarse que en buena parte de los exámenes predomina con claridad el material de cuño castellano, [...] como es cierto que el eurocentrismo ha perjudicado en ocasiones la correcta elaboración de las pruebas, pero no es menos cierto que la diversidad geolingüística ha visto mejorado su tratamiento y que los criterios para el manejo de variedades del español son suficientemente claros" (Moreno Fernández 2010, 108). En efecto, estamos de acuerdo en que en el ámbito de los DELE el modelo peninsular centro-norteño continúa actuando como dominante. Sin embargo, lo que se intenta cada vez más acusadamente es eliminar todo rasgo que no pertenezca a ese constructo del *español general* o *panhispánico*, que elimina toda marca que delate la procedencia del hablante (cf. fig. 8), "identificándolo, simplemente, como *hablante o escribiente culto de español*" (Borrego Nieto 2007). No obstante, ya se ha puesto de relieve que en este panhispanismo todavía determinados centros irradiadores de normas cultas, en este caso, el español peninsular centro-norteño, continúa teniendo primacía. Volviendo a la cita anterior de Moreno Fernández (2010, 108), sí disentimos claramente respecto a que los criterios para el manejo de variedades del español son suficientemente claros, al haber examinado tanto las especificaciones que reciben los profesionales encargados de la elaboración de los exámenes como la formación al respecto que se ofrece en los cursos de formación y capacitación tanto para los futuros examinadores de la prueba oral como para los correctores de las pruebas escritas, en los cuales el tratamiento a la diversidad de modelos geolectales del español apenas se considera.

Mariana Monteagudo expone en Bogotá

La joven venezolana Mariana Monteagudo expone su última colección de figuras en la galería El Museo de Bogotá.

Para Monteagudo, la cerámica ha estado siempre presente en su vida. Es hija de la artista Maruja Herrera y nieta de Reina Herrera, una de las más importantes figares de la cerámica venezolana. "De niña, yo veía a mi abuela trabajando en su taller, la veía relajada, disfrutando con su obra, pero mi interés por la cerámica llegaría mucho más tarde y casi como algo fortuito cuando comencé mis estudios en el Instituto Pro-diseño de Caracas."

La autora se define como una artista intuitiva y muy profunda que vierte en sus creaciones reflejos de ella misma que, a fin de cuentas, definen a la artista y su tiempo. Poseedora de una carrera meteórica, Monteagudo ha ganado, mediante su personal visión del arte, el reconocimiento de la crítica internacional.

No obstante, tal y como nos dice la propia artista: "La opinión de la crítica no me importa, lo disfruto desde el punto de vista de la vanidad, pero me molesta mucho la condescendencia que existe el mundo del arte."

Su formación, más empírica que teórica, se fundamenta en la búsqueda de la imagen, más que en conceptos o en códigos verbales. "Procuro aplicar la intuición en mi trabajo y no enterarme mucho de qué significado puede tener cierta forma de arte precolombino, qué significado que yo le quiera dar."

Ahora expone, hasta el 20 de diciembre, en la galería *El Museo*, 32 piezas recientes de diferentes formatos.

Son figuras que inquietan e intrigan, pues combinan lo primitivo y lo salvaje, lo sensual y lo elaborado. Algunas dan miedo. La artista sólo teme que el espectador pase de largo.

"A mí me interesa que quien vea mi obra sienta algo. Hasta el desagrado es una buena reacción. Sin esto mi trabajo sería inútil."

(Adaptado de *El Nuevo Diario*, Nicaragua)

Fig. 8: Ejemplo de texto de entrada para la prueba comprensión lectora.
Nivel B2, convocatoria de noviembre de 2006, parte 2

Es bien sabido que en las pruebas objetivas de los DELE corregidas por ordenador la trascendencia de la actuación del evaluador o examinador es mínima, pero no así en las pruebas abiertas de expresión e interacción orales y escritas. "Dado el gran complejo dialectal del español, en el que el 90% son hispanohablantes americanos, el profesor de español L2-LE debe estar preparado en el conocimiento, tanto de sus variantes fundamentales como de sus elementos comunes y más generales (Balmaseda 2009, 251), pero el problema puede residir y reside, de hecho, en el desconocimiento de muchos examinadores y correctores de la valoración sociolingüística de diferentes fenómenos lingüísticos en las diversas zonas hispánicas. Los pocos expertos que han trabajado sobre los DELE hacen hincapié, de hecho, en que estos cursos de formación y acreditación del Instituto Cervantes que deberían garantizar la aplicación de procedimientos y tareas de calificación de la actuación de los candidatos de una manera uniforme o estandarizada en cualquier parte del mundo donde se realicen, otorgan poca relevancia a la pluralidad normativa del español.

> Si los cursos o talleres de formación y actualización no están llegando a todos los examinadores, es obvio que el Instituto Cervantes debe intensificar su labor de formación, principalmente en aquellos centros donde más se necesita, es decir, los centros que se encuentran en el extranjero y especialmente aquellos que se ubican en localidades donde no hay una sede de la institución.
>
> (Cárdenas 2009, 338)

3. Conclusiones y reflexiones finales

En las páginas precedentes se ha puesto de manifiesto que, a partir de las muestras de 100 diplomas DELE examinados, pertenecientes a 15 convocatorias distintas, la diversidad de normas cultas del español está muy presente, especialmente a partir de la reforma y de la aplicación del Real Decreto de 2008. No obstante, tal y como hemos podido constatar, el Instituto Cervantes no proporciona a los creadores de exámenes unos criterios definidos o líneas de actuación claras sobre cómo incorporar la pluralidad de normas geolectales del español en la elaboración de las pruebas. Asimismo, tampoco el Instituto Cervantes puede garantizar todavía que los examinadores y correctores de las pruebas abiertas sean conocedores de las diversas normas cultas y el diferente estatus sociolingüístico de los fenómenos en el mundo hispano.

Así pues, indudablemente, existe pluralidad normativa en los DELE, entendiendo por tal la diversidad de input perteneciente a diferentes normas cultas del español. No obstante, la ejemplaridad que implica la noción de *estándar* continúa asociada, todavía en exclusiva al modelo español centro-norteño peninsular (Amorós Negre 2012, 142), que se toma como parámetro de referencia a la hora de redactar las instrucciones de exámenes y juzgar las muestras de lengua. En este contexto, es esperable que si el resto de naciones hispanohablantes se involucran más activamente en las políticas educativas de promoción y difusión de la enseñanza del español como lengua extranjera, la equipolencia de las variedades nacionales tenga su reflejo no solo en el ámbito certificativo, sino en todo lo concerniente al ámbito de ELE (cf. Zimmermann 2006).

A este respecto, merece la pena traer a colación la iniciativa del SICELE (Sistema Internacional de Certificación del Español como Lengua Extranjera), que tuvo su origen en el III Congreso Internacional de la Lengua Española, celebrado en Rosario (Argentina) en noviembre de 2004. En ella diversas instituciones de educación superior y el Instituto Cervantes se organizaron para promover una mayor armonización de la acreditación lingüística en el mundo hispánico, con una apuesta explícita por el tratamiento igualitario a todas las variedades lingüísticas de la hispanofonía (http://www.sicele.org). En este sentido, parece que una de las repercusiones visibles es, como afirma Parrondo Rodríguez (2008, 94), la constitución de grupos especiales de trabajo que desarrollan inventarios léxicos, gramaticales y funcionales de las variedades geolectales, "que servirán para informar la labor de los creadores de exámenes, los profesores y el alumnado".

Entre este estado de cosas, una de las iniciativas que ya es una realidad es la aparición en 2016 del SIELE (*Servicio Internacional de Evaluación de la Lengua Española*, http://www.siele.org) para la evaluación de la lengua española a nivel internacional, un examen adaptativo administrado informáticamente que mide y certifica los distintos niveles de dominio del candidato (A1-C1 por el momento) y que es fruto del trabajo conjunto del Instituto Cervantes, la Universidad de Salamanca, la Universidad Nacional Autónoma de México y la Universidad de Buenos Aires. Es esperable que en el caso del SIELE la diversidad de normas geolectales del español quede asegurada no solo por la inclusión de textos de orígenes geográficos diversos desde los primeros niveles, al contrario que los DELE, sino también por la colaboración en el proceso de creación de tareas de expertos de las tres instituciones (USAL, UNAM, UBA). Esto garantiza el uso de al menos tres variedades distintas también en las instrucciones de las pruebas y en toda la documentación del proyecto.[8] Creemos que este hecho repercutirá muy positivamente en el camino hacia una mayor simetría de prácticas pluricéntricas en torno a la lengua española.

Referencias bibliográficas

ACTAS XIX CONGRESO ASELE 2009: *Actas del XIX Congreso Internacional de la Asociación para la Enseñanza del Español como Lengua Extranjera* (ASELE). *El profesor de español LE/L2*.
http://cvc.cervantes.es/ensenanza/biblioteca_ele/asele/asele_xix.htm (15.01.17).
ALTE (ASSOCIATION OF LANGUAGE TESTERS IN EUROPE): http://www.alte.org (15.01.17).
AMORÓS NEGRE, Carla. 2008. *Norma y estandarización*. Salamanca: Luso-española de ediciones.
AMORÓS NEGRE, Carla. 2012. „El pluricentrismo de la lengua española: ¿un nuevo ideologema en el discurso institucional? El desafío de la glosodidáctica", en: *Revista Internacional de Lingüística Iberoamericana* 19/1, 127-147.
AMORÓS NEGRE, Carla & PRIETO DE LOS MOZOS, Emilio. En prensa. „El grado de pluricentrismo de la lengua española", en: *Language problems and Language Planning* 40/2.
ASSOCIATION OF LANGUAGE TESTERS IN EUROPE: http://wwww.alte.org (15.01.17).
BALMASEDA, Enrique. 2009. „La formación panhispánica del profesor de español", en: *Actas XIX Congreso ASELE*, 239-254.
BLANCO, Carmen. 2001. „El dominio del concepto de norma como presupuesto del profesor de ELE", en: Martín Zorraquino, María Antonia & Díez Pelegrín, Cristina. edd. 2001. *¿Qué español enseñar? Normas y variación lingüísticas en la enseñanza del español a extranjeros*. Zaragoza: Universidad de Zaragoza.
http://cvc.cervantes.es/ensenanza/biblioteca_ele/asele/asele_xi.htm (15.01.17).
BORREGO NIETO, Julio. 2007. „La norma policéntrica del español", en: *IV Congreso Internacional de la Lengua Española*. Cartagena de Indias.
http://congresosdelalengua.es/cartagena/ponencias/seccion_3/31/borrego_julio.htm (15.01.17).
BORREGO NIETO, Julio. 2013. „Las variedades no dominantes del español en la *Nueva gramática de la lengua española* (2009)", en: Muhr, Rudolf et al. edd. *Exploring linguistic standards in non-dominant varieties of pluricentric languages / Explorando estándares lingüísticos en variedades no dominantes de lenguas pluricéntricas*. Frankfurt a.M: Lang, 91-98.
BRAVO GARCÍA, Eva. 2008. *El español internacional*. Madrid: Arco Libros.

---

[8] http://cursosinternacionales.usal.es/es/%C2%BFcu%C3%A1l-es-ladiferencia-entre-eledele (15.01.17).

CÁRDENAS, Abel. 2009. „La formación y certificación del profesor de español como examinador oficial de los DELE: lo que falta por hacer", en: *Actas XIX Congreso ASELE*, 334-342.

CURSOS INTERNACIONALES, UNIVERSIDAD DE SALAMANCA: http://cursosinternacionales.usal.es (15.01.17).

Delgado Fernández, Rebeca. 2012. „Acá tú es vos. Las variedades del español en el Aula". En: Redele. Memoria de máster. Salamanca: Universidad de Salamanca. http://www.mecd.gob.es/dctm/redele/Material-RedE le/Biblioteca/2012bv13/ 2011_BV_13_37RebecaDelgado.pdf?documentId=0901e72b811caab7 (15.01.17).

GRANDE ALIJA, Francisco Javier. 2001. „La diversidad del español a través de los manuales de E/LE. ¿Qué lengua enseñan?", en: *Actas del XI Congreso de ASELE*, 393-402. http://cvc.cervantes.es/ensenanza/biblioteca_ele/asele/asele_xi.htm (15.01.17).

INSTITUTO CERVANTES. *Diplomas de Español como Lengua Extranjera*. https://diplomas.cervantes.es/ (15.01.17).

INSTITUTO CERVANTES. 2006. *Plan curricular del Instituto Cervantes. Niveles de referencia para el español*. Madrid: Editorial Biblioteca Nueva.

INSTITUTO CERVANTES. 2014. *El español una lengua viva. Informe 2014*. Madrid: Instituto Cervantes.

LARA, Luis Fernando. dir. 2010. *Diccionario del español de México*. México: El Colegio de México.

LEBSANFT, Franz. 1998. „Spanische Sprachkultur: Monozentrisch oder plurizentrisch?", en: Greule, Albert & Lebsanft, Franz. edd. *Europäische Sprachkultur und Sprachpflege. Akten des Regensburger Kolloquiums*. Tübingen: Narr, 255-276.

LOPE BLANCH, Juan M. 2001 „La norma lingüística hispánica", en: *II Congreso Internacional de la Lengua Española*. Valladolid. http://congresosdelalengua.es/valladolid/ponencias/unidad_diversidad_del_espanol/1_la_n orma_hispanica/lope_j.htm (15.01.17).

LÓPEZ GARCÍA, María. 2010. „Norma estándar, variedad lingüística y español transnacional: ¿La lengua materna es la lengua de la 'madre patria'?", en: *Revista de Lingüística y Lenguas Aplicadas* 5, 89-108.

LÓPEZ SERENA, Araceli. 2007. *Oralidad y escrituralidad en la recreación literaria del español coloquial*. Madrid: Gredos.

MAR-MOLINERO, Clare. 2006. „The European linguistic legacy in a global era: linguistic imperialism, Spanish and the Instituto Cervantes", en: Mar-Molinero, Clare & Stevenson, Patrick. edd. *Language Ideologies, Policies and Practices: Language and the Future of Europe*. Basingstoke: Palgrave Macmillan, 76-91.

MARTÍN PERÍS, Ernesto. 2001. „Textos, variedades lingüísticas y modelos de lengua en la enseñanza del español como lengua extranjera", en: *Revista Carabela. Modelos de uso de la lengua española* 50, 103-137.

MCER 2002: CONSEJO DE EUROPA ET AL. edd. *Marco Común Europeo de Referencia: aprendizaje, enseñanza y evaluación*. Madrid: Instituto Cervantes, Ministerio de Educación, Cultura y Deporte.

MÉNDEZ GARCÍA DE PAREDES, Elena. 2011. „Modelos idiomáticos, codificación de usos y prescriptivismo", en: Congosto Martín, Yolanda & Méndez García de Paredes, Elena. edd. *Variación lingüística y contacto de lenguas en el mundo hispánico. In memoriam Manuel Alvar*. Frankfurt a.M./Madrid: Vervuert/Iberoamericana, 111-134.

MORENO FERNÁNDEZ, Francisco. 2000. *Qué español enseñar*. Madrid: Arco Libros.
MORENO FERNÁNDEZ, Francisco. 2010. *Las variedades de la lengua española y su enseñanza*. Madrid: Arco Libros.
PARRONDO RODRÍGUEZ, José Ramón. 2008. „Presentación de SICELE", en: *La evaluación en el aprendizaje y la enseñanza del Español como Lengua Extranjera / Segunda Lengua. XVIII Congreso Internacional de la ASELE*. Alicante, 91-95.
http://cvc.cervantes.es/ensenanza/biblioteca_ele/asele/asele_xviii.htm (15.01.17).
POLZIN-HAUMANN, CLAUDIA. 2005. „Zwischen *unidad* und *diversidad*. Sprachliche Variation und sprachliche Identität in hispanophonen Raum", en: *Romanistisches Jahrbuch* 56, 271-295.
PRIETO HERNÁNDEZ, Juan Miguel et al. 2004. „La elaboración de una prueba de nivel: la reforma de los DELE", en: *Revista Carabela. La evaluación en la enseñanza de español como segunda lengua / lengua extranjera* 55, 85-140.
REAL ACADEMIA ESPAÑOLA & ASOCIACIÓN DE ACADEMIAS DE LA LENGUA ESPAÑOLA. 2004. *Nueva política lingüística panhispánica*. Madrid: Real Academia Española.
SENZ, Silvia. 2011. „Una, grande y (esencialmente) uniforme. La RAE en la conformación y expansión de la 'lengua común'", en: Senz, Silvia & Alberte, Montserrat. edd. *El dardo en la Academia. Esencia y vigencia de las academias de la lengua española*. Vol. II. Barcelona: Melusina, 9-302.
SISTEMA INTERNACIONAL DE CERTIFICACIÓN DE ESPAÑOL COMO LENGUA EXTRANJERA. http://www.sicele.org (15.01.17).
SISTEMA INTERNACIONAL DE EVALUACIÓN DE LA LENGUA ESPAÑOLA. http://www.siele.org (15.01.17).
TANZMEISTER, Robert. 1999. „Normierung durch soziokulturelle Markierung in einsprachigen spanischen Definitionswörterbüchern Hispanoamerikas", en: Brumme, Jenny & Wesch, Andreas. edd. *Normen und Subnormen in Geschichte und Gegenwart. Methoden ihrer Rekonstruktion und Beschreibung. Schriften zur diachronen Sprachwissenschaft*. Vol. VII. Viena: Praesens, 35-48.
DE LA TORRE GARCÍA, Mercedes. 2005. „Sobre algunos aspectos de la gramática del español de América en los manuales de español para extranjeros", en: *Actas del XV Congreso de ASELE*, 296-302.
http://cvc.cervantes.es/ensenanza/biblioteca_ele/asele/asele_xv.htm (15.01.17).
ZIMMERMANN, Klaus. 2006. „La selección de una variedad nacional como variedad principal para la enseñanza del español como lengua extranjera: problemas de la política lingüística exterior en el mundo hispánico", en: Terborg, Roland & García Landa, Laura. edd. *Los retos de la planificación del lenguaje en el siglo XXI*. Vol. II. México: UNAM, 564-590.

El CELU:
Examen de ELE argentino con orientación pluricéntrica

Karolin Moser

Introducción

Este aporte se dedica en primera instancia a presentar el CELU argentino (Certificado de Español: Lengua y Uso), examen de español que surge en el contexto de las actividades político-lingüísticas del Mercosur, entre las cuales está – a finales del año 1991 – la declaración de los ministros de Educación de los estados miembro (la Argentina, Brasil, Uruguay y Paraguay) del "interés de difundir el aprendizaje de los idiomas oficiales del MERCOSUR – español y portugués – a través de los Sistemas Educativos; formales, no formales e informales" (Sokolowicz 2015, 43-44). Debido a una serie de circunstancias (entre otras la escasez de manuales para la enseñanza del español en Brasil sobre todo durante los años 1990[1]) el Instituto Cervantes ha adquirido una presencia fuerte en el mercado editorial suramericano en las últimas dos décadas. En consecuencia, el español peninsular se ha convertido en la variedad un tanto "modelo" en el ámbito ELE, generando la idea de que España desempeña una función de "centro de la hispanofonía" (Sokolowicz 2015, 6). Esta situación ha provocado una discusión bastante polémica que sigue siendo vigente hasta la fecha, como queda demostrado mediante la opinión expresada por Silvia Ramírez Gelbes, profesora universitaria de Buenos Aires, en una entrevista abierta e informal sobre el tema:[2]

> [...] sinceramente, como argentina no entiendo que los brasileños vayan a estudiar español a Salamanca que les queda mucho más lejos que Bogotá, que Caracas, que Lima, que Santiago de Chile, que Buenos Aires o que Montevideo.

En función de cambiar esta situación, diferentes universidades argentinas empezaron en 2004 a formar un "consorcio interuniversitario orientado a la enseñanza, evaluación y certificación del Español como Lengua Segunda y Extranjera

---

[1] Entrevista con Eduardo Amaral, profesor universitario de ELE en Brasil (cf. referencias bibliográficas: "Entrevistas").
[2] Cf. referencias bibliográficas ("Entrevistas").

(ELSE)" para "contribuir a una política lingüística y educativa regional que promueve la valoración de la diversidad y reconoce la importancia de los códigos interculturales [...]" (www.edu.else.ar). El primer resultado de esta iniciativa fue el CELU, avalado por el Ministerio de Educación y la Cancillería Argentina.

En segunda instancia el presente artículo se dedica a analizar desde una perspectiva lingüística-hispánica, cómo se practica el manejo de las diferentes variedades del español en el CELU, desde el concepto básico, los niveles intermedio y avanzado establecidos hacia la estructura del examen y la corrección del mismo (en este último punto, tomando de ejemplo el voseo). El diálogo entre el ámbito ELE y la lingüística hispánica todavía es un procedimiento insólito a nivel de la enseñanza del español en Alemania, no obstante muy posiblemente fructífero tanto para la didáctica del español como para la investigación.

1. Inicio, evolución y presencia actual del CELU

La evaluación del español como lengua extranjera fue aprobada en la Argentina en el año 2001 y se realiza desde 2004 mediante el CELU. Éste es el único examen con validez internacional reconocido oficialmente por el Ministerio de Educación y el Ministerio de Relaciones Exteriores y Culto de la Argentina. Desde la primera toma del CELU en el año 2004 no solamente el número de candidatos que se presenta para este examen ha crecido notablemente, sino también la cantidad de universidades que ofrecen el mismo:

> En el año 2004 el examen CELU se tomó en cuatro sedes: la Universidad Nacional de Córdoba, la Universidad Nacional del Litoral, la Universidad de Buenos Aires y la Universidad de Rio de Janeiro [...]. Las convocatorias anuales [...] se han incrementado de una en 2004 hasta seis a partir de 2010 y el número de inscriptos por año pasó de 282 candidatos en 2004 a 685 en 2011.

(Morra 2012, 77)

Según informa la página oficial del CELU, éste se puede rendir actualmente en 29 universidades argentinas (cf. fig. 1 y lista en el anexo), igual que en Brasil (con 10 sedes, cf. anexo), Estados Unidos (1 sede) y Europa (7 sedes). Entre las últimas están la Universidad Federal de Berlín y la Embajada Argentina (Berlín), las sedes en Austria (Paris-Lodron-Universität, Salzburgo) y Francia (París: Casa Argentina). En Italia existen sedes en Roma (Embajada Argentina), Milán y Palermo (los Institutos Velázquez respectivos), incluso hay otra sede en

Fig. 1: Sedes del CELU en el mundo (http://www.celu.edu.ar/es/node/62, © CELU)

Nápoles en el British Institute di Avellino. Además el CELU se toma en el Próximo Oriente, en Tailandia y Singapur.

El CELU es posterior al CELPE-bras (*Certificado de Proficiência em Língua Portuguesa para Estrangeiros*) con el que comparte el estilo de trabajo, más allá de que los dos exámenes surgen en el contexto de las actividades político-lingüísticas del Mercosur, tal como comenta Morra (2012) con respecto al CELU:

> El interés de universidades, instituciones y empresas brasileñas que requieren una certificación de conocimiento de español otorgada por países hispanohablantes del MERCOSUR aumenta día a día dado el creciente intercambio de estudiantes y profesionales entre estos países que deben acreditar un dominio avanzado de la lengua.
>
> (Morra 2012, 73)

Así es que hasta el año 2012, el 48,8% de los candidatos al CELU era de origen brasileño y, por lo tanto, de lengua materna o L1 portuguesa (Morra 2012, 74; cf. fig. 2). Hay que tener en cuenta, sin embargo, que hay un grupo notable de estudiantes extranjeros no brasileños que ingresan a universidades argentinas – desde hace algunos años – con el afán de realizar estudios de grado o postgrado (hecho presenciado por la autora en función de profesora universitaria en la Argentina entre los años 2004 hasta 2009). Este desarrollo también se plasma en los porcentajes de solicitantes para el CELU, sobre todo en cuanto a aquellos de

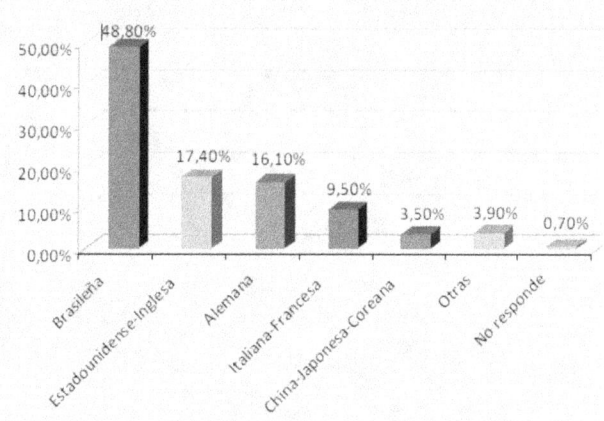

Fig. 2: Lengua materna solicitantes CELU (Morra 2012, 74, © CELU)

proveniencia estadounidense y europea, en total el 43% de los candidatos hasta 2012 (cf. fig. 2).

Cabe acotar que también las personas sin preparación lingüística específica o con mera instrucción escolar en su primera lengua pueden presentarse para el examen, o sea, cualquier persona que haya aprendido el español, aunque sea de manera no estructurada (cf. Morra 2012).

2. Concepto básico

2.1 La competencia comunicativa y el español como lengua pluricéntrica

La concepción del CELU se basa en la idea de que saber una lengua significa ser capaz de usarla adecuadamente en una comunidad de habla (cf. Scaramucci 2000, 17, 20, Scaramucci 2006). Así es que el certificado CELU se puede entender como constancia de la capacidad que tenga el candidato de usar adecuadamente la lengua en ámbitos y situaciones similares a las que se enfrentan por ejemplo estudiantes y profesionales en la vida real. Por lo tanto no se evalúa la gramática del candidato, sino el uso que de ella haga el candidato en situaciones concretas cotidianas (salir de compras con un amigo/una amiga, opinar sobre las plataformas en línea que ofrecen el servicio de encontrar nuevas amistades[3]) y

---

[3] Muestras de consigna: prueba oral (material de difusión / presentación power point 2014, facilitada por Miranda Trincheri, Asistente CELU).

en situaciones laborales y académicas (redactar un correo electrónico dirigido a un colega de trabajo en un asunto específico, redactar un breve artículo para una Guía de Turismo[4]). En consecuencia, la estructura del examen pone énfasis en la competencia comunicativa, igual que otros exámenes de lengua. Lo mismo vale para la corrección del examen CELU que se realiza de manera analítica como holística (cf. cap. 4), procedimiento de evaluación común, también para otros certificados de lengua.

Puesto que cualquier variedad española es aceptada, siempre y cuando el candidato no mezcle una con otra (postura de suma importancia, también en el ámbito de la enseñanza de ELE en Alemania), la orientación del CELU es pluricéntrica: se trata de reconocer en el español una *pluralidad normativa* (cf. Bernárdez 2012), en el sentido de que se respeta la existencia de variedades regionales. Así también queda corroborado en Huesca & Prati (2009), manual en línea que da muestras de consignas y que se dedica a preguntas frecuentes con respecto al examen CELU: "Todas las variedades aprendidas del español son aceptadas, en cuanto a pronunciación, registro, léxico y sintaxis" (Huesca & Prati 2009, 15).[5] La misma cita se encuentra en la página web del CELU en el apartado de "preguntas frecuentes: parte oral" (http://www.celu.edu.ar/es/node/7).

Esta pauta pluricéntrica fue confirmada en las entrevistas realizadas con representantes, evaluadoras del CELU y profesoras ELE de la Facultad de Lenguas, Universidad Nacional de Córdoba, Argentina (cf. referencias bibliográficas, "Entrevistas"). Desde el punto de vista lingüístico cabría preguntar si esta postura se refiere a las variedades estandarizadas del español y si incluye la norma descriptiva (en uso) de las mismas. El uso del término "variedades aprendidas" (cita arriba) podría indicar que se aceptan variedades estandarizadas, aprendidas de manera estructurada en centros de enseñanza (otra respuesta parcial se da en el cap. 2.3).

---

[4] Muestras de consigna: prueba escrita, por ejemplo en base a artículos de periódico, tomados del diario argentino *Clarín* (diario con mayor circulación en Latinoamérica) y *El País* (España, con difusión internacional); material de difusión / presentación power point 2014, facilitada por Miranda Trincheri, Asistente CELU.

[5] Silvia Prati (Universidad de Buenos Aires) es coordinadora académica y responsable del examen CELU del Consorcio Interuniversitario ELSE (Español Lengua Segunda o Extranjera) y coordina la mayoría de los talleres vinculados a la evaluación (cf. cap. 4).

2.2 ¿Como prepararse para el CELU?

Dado que el examen CELU no prescribe variedad española alguna, ni el aprendizaje estructurado del español, no se ofrecen cursos preparatorios explícitos para este examen ni tampoco se han desarrollado manuales que introducen al candidato de manera puntual a las pruebas escritas y orales. Las evaluadoras del CELU entrevistadas (cf. referencias bibliográficas, "Entrevistas") indican, sin embargo, que cualquier curso de lengua con una perspectiva de lengua en uso dispone para el CELU. También se puede encontrar información en internet (como el manual de Huesca & Prati 2009) y en las páginas establecidas por los organizadores (www.celu.edu.ar, www.else.edu.ar). Cabe acotar que se ha publicado una notable cantidad de manuales para ELE en la Argentina durante los últimos años. Entre éstos están por ejemplo los tres tomos *Horizonte ELE* (2014), "material que es producto del trabajo en el aula de español LE del Programa de Español y Cultura Latinoamericana (PECLA) de la Universidad Nacional de Córdoba"[6], apto para preparar cualquier certificado de ELE.

2.3 Los niveles establecidos: *intermedio* y *avanzado*

El CELU consiste en un solo examen para todos los candidatos y atestigua dos niveles de conocimiento. El primer nivel está definido como "intermedio" que se aprueba con la mención de "bueno", "muy bueno" y "excelente". Estos términos tienen, sin embargo, la mera función de honor, o sea, se aprueba con un nivel *intermedio* o *avanzado* + "excelente", o "muy bueno" o "bueno" (si el aspirante alcanza mostrar conocimientos básicos solamente, no recibe certificado). Para aprobar el nivel intermedio el candidato debe tener las siguientes facilidades:

> El nivel *Intermedio* equivale al de un usuario que puede desenvolverse en español oral y escrito con cierta fluidez y naturalidad en situaciones familiares, sociales y laborales simples. También puede iniciar cursos de nivel universitario. Puede tener dificultades para enfrentar contextos desconocidos o ante la necesidad de matizar o precisar sus enunciados. Este nivel es comparable al B1+ / B2 del *Marco Común Europeo de Referencia* (MCER) y al *Advanced Low* del *American Council on the Teaching of Foreign Languages* (ACTFL).
>
> (Morra 2012, 70; tomado de Prati 2010, 6)[7]

---

[6] http://www.unc.edu.ar/sobre-la-unc/perfil/editorial/catalogo/2014/coleccion-horizonte-ele.
[7] Hay que precisar que el MCER no exige temas desconocidos hasta el nivel B2.

Cabe agregar que en la Descripción General de los niveles acreditados por el examen CELU en la página web (http://www.celu.edu.ar/es/node/49) se encuentra el siguiente comentario: "Comprende el registro estándar de distintas variedades dialectales y puede distinguir, de manera básica, el estilo formal del informal." Es de suponer que "variedades dialectales" se refieren a variedades del español. Visto así, se cumple con la pluralidad normativa del examen, planteada en cap. 2.1, en este caso, a nivel de la comprensión del candidato, no obstante, se suma, desde el punto de vista lingüístico, la tarea de indagar qué significa "registro estándar".

El hablante que consigue ser evaluado de *avanzado* debe tener conocimientos de índole más elaborada:

> El nivel *Avanzado* equivale al de un usuario que se desempeña en español oral y escrito de manera cómoda y espontánea en una amplia gama de situaciones sociales, con corrección y propiedad, tanto en el ámbito laboral como el ámbito académico. Este nivel es comparable al *C1 / C2* del MCER y al *Superior* del ACTFL.
>
> (Morra 2012, 70; tomado de Prati 2010, 6)

También en este caso la *Descripción General* de los niveles acreditados por el examen CELU (página web) agrega un comentario interesante en cuanto al manejo de la pluralidad normativa, puntualmente referido a la competencia oral del solicitante: "Puede interactuar con hablantes nativos de distintas variedades dialectales, aunque pierda algunos detalles" (http://www.celu.edu.ar/es/node/49). Es de suponer que se refiere a hablantes de diferentes variedades (estándar) del español.

Falta mencionar que en el certificado emitido se define y describe el nivel alcanzado (también haciendo referencia a los niveles del MCER y ACTFL respectivos), firmado y sellado por el Ministerio de Educación de la República Argentina.

3. La estructura del examen

El examen CELU comprende el mismo examen para todos los candidatos (como ya quedó mencionado arriba) y consiste de una parte *escrita* (expresión escrita, incluyendo audiocomprensión y comprensión de lectura), otra *oral* (interacción y expresión oral, combinado con comprensión auditiva y comprensión de lectura) y se realiza en un total de tres horas y media aproximadamente (cf. las tablas en fig. 3 y fig. 5).

3.1 La actividad escrita: consigna que combina diferentes competencias

Tal como se plasma en la tabla a continuación (fig. 3), la *actividad escrita* es bastante compleja, combinando la comprensión auditiva con la expresión escrita (escuchar y escribir), a esto se suma la comprensión de lectura que sirve de base para otras producciones escritas, o sea, otras expresiones escritas más (leer y escribir).

Sección	Habilidades	Tiempo	Actividades
escrita	escuchar y escribir, leer y escribir	3 horas	*Tarea 1:* Escuchar texto oral radial y producir texto escrito, con finalidad determinada y para interlocutores específicos. *Tareas 2, 3 y 4:* Leer tres textos distintos y producir tres textos escritos diferentes, con una finalidad determinada y para interlocutores específicos; diferentes géneros discursivos (dados y pedidos) y registros (similares a vida real).

Fig. 3: Actividad escrita: Cuatro tareas
(según Huesca & Prati 2009; www.celu.edu.ar, www.else.edu.ar)

En cuanto al origen de las muestras para la comprensión auditiva (los textos orales) aplicadas(os) en el CELU, Huesca & Prati (2009) aclaran en su manual:

> Las grabaciones **provienen** de distintas regiones donde se habla español, **principalmente de América del Sur. La pronunciación y entonación son estándar:** los audios que se escuchan fueron tomados de medios radiales que llegan a todo el mundo o de presentaciones orales en ámbitos laborales o académicos.
>
> (Huesca & Prati 2009, 2, el subrayado es nuestro)

Como las grabaciones son sobre todo de origen sudamericano, se logra presentar una cantidad notable de variedades hispanoamericanas diferentes, con lo cual se cumple con la pauta pluricéntrica. Cabría pensar en este sentido – como pregunta abierta – si para el futuro en las grabaciones se podría incluir aún más el área centroamericana (zona lingüística voseante, como la Argentina), la zona caribeña y México.

Desde el punto de vista de la lingüística hispánica, sería importante precisar qué significa más concretamente "La pronunciación y entonación son estándar" (cf. cita arriba). Porque si nos referimos a la Argentina, país hispanohablante más grande en términos de km^2, y a la fonética y entonación del español argentino con seis áreas dialectales (según Lipski 2001, 162), hasta siete (según Fontanella 2004) o más (según Donni de Mirande 2000, 210), entonces tanto el yeísmo (<caballo> = [kaβajo]) como el žeísmo (<caballo> = [kaβaʒo]) y el šeísmo (<caballo> = [kaβaʃo]) pueden interpretarse como realizaciones estándar, o bien, normativas, dependiendo de qué zona lingüística hablamos: el español porteño es, por lo general, šeísta; en el Centro Argentino, sin embargo, en Córdoba capital y Córdoba provincia suelen usarse tanto el žeísmo como el yeísmo (entre otros Colantoni 2013, 313-332, para Buenos Aires y el corpus de Moser 2013b para Córdoba).

Huesca & Prati (2009, 5) facilitan el siguiente ejemplo de una actividad escrita que presupone la comprensión de lectura de la consigna[8] (fig. 4), seguida por la comprensión auditiva (una entrevista radial con la subsecretaria de ecología pampeana argentina, Verónica Campo) que conduce al candidato a la expresión escrita, en el presente caso una carta oficial, dedicada a la misma subsecretaria de la Provincia de La Pampa, tarea que exige un registro, al menos, semi-formal.

Más allá de los argumentos a favor de la presencia de una gran cantidad de variedades hispanas con respecto a la audiocomprensión exigida, claro está que el CELU no es un examen diseñado para hablantes con conocimientos básicos del español, puesto que supone una comprensión auditiva de muy diferentes variedades del español sudamericano. Para dar un solo ejemplo: el español argentino es muy diferente en cuanto al léxico, la fonética y la entonación del español andino (cf. Herling & Patzelt 2013, Prieto & Roseano 2010).

---

[8] La comprensión de lectura, necesaria para la presente consigna, comprende una competencia particular, si tomamos en cuenta que también existe la modalidad en el ámbito ELE de redactar las consignas en la L1 del candidato (información facilitada por Babette Moser, docente de ELE, Seminario Estatal para Didáctica y Formación de Profesores de Segunda Enseñanza Profesional, Friburgo, Alemania).

 La laguna del Bajo Giuliani

---

Escuche una entrevista en un programa de radio a una funcionaria de la Provincia de La Pampa, Argentina.

(Escuchará el programa dos veces. Se le dará una hoja en blanco para tomar notas, si las necesita. Sus notas no se tomarán en cuenta para la evaluación.)

Usted, como vecino de la zona, fue testigo del hecho relatado en un programa de radio.
Al escuchar las declaraciones de la funcionaria Verónica Campo, se da cuenta de la gravedad de lo que presenció. Le escribe una carta a la funcionaria, le cuenta con detalle lo que vio y hace suposiciones sobre los responsables.

Fig. 4: Consigna de comprensión auditiva y expresión escrita
(Huesca & Prati 2009, 5, © CELU)[9]

3.2 La actividad oral: comprender y hablar

El examen oral consiste en una entrevista que es realizada por uno de los dos profesores presentes, el otro profesor tiene la función de evaluar al candidato. La entrevista se base en tres partes diferentes: 1. la presentación mutua entre profesor y alumno (hablar/interactuar: expresión oral/interacción oral), 2. la exposición sobre un tema elegido, tomado de una de dos láminas ofrecidas con imagen + texto publicitario o con una nota periodística, etc.; el candidato tiene dos minutos para decidir y pensar el tema por exponer (leer y hablar/interactuar: comprensión de lectura y expresión oral/interacción oral). La tercera parte pide un juego de roles entre candidato y profesor con papeles determinados en una situación dada, formal o informal (escuchar, hablar/interactuar: comprensión auditi-

---

[9] La presente consigna también figura en la siguiente página, donde se encuentra incluso la grabación respectiva y un ejemplo de expresión escrita, corregido. (http://hablarleeryescribir.blogspot.de/2014/07/ejercicio-de-escritura-modelo-de-examen.html, 15.01.17)

va, expresión oral/interacción oral). La tabla a continuación (fig. 5) resume las tres partes de la prueba oral.

Sección	Habilidades	Tiempo	Actividades
oral	leer escuchar hablar / interactuar	15-20 minutos	Leer textos breves, exponer y conversar e interactuar a propósito de ellos. 1. Presentación: profesor – candidato. 2. Exposición: candidato elige una de las láminas ofrecidas y hace breve exposición. 3. Diálogo: situación simulada que propone el examinador, relacionada con el tema de la lámina elegida.

Fig. 5: Actividad oral (Huesca & Prati 2009, 14; www.celu.edu.ar, www.else.edu.ar)

4. La evaluación del examen

El examen CELU pone a prueba el conocimiento práctico del español por parte del hablante no nativo, tanto en la comprensión auditiva, la comprensión de lectura, la interacción oral, la expresión oral y escrita, poniendo el foco en el desempeño del alumno en situaciones concretas, en lo que sabe desde el uso. La evaluación del examen escrito consiste en varias revisiones por parte de diferentes (grupos de) evaluadores (incluso externos de otra sede) que se atienen a una serie de normas de corrección (grillas holísticas) cuya aplicación se entrena en talleres organizados regularmente.

El examen oral, como es usual, se evalúa en el acto mediante un protocolo analítico que se hace durante el examen al que se agrega la evaluación holística del profesor que toma la prueba. No obstante, la evaluación del CELU no deja de ser estricta, puesto que entre el periodo de noviembre 2004 hasta abril 2012 el 31% de los candidatos no obtuvo certificado y sólo un 13% alcanzó el nivel avanzado (Morra 2012, 71; cf. fig. 6).

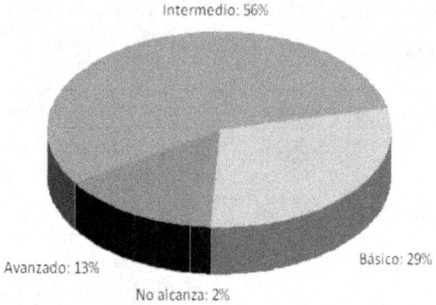

Fig. 6: Niveles alcanzados por candidatos del CELU 2004-2012
(Morra 2012, 71; © CELU)

4.1 Actividad oral y escrita

El nivel general del candidato se define en base a las tres actividades del examen oral y las cuatro actividades del examen escrito. El examen oral se evalúa en base a un puntaje de 1 a 5 y se corrige conforme a una serie de grillas de corrección desarrolladas y discutidas en talleres organizados para los evaluadores, lo mismo vale para el examen escrito. Los roles de los evaluadores están pautados y hay bandas holísticas y analíticas para la corrección. En función de definir el nivel "intermedio" o "avanzado" del candidato, cada examen es evaluado en grupo, por una comisión evaluadora, un mínimo de dos veces, tanto por evaluadores internos como externos provenientes de otra sede. Si el candidato ha probado conocimientos básicos meramente, no se otorga certificado.

Con respecto a la fiabilidad de los métodos aplicados para la evaluación del CELU, Furlán (2014), representante CELU en la Facultad de Lenguas, Universidad Nacional de Córdoba, argumenta en su estudio en el que se propone analizar y ahondar el grado de fiabilidad interna del examen CELU:

> [...] por ser un examen de respuesta abierta, requiere de una evaluación subjetiva, lo que puede traer como consecuencia falta de fiabilidad [...] es un examen relativamente nuevo, pero que está adquiriendo cada vez mayor importancia y difusión y que, [...] debe ser sometido constantemente a pruebas de validación y fiabilidad pertinentes.

(Furlán 2014, 92)

La capacitación de los evaluadores y de los profesores ELE que toman y corrigen el examen CELU se realiza en el contexto de talleres.

4.2 Pautas evaluativas concretas y preguntas abiertas

En función de indagar sobre la práctica pluricéntrica a nivel evaluativo, es decir, la aceptación de las diferentes variedades hispánicas en concreto, a la hora de la corrección del examen, se han incluido preguntas al respecto en las entrevistas realizadas con representantes, evaluadoras y profesoras del CELU de la Universidad Nacional de Córdoba, ya mencionadas arriba (cf. referencias bibliográficas: "Entrevistas"). Comentamos los resultados más importantes a continuación.

4.2.1 El voseo, forma de tratamiento informal: uso y comprensión

Las entrevistadas indicaron claramente que el uso del voseo (segunda persona singular) por parte del candidato es aceptado, siempre y cuando esté bien usado con formas verbales correctas y en el registro correcto. Huesca & Prati (2009) postulan en su manual en el apartado de *preguntas frecuentes* lo siguiente, en cuanto al punto ¿Es necesario usar el *vos*?

> No, el "vos" (en lugar del "tú") no es obligatorio, pero sí su comprensión. Se espera un uso claro y coherente del registro formal/informal, independientemente de la variedad a la que se haya acercado el hablante extranjero.
> (Huesca & Prati 2009, 16)

Para el candidato que haya aprendido el español en zonas no voseantes (como España), la opción de no tener que usar el *vos* es viable y justa, igual que la exigencia de comprenderlo, puesto que se trata de un fenómeno morfológico-sintáctico (deíctico y prosódico) bastante difundido en el español americano. Bien es sabido que el voseo actualmente está presente – con mayor o menor frecuencia – en Belice, Guatemala, El Salvador, Honduras, Nicaragua, Costa Rica (y Panamá[10]), es decir, todos los países centroamericanos[11] (Moser 2010a, Quesada Pacheco 2013)[12], además en Venezuela, Colombia, Ecuador, Bolivia, Chile, Argentina, Uruguay y Paraguay (NGRAE 2010, 211-216).

---

[10] Según Quesada Pacheco (2013, 353) no se ha corroborado todavía que el voseo panameño esté desaparecido completamente.
[11] En México, que a nivel de geografía pertenece a América del Norte, se da voseo de manera muy restringida en algunas provincias del sur mexicano como Chiapas y Tabasco, probablemente por influencia guatemalteca (Moser 2015, 284, NGRAE 2010, 215-216).
[12] Quesada Pacheco (2013), amplio análisis morfosintáctico de los datos elevados entre 2009 y 2011 para el ALPAC (Atlas Lingüístico Pluridimensional de América Central).

Al exigirle al solicitante la comprensión del voseo, fenómeno gramatical que forma parte de casi todas las variedades del español americano, la pauta pluricéntrica se cumple, puesto que el voseo es un rasgo morfológico de diferentes variedades (estándar), como el español argentino. No obstante, consideramos tarea bastante difícil la evaluación práctica del uso del voseo aplicado por el candidato, tanto en la prueba oral como en la prueba escrita, debido a que el tratamiento voseante de segunda persona singular informal constituye un paradigma complejo (etimológicamente mixto), de al menos tres diferentes tipos (brindamos una definición simplificada, dejando de lado las formas verbales voseantes diptongadas: *tenéis*, etc.):

1. voseo pronominal y verbal (*vos llamás, tenés, subís*, p.ej. Centroamérica, Argentina)
2. voseo verbal combinado con el pronombre tú (*tú llamás, tenés, subís*, Uruguay)
3. voseo pronominal combinado con forma verbal tuteante (*vos llamas, tienes, subes*, p.ej. Costa Rica, Santiago del Estero-Argentina; cf. NGRAE 2010, 206, Moser 2010a, 688, Moser 2013a, 567, Donni de Mirande 2000, 216).

Si el candidato usa el voseo tipo 1, la evaluación no presenta problema; pero si usa los tipos 2 y 3, en principio el evaluador no sabe si la alternancia entre el pronombre *tú* y la forma verbal voseante (tipo 2) o el uso de *vos* con formas verbales tuteantes (tipo 3) se debe al aprendizaje en zonas voseantes respectivas o a la inseguridad lingüística por parte del solicitante en el uso del voseo y tuteo (*tú llamas, tienes, subes*). Por ende, la exigencia y aceptación del voseo en el ámbito ELE y, en consecuencia, en el contexto de la corrección requieren, a nuestro parecer, una capacitación amplia y permanente de los evaluadores. Esto también se refiere al tema del uso adecuado de registros informales y formales (mencionado en la cita arriba de Huesca & Prati 2009, 16 y con respecto a los niveles establecidos, cf. cap. 2.3), puesto que no en todas las variedades del español el uso de *tú* y *vos* es informal y el de *usted* formal. Para poner un ejemplo: en el español centroamericano el *usted* también se usa en situaciones informales, y en el español de Costa Rica el *usted* se puede aplicar en cualquier situación comunicativa (informal, semi-formal o formal), es decir, el ustedeo (informal) forma parte de la norma costarricense (Moser 2010a, 2010b, 2013a, 2015). Un evaluador que no tiene este conocimiento, a lo mejor, considera incorrecto el registro aplicado por parte del candidato, mientras que éste simplemente hace uso del ustedeo (informal) centroamericano, o bien, de la norma costarricense. Este argumento es más importante todavía tomando en cuenta que – según las experiencias de los evaluadores – el problema fundamental de un candidato intermedio o avanzado suele ser la mezcla de registros.

4.2.2 Variantes ortográficas

Cabe agregar que la ortografía siempre se corrige, puesto que no existen variedades ortográficas, según las entrevistadas. Es de suponer, sin embargo, que se aceptan por ejemplo las variantes *México* (expresión de idiosincrasia mexicana: español mexicano[13] en especial y español americano en general) y *Méjico* (español peninsular), *setiembre* (Centroamérica) y *septiembre*.

5.   El CELU, un paso más hacia el español como lengua pluricéntrica

A pesar de que el pluricentrismo hoy en día, por lo general, se toma por dado, tanto en el ámbito ELE (como otros), la aceptación y aplicación concreta del mismo no es cuestión ausente de polémica. Así es que hay que admitir que el examen CELU es un aporte importante al pluricentrismo, no solamente por su orientación[14], sino también por la consciencia lingüística que va creando mediante la misma en los hablantes del español no nativos que rinden el examen. En el contexto de la política lingüística del Mercosur, el CELU significa un impacto importante, puesto que en Brasil cada vez más se va formando la consciencia de que el español peninsular representa una variedad entre otras.[15] Visto así, el CELU a lo mejor es un ejemplo para el tipo de política lingüística que se

---

[13] México tiene más de 120 millones de habitantes y es, por lo tanto, el país hispanohablante más poblado. En el año 2000, el 91, 4 % de la población mexicana hablaba el español como lengua materna (cf. Zimmermann 2013, 412-13).

[14] A pesar de que nos hemos concentrado sobre todo en consignas que se basan en el español argentino, hay que aclarar que tanto en Huesca & Prati (2009) como en los materiales a disposición en línea, figuran una serie de ejemplos que dan muestra del español de Perú (Lima), Chile y Centroamérica (Guatemala). Cf. http://www.celu.edu.ar/es/node/25.

[15] Entrevista con Eduardo Amaral, profesor universitario de ELE en Brasil (cf. referencias bibliográficas: "Entrevistas").

da desde hace algunas décadas por parte de actores (profesionales de la lengua, correctores, periodistas, cf. Ramírez Gelbes 2011) que participan en el proceso hacia el (o en contra del) pluricentrismo (cf. Polzin-Haumann 2012, 53), es decir, el proceso hacia la consideración del español como lengua pluricéntrica.

Tomando en cuenta que el CELU apenas tiene doce años de existencia, nos llama la atención su gran difusión tanto en la Argentina como en Brasil y el hecho de que esté presente también en Europa y otras partes del mundo. Está visto que el examen CELU ha tenido buena acogida por parte de los solicitantes, un dato que podría llevar a reconocer, aún más, que el pluricentrismo – uso y aceptación de diferentes variedades y normas estándar del español, es decir, la pluralidad normativa – en ELE es viable, aunque requiera una preparación más amplia y permanente del profesor y evaluador.

Referencias bibliográficas

BERNÁRDEZ, Enrique. 2012. *Lenguas pluricéntricas* (2). http://cvc.cervantes.es/el_rinconete/anteriores/julio_12/24072012_01.htm (15.01.17).

COLANTONI, Laura. 2013. „On the Regularity of Coronalization in Buenos Aires Spanish", en: Gómez, Rosario & Molina Martos, Isabel edd. *Variación yeísta en el mundo hispánico*. Frankfurt a.M./Madrid: Vervuert/Iberoamericana, 313-332.

DONNI DE MIRANDE, Nélida. 2000. „Argentina-Uruguay", en: Alvar, Manuel. ed. *Manual de dialectología hispánica. El español de América*. Barcelona: Editorial Ariel, 209-221.

FONTANELLA DE WEINBERG, María Beatriz. 2004. *El español de la Argentina y sus variedades regionales*. Bahía Blanca: Proyecto Cultural Weinberg/Fontanella.

FURLÁN, María Gina. 2014. „Examen CELU: estudio sobre fiabilidad interna", en: Puccio, Diana & Ghio, Elsa edd. *Las lenguas extranjeras y los desafíos de la internacionalización en la educación. III Jornadas Internacionales de Lenguas Extranjeras, 25-27 de Junio 2014 y Primer Encuentro Internacional de Español, Lengua Segunda y Extranjera a diez años del Certificado de Español, Lengua y Uso (CELU)*. Santa Fe: Universidad Nacional del Litoral, 91-100.

HERLING, Sandra & PATZELT, Carolin edd. 2013. *Weltsprache Spanisch. Variation, Soziolinguistik und geographische Verbreitung des Spanischen. Handbuch für das Studium der Hispanistik*. Stuttgart: ibidem.

HUESCA, Mariana & PRATI, Silvia. 2009. *Muestras de actividades del examen CELU. Comentarios y preguntas frecuentes*. Consorcio Interuniversitario para la Enseñanza y Evaluación de Español como Lengua Extranjera. http://clinguas.fflch.usp.br/sites/clinguas.fflch.usp.br/files/Muestras%20de%20actividades %20del%20examen%20CELU.pdf (15.01.17).

HUMMEL, Martin & KLUGE, Bettina & VÁZQUEZ LASLOP, María Eugenia. edd. *Formas y fórmulas de tratamiento en el mundo hispánico*. México D.F.: El Colegio de México y Karl-Franzens-Universität Graz.

LIPSKI, John. 2001. *Latin American Spanish*. London/New York: Longman.
MORRA, Ana María. 2012. „Evaluación y certificación en ELE: Certificado de Español, Lengua y Uso", en: *Revista DIGILENGUAS* no. 12/junio. Córdoba: Departamento Editorial, Facultad de Lenguas. Universidad Nacional de Córdoba, 70-81.
MOSER, Karolin. 2010a. „San José (Costa Rica): Desde los significados pragmáticos del usteo en el registro coloquial actual hacia sus primeras manifestaciones en el Valle Central (siglo XVIII) ", en: Hummel & Kluge & Vázquez Laslop. edd., 671-713.
MOSER, Karolin. 2010b. „Las formas de tratamiento verbales-pronominales en Guatemala, El Salvador, Panamá (y Costa Rica): hacia una nueva sistematización en la periferia centroamericana", en: Hummel & Kluge & Vázquez Laslop. edd., 271-291.
MOSER, Karolin. 2013a. „Costa Rica", en: Herling & Patzelt. edd., 551-576.
MOSER, Karolin. 2013b. „Corpus Córdoba: Argentina", en: Prieto, Pilar & Roseano, Paolo. *Atlas of Spanish Intonation*. Universitat Pompeu Fabra, Universitat de Barcelona. http://prosodia.upf.edu/atlasentonacion/enquestes/espanol/cordoba/index.html http://prosodia.upf.edu/atlasentonacion/enquestes/espanol/cordoba/index-english.html (15.01.17).
MOSER, Karolin. 2015. „10.2 Spanish Varieties of Latin America 2: Mexico and Central America", en: Jungbluth, Konstanze & Da Milano, Federica. edd. *Manual of Deixis in Romance Languages*. Tomo 6. Berlin/Boston: De Gruyter, 279-296.
NGRAE 2010: Real Academia Española/Asociación de Academias de la Lengua Española. *Nueva Gramática de la Lengua Española: Morfología y Sintaxis I*. Madrid: Espasa Libros.
POLZIN-HAUMANN, Claudia. 2012. „Standardsprache, Norm und Normierung", en: Born, Joachim et al. edd. *Handbuch Spanisch. Sprache, Literatur, Kultur, Geschichte in Spanien und Hispanoamerika*. Berlin: Schmidt, 44-54.
PRATI, Silvia. 2007. *La evaluación del español en lengua extranjera*. Buenos Aires: Libros de la Araucaria.
PRATI, Silvia. 2010. *Certificado de Español Lengua y Uso*. *VI. Reunión del Consejo Académico del SICELE*. Universidad Nacional de Cuyo, Argentina, 24 de noviembre.
PRIETO, Pilar & ROSEANO, Paolo. 2010. *Transcription of Intonation of the Spanish Language*. Munich: Lincom.
QUESADA PACHECO, Miguel Ángel. 2013. *El español hablado en América Central: nivel morfosintáctico*. Frankfurt a.M:/Madrid: Vervuert/Iberoamericana.
RAMÍREZ GELBES, Silvia. 2011. „Correctores, periodistas y la Academia Argentina de Letras: amores y desamores", en: Alberte, Montserrat & Senz, Silvia. edd. *El dardo en la Academia. Esencia y vigencia de las academias de la lengua española*. Barcelona: Melusina, 559-578.
SCARAMUCCI RICARDI, Matilde. 2000. „Proficiência em LE: Consideraçoes terminológicas e conceituais", en: *Trabalhos da Lingüística Aplicada*, Campinas 36, 11-22.
SCARAMUCCI RICARDI, Matilde. 2006. „Avaliacao de proficiência e seus impactos sociais", Seminario de Maestría en Análisis del Discurso, Facultad de Filosofía y Letras, Universidad de Buenos Aires.
SOKOLOWICZ, Laura. 2015. *Livros Didácticos em Revista (1990-2010). Sujeito, linguagem, discurso e ideologia no ensino de espanhol como língua estrangeira no Brasil*. Dissertação de Mestrado 2014, Programa de Pós-Graduação, Departamento de Letras Modernas da Faculdade de Filosofia, Letras e Ciências Humanas. Universidade de São Paulo.

http://www.teses.usp.br/teses/disponiveis/8/8145/tde-17042015-182950/pt-br.php (15.01.17).
ZIMMERMANN, Klaus. 2013. „Mexiko", en: Herling & Patzelt. edd., 409-439.

Manuales

Horizonte ELE 1. Nivel Inicial. 2014. Córdoba: Editorial Facultad de Lenguas, Universidad Nacional de Córdoba.
Horizonte ELE 2. 2014. Nivel Preintermedio. Córdoba: Editorial Facultad de Lenguas, Universidad Nacional de Córdoba.
Horizonte ELE 3. Nivel Intermedio. 2014. Córdoba: Editorial Facultad de Lenguas, Universidad Nacional de Córdoba.

CELU: Fuentes internet

http://www.celu.edu.ar (15.01.17).
http://www.else.edu.ar (15.01.17).

Entrevistas

Con EDUARDO AMARAL, Profesor de Español como Lengua Extranjera, Universidade Federal de Minas Gerais/Brasil (15.6.16, en Tubinga/Alemania).
Con PATRICIA COMPAGNONI, Evaluadora CELU y Profesora ELE, Facultad de Lenguas, Universidad Nacional de Córdoba, Argentina (1.11.15, entrevista telefónica).
Con GINA FURLÁN, Representante CELU, Facultad de Lenguas, Universidad Nacional de Córdoba, Argentina (20.10.15, entrevista telefónica).
Con SILVIA RAMÍREZ GELBES, Dpto. Académico de Ciencias Sociales, Directora de la Maestría en Periodismo, Universidad San Andrés, Buenos Aires y Profesora Adjunta, Facultad de Filosofía y Letras, Universidad de Buenos Aires (10.6.16, en Graz/Austria).

ANEXO

Sedes CELU en universidades argentinas[16]

Provincia de Buenos Aires: Bahía Blanca, Ciudad Autónoma de Buenos Aires, General Sarmiento, General San Martín, Junín/Pergamino, La Matanza, Lanús, La Plata, Lomas de Zamora, Mar del Plata, Quilmes, Tandil, Tres de Febrero

Provincia de Catamarca: San Fernando del Valle de Catamarca

Provincia de Chubut: Comodoro Rivadavia

Provincia de Córdoba: Córdoba, Río Cuarto, Villa María

Provincia de Entre Ríos: Paraná

Provincia de La Pampa: Santa Rosa

Provincia de La Rioja: La Rioja

Provincia de Mendoza: Mendoza

Provincia de Río Negro: General Roca, San Carlos de Bariloche

Provincia de Salta: Salta

Provincia de San Juan: San Juan

Provincia de San Luis: San Luis

Provincia de Santa Fe: Santa Fe de la Vera Cruz

Provincia de Tucumán: San Miguel de Tucumán

Sedes CELU en universidades brasileñas

Alfenas, Bagé, Belo Horizonte, Curitiba, Fortaleza, Porto Alegre, Río de Janeiro, Salvador, Santa Maria, São Paulo

---

[16] Como puede darse el caso de que existan varias universidades en el sitio indicado, consultar página web con información concreta:
http://celu.psi.unc.edu.ar/es/node/125 (15.01.17).

Autorinnen und Autoren

DR. CARLA AMORÓS NEGRE ist wissenschaftliche Mitarbeiterin für Linguistik an der Universität Salamanca (Spanien).
Arbeitsbereiche: Sprachplanung und Sprachpolitik, Grammatik des Spanischen, Soziolinguistik, Spanisch als Fremdsprache.
E-Mail: carlita@usal.es

DR. CHRISTOPH BÜRGEL ist Professor für Didaktik des Französischen und Spanischen an der Universität Paderborn.
Arbeitsbereiche: Korpusbasierte Fremdsprachendidaktik (insbesondere Lernerlexikographie und Lernergrammatik), Leistungsmessung und Kompetenzdiagnostik, Sprech- und Lesedidaktik.
E-Mail: christoph.buergel@upb.de

DR. AGUSTÍN CORTI ist Assistenzprofessor für Didaktik des Spanischen sowie spanische Kultur- und Literaturwissenschaft an der Universität Salzburg.
Arbeitsbereiche: Kulturwissenschaftliche Fremdsprachendidaktik, Inter- und transkulturelle Didaktik, visuelle Alphabetisierung, Biographie und Autobiographie in der spanischen und hispanoamerikanischen Literatur, Identitäts- und Andersheitsdiskurse Lateinamerikas.
E-Mail: agustin.corti@sbg.ac.at

CHRISTIAN KOCH ist wissenschaftlicher Mitarbeiter für Angewandte Sprachwissenschaft/Romanistik an der Universität Siegen und Lehrkraft für besondere Aufgaben in der Didaktik der romanischen Sprachen und Literaturen an der Universität Duisburg-Essen.
Arbeitsbereiche: Romanische Mehr- und Vielsprachigkeit (Polyglottismus), Sprachtypologie, Analyse gesprochener L2-Sprache, Sprache und Musik, Inklusion in der Fremdsprachendidaktik.
E-Mail: koch@romanistik.uni-siegen.de

DR. CORINNA KOCH ist Juniorprofessorin für Didaktik des Französischen und Spanischen an der Universität Paderborn.
Arbeitsbereiche: Comics, kommunikationsorientierte Grammatikvermittlung, Erster Weltkrieg, Mehrsprachigkeitsdidaktik, Praxissemester.
E-Mail: Corinna.Koch@upb.de

DR. BENJAMIN MEISNITZER ist Juniorprofessor für spanische und portugiesische Sprachwissenschaft am Romanischen Seminar der Johannes Gutenberg-Universität Mainz.
Arbeitsbereiche: Temporalsemantik, Modalität, Sprachwandelforschung (insbesondere Grammatikalisierungsprozesse), Standardisierungsforschung und Varietätenlinguistik, Grammatiktheorie und Spracherwerbsforschung (L1 und L2).
E-Mail: bmeisnit@uni-mainz.de

JULIA MONTEMAYOR GRACIA ist wissenschaftliche Mitarbeiterin für romanische Sprachwissenschaft an der Universität des Saarlandes sowie Mitarbeiterin in der Redaktion des dortigen Frankreichzentrums.
Arbeitsbereiche: Soziolinguistik des Spanischen und Französischen, insbesondere Spanisch in Amerika, Regional- und Minderheitensprachen, indigene Sprachen; Sprachbewusstsein, (Sprach-)Einstellungen und Identitätsentwürfe, Angewandte Linguistik sowie Fremdsprachendidaktik.
E-Mail: julia.montemayor@uni-saarland.de

DR. KAROLIN MOSER M.A. ist staatlich geprüfte Übersetzerin und Dolmetscherin für Spanisch und war DAAD-Lektorin an der *Universidad Nacional de Córdoba* (Argentinien) sowie wissenschaftliche Mitarbeiterin für spanische und französische Sprachwissenschaft an den Universitäten Tübingen, Bremen und Kassel.
Arbeitsbereiche: Personaldeixis, (Un)Höflichkeit im Spanischen von Mexiko, Mittelamerika und Argentinien, Intonation im Argentinienspanischen, Mitarbeit am *Langenscheidt Schulwörterbuch Pro Spanisch* (2016).
E-Mail: karolin.moser@gmx.de

VERA NEUSIUS ist wissenschaftliche Mitarbeiterin für romanische Sprachwissenschaft an der Universität des Saarlandes sowie Mitarbeiterin im Bereich Veranstaltungsorganisation am dortigen Frankreichzentrum.

Arbeitsbereiche: Soziolinguistik des Französischen und Spanischen mit den Schwerpunkten Sprach(en)politik und Sprachpflege, Laienlinguistik, Diskurslinguistik, Angewandte Linguistik und Medienlinguistik sowie Fremdsprachendidaktik.
E-Mail: v.neusius@mx.uni-saarland.de

KATHARINA PATER war wissenschaftliche Mitarbeiterin für spanische Sprachwissenschaft an der Ruhr-Universität Bochum und DAAD-Lektorin an der *Universidad Nacional Autónoma de México* (UNAM) in Mexiko-Stadt. Derzeit ist sie als Programm-Managerin im Bereich *Engineering & Natural Sciences* an der RWTH International Academy Aachen tätig.
Arbeitsbereiche: Diskursmarker, Interkulturelles Lernen, Lateinamerika im Fremdsprachenunterricht, Varietätenlinguistik.
E-Mail: Katharina.Pater@rub.de

DR. BERNHARD PÖLL ist Professor für romanische Sprachwissenschaft an der Universität Salzburg.
Arbeitsbereiche: Soziolinguistik, insbesondere Sprachnormenforschung, Lexikologie, Grammatiktheorie.
E-Mail: Bernhard.Poell@sbg.ac.at

DR. DANIEL REIMANN ist Professor für Didaktik der romanischen Schulsprachen an der Universität Duisburg-Essen.
Arbeitsbereiche: Mehrsprachigkeit, inter- und transkulturelle Kompetenz, Linguistik und Fremdsprachenforschung, Sprachmittlung, Historiographie des Fremdsprachenunterrichts und der Fremdsprachendidaktik.
E-Mail: daniel.reimann@uni-due.de

DR. CHRISTINA REISSNER ist wissenschaftliche Mitarbeiterin für romanische Sprachwissenschaft, Sprachlehrforschung und Mehrsprachigkeit an der Universität des Saarlandes.
Arbeitsbereiche: Angewandte und vergleichende Sprachwissenschaft, europäische Mehrsprachigkeit und Interkomprehension, Mehrsprachigkeitsdidaktik, Sprachlehr- und -lernforschung, frühes Fremdsprachenlernen, Lehrerfortbildung.
E-Mail: c.reissner@mx.uni-saarland.de

DR. JUDITH VISSER ist Professorin für Romanische Philologie, insbesondere Sprachwissenschaft und Didaktik der Romanischen Sprachen, an der Ruhr-Universität Bochum.
Arbeitsbereiche: Laienlinguistik, Sprachbewusstheit, Politolinguistik, Varietätenlinguistik, Ökolinguistik.
E-Mail: Judith.Visser@rub.de

Romanische Sprachen und ihre Didaktik (RomSD)

Herausgegeben von Michael Frings, Andre Klump & Sylvia Thiele

ISSN 1862-2909

1   *Michael Frings und Andre Klump (edd.)*
    Romanische Sprachen in Europa. Eine Tradition mit Zukunft?
    ISBN 978-3-89821-618-0

2   *Michael Frings*
    Mehrsprachigkeit und Romanische Sprachwissenschaft an Gymnasien?
    Eine Studie zum modernen Französisch-, Italienisch- und Spanischunterricht
    ISBN 978-3-89821-652-4

3   *Jochen Willwer*
    Die europäische Charta der Regional- und Minderheitensprachen in der Sprachpolitik
    Frankreichs und der Schweiz
    ISBN 978-3-89821-667-8

4   *Michael Frings (ed.)*
    Sprachwissenschaftliche Projekte für den Französisch- und Spanischunterricht
    ISBN 978-3-89821-651-7

5   *Johannes Kramer*
    Lateinisch-romanische Wortgeschichten
    Herausgegeben von Michael Frings als Festgabe für Johannes Kramer zum 60. Geburtstag
    ISBN 978-3-89821-660-9

6   *Judith Dauster*
    Früher Fremdsprachenunterricht Französisch
    Möglichkeiten und Grenzen der Analyse von Lerneräußerungen und Lehr-Lern-Interaktion
    ISBN 978-3-89821-744-6

7   *Heide Schrader*
    Medien im Französisch- und Spanischunterricht
    ISBN 978-3-89821-772-9

8   *Andre Klump*
    „Trajectoires du changement linguistique"
    Zum Phänomen der Grammatikalisierung im Französischen
    ISBN 978-3-89821-771-2

9   *Alfred Toth*
    Historische Lautlehre der Mundarten von La Plié da Fodom (Pieve di Livinallongo,
    Buchenstein) und Col (Colle Santa Lucia), Provincia di Belluno unter Berücksichtigung der
    Mundarten von Laste, Rocca Piétore, Selva di Cadore und Alleghe
    ISBN 978-3-89821-767-5

10 *Bettina Bosold-DasGupta und Andre Klump (edd.)*
    Romanistik in Schule und Universität
    Akten des Diskussionsforums „Romanistik und Lehrerausbildung: Zur Ausrichtung und
    Gewichtung von Didaktik und Fachwissenschaften in den Lehramtsstudiengängen
    Französisch, Italienisch und Spanisch" an der Johannes Gutenberg-Universität Mainz
    (28. Oktober 2006)
    ISBN 978-3-89821-802-3

11 *Dante Alighieri*
    De vulgari eloquentia
    mit der italienischen Übersetzung von Gian Giorgio Trissino (1529)
    Deutsche Übersetzung von Michael Frings und Johannes Kramer
    ISBN 978-3-89821-710-1

12 *Stefanie Goldschmitt*
    Französische Modalverben in deontischem und epistemischem Gebrauch
    ISBN 978-3-89821-826-9

13 *Maria Iliescu*
    Pan- und Raetoromanica
    Von Lissabon bis Bukarest, von Disentis bis Udine
    ISBN 978-3-89821-765-1

14 *Christiane Fäcke, Walburga Hülk und Franz-Josef Klein (edd.)*
    Multiethnizität, Migration und Mehrsprachigkeit
    Festschrift zum 65. Geburtstag von Adelheid Schumann
    ISBN 978-3-89821-848-1

15 *Dan Munteanu Colán*
    La posición del catalán en la Romania según su léxico latino patrimonial
    ISBN 978-3-89821-854-2

16 *Johannes Kramer*
    Italienische Ortsnamen in Südtirol. La toponomastica italiana dell'Alto Adige
    Geschichte – Sprache – Namenpolitik. Storia – lingua – onomastica politica
    ISBN 978-3-89821-858-0

17 *Michael Frings und Eva Vetter (edd.)*
    Mehrsprachigkeit als Schlüsselkompetenz: Theorie und Praxis in Lehr- und
    Lernkontexten
    Akten zur gleichnamigen Sektion des XXX. Deutschen Romanistentages an der Universität
    Wien (23.-27. September 2007)
    ISBN 978-3-89821-856-6

18 *Dieter Gerstmann*
    Bibliographie Französisch
    Autoren
    ISBN 978-3-89821-872-6

19 *Serge Vanvolsem e Laura Lepschy*
Nell'Officina del Dizionario
Atti del Convegno Internazionale organizzato dall'Istituto Italiano di Cultura
Lussemburgo, 10 giugno 2006
ISBN 978-3-89821-921-1

20 *Sandra Maria Meier*
„È bella, la vita!"
Pragmatische Funktionen segmentierter Sätze im *italiano parlato*
ISBN 978-3-89821-935-8

21 *Daniel Reimann*
Italienischunterricht im 21. Jahrhundert
Aspekte der Fachdidaktik Italienisch
ISBN 978-3-89821-942-6

22 *Manfred Overmann*
Histoire et abécédaire pédagogique du Québec avec des modules multimédia prêts à l'emploi
Préface de Ingo Kolboom
ISBN 978-3-89821-966-2 (Paperback)
ISBN 978-3-89821-968-6 (Hardcover)

23 *Constanze Weth*
Mehrsprachige Schriftpraktiken in Frankreich
Eine ethnographische und linguistische Untersuchung zum Umgang mehrsprachiger Grundschüler mit Schrift
ISBN 978-3-89821-969-3

24 *Sabine Klaeger und Britta Thörle (edd.)*
Sprache(n), Identität, Gesellschaft
Eine Festschrift für Christine Bierbach
ISBN 978-3-89821-904-4

25 *Eva Leitzke-Ungerer (ed.)*
Film im Fremdsprachenunterricht
Literarische Stoffe, interkulturelle Ziele, mediale Wirkung
ISBN 978-3-89821-925-9

26 *Raúl Sánchez Prieto*
El presente y futuro en español y alemán
ISBN 978-3-8382-0068-2

27 *Dagmar Abendroth-Timmer, Christiane Fäcke, Lutz Küster und Christian Minuth (edd.)*
Normen und Normverletzungen
Aktuelle Diskurse der Fachdidaktik Französisch
ISBN 978-3-8382-0084-2

28 Georgia Veldre-Gerner und Sylvia Thiele (edd.)
    Sprachvergleich und Sprachdidaktik
    ISBN 978-3-8382-0031-6

29 Michael Frings und Eva Leitzke-Ungerer (edd.)
    Authentizität im Unterricht romanischer Sprachen
    ISBN 978-3-8382-0095-8

30 Gerda Videsott
    Mehrsprachigkeit aus neurolinguistischer Sicht
    Eine empirische Untersuchung zur Sprachverarbeitung viersprachiger Probanden
    ISBN 978-3-8382-0165-8 (Paperback)
    ISBN 978-3-8382-0166-5 (Hardcover)

31 Jürgen Storost
    Nicolas Hyacinthe Paradis (de Tavannes)
    (1733 - 1785)
    Professeur en Langue et Belles-Lettres Françoises, Journalist und Aufklärer
    Ein französisch-deutsches Lebensbild im 18. Jahrhundert
    ISBN 978-3-8382-0249-5

32 Christina Reissner (ed.)
    Romanische Mehrsprachigkeit und Interkomprehension in Europa
    ISBN 978-3-8382-0072-9

33 Johannes Klare
    Französische Sprachgeschichte
    ISBN 978-3-8382-0272-3

34 Daniel Reimann (ed.)
    Kulturwissenschaften und Fachdidaktik Französisch
    ISBN 978-3-8382-0282-2

35 Claudia Frevel, Franz-Josef Klein und Carolin Patzelt (edd.)
    Gli uomini si legano per la lingua
    Festschrift für Werner Forner zum 65. Geburtstag
    ISBN 978-3-8382-0097-2

36 Andrea Seilheimer
    Das grammatikographische Werk Jean Saulniers
    Französischsprachige Terminologie und Sprachbetrachtung in der *Introduction en la langue espagnolle* (1608) und der *Nouvelle Grammaire italienne et espagnole* (1624)
    ISBN 978-3-8382-0364-5

37 Angela Wipperfürth
    Modeterminologie des 19. Jahrhunderts in den romanischen Sprachen
    Eine Auswertung französischer, italienischer, spanischer und portugiesischer Zeitschriften
    ISBN 978-3-8382-0371-3

38   *Raúl Sánchez Prieto und M.ª Mar Soliño Pazó (edd.)*
     Contrastivica I
     Aktuelle Studien zur Kontrastiven Linguistik Deutsch-Spanisch-Portugiesisch I
     ISBN 978-3-8382-0328-7

39   *Nely Iglesias Iglesias (ed.)*
     Contrastivica II
     Aktuelle Studien zur Kontrastiven Linguistik Deutsch-Spanisch-Portugiesisch II
     ISBN 978-3-8382-0398-0

40   *Eva Leitzke-Ungerer, Gabriele Blell und Ursula Vences (edd.)*
     English-Español: Vernetzung im kompetenzorientierten Spanischunterricht
     ISBN 978-3-8382-0305-8

41   *Marie-Luise Volgger*
     Das multilinguale Selbst im Fremdsprachenunterricht
     Zur Mehrsprachigkeitsbewusstheit lebensweltlich mehrsprachiger Französischlerner(innen)
     ISBN 978-3-8382-0449-9

42   *Jens Metz*
     Morphologie und Semantik des Konjunktivs im Lateinischen und Spanischen
     Eine vergleichende Analyse auf der Grundlage eines Literaturberichts
     ISBN 978-3-8382-0484-0

43   *Manuela Franke und Frank Schöpp (edd.)*
     Auf dem Weg zu kompetenten Schülerinnen und Schülern
     Theorie und Praxis eines kompetenzorientierten Fremdsprachenunterrichts im Dialog
     ISBN 978-3-8382-0487-1

44   *Bianca Hillen, Silke Jansen und Andre Klump (edd.)*
     Variatio verborum: Strukturen, Innovationen und Entwicklungen
     im Wortschatz romanischer Sprachen
     Festschrift für Bruno Staib zum 65. Geburtstag
     ISBN 978-3-8382-0509-0

45   *Sandra Herling und Carolin Patzelt (edd.)*
     Weltsprache Spanisch
     Variation, Soziolinguistik und geographische Verbreitung des Spanischen
     Handbuch für das Studium der Hispanistik
     ISBN 978-3-89821-972-3

46   *Aline Willems*
     Französischlehrwerke im Deutschland des 19. Jahrhunderts
     Eine Analyse aus sprachwissenschaftlicher, fachdidaktischer
     und kulturhistorischer Perspektive
     ISBN 978-3-8382-0501-4 (Paperback)
     ISBN 978-3-8382-0561-8 (Hardcover)

47 Eva Leitzke-Ungerer und Christiane Neveling (edd.)
    Intermedialität im Französischunterricht
    Grundlagen und Anwendungsvielfalt
    ISBN 978-3-8382-0445-1

48 Manfred Prinz (ed.)
    Rap RoMania: Jugendkulturen und Fremdsprachenunterricht
    Band 1: Spanisch/Französisch
    ISBN 978-3-8382-0431-4

49 Karoline Henriette Heyder
    Varietale Mehrsprachigkeit
    Konzeptionelle Grundlagen, empirische Ergebnisse aus der Suisse romande und didaktische
    Implikationen
    ISBN 978-3-8382-0618-9

50 Daniel Reimann
    Transkulturelle kommunikative Kompetenz in den romanischen Sprachen
    Theorie und Praxis eines neokommunikativen und kulturell bildenden Französisch-,
    Spanisch-, Italienisch- und Portugiesischunterrichts
    ISBN 978-3-8382-0362-1 (Paperback)
    ISBN 978-3-8382-0363-8 (Hardcover)

51 Beate Valadez Vazquez
    Ausprägung beruflicher Identitätsprozesse von Fremdsprachenlehrenden am Beispiel
    der beruflichen Entwicklung von (angehenden) Spanischlehrerinnen und
    Spanischlehrern
    Eine qualitative Untersuchung
    ISBN 978-3-8382-0635-6

52 Georgia Veldre-Gerner und Sylvia Thiele (edd.)
    Sprachen und Normen im Wandel
    ISBN 978-3-8382-0461-1

53 Stefan Barme
    Einführung in das Altspanische
    ISBN 978-3-8382-0683-7

54 María José García Folgado und Carsten Sinner (edd.)
    Lingüística y cuestiones gramaticales en la didáctica
    de las lenguas iberorrománicas
    ISBN 978-3-8382-0761-2

55 Claudia Schlaak
    Fremdsprachendidaktik und Inklusionspädagogik
    Herausforderungen im Kontext von Migration und Mehrsprachigkeit
    ISBN 978-3-8382-0896-1

56   Christiane Fäcke (ed.)
     Selbstständiges Lernen im lehrwerkbasierten Französischunterricht
     ISBN 978-3-8382-0918-0

57   Christina Ossenkop und Georgia Veldre-Gerner (edd.)
     Zwischen den Texten
     Die Übersetzung an der Schnittstelle von Sprach- und Kulturwissenschaft
     ISBN 978-3-8382-0931-9

58   Stéphane Hardy, Sandra Herling und Sonja Sälzer (edd.)
     Innovatio et traditio – Renaissance(n) in der Romania
     Festschrift für Franz-Josef Klein zum 65. Geburtstag
     ISBN 978-3-8382-0841-1

59   Victoria del Valle und Corinna Koch (edd.)
     Romanistische Grenzgänge: Gender, Didaktik, Literatur, Sprache
     Festschrift zur Emeritierung von Lieselotte Steinbrügge
     ISBN 978-3-8382-1040-7

60   Corinna Koch
     Texte und Medien in Fremdsprachenunterricht und Alltag
     Eine empirische Bestandsaufnahme per Fragebogen mit einem Schwerpunkt auf Comics
     ISBN 978-3-8382-0873-2

61   Eva Leitzke-Ungerer und Claudia Polzin-Haumann (edd.)
     Varietäten des Spanischen im Fremdsprachenunterricht
     Ihre Rolle in Schule, Hochschule, Lehrerbildung und Sprachenzertifikaten
     ISBN 978-3-8382-0865-7

Sie haben die Wahl:
Bestellen Sie die Schriftenreihe
Romanische Sprachen und ihre Didaktik
einzeln oder im **Abonnement**

per E-Mail: vertrieb@ibidem-verlag.de | per Fax (0511/262 2201)
als Brief (*ibidem*-Verlag | Leuschnerstr. 40 | 30457 Hannover)

Bestellformular

☐ Ich abonniere die Schriftenreihe *Romanische Sprachen und ihre Didaktik* ab Band # ____

☐ Ich bestelle die folgenden Bände der Schriftenreihe *Romanische Sprachen und ihre Didaktik*

____; ____; ____; ____; ____; ____; ____; ____; ____

Lieferanschrift:

Vorname, Name ....

Anschrift ....

E-Mail... | Tel.: ....

Datum .... | Unterschrift ....

Ihre Abonnement-Vorteile im Überblick:

- Sie erhalten jedes Buch der Schriftenreihe pünktlich zum Erscheinungstermin – immer aktuell, ohne weitere Bestellung durch Sie.
- Das Abonnement ist jederzeit kündbar.
- Die Lieferung ist innerhalb Deutschlands versandkostenfrei.
- Bei Nichtgefallen können Sie jedes Buch innerhalb von 14 Tagen an uns zurücksenden.

ibidem-Verlag
Melchiorstr. 15
D-70439 Stuttgart
info@ibidem-verlag.de

www.ibidem-verlag.de
www.ibidem.eu
www.edition-noema.de
www.autorenbetreuung.de

www.ingramcontent.com/pod-product-compliance
Lightning Source LLC
Chambersburg PA
CBHW072123290426
44111CB00012B/1755